国家社科基金后期资助项目
出版说明

后期资助项目是国家社科基金设立的一类重要项目,旨在鼓励广大社科研究者潜心治学,支持基础研究多出优秀成果。它是经过严格评审,从接近完成的科研成果中遴选立项的。为扩大后期资助项目的影响,更好地推动学术发展,促进成果转化,全国哲学社会科学工作办公室按照“统一设计、统一标识、统一版式、形成系列”的总体要求,组织出版国家社科基金后期资助项目成果。

全国哲学社会科学工作办公室

2020年国家社科基金后期资助项目（重点项目）
“新时代幸福教育理论与实证研究”（20FJKA002）

新时代幸福教育理论与实证研究

Theoretical and Empirical Research on Education for Well-being in New Era

孟万金　官　群　著

清華大學出版社
北　京

内容简介

本书为国家社科基金后期资助重点项目成果,其内容面向全体师生和家长及教研工作者,覆盖教育的不同类型、不同学段。上篇为基本理论,系统探讨幸福教育的价值意义、马克思主义幸福观、新时代幸福教育生态模式、思想体系等问题。中篇为主体对象,分别针对教师、婴幼童、普通中小学生、学困生、超常生、残障生、高校生、职教生开展幸福教育研究,研发了幸福教育测评系列工具,并对教师、学生、学校、班级、课堂和家庭的幸福感进行了系统测评,抽样调查摸清了中国教育的幸福现状,提出了对策建议。下篇为组织实施,重点探讨如何高效开展幸福教育,包括区域统筹推进,建设幸福学校、幸福班级、幸福课堂、幸福课外、幸福课程以及科技赋能幸福教育,并研发了"幸福课堂行为观察系统""易学灵""易教星"人机对话系统等,提出了提升教育幸福感的相关路径和策略。每章后都附有鲜活的实践案例。

图书在版编目(CIP)数据

新时代幸福教育理论与实证研究 / 孟万金,官群著.
北京 :清华大学出版社,2024. 11. -- ISBN 978-7-302
-67612-6

Ⅰ. G52

中国国家版本馆 CIP 数据核字第 2024WS6108 号

责任编辑: 王剑乔
封面设计: 傅瑞学
责任校对: 刘　静
责任印制: 刘海龙

出版发行: 清华大学出版社
网　　址: https://www.tup.com.cn, https://www.wqxuetang.com
地　　址: 北京清华大学学研大厦 A 座　　**邮　　编:** 100084
社 总 机: 010-83470000　　**邮　　购:** 010-62786544
投稿与读者服务: 010-62776969, c-service@tup.tsinghua.edu.cn
质量反馈: 010-62772015, zhiliang@tup.tsinghua.edu.cn
印 装 者: 三河市春园印刷有限公司
经　　销: 全国新华书店
开　　本: 165mm×238mm　**印　张:** 27.5　**插　页:** 1　**字　　数:** 478 千字
版　　次: 2024 年 12 月第 1 版　　**印　　次:** 2024 年 12 月第1 次印刷
定　　价: 139.00 元

产品编号: 104445-01

前　言

党的十九大报告指出，中国特色社会主义进入了新时代。党的二十大报告强调“不忘初心、牢记使命”，十多次提到“幸福”，并且提出“加快建设教育强国、科技强国、人才强国”“加快建设高质量教育体系”，这为新时代教育落实党“为中国人民谋幸福、为中华民族谋复兴”的初心使命指明了新的方向，提出了新的要求。因此，加强新时代幸福教育理论与实证研究具有划时代的战略意义。

幸福是人类社会的共同追求和最终追求。幸福社会基础在民生，关键靠教育。教育是造福人类社会的德政工程，也是造福子孙后代的民生工程。经济合作与发展组织发布的“OECD 2030 学习框架”将个人和社会的幸福确立为教育的最终指向，PISA(国际学生评估项目)也将幸福纳入其中。新时代幸福的价值实现需要教育奠基，而教育价值的提升需要幸福驱动。因此，处于优先发展地位的教育，如何克服传统教育“苦”有余而“乐”不足的顽疾，实现因材施教、寓教于乐的千年梦想，更好地服务于党“为中国人民谋幸福，为中华民族谋复兴”的初心使命，服务于满足人民日益增长的美好生活需要，服务于促进更加平衡和充分的发展，服务于加快建设教育强国、科技强国、人才强国战略，服务于“国家富强、民族振兴、人民幸福”的伟大中国梦，成为新时代迫切的幸福教育理论和实践新课题。

该研究立足新时代历史方位，系统梳理了古今中外幸福观，弘扬中国传统优秀文化中的幸福观思想，借鉴西方幸福观中的合理成分，以习近平新时代中国特色社会主义思想和有关教育的重要论述为指导，深入探讨了中国特色世界视野的马克思主义幸福观，界定了新时代幸福教育内涵，深挖了其哲理、学理基础和科学依据，厘清了其历史逻辑和现实机理，形成了立德树人幸福教育思想体系，构建了五育融合及家校社协同育人生态系统，创建了“具身德育”“幸福早教计划”“温情教育”“双超常教育”“积极心理健康教育”“人本特教”等一系列先进理念和实践模式，为践行党的初心使命找到了教育改革创新的新发力点和新生长点。

新时代幸福教育研究在服务决策、创新理论、指导实践和提质增效方面做出了积极贡献,取得了良好的社会效益。基于研究成果的服务决策报告得到了国家领导的批示,获得中国教育科学研究院服务决策特等奖。在《教育研究》等国内CSSCI知名杂志发表了《论积极心理健康教育》《中国中小学教师综合幸福感量表的编制》《中国中小学生综合幸福感量表的编制研究》以及五育融合育人、具身德育等方面一系列文章,其中有的被《中国人民大学复印报刊资料》全文转载,有的被引用高达数百次,有的下载量高达6000次;多篇高水平论文发表在国际著名SCI、SSCI期刊。作为幸福教育基石和核心内容的积极心理健康教育成果获得了第六届全国教育科学优秀成果奖。经教育部国际司批准,2016年,中国教育科学研究院与韩国教育科学研究院联合举办了"中韩幸福早教论坛";2017年,中国教育科学研究院与北京市海淀区教委联合举办了"国际幸福教育·积极心理健康教育研讨会",国内外知名学府的教授以及一线校长、教师代表欢聚一堂,共商幸福教育大计,交流互鉴幸福教育经验,举行了"国际幸福教育联盟"成立和揭牌仪式,*China Daily*(《中国日报》)及知名网站做了宣传报道,向世界传播了中国幸福教育的经验和智慧,赢得了国内外教育界的好评;时任中国心理学会理事长的白学军教授亲临大会并给予了高度评价。如今,我们欣喜地看到,幸福教育实验区和重点实验校都成了当地教育的领头雁,素质教育和中高考成绩都在当地名列前茅,有的幸福教育实验校还被展示在联合国总部网站、中央电视台;新时代幸福教育如雨后春笋般茁壮成长。

新时代幸福教育是一项造福个体和社会、造福子孙万代和造福世界的系统工程,概括而言,新时代幸福教育聚焦三大系统:一要阐明基本理论;二要明确主体对象;三要落实组织实施。由此构成本书上篇、中篇、下篇三位一体架构。

上篇:基本理论。其主要包括:新时代呼唤幸福教育、新时代幸福教育理论基础、新时代幸福教育逻辑机理、新时代幸福教育思想体系。

中篇:主体对象。其主要包括:新时代教师幸福教育研究、新时代婴幼童幸福教育研究、新时代中小学生幸福教育研究、新时代学困生幸福教育研究、新时代超常生幸福教育研究、新时代残障生幸福教育研究、新时代大学生幸福教育研究、新时代职教生幸福教育研究。

下篇:组织实施。其主要包括:新时代幸福教育区域建设研究、新时代幸福教育学校建设研究、新时代幸福教育班集体建设研究、新时代幸福教育课堂建设研究、新时代幸福教育课外活动建设研究、新时代幸福教育课程建设研究、新时代幸福教育家庭建设研究、新时代幸福教育科技赋能平台建设研究。

本书的每章末都附有实证案例，力争达到理论与实践有机结合的目的。

值得专门一提的是，本书是2020年国家社科基金后期资助教育学类仅有的两项重点课题之一的研究成果，足见其意义非同一般！本书荟萃了作者数十年研究生和大、中、小、幼教育教学以及教师、校长、家长培训实践经验，还有多项国家社科基金、国家自然科学基金及联合国教科文组织、世界银行等国际课题研究精华，力争做到国内与国际兼顾，理论与实践结合。尽管如此，本书仍有巨大的改进空间。真诚希望本书能为广大教育科研和实践工作者助力实现"国家富强、民族振兴、人民幸福"的中国梦，深化相关理论研究和实践探索，使其不断发展、完善和提高，从而为实现中国教育现代化做出更大贡献，为构建人类命运共同体贡献中国教育智慧。

目 录

上篇 基本理论

中篇　主体对象

下篇 组织实施

上篇　基本理论

第一章　新时代呼唤幸福教育

党的十九大以来,中国特色社会主义进入了新时代,人民追求更加美好的生活,追求更加平衡充分的发展。党的二十大报告强调"不忘初心、牢记使命",十多次提到"幸福",并且提出"加快建设教育强国、科技强国、人才强国"战略,为新时代加快建设高质量教育体系指明了方向。新时代开展幸福教育,对践行党的初心使命,办好人民满意的教育,造福人民、造福社会、造福子孙后代[①]、造福世界,具有现实价值和深远历史意义。

一、新时代幸福教育的基本内涵

新时代幸福教育是一种价值导向和追求,是一种范畴,而不是机械主义的固定程序,更不是另立教育体系。它是面向和服务于我国整体发展及阶段性战略目标,紧紧围绕提升国家课程获得感、幸福感而构建的与时俱进的幸福教育新体系,具有鲜明的地方和校本特色。可以说,一切美好的教育都属于幸福教育的范畴。

新时代幸福教育内涵十分丰富。立足新时代历史方位,针对新时代国情和教情,从不同角度、不同维度、不同出发点认识和把握其内涵,可以得出精彩纷呈的理解。择要列举如下:

- 新时代幸福教育是落实党的初心使命的教育;
- 新时代幸福教育是深化五育并举、立德树人、促进学生德智体美劳全面发展的教育;
- 新时代幸福教育是弘扬因材施教、寓教于乐、教学相长、知行合一优秀传统的教育;
- 新时代幸福教育是让师生追求幸福、获得幸福、感受幸福、分享幸福、珍惜幸福、创造幸福的教育;
- 新时代幸福教育是轻负高质、减负增效的教育;
- 新时代幸福教育是让教师爱教、会教、教会和学生爱学、会学、学会,

---

① 孟万金.落实党的初心使命　深化德智体美劳五育并举——新幸福教育论纲[J].中国特殊教育,2020(09):3-8.

师生因而感受到成功与快乐的教育;

- 新时代幸福教育是助力让所有儿童(包括残障、学困、超常儿童在内)享有优质公平服务、共享幸福环境的教育;
- 新时代幸福教育是面向未来、面向世界、面向高科技,助力构建人类命运共同体,造福世界的教育;

……

总之,新时代幸福教育是以习近平新时代中国特色社会主义思想为指导,以习近平总书记有关教育的重要论述为根本遵循,建立在马克思主义幸福观基础上,让每个孩子健康快乐成长,从而提升个人和社会幸福意识、幸福能力的教育;是全面促进教育优质、公平、高质量发展,提升师生获得感、幸福感和人民满意度的教育;是为教育创新打上幸福底色、激活幸福密码、增加幸福元素、强化幸福体验、收获幸福成果的教育;是造福个体和社会、造福人民、造福子孙后代、造福世界、造福未来的教育。其思想灵魂是社会主义核心价值观,其教育理念是五育融合德育为先,其培养目标是德智体美劳全面发展,其根本任务是立德树人,其基本机制是厚德载福、正心立德、劳动树人、五育融合。其主要路径是因材施教、寓教于乐。[①] 其基本形态是充满人性、灵性、张性和激情、温情、感情;生动活泼、轻负高质、快乐有成。其操作层面的定义就是:为了幸福的教育,为了教育的幸福;在幸福中办好教育,在教育中增进幸福;在幸福中创新教育,在教育中创造幸福。[②]

二、新时代幸福教育的价值追求

幸福教育围绕幸福展开,不同的幸福价值取向决定着不同的幸福教育的价值追求。新时代幸福教育的价值既要体现历史担当,又要面向现实需要,彰显时代特色;既要展示世界视野,又要立足中国大地,凸显中国情怀。

(一)幸福是社会文明进步的共同价值追求

幸福是人类社会的共同追求和最终追求。在中国,古代儒、道、墨、佛思想家分别提出了厚德载福的幸福观、取法自然的幸福观、义利并重的幸福观和心灵宁静超然的幸福观;民间则源远流长着“五福”观;新中国第一部宪法提出建成繁荣幸福的社会主义社会;如今习近平总书记提出了“国家富

① 孟万金.构建立德树人幸福教育新体系[J].中国特殊教育,2019(11):10-15.

② 孟万金.支持特殊教育 共创幸福美好未来——学习贯彻党的十八大精神 开创特教新局面[J].中国特殊教育,2013(01):3-6+24.

强、民族振兴、人民幸福”的中国梦。在西方,古希腊时期的感性主义提出了关于幸福的快乐观,理性主义则提出了关于幸福的节制观;19世纪40年代,马克思主义提出了关于人的自由全面发展幸福观;美国《独立宣言》提出将“追求幸福”作为终极目标之一;英国《繁荣社会的幸福宣言》则把幸福作为人类一切活动的终极目标;世纪之交,不丹提出“国民幸福总值”,联合国每年发布《全球幸福指数报告》,确定每年3月20日为国际幸福日。上述所有这些都充分说明,幸福是人类社会的共同追求和最终追求。①

幸福在人类社会和个体人生中的终极目的性决定了教育应有的终极价值和活动的最终目的,决定了教育对人类社会和个体幸福的追求。用亚里士多德的话说就是,“幸福是终极的和自足的,它是行为的目的”。② 可见幸福的价值意义之大。值得注意的是,新时代幸福教育还主张提防陷入“因为追求幸福,所以无法幸福”悖论的泥淖中。

(二)践行党的初心使命是新时代幸福教育的价值追求

新时代幸福教育的价值追求就是践行中国共产党“为中国人民谋幸福,为中华民族谋复兴”的初心和使命。教育是国之大计、党之大计。要实现“国家富强、民族振兴、人民幸福”的中国梦,必须强调和重视教育的重要性、基础性、先导性和全局性;必须强调和重视幸福教育是功在当代、利在千秋、造福子孙后代的德政工程。因此,践行党的初心和使命是新时代幸福教育的根本宗旨。③

1. 新时代幸福的价值需要教育实现

新时代美好生活需要的满足和平衡充分发展的获得感不仅直接影响人民的幸福感,也是人民幸福感的重要标志。幸福是一种主观感受,具有可塑性,因此可教、可学。不同的价值观决定着不同的幸福取向,不同的知识水平、不同的行为、不同的习惯、不同的能力、不同的体验影响着对幸福的理解、幸福的表现、幸福的方式、幸福的结果、幸福的感受。这些影响甚至决定幸福的要素都是可教可学的。

幸福是一门超越学科的学问,是一种积极生活的习惯,是一种化险为夷的能力,是一种智慧豁达的人生。这门学问,知与不知以及知之多少、会与不会以及会到什么程度、能与不能以及能达到什么水平、行与不行以及行到

---

① 孟万金.构建立德树人幸福教育新体系[J].中国特殊教育,2019(11):10-15.

② 亚里士多德.尼各马科伦理学[M].苗力田,译.北京:中国人民大学出版社,2003:11.

③ 孟万金.落实党的初心使命 深化德智体美劳五育并举——新幸福教育论纲[J].中国特殊教育,2020(09):3-8.

什么范围,结果截然不同。常言道“身在福中不知福”,要知福必须先教和学关于幸福的学问。教是通向幸福的直通车,学是攀登幸福的进步阶梯。联合国每年发布的《全球幸福指数报告》将教育摆在九条评价标准第一重要的位置,“OECD2030 学习框架”将个人和社会幸福确立为学习最终要实现的目标。可见,教育搞好了,创造、体验和分享幸福的本领才会增强,建设幸福美好家园、幸福美好社会、幸福美好国家的愿望才会实现,“身在福中不知福”的愚昧才会从根本上减少。目前,我国全面建成小康社会,人们的物质生活得到了极大丰富,对精神生活的美好要求更加强烈,教育也由机会公平迈向优质公平,由有书读迈向读好书,在这种新形势下,如何正确认识和获得美好生活、如何正确认识和获得平衡充分发展,也就是如何正确认识和提升获得感、幸福感,都迫切需要幸福教育。

幸福教育可以通过多种渠道、多种路径、多种形式、多种手段、多种内容引导和帮助学生树立辩证唯物主义的幸福观,科学培养学生的积极心理品质,提高学生感受幸福、分享幸福和创造幸福的能力,从而对幸福的立场、观点和方法产生更为全面深刻的认识,进而促进学生幸福感的提升。苏霍姆林斯基(苏联)说:“我们认为教育的理想就在于使所有的儿童都成为幸福的人。”耶鲁大学校长理查德·雷文(Richard Levin)主张教育要教授学生获得幸福的终极能力。美国斯坦福大学诺丁斯教授在《幸福与教育》中明确指出,“好的教育就应该极大地促进个人或集体的幸福”,成为让儿童拥有幸福完整人生的奠基工程。①

世界上许多著名教育家都强调让学生有获得幸福的能力,将幸福视作教育的主要目的,认为美好的教育就应该具有极大地促进个人和集体幸福的天然内在功能。①英国发布的《幸福宣言》提出,创建幸福社会的重要举措之一就是“创造一个促进涵养的教育系统”。②

《幸福宣言》认为幸福取决于三个要素:一是我们的父母,通过他们的基因和养育方式,影响我们与他人相处时的幸福获得,这个要素大约占50%;二是我们的境遇,包括我们的收入,还有其他外在因素(如气候和居住的环境),这部分占10%;三是我们对前途的展望和活动的参与,比如我们和他人的友谊、参与社群活动、从事的运动和种种爱好、人生态度等,占40%。由此可以看出,第一和第三方面合起来共占比例高达90%,而这两方面受教

---

① Nel Noddings. Happiness and education[M]. Cambridge: Cambridge University Press,2003: 65,34.

② 新经济学基金会.繁荣社会的幸福宣言[J].马克思主义评论,2005(01): 429-434.

育的影响和包含教育的成分都很大。

2. 新时代教育的价值需要幸福提升

《国家中长期教育改革和发展规划纲要(2010—2020)》明确指出：我国教育还不完全适应国家经济社会发展和人民群众接受良好教育的要求。教育观念相对落后,内容方法比较陈旧,中小学生课业负担过重,素质教育推进困难……这说明我们的教育离人民满意还有距离,尤其是在实现了有学上后,人民对上好学期望更高,对教育的平衡充分发展要求更迫切,对教育的获得感、幸福感要求更多。立德树人、因材施教、寓教于乐、轻负高质、公平效益、平衡充分发展等成为新时代对教育的新诉求。因此,将教师和学生从落后的教育观念、陈旧的内容方法和过重的负担中解放出来,真正实现生动活泼的教与学、健康快乐的生活与成长,让教育充满幸福、洋溢幸福,成为当前和未来教育改革创新的迫切课题,更是建设幸福社会、创新型国家的时代需要。因此,追求幸福理所当然就成了教育发展的本质回归和时代进步的标志。

“OECD 2030 学习框架”中将个人和社会的幸福纳入其测试范围,成为教育的最终指向(见图 1-1)。这不仅说明教育是通向个人和社会幸福的桥梁,更深刻揭示出教育离不开幸福,教育迫切需要幸福。

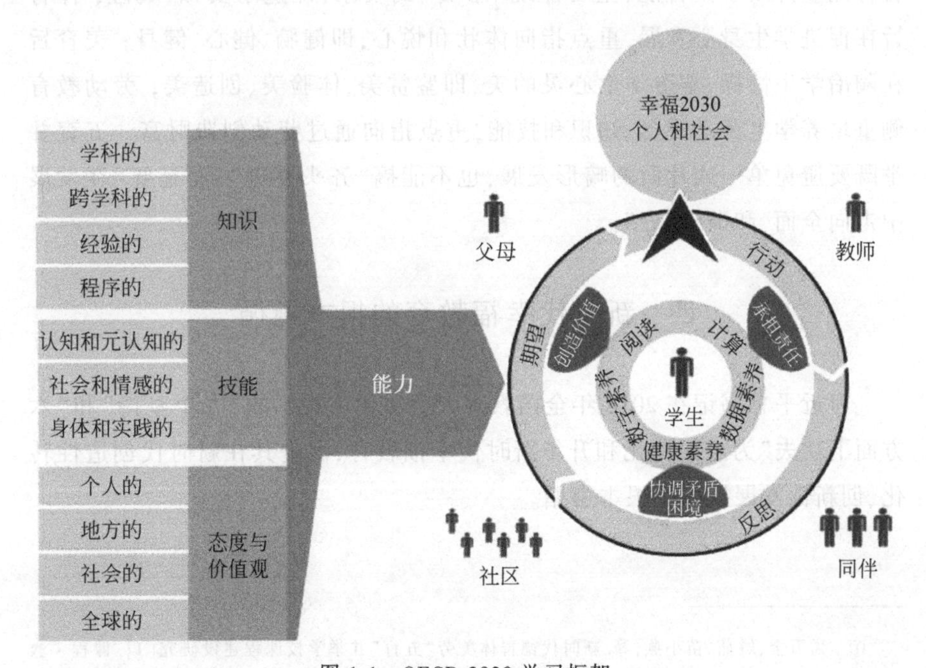

图 1-1　OECD 2030 学习框架

三、新时代幸福教育的指导思想

新时代幸福教育的指导思想是全面贯彻党的教育方针，更好地落实立德树人根本任务，为加快建设高质量教育体系，发展素质教育，促进教育公平做出更大贡献；为办好人民满意的教育塑造发展新动能、新优势。

新时代幸福教育落实立德树人根本任务重在坚持“五育并举”，形成德智体美劳全面培养的合力。

马克思主义关于人的全面发展学说认为，人的全面发展是指人的智力与体力多方面的、广泛的、充分的、自由的发展。[①] 这就要求德智体美劳五育并举要做到结构合理、配合融洽、发展协调。五育并举作为有机统一整体可以划分出三个结构层次：[②] 一是主体的心灵-精神发展层次，包括德育、智育、美育；二是主体的身体-生理发展层次，主要是体育健康；三是主体的实践-活动层次，主要是劳动教育。在五育中，以德为先，以智为源，以体为基，以美为趣，以劳为乐，共同促进全面发展。德育重点是社会主义核心价值观入脑入心，侧重解决学生的世界观、人生观和价值观问题，它指向灵魂的善；智育侧重开发学生智能，主要体现“求真”的要求，即追求真知、真理；体育旨在促进学生身心发展，重点指向体壮和悦心，即健脑、健心、健身；美育旨在陶冶学生情操，塑造学生心灵的美，即鉴赏美、体验美、创造美；劳动教育侧重培养学生劳动观念、知识和技能，重点指向通过劳动创造财富。五育并举既要避免单一或片面的畸形发展，也不能搞“齐头并进”，而是要“在发展中走向全面、和谐、充分”。

四、新时代幸福教育的根本遵循

习近平总书记在2018年全国教育大会讲话中提出的“九个坚持”和“六方面下功夫”为全面深化和升华新时代幸福教育，促进其在新时代创造性转化、创新性发展提供了根本遵循。

---

① 孟万金，姚茹，苗小燕，等. 新时代德智体美劳“五育”并举学校课程建设研究[J]. 课程·教材·教法，2020，40(12)：40-45.

② 孟万金. 落实党的初心使命 深化德智体美劳五育并举——新幸福教育论纲[J]. 中国特殊教育，2020(09)：15.

（一）九个坚持①

1. 坚持党对教育事业的全面领导

中国共产党的初心就是为中国人民谋幸福，为中华民族谋复兴。中国特色社会主义制度的最大优越性就是坚持中国共产党的集中统一领导。教育作为社会主义事业的重要组成部分，具有鲜明的政治属性、文化属性。幸福教育是造福当下和子孙后代的千秋伟业，必须旗帜鲜明坚持党的全面领导。

2. 坚持把立德树人作为根本任务

教育的根本任务是立德树人。幸福教育大力弘扬“厚德载福”的中华优秀传统，将“德”视作幸福人生的前提、源泉、导向、灵魂、成分、基石和保障；幸福人生的价值必须在社会主义核心价值观指导下，在建设幸福社会和为人民谋幸福中得以实现。

3. 坚持优先发展教育事业

百年大计，教育为本。实施科教兴国是国家战略，教育肩负着培养人才的使命。幸福教育是建设幸福民生、幸福社会的基石，是教育事业中提升人民对教育的满意度、获得感、幸福感最直接、最核心的部分。因此，应该在坚持教育事业优先发展时，使幸福教育得到科学合理的优先发展。

4. 坚持社会主义办学方向

幸福教育是为更好、更快、更多地培养社会主义建设者和接班人的教育，必须在坚持社会主义办学方向上认识更深刻、情感更鲜明、意志更坚决、行动更有力、效果更显著，从而为高质量培养坚决听党话、跟党走、堪当民族复兴大任的时代新人做出积极贡献。

5. 坚持扎根中国大地办教育

中国优秀传统文化孕育了勤劳智慧的中华民族，爱国主义是中华民族精神的重要组成部分。新时代幸福教育扎根中国优秀传统文化，弘扬爱国主义优秀传统，传承中华文明，与时俱进，致力于新时代教育和个体更加平衡和充分发展，因地制宜，因材施教，寓教于乐，为每个人提供适合的教育，让每个人得到最优发展。

6. 坚持以人民为中心发展教育

幸福是人类社会永恒的追求。中国共产党的初心就是为人民谋幸福，

---

① 孟万金，张冲. 以核心价值观为统领　健全立德树人落实机制——学习习近平总书记在海淀区民族小学和全国教育大会讲话精神的体会[J]. 大学（研究版），2019（02）：23-31+22.

幸福教育秉持以人民为中心的宗旨，致力于为人民谋幸福和办好人民满意的教育，倡导人人推动幸福教育，人人享有幸福教育，人人发展幸福教育，人人获益幸福教育，从而大幅度提升人民对教育的获得感、公平感、幸福感。

7. 坚持深化教育改革创新

幸福教育也要与时俱进，随着社会经济的不断发展，尤其是科学技术的迅猛发展，随着信息技术、大数据、云平台、人工智能技术的日新月异，幸福教育追求的因材施教、寓教于乐的千年梦想正逐步得以实现，公平质量、超越时空、私人订制、深度学习、翻转课堂等一系列新进步极大地提高了轻负高质的效果，提高了幸福教育质量和效率。因此，幸福教育要充分发挥科技赋能领头雁作用，走在教育教学改革创新的前列。

8. 坚持把服务中华民族伟大复兴作为教育的重要使命

幸福教育不仅直接体现了中国共产党为人民谋幸福的初心，也直接体现了为中华民族谋复兴的使命。因此，新时代幸福教育更加强调培养堪当民族复兴大任的时代新人，为更好地服务中华民族伟大复兴做出更大贡献。

9. 坚持把教师队伍建设作为基础工作

百年大计，教育为本。教育大计，教师为本。教师是教育的主力军、生力军，在教育中发挥主导作用。幸福教育主张，只有幸福的教师才能教出幸福的学生；幸福教育先要提高教师的职业幸福感、主观幸福感和综合幸福感，让教师先幸福起来。

（二）六方面下功夫

1. 要在坚定理想信念上下功夫

理想信念决定着幸福的价值取向，决定着人生的走向。理想信念是个体幸福的精神源泉、航行灯塔、胜利保障。要用社会主义核心价值观统领德行修养，牢固树立坚定正确的政治方向，牢固树立报效国家、报效社会、为实现中华民族伟大复兴而努力学习的崇高理想，进一步坚定“四个自信”，并入脑、入心、入行。

2. 要在厚植爱国主义情怀上下功夫

爱国主义是中国传统文化基因，是炎黄子孙身体里流淌着的血液，是我们创造和享受幸福美好生活的命脉。中华民族精神的核心就是爱国主义，它既是中华民族精神的脊梁，也是中华民族薪火相传、生生不息的优秀传统。幸福教育只有厚植爱国主义情怀，才能根深蒂固、茁壮成长。

3. 要在品德修养上下功夫

中国优秀传统文化重视厚德载福,将德作为幸福的前提和内涵及保障,传统文化主张“勿以恶小而为之,勿以善小而不为”“积善成德”。“德”是学生全面发展的灵魂,是人生幸福的灯塔。古语说得好,“人而无德,行之不远”“德不孤,必有邻”,都揭示出有品德的人、有修养的人才会赢得社会的尊重。可见,品德修养对社会情感和谐的重要性,幸福教育要在学生品德修养上下功夫,才能行稳致远。

4. 要在增长知识和见识上下功夫

幸福需要知识、见识、能力做支撑,需要胸怀和胸襟。对一个人而言,知识见识是才能和本领的重要内核,是创造幸福的基础和工具。缺乏知识见识,眼界就低,胸怀就不宽广,难以养成足够的能力,做事情就会力不从心,遇到问题就会束手无策,为人处世就难以得心应手,有可能处处碰壁。可见,知识见识是孕育幸福的温床,滋养幸福成长的沃土。幸福教育只有在增长知识见识上下功夫,才能撑起学生和社会的幸福大厦。

5. 要在培养奋斗精神上下功夫

幸福不是安逸享受,幸福不是天上掉馅饼;幸福是劳动创造的,幸福是奋斗出来的。劳动最光荣,奋斗最崇高。只有劳动才能创造物质财富和精神财富,才能满足人们日益增长的物质需要和精神需要;只有奋斗才能为美好生活提供阶梯,才能给人们带来更加光辉灿烂的明天。这样的劳动和奋斗不仅创造幸福,更能在劳动和奋斗过程中体验幸福、分享幸福。可见,幸福的源泉就是奋斗,幸福教育要在培养奋斗精神上下功夫,为个体和社会持续幸福注入源头活水。

6. 要在增强综合素质上下功夫

幸福需要平衡充分发展,需要综合素质做基础,片面、畸形发展都会扭曲幸福,给幸福埋下隐患。增强综合素质重在大力推进素质教育。但在实践中一直存在素质教育轰轰烈烈、应试教育扎扎实实的顽疾、痼疾,为彻底扭转这种被动局面,新课程改革确立了以核心素养为课程标准结构的四梁八柱,并将核心素养深化、细化到各学科课程教材教学之中,尤其是新课程提出“大单元”“大概念”“大任务”“跨学科”等新思想、新要求,其根本目的就是引导培养学生的综合素质和综合能力,尤其是创新思维能力。人是各种素质的有机统一体,五育并举、融合育人也是为了培养和增强综合素质。因此,幸福教育要实现整体育人和育整体的人,必须要在增强综合素质上下功夫。

五、新时代幸福教育的生态系统

生态系统是指一定区域内生存的具有自动生命力的系统,系统内包含的各要素及其与环境之间发生能量转换和信息传递,从而形成自组织协调发展的有机统一体。模式一般是指事物存在和发展呈现出的基本固定的程序和样态,经过理论上的概括提炼形成逻辑框架,也就是理论性的简化结构。生态系统模式既包含揭示了生态系统的内在机理,又彰显了模式的逻辑架构。

(一)新时代幸福教育生态系统要义

1935 年,英国生态学家坦斯利首先提出生态系统这一概念,强调有机体与其生存环境的不可分割性,强调系统中各因子之间的相互关系、相互作用及功能上的相互影响。任何一个系统都是更大系统的子系统,同时又包含许多子系统或亚系统。各系统之间相互联系、相互作用、相互影响、相互依存、相互协同,通过能量传递和信息交流形成"自组织系统"。"自组织系统"的功能就是"生命有机性",表现形式为鲜活的生命体。

新时代幸福教育认为,传统教育的最大弊端就是千校一面、千人一面。教育要使每个人得到充分均衡的发展,使每个人的潜能得以最佳发挥,必须挣脱千篇一律的束缚,推动个性化发展、创造性发展。当下儿童的成长时间和生活空间正在被不断挤压,儿童发展往往处于不良教育生态之中,并引发了社会焦虑。不良教育生态直接表现为校外培训班无序发展,尽管各类教育治理持续不断,"双减"实施取得了显著效果,但是校外培训转入地下和线上,尤其是家长自发组织家庭式或线上小班,更增加了校外培训的隐蔽性和管理难度。顽疾难除的症结是教育功利化,背后是家长、学校、社会合力造成了儿童生活状态成人化、儿童家庭生活课程化以及儿童教育内容市场化的不良教育生态。在儿童生活状态成人化、儿童家庭生活课程化和儿童教育内容市场化的三重压力之下,大多数儿童生活变得紧张和忙碌,压力过大,不同程度地危害了儿童身心健康,使其体质体能普遍下降,肥胖、近视率普遍上升。严峻的现实要求政府在教育生态治理中承担起责任,家长、学校和社会也要积极行动起来,要尊重儿童独特的生命体验,给孩子一个自然长成的童年,尽快构建新时代幸福教育生态。

(二)新时代幸福教育生态系统模式构建

新时代幸福教育生态系统功能的实现还需要进一步构建对应的运行模

式。教育模式是一种揭示教育结构要素之间内部关系和功能的框架，也是一种描述各要素和关系相互作用的机制运行形态。

借鉴布朗芬布伦纳人类发展的生态系统模型，可以相信个体的发展是在家庭、学校和社区乃至国家构成的多元文化背景中进行的，受到不同维度、不同层级系统的影响，从师生内心世界及其彼此互动和教学相长，到师生互动中介的课程内容及其技术支撑，再到五育融合育人，共同构成新时代幸福教育的微观系统；幸福教育的组织实施离不开学校（包括班级、课堂、课外活动）和家庭，这一层面构成新时代幸福教育的中观系统；学校和家庭共处在某区域之中，受到区域内各种因素的共同影响，规模化发展需要区域整体推动，区域这一层面构成新时代幸福教育的外观系统；各区域教育必须服从国家需要，严守国家规则规定、政策制度以及文化习惯习俗，这一层面构成新时代幸福教育的宏观系统。据此，我们构建出新时代幸福教育生态系统，主要包括以下相互嵌套的四个层次，见图1-2。

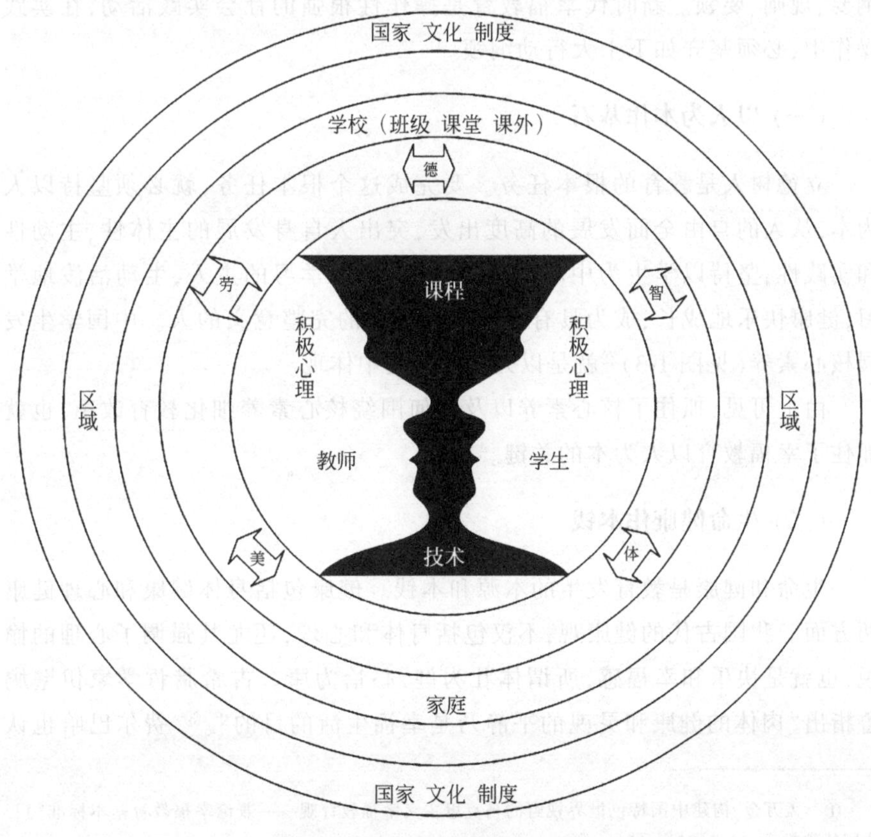

图1-2　新时代幸福教育生态模式

如图 1-2 所示，由外向里分为五圈，第一圈为宏观系统，主要是制约硬性幸福教育的国家层面的文化、制度、教育方针等；第二圈为外部系统，主要是幸福教育的区域要素等；第三圈为中观系统，主要是开展幸福教育的学校和家庭，其中学校又包括班级、课堂和课外活动；第四圈和第五圈为微观系统，主要是五育并举活动及场域、教师和学生双主体，其中双主体又包括各自的积极心理支撑、相互的课程中介以及技术支撑，课程就像一杯飘香的令人陶醉的美酒，技术就像支撑飘香美酒课程的基座，师生通过中间的课程中介产生认知互动和情感共鸣。在学生主体里，又细分出早教学生，基础教育普通学生、学困学生、超常学生和残障学生，以及大学生和职业教育学生。

六、新时代幸福教育的行动纲领

行动纲领是为贯彻落实行动的初心使命，在行动中必须遵循和坚守的纲要、规则、要领。新时代幸福教育是操作性很强的社会实践活动，在实践操作中，必须坚守如下十大行动纲领。①

（一）以人为本作基石

立德树人是教育的根本任务。要完成这个根本任务，就必须坚持以人为本，从人的自由全面发展的高度出发，突出人自身发展的主体性、主动性和实践性，坚持以学生为中心，让学生真正成为学习的主人，生动活泼地学习，健康快乐地成长，成为具有现代核心素养的完整意义的人。中国学生发展核心素养（见图 1-3）②就是以人为本的集中体现。

由上可见，抓住了核心素养以及如何围绕核心素养细化教育改革，也就抓住了幸福教育以人为本的关键。

（二）生命健康作本钱

生命和健康是教育发生的本源和本钱。健康包括身体健康和心理健康两方面。我国古代的健康观，不仅包括身体和心理，还尤其强调了心理的愉悦，也就是快乐和幸福感，所谓体壮为健，心怡为康。古希腊哲学家伊壁鸠鲁指出“肉体的健康和灵魂的平静乃是幸福生活的目的”。③ 费尔巴哈也认

---

① 孟万金. 构建中国特色世界视野的马克思主义幸福教育观——兼论幸福教育基本标准[J]. 中国特殊教育，2017(01)：15.

② 孟万金. 构建立德树人幸福教育新体系[J]. 中国特殊教育，2019(11)：10-15.

③ 周辅成. 西方伦理学名著选辑（上卷）[M]. 北京：商务印书馆，1987：103.

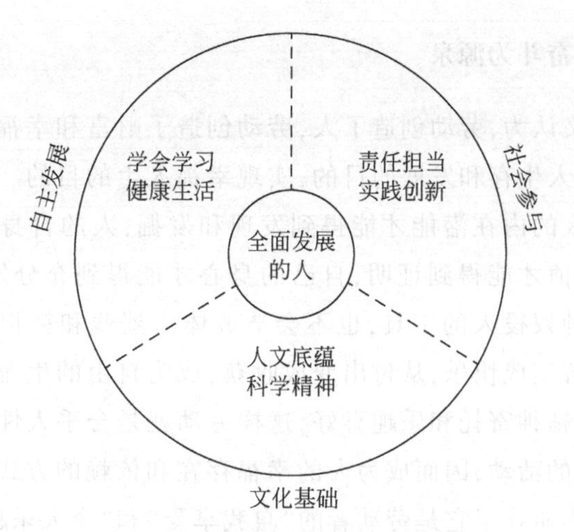

图 1-3　中国学生发展核心素养

为“生命就是幸福”“快乐与健康就是幸福”。中国民间“五福寿为先”的理念源远流长,“一曰寿,二曰富,三曰康宁,四曰攸好德,五曰考终命。”(《尚书·洪范》)其中一、三、五都与生命健康有关。功利化的学校教育由于过度市场化、商业化,因而学生不可能成为真正的读书人和文化人①,自然难以使学生成为“完全健康”的人,如触目惊心的近视率和屡禁不止的极端事件,不仅危害学生幸福地学习和生活,甚至断送了学生大好前程。

(三) 快乐有成是核心①

快乐是幸福的动力和精髓,有成(即有为、成长和进步)是幸福的支柱。孔子早就提出“知之者不如好之者,好之者不如乐之者”的教育理想。明代哲学家王阳明也精辟阐述过快乐与进步的重要性,他说:“今教童子,须使其趋向鼓舞,中心喜悦,则其进不能已。”②西方感性主义和理性主义幸福观都有相似的认识,那就是单纯的快乐并不是真正的幸福,因为好逸恶劳、投机取巧、网络成瘾、抽烟酗酒、为非作歹等也能换来眼前的快乐,但仅有快乐是不够的,会迷失方向,甚至沉迷堕落。如果成年人不重新认识儿童的幸福与快乐,不把儿童的快乐转化为持久的、祥和的、与健康成长和进步有机统一的快乐,使这份快乐感受在儿童生活中变得有人生价值意义和有催人向上的力量,那么这种快乐就不能转化成真正的幸福感。

---

①　官群,孟万金. 幸福早教计划:开启和奠基孩子的终身幸福[J]. 学前教育研究,2016(12):3-14.

②　王阳明. 训蒙教约[M]. 北京:中国画报出版社,2014:31.

（四）劳动奋斗为源泉

马克思主义认为，劳动创造了人，劳动创造了财富和幸福。只有通过劳动，才能实现个人生存和发展的目的，实现幸福人生的目的。因为只有在社会劳动实践中人的内在潜能才能得到发现和发掘，人的自身力量才能得到解放，自身的价值才能得到证明，自己的身心才能得到充分发展，这样的劳动就不再是那种奴役人的工具，也不会造成体力摧残和精神折磨，相反，劳动因此会从辛苦变成快乐，从付出变成收获，成为自由的生命存在和表现形式，成为生活的精神寄托和乐趣喜好，这样劳动就是合乎人性及其发展的活动，是自由自觉的活动，因而成为人的幸福存在和依赖的方式。这深刻揭示出劳动的幸福本质在于它是劳动者的“自我享受”和“个人乐趣”。具体到教育，学习的自主性、自愿性、积极主动性和勤奋性、吃苦耐劳性既是幸福学习的前提，也是收获幸福学习的路径和保障。

（五）积极心理打基础

幸福是一种阳光心态，积极心理是阳光心态的基石。两千多年前孔子提出的“正心、修身、齐家、治国、平天下”中的“正心”，用现代话说就是积极心理，也就是催人向上、向善的心理正能量。积极心理学的幸福公式是：总幸福指数=先天的遗传素质+后天的环境+你能主动控制的心理力量（即 H=S+C+V）。自身能控制的心理力量其实就是积极心理，具体包括六大维度，小学生 13 项、中学生 17 项，大学生 20 项，教师 21 项。[①] 这些积极心理品质构成积极进步的快乐人格。人一旦具有了积极进步的快乐人格，就更容易感知到幸福。

（六）优良品德把方向

育人为本，德育为先。传统儒家幸福观概括为德福论，主张向内强调个人的修身养性，形成仁、义、礼、智良好的道德品质，实现厚德载福；道家认为名利欲望只会约束个人自由，难以得到幸福的根源，主张不贪世俗的快乐才是真正的快乐。西方理性主义提出福德观、德福观以及福德并存观，比如苏格拉底认为，美德是达到幸福的保障和途径。理性主义幸福观追求道德的完善和精神的完满，主张抑制欲望，强调节制、自控等美德才是获得幸福的

① 官群，孟万金．幸福早教计划：开启和奠基孩子的终身幸福［J］．学前教育研究，2016（12）：3-14.

唯一途径。可见,中国传统幸福观的精华和西方幸福观的合理成分,都将道德与幸福统一认识和把握。幸福"既是道德生活的一个良好开端,又是引领我们道德生活的受欢迎的副产品"①,"美德是我们追求幸福之行动的一部分"②。

（七）公平公正作基线

公平公正是相对的,没有绝对的公平公正。"不患寡,唯患不均"的传统思想也说明公平公正是重要的,是幸福的起点。幸福教育主张人人都享有接受幸福教育的机会,即机会公平或起点公平;进而让人人都享有适合的教育,从而满足每个人的特殊需要,即过程公平;最后还要人人得到与劳动相匹配的合理回报,同工同酬,即结果公平。总之,幸福教育追求优质公平,不仅为每个学生提供优质公平的教育机会,还要提供优质公平的教育过程和优质公平的教育结果,力争让全体学生做最好的自己。

（八）人际和谐为命脉

人是社会性动物,是关系的总和。社会关系的好坏、人际情感和谐与否直接影响着人的发展与对幸福的体验。很难想象,一个人际关系不好的人、一个不受欢迎的人能在恶劣的人际关系中获得尊重、友善,获得真正的幸福感。我国一向是集体主义价值取向为主导,认为幸福是个体幸福和集体幸福的有机统一。而集体幸福就必须建立在合作共赢基础上,这就必须要有和谐的人际关系。传统文化强调"家和万事兴""仁爱天下"都是聚焦人际和谐。"仁爱"就是"爱人",是人与人之间和谐关系,通过仁爱可以获得幸福。古语讲,"己欲立而立人,己欲达而达人",要想自己获得幸福就要先让别人获得幸福,要想自己通达幸福就要先让别人通达幸福,充分揭示出人际和谐是幸福的命脉。

（九）兴趣特长作翅膀

兴趣特长是人的自由全面发展的重要组成部分,表现为对特定对象的情有独钟。有兴趣就会产生内驱力,促使个体自觉去接近特定对象,愿意将更多时间和精力花在特定对象上面,时间长了,重复的次数多了,个体在特定对象上就会表现出超越寻常的特别之处,显得更善于和精通该特定对象,

---

① Nel Noddings. Happiness and Education[M]. Cambridge: Cambridge University Press,2003: 58.

② 孟万金. 构建立德树人幸福教育新体系[J]. 中国特殊教育,2019(11): 10-15.

进而又进一步激发兴趣，形成良性循环，从而使自我潜能得到释放，自我价值得以实现，不仅可以丰富生活乐趣，开发潜能，还可以促成个体在某一方面出类拔萃。如果每个人的兴趣特长能够得到最大限度发挥和满足，幸福就会找到新的生长点和亮点，从而为幸福人生锦上添花。因此，幸福教育强调科学设计丰富多彩的课外活动，重视社团建设，让学生的兴趣特长展开幸福的翅膀。

（十）多元评价显个性

世界上没有完全相同的两片树叶，每个学生也都有各自的独特个性，因此，因材施教一直是教育的理想。幸福教育强调儿童发展具有鲜明差异性，教育不是“复制产品”，而是培养鲜活的独特个性；教育不是培养完美，而是让每个孩子成为最好的自己。因此，孩子发展目标是多元的，路径是多元的，评价也应是多元的。多元智能理论认为，人类的智能至少可以分为八项，后来补充到九项。每个人在这多元智能中各有自己的优势，因此，评价也要从传统的“大一统”模式，即对学生笼统单一的评价，变成从多角度、多维度的形成性评价，以评促建，以评促学，以评促教，使每个学生绽放最美的自己，彰显和鼓励个性幸福成长。

案例

北京中关村二小：构建“桃红李白”教育新生态

——“地球妈妈的雨衣”科学实验获得习爷爷夸赞[①]

“我们的祖国是花园，花园的花朵真鲜艳，温暖的阳光照耀着我们，每个人脸上都笑开颜，娃哈哈，娃哈哈，每个人脸上都笑开颜……”在祖国这个大花园中，学生就是那含苞待放的花朵，教师就是那辛勤培育花朵的园丁，我们的教育应该呈现出万紫千红总是春的幸福原生态。

北京市海淀区中关村第二小学（简称二小）是一校七址、集团化办学的品牌名校。二小立足“祖国是个大花园”，积极构建生态文明建设大背景下“桃红李白”幸福教育新生态，主张：教育更像是精耕细作的农业，而不是生产“统一模板”产品的工业；每一个孩子如同一粒种子，其内在蕴含着无限的生命力，应当把儿童看成自我生命发展的主体，发现和点燃儿童生命个体

---

① 杨刚.绽放最美的自己——中关村第二小学“桃红李白”教育新生态[M].北京：教育科学出版社，2022.（杨刚校长为本项目核心成员，孟万金教授多次亲临该校考察交流指导）。

最初始、最独特也是最绚丽的光芒。坚持：每一个孩子都是一朵含苞待放的花蕾，蕴含着无限的生机和可能；每一朵花蕾的盛开都需要悉心耕种、用爱守候，始终陪伴他们沐浴风雨阳光，收获成长和希望；每一个教师都怀揣教育的梦想，通过不懈的努力和心与心的互动，让每一个生命绽放出最美的姿态。从而营造幸福校园，培养幸福学生，成就幸福教师，促成幸福家长，奠基幸福未来。

"桃红李白"表达了桃李之间"和而不同"的自然属性，寓意每个生命都是独一无二的个体，都有自己的颜色和精彩；同时，不论何种颜色和精彩，它们都有一个共性，那就是都能绽放最美的自己。这里蕴含着教育的个性和共性，既是教育的起点，又是教育的结果；既包含教育的方法，更蕴含教育的过程和教育的智慧；既体现了教育的一般规律和优质均衡共同发展的整体追求，又强调了尊重生命个体差异，因材施教、因人而异的教育主张。

"桃红李白"教育新生态的初心是办好让师生幸福、让人民满意的教育，根本任务是立德树人，共同愿景是绽放最美的自己，核心理念是以人为本，教育主导是专业化教师，发展主体是个性化学生，育人载体是育心课程，主要阵地是生态课堂，课外补充是多元个性张扬，快速发展支撑是集团化办学、信息技术、家校社协同，总目标是培养堪当民族复兴大任的时代新人。

构建"桃红李白"幸福教育新生态系统，重心在学校。学校是幸福教育新生态系统中重要的教育生态群落。学校的软件设备与硬件设备，包括教学楼、图书馆、餐厅、体育场、宿舍楼、实验室、仪器、教材、网络以及学校的自然环境与人文环境是学生在学校学习、生活、健康成长所必需的，是学校教育生态群落的"矿质营养"。社会对教育的重视程度、社会的学习风气、学校的校风是教育生态气候因子。学生学习的过程犹如光合作用的过程，是一个"储能"过程。在光合作用过程中，绿色植物合成了有机物质，储存了能量，学生在学习过程中学习了知识、掌握了技能，相当于光合作用中储存的能量，掌握的知识、技能在学生走向社会从事生产劳动时要转化为生产力。教师是教育生态系统的"能源"，相当于生物生态系统中的光能。学生对知识、能力的有效掌握大多是在教师讲授与指导下学习获得的，教师的讲授与指导相当于光合作用的光照，教师在教育生态系统中的作用相当于光合作用中光照的作用。绿叶是生物生态系统中能量合成的主要场所，学生的知识、能力大多是在课堂上获得的，课堂就成为教育生态系统"能量"合成的主要场所。生物生态系统中光合作用进行时，绿叶中各种物理因子和化学因子是非常协调的，同样课堂上的各种教育生态因子相互之间都应和谐与协调，否则会影响课堂教育生态系统结构的优化和功能的正常发挥，影响学生对知识、能力的掌握，影响学生的健康发展。我们要追求一种自主、平等、和谐、愉快、健康的教育生态观。

二小“桃红李白”教育新生态已初具规模，受到师生和家长的普遍认可，为中国基础教育满园春色锦上添花。尤其是通过人与自然领域的研究性学习，打造了孩子的绿色生态梦。在2011年全国科普日上，二小邀请习爷爷一起做了“地球妈妈的雨衣”的科学实验，获得了习爷爷的夸赞。

第二章　新时代幸福教育理论基础

不同文化、不同社会、不同时代、不同制度、不同价值取向对幸福的理解、认识、诠释和追求不尽相同，决定着幸福的立场、观点和方法。因此，构建新时代中国特色世界视野的幸福教育新体系，首先必须端正对幸福的态度，对古今中外幸福观取其精华、去其糟粕，确立自身的思想理论基础，构建新时代中国特色世界视野的马克思主义幸福观。

一、中国优秀传统幸福观

在中国传统文化中，主流幸福思想中包含感性和理性两方面。前者重视物质基础，指基于生理需求的生活环境和条件；后者重视道德张扬，指基于生命意义的精神价值，发挥主导作用，尤其是道德境界的提高和理想人格的实现，也就是儒家特别提倡的以德为福和以德致福。①

在儒家眼中，人们追求的目标有两个：实现理想人格和实现理想社会。从“修齐治平”修养可见，实现理想人格在先，然后是实现理想社会，前者是条件和路径，后者是目标和归宿。因此，儒家的幸福观首先指向个体内部，强调个人的内在修养，所谓修身养性，从而形成仁、义、礼、智、信等优秀传统品德，然后通过“反身而诚”实现“内圣”，获得道德情感体验的满足与快乐。在“内圣”基础上，幸福向外发展延伸，主张幸福并非单属于个人，所谓“独乐”，也包含了人与人之间和谐关系所带来的“众乐”。“众乐”需要仁爱来维持人与人之间的和谐关系，仁爱即“仁者爱人”，主张通过仁爱来获得幸福，享受“父母俱存，兄弟无故”的天伦之乐，为辅德而交友的快乐，进而追求齐家、治国、平天下，求取功名，追求普天下人幸福，达到“外王”境界，彰显积极有为思想。

道家幸福观主张道法自然，清心寡欲，清静无为，回归真我，不争不斗，不为名利欲望所动，不受世俗利禄所扰，维持和维护内心世界的安乐和精神

① 孟万金. 构建立德树人幸福教育新体系[J]. 中国特殊教育，2019(11)：10-15.

境界的超脱。在遇到困境和挫折时，善于寻求自我内心的安全保护机制。常言道“退一步海阔天空”“比上不足比下有余”等都彰显了幸福观在民间的生命力。

墨家幸福观主张“义利并重”。墨家在坚持德性和道义基础上，主张发展生产力，尤其难能可贵的是重视科学技术对发展生产力和提高人们生活品质的重要性，用现代话说就是重视培养人类进步的推动力，发现了科学技术的生产力属性和作用。铁肩担道义，妙手抓生产，成为墨家幸福观的重要内核。

佛教作为一种外来宗教，在中国经过两千多年的传播，已成为中国文化的重要组成部分。佛教的幸福观与道家的幸福观有一定相通性，也强调心灵的宁静与精神的超然；与儒家幸福观也有一定相通性，也强调内心修养，幸福由心而生。但其所强调通过修行消障来实现幸福还是暴露出其局限性的。

民间“五福”幸福观源远流长。五福分别是：“长寿”——即生命延续长久；“富贵”——即经济情况好，社会地位高，受到普遍尊重，显得高贵；“康宁”——即身体健康，内心安宁；“好德”——即自觉加强德性修养，维持较高道德水平，心地善良；“善终”——即善始善终度过平安一生，没有遭到灾祸而夺命。可见，民间“五福”包含了当今幸福的基本面和重要成分。

总之，儒、道、墨、佛四家和民间思想都强调追求幸福是人最终的目的，幸福包括个人和社会维度；都强调幸福来自内心，源于群体；都强调个人修养和努力的重要，精神满足的快乐重于身体满足的快乐，只有控制住人自身的本能欲望才能得善，淡化身体需求得以满足的快乐才能获得更高层次的精神快乐，才可以得到持续长久的幸福。这些幸福观初步具备了物质与精神、个体与群体、享受快乐与努力进取相统一的朴素辩证法思想。尤其是中国主流幸福观从一开始就将个体与社会融合成为有机统一体，儒家的“格物、致知、诚意、正心、修身、齐家、治国、平天下”深刻揭示了由内及外、由己及群、由小及大、由近及远、奋斗不息的幸福思想。这些都为构建新时代中国特色世界视野的马克思主义幸福观奠定了优秀传统文化基础。①

① 孟万金.具身德育：机制、精髓、课程——三论新时代具身德育[J].中国特殊教育，2018(04)：73-78+96.

二、西方主流幸福观

西方传统文化对幸福的追求主要有两大流派[①]：一是感性主义；二是理性主义。

感性主义幸福观最早由古希腊哲学家德谟克利特提出，主张人的自然本性是进化而来的，为了生存和繁衍，人是趋利避害的，并且人活动的目的都是追求快乐，避免痛苦。[②] 这种幸福观在20世纪被以弗洛姆为代表的美国心理学家发扬光大。同时，感性主义幸福观也意识到了理性的重要，其代表人物伊壁鸠鲁就明确指出：当我们说快乐是终极目标时，并不是指放荡者的快乐或肉体之乐，而是身体的无痛苦和灵魂的不受干扰。[②]

理性主义幸福观可以追溯到古希腊的苏格拉底和柏拉图，强调道德对幸福的重要性，美德是达到幸福的途径。柏拉图认为一个真正幸福的人，应该以理性为主导，用道德去约束自己，用理智战胜自己的本能和情欲，用智慧去追求更有价值的世界和快乐境界。后来经过不断演进和发展完善，形成了福德一体观、德福一体观以及福德并存观三种不同的理论假说。

从传统的感性主义快乐论与理性主义完善论的对立，发展出了与之对应的西方主观幸福感和心理幸福感。前者追求享乐，后者追求自我实现。但二者的共性都是立足于个体，而忽视了社会。为弥补此不足，随后又出现了社会幸福感。但是，三者之间依旧是各行其是。[③] 在现代心理学中，基本达成共识的是，幸福感是指个体通过自己主观认定的标准对自己生活各方面质量进行整体性综合评估，从而产生满意的心理愉悦状态。

三、新时代马克思主义幸福观

从上述可见，中国传统幸福观包括儒家、道家、墨家、佛家和民间思想；西方传统幸福观也琳琅满目，直到二十世纪六十年代，西方传统的感性主义幸福观的快乐论演化出了主观幸福感，而理性主义幸福观也摆脱了“禁欲论”的极端，汲取了不同哲学理论，演化出了心理幸福感，实现了快乐与意义

① 邢占军，黄立涛. 西方哲学史上的两种主要幸福观与当代主观幸福感研究[J]. 理论探讨，2004(01)：32-35.

② 苗力田. 古希腊哲学[M]. 北京：中国人民大学出版社，1989：94-115.

③ 孟万金. 落实党的初心使命　深化德智体美劳五育并举——新幸福教育论纲[J]. 中国特殊教育，2020(09)：3-8.

的统一。不论主观幸福感还是心理幸福感，它们都聚焦个体领域，而缺乏对个体与社会之间关系的考量。二十世纪九十年代，西方幸福观开始关注与个体幸福感有关的社会领域，社会幸福感应运而生。近年来，随着对幸福感研究的不断深入，身心、情绪、精神等方面进入幸福观视野，精神幸福感也开始引起人们的关注。

综合古今中外幸福观可见，“幸福”这一概念的本质复杂性集中体现为：内涵与外延、物质与精神、主观与客观、身体与心理、个体与集体、当下与未来、动态性与稳定性、投入与回报、辛苦与享乐等诸多范畴在同一个人身上、同一个集体内部共存且相互冲突的事实。幸福的真谛和要义就存在于这些二元对立关系间的“夹缝”中，它就是对这一幸福“事实”进行透视或统观的结果，这就是诺丁斯所期待的“公认的、能够表达幸福内涵的答案”。① “不幸的是幸福的概念是如此模糊，以至于虽然人人都想得到它，但是，却谁也不能对自己所决定追求或选择的东西，说得清楚明白，条理一贯。”②我们亟须做的是，集古今中外幸福观思想之大成，构建中国特色世界视野的马克思主义幸福观，以此作为当今和未来幸福教育的理论基石和科学指导。

马克思主义幸福观既要坚持历史唯物主义，又要坚持辩证唯物主义，在批判继承感性主义和理性主义合理成分的基础上，提出“幸福是指人之所以为人的真理与自己同在时的心理状态，包括一切真实的事物、人性的道理、他人的生命甚至动物的生命与自己同在，等等，是一种心理欲望得到满足时的状态，是一种持续时间较长的对生活的满足和感到生活有巨大乐趣并自然而然地希望持续久远的愉快心情”。③ “那些为最大多数人们带来幸福的人，经验赞扬他们为最幸福的人。”④马克思主义认为，人是社会的动物，因此个体幸福离不开社会。中国古代儒家思想就提出了“仁爱”思想，提出了人与人之间关系的重要性，所谓“仁者，爱人”“己欲立，先立人；己欲达，先达人”“己所不欲勿施于人”。“格物、致知、诚意、正心、修身、齐家、治国、平天下”更是深刻揭示出个体到社会的递进关系。马克思主义幸福观在肯定生命、健康、快乐、美德的基础上，将感性快乐与理性节制有机结合起来，将个人幸福与他人幸福有机结合起来，独具辩证唯物主义特色。马克思主义认为“幸福”就是“人的自由全面发展”。⑤ 人的自由全面发展首先体现为人的

---

① Nel Noddings. Happiness and education[M]. Cambridge: Cambridge University Press, 2003: 1-158.

② 周辅成. 西方伦理学名著选辑(下卷)[M]. 北京: 商务印书馆, 1987: 366.

③ 马克思，恩格斯. 马克思恩格斯选集(第1卷)[M]. 中央编译局，编译. 北京: 人民出版社, 1995: 78-79.

④ 马克思，恩格斯. 马克思恩格斯论教育[M]. 北京: 人民教育出版社, 1958: 48.

⑤ 李梅. 西方传统幸福理论批判——兼论马克思幸福理论及其当代中国实践[D]. 苏州: 苏州大学, 2012.

劳动能力的自由全面发展,具体来说就是体力劳动和脑力劳动的自由充分结合。随着脑科学的进步,人的全面发展还应包括左、右脑的自由充分结合。卡尔·萨根在《伊甸园的飞龙——人类智力进化推测》中指出,人类的文明就是胼胝体的功能;只有通过大脑左、右半球的合作,才有可能实现人类在科学、艺术等方面的创造性活动;通过胼胝体沟通大脑两半球是通向未来的唯一途径。①

在马克思主义关于人的自由全面发展学说指导下,我们提炼出幸福的核心是快乐,而道德修养保证这种快乐沿着正确方向进步成长,德性成为快乐的保障。这充分体现了中国传统"德福论"的精华和西方"理性"(实现论的心理幸福感)与"感性"(快乐论的主观幸福感)幸福观的有机统一,即福德观、德福观以及福德并存观。② 因此,主观上的愉悦体验(即"快乐")+客观上的有为成长(即"有成"),构成了我们所主张的幸福的要义。有成包含了心理幸福感、社会幸福感、精神幸福感等进步、发展、意义、境界等价值和内涵;而生命健康是"快乐有成"的前提和载体。由上可见,中国特色世界视野的马克思主义幸福观的精髓在于"健康快乐有成"。健康指身心健康,它是幸福的载体和前提;快乐是主观愉悦体验,它是幸福的灵性和体现;有成指成长进步(学业有成、事业有成、成才、成事、成功、成就……),即德智体美劳全面发展,它是幸福的导向和保障。其内在的辩证唯物主义思想具体体现为"十个统一":主观与客观的有机统一、理想与现实的有机统一、物质与精神的有机统一、感性与理性的有机统一、生理与心理的有机统一、个人与社会的有机统一、眼前与长远的有机统一、付出与回报的有机统一、吃苦与享乐的有机统一、过程与结果的有机统一。

案例

中国教育科学研究院和北京海淀区教委联合主办:国际幸福教育·积极心理健康教育研讨会③

中国教育新闻网讯(2017):5月22日至23日,首届国际幸福教育研讨会在北京举行。本次会议由中国教育科学研究院和北京市海淀区教育委员

① 卡尔·萨根.伊甸园的飞龙——人类智力进化推测[M].吕柱,王志勇,译.石家庄:河北人民出版社,1980:48.

② 孟万金.落实党的初心使命　深化德智体美劳五育并举——新幸福教育论纲[J].中国特殊教育,2020(09):3-8.

③ 中国教育新闻网.国际幸福教育研讨会在北京举行[EB/OL].(2017-05-27)[2023-09-10].http://www.jyb.cn/zcg/xwy/wzxw/201705/t20170527_648425.html.

会联合主办,主题是"积极心理造福世界,立德树人连通未来"。教育部有关司局、中国教育科学研究院和北京市海淀区领导出席大会开幕式,来自世界五大洲的专家学者、政府官员以及国内高校知名学者、省市教科院领导、教育局领导、中小学校长和幼儿园园长代表参加了会议。开幕式由北京市海淀区教育委员会副主任张彦祥主持,海淀区人民政府副区长刘圣国致欢迎辞。中国教育科学研究院院长田慧生在致辞中指出,幸福教育就是帮助学生树立正确的幸福观,培养学生形成积极的心理素养和优良的幸福品质,提高学生感知幸福和创造幸福的能力,最终实现健康成长、终生幸福。当今世界正处于大发展、大变革、大调整时期,人们对幸福的强烈追求和幸福教育中面临的一些问题,对幸福教育、积极心理健康教育的研究和实践提出新的挑战,加强国际幸福教育的交流与合作显得更为迫切。教育部基教司朱东斌处长讲话后,主持人宣布国际幸福教育联盟正式成立,由中国教育科学研究院田慧生院长任国际幸福教育联盟名誉主席,中国教育科学研究院德育与心理特教研究所所长孟万金教授任国际幸福教育联盟主席。田慧生院长、朱东斌处长、刘圣国副区长和孟万金教授共同为国际幸福教育联盟揭牌。

研讨会上,来自美国、英国、澳大利亚、新加坡、南非、菲律宾、不丹以及中国香港和台湾地区的专家学者和国内教育研究机构专家、教育主管部门领导以及中小学校长、幼儿园园长代表,围绕幸福学校、幸福教师、幸福课堂、幸福学区四个分论坛专题作了深入探讨。与会代表还分别考察了清华附中、中关村三小及六一幼儿园,与当地师生交流分享各自开展幸福教育的先进经验。

第三章 新时代幸福教育逻辑机理

哲学上讲的逻辑是指事情的因果规律,这需要站在哲学的高度"抓本质、悟精髓、讲逻辑、善概括、重辩证、讲理性、谋战略、观整体"。[①] 机理是某系统中各结构要素相互协同的运行规则和原理。逻辑体现机理,机理遵循逻辑。新时代幸福教育之所以能形成和发展,必然有其逻辑根据和运行机理,概括起来就是"厚德载福—正心立德—劳动树人—全面发展"[②]的螺旋上升。厚德载福是起点和动力,全面发展是目标和归宿;正心立德和劳动树人是从厚德载福迈向全面发展的道路和桥梁。

一、守正创新厚植厚德载福根

新时代幸福教育尤其重视"育人为本,德育为先,德育为要"。这不仅凸显了"唯厚德者能受多福"(《国语·晋语六》)的历史逻辑,还揭示了厚德载福包含的手段、目的和动力的内在逻辑,更闪烁出立德树人的时代光辉。新时代幸福教育必须弘扬优秀传统文化,坚持守正创新,厚植厚德载福文化根基。

古语讲"厚德载福",一语道破道德与幸福的内在逻辑天机。道,本意是万事万物的运行轨道或轨迹;德,本意为得,"德者,得也"(《管子·心术上》)。"德者,道之舍",不仅把道与德有机联系起来,更指出了守道必得到。得到什么?千得万得归根到底还是人类社会的共同追求、最终追求——幸福。可见,有道才有德,有德才有福。

德福历来是我国主流文化推崇的伦理信仰,也是民众的美好希冀。中国汉民族第一部古典散文集和最早的历史文献《尚书》把"攸好德"列为五福之一。《国语·晋语六》直接将德福联系在一起,提出"唯厚德者能受多福",即如今所说的厚德载福。《太上感应篇》进一步将"善"作为德福转化的中

---

① 韩庆祥."世界观和方法论"及其道理学理哲理[J].马克思主义理论学科研究,2022,8(11):57-63.

② 孟万金,张冲.具身德育:立德树人新视野[M].济南:山东人民出版社,2019:115-167.

介,提出“吉祥的人言语善良、看事物善良、行动善良,一天坚持这三种善良,三年上天必然降福这样的人”。所谓“德养运,善养福”。展开来讲,就是“善者,善于做人做事也。福者,富贵全寿也。善于做事的人,会有财运;善于做人的人,受到人们的尊重;善于保护自己的人,不会受到伤害;善于养生的人,寿命要比他人长久。拥有富贵全寿的人,就是有福之人”。我国民间俗语“德至福随”“种德收福”“福以德昭”“以德祈福”“乐善永年”“一人行善,全家受福,一人作恶,全家受殃”“多行不义必自毙”“好人一生平安”等均是德福一致的具体体现。

传统文化还清晰认识到德行在祸与福之间发挥的中介作用。《韩非子·解老》中深刻解释了老子的“祸福”辩证关系:当人遇到祸殃祸害时则内心会感到害怕、恐惧、恐慌,内心会感到害怕、恐惧、恐慌时,行为就会正直端正(为人正直),行为正直端正就会深思熟虑(三思后行),深思熟虑就会熟谙事物背后的道理,行为正直端正就不会有祸害,没有祸害就可以颐养天年,熟谙事物背后的道理就必然能获得成功。颐养天年,就能一生善始善终且长寿,必然获得成功就意味着富裕和尊贵。全身健全且长寿加上富裕尊贵就叫有福和幸福。

由福而祸的中介则是失去德行,丧失操守。如果一个人一开始德行就差,则不可能有真正的幸福,也不配有真正的幸福。即便得到了暂时自己认为的幸福,那也不是真正经得起考验的幸福,也只能是伪幸福。

古语云:德至福随,种德收福,以德昭福,唯厚德者能受多福,等等,都深刻揭示了德育与幸福有机统一的深层关系。从某种意义上讲,德育的最高追求就是造福人生,造福社会,造福国家,造福世界。这与幸福教育的目标完全一致,也就是说幸福教育本身就是一项宏大的“明明德”工程。

与中国传统儒家经典的德福一体观相似,西方哲学和伦理学里“完善主义”幸福观创始人苏格拉底将智慧等同于美德,又将美德等同于幸福,即智慧=美德=幸福。这种简单逻辑认为,如果一个人具有智慧,明白事理,就会做一个有道德的人,而一个有道德的人,自然会拥有幸福。亚里士多德则把幸福视作人类一切求善至善活动的最高和最终目的,认为人的幸福是“合乎德性的现实活动”。可见,在亚里士多德看来,幸福不仅要拥有德性,更重要的是德性在实践活动中的体现,也就是德性活动。德性是幸福的前提和阶梯,获取幸福必先有良好的德性活动。在道德与幸福何者更为重要的问题上,古希腊哲学家的理性主义的幸福观与孔子、孟子、荀子等儒家一样,也站在了道德一边,以德为本。

综上可见,德育的作用不仅是通过德性活动给人带来幸福,更多的是通过精神需求的发掘为德福一致提供心理保障。

二、正心立德铺平厚德载福路

正心,原意是使人心归向于正,具有公正无私之心。用现代语言解读,正心作为名词,可以指光明正大的心,正确的心理心态;正心作为动词,可以指端正心态,矫正心理偏差。《礼记·大学》提出“欲修其身者,先正其心”。修身即立德,所以,我们提出正心立德。

厚德载福中的厚德,作为名词意思为有大德、明德,深厚的道德;作为动词意思是厚植道德、明明德。具体讲厚德就是心胸宽广,重公轻私,不计个人得失。只有先立德才能再厚德。

西方新兴的积极心理学(positive psychology),其中 positive 意思是积极的、正面的,就有我们传统文化里“正心”的含义,可贵的是,我国传统的“正心”不仅包含积极的、正面的心理,而且有端正、矫正心理之意。这种积极心理思想扩展到中医,就是“扶正祛邪”“固本培元”。“扶正”就是培补正气以愈病的治疗原则,就是使用扶助正气的药物或其他疗法,并配合适当的营养和功能锻炼等辅助方法,以增强体质,提高机体的抗病力,从而驱逐邪气,最终达到战胜疾病,恢复健康的目的;“祛邪”就是消除病邪以愈病的治疗原则,就是利用驱除邪气的药物,或其他疗法,以祛除病邪,达到邪去正复,恢复健康的目的。扶正和祛邪是相互联系的两个方面,扶正是为了祛邪,所谓“正盛邪自祛”;“祛邪”也是为了扶正,所谓“邪去正自安”。“固本培元”也是我国古老的哲学思想。“元、本”都是指根本、元神、元气的意思,即基础,“固本培元”即巩固根本、培养元神的意思。①

从积极心理学视角理解“正心”,主要含义是积极人格(positive personality)、积极品质(positive character)、积极个性特质(positive personal trait),这些术语共同的核心要义就是美德和人格力量,将其本土化后,我们称之为积极心理品质,并将其界定为人类文明和民族传统美德积淀在人内心深处并与时俱进、体现时代精神和核心价值观的一系列心理特质及其总和。这些心理特质具有鲜明的积极性、正向性、主动性、进步性、稳定性、建设性特点,包括人类固有的和后天形成的一切善意、美德和建设性的心理特点和心理力量,体现为积极的认知方式、积极的情绪情感、积极的意志、积极的习惯、积极的

---

① 孟万金.具身德育:机制、精髓、课程——三论新时代具身德育[J].中国特殊教育,2018(04):73-78+96.

人格、积极的心态、积极的学习与工作意识、积极的组织关系与积极的人际关系等。积极心理品质为个体健康快乐成长和社会和谐发展提供正能量。①

在借鉴和本土化美国积极心理学家塞利格曼为核心的“价值在行动”项目组确立的六大美德力量24项广泛认可的人格特质基础上，我们对积极心理品质结构及要素做了深入探究，确立了六大维度：①认知维度——知识和智慧；②情感维度——人际和社交；③意志维度——恒心和毅力；④律己维度——节制和谦让；⑤利群维度——公正和合作；⑥超越维度——信念和境界。在这六大维度心理品质中，小学生为13项，中学生15项，大学生20项，教师和成人21项。根据六个分量表和心理学基本原理，我们尝试建构起积极心理品质立体结构，如图3-1所示。

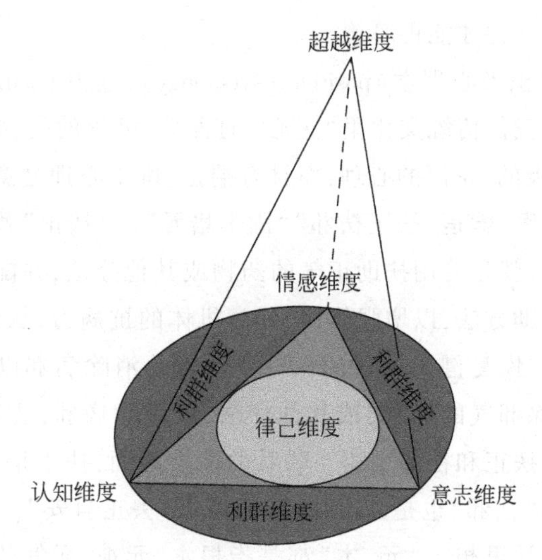

图3-1　积极心理品质立体结构

从图3-1可见，个体心理发展首先体现在认知、情感和意志三大心理过程，这是个体心理发展的基础。然而，人是社会的人，任何人都不可能脱离群体而孤立地生存与发展。因此，在个体心理发展过程中还要处理好自我与社会的关系，即个体与群体的关系。管好自己，即律己；热心群体，即利群。这是从个体心理发展的横断面而言。如果从纵向发展而言，个体心理还有更高层面的追求，属于信念希望方面的理想境界和精神乐趣的超凡脱俗，即超越。这六大结构要素相互联系，相互促进，有机统一，形成立体的积极心理品质结构，从而为积极学习、积极工作和积极生活提供幸福的心理基

① 孟万金，张冲，Richard Wagner. 中国小学生积极心理品质测评量表研发报告[J]. 中国特殊教育，2014(10)：62-66.

础,发挥积极的心理功能。[①]

三、劳动树人筑牢厚德载福桥

德之根在心,人之本在劳。仅有正心立德还不能直接实现厚德载福的目的,还必须通过劳动综合育人,才能将厚德与幸福联通起来。劳动创造了人,人通过劳动改造世界、改造社会,同时改造自己,从而得到物质和精神的收获。通过劳动,人的生理结构和功能得到进化,人的心理和智慧得到发展,人的德性得到锤炼,人的审美得到升华。劳动具有综合育人功能,在德智体美劳全面发展中发挥基础作用。可以说,劳动树人为正心立德通向厚德载福筑牢奋斗桥。

社会劳动是道德起源的基础。马克思主义认为：道德是人所特有的。正是劳动使人成为道德的主体,成了人的道德需要,创造了道德产生的必要性和动力。生产劳动是道德得以起源的社会基础和决定因素。道德作为一种社会现象,并不是从来就有的。孤立的个人是不存在什么道德问题的。是劳动把本来孤立的个体联系起来,形成相互依赖,相互协作的关系；是劳动活动推动了人的社会关系的形成和发展。马克思在《资本论》中说："未来教育对所有已满一定年龄的儿童来说,就是生产劳动与智育和体育相结合,它不仅是提高社会生产的一种方法,而且是造就全面发展的人的唯一方法。"正如苏霍姆林斯基认为的那样,体力劳动对于小孩来说,不仅是获得一定的技能和技巧,也不仅是进行道德教育,而且是一个广阔无垠的惊人的丰富的思想世界。

劳动创造人,而且是人类赖以生存、发展的决定力量。马克思在自己的著作中一再谈到人类的社会本质以及劳动在人类形成中的决定作用。[②] 恩格斯在1876年所写的《劳动在从猿到人转变过程中的作用》中,明确提出并全面论证了劳动创造人的原理。他指出：劳动"是整个人类生活的第一个基本条件,而且达到这样的程度,以致我们在某种意义上不得不说劳动创造了人本身"。[③]

劳动发展人。劳动不仅是人类脱离动物界的分水岭,更是人类提升自

---

① 孟万金,张冲,Richard Wagner. 中国小学生积极心理品质测评量表研发报告[J]. 中国特殊教育,2014(10)：62-66.

② 孟万金,官群. 积极心理健康教育的任务与功能[J]. 中小学心理健康教育,2016(24)：24-27.

③ 马克思,恩格斯. 马克思恩格斯选集[M]. 中共中央编译局,编译. 北京：人民出版社,1995.

我的基本方式。马克思认为,劳动是人获得解放和发展的动力和源泉。正是劳动的实践性本质才使人得以在劳动中确证着人的本质力量,在劳动中自我发展,自我创造,自我实现。在劳动的直接推动下,早期猿人到晚期智人的发展过程中,人类的脑量不断增大,体态特征越来越区别于猿而近似于现代人,劳动工具日益改进和多样化,人类逐渐发展成现代世界的各色人种。人的全面发展最根本的是指人的劳动能力的全面发展,即人的智力和体力的充分、统一的发展。教育与生产劳动的结合是培养全面发展的人的唯一途径。

劳动造福人。苏联教育家马卡连柯曾指出,“劳动永远是人类生活的基础,是创造人类文化幸福的基础”。劳动是财富的源泉,也是幸福的源泉。人世间的美好梦想,也只有通过诚实劳动才能实现;发展中的各种难题,也只有通过诚实劳动才能破解;生命里的一切辉煌,也只有通过诚实劳动才能铸就。

劳动改造人。劳动可以让人体验到劳动的艰辛,倍加珍惜劳动果实,明白勤劳致富的道理,预防和矫治不良思想。马克思曾指出,“劳动是一切社会病毒的伟大消毒剂”。劳动可以根除那些好逸恶劳、不劳而获、贪图享乐的剥削阶级思想。

劳动技术教育主要包括五个方面:一是自我劳动教育;二是家庭劳动教育;三是学校劳动教育;四是社会劳动教育;五是各种类劳动教育。这些都为厚德载福提供了具体路径和实践内容。

四、全面发展收获厚德载福果

厚德载福是生命活力的源头,是潜能激发的引擎。生命因厚德而精彩,潜能因载福而释放。德智体美劳全面发展既是立德树人的本质内涵,也是厚德载福奏响的正心立德、劳动树人的华丽乐章,更是全面、充分、和谐发展的个性化幸福体验和成效。

教育的根本任务是立德树人、五育并举。培养德智体美劳全面发展的社会主义建设者和接班人,就必须坚持“德育为先,五育融合育人”。

从本体论而言,五育融合具有内部规定性,具体可以细分为三个结构层次:德育、智育、美育主要促进心灵发育发展,属于精神发展丰富陶冶层次;体育更多提供健康的物质保障和支撑,属于身心和谐发展的层次;劳动教育提供生存生活和发展所必需的劳动意识和能力,属于培养创造性实践能力的层次。其中,德育是灵魂与方向,智育是本领与支柱,美育是情操陶冶,也是德育和智育的桥梁及各育的内在动力,劳动教育是真正实现真、善、美内在统一的现实途径。[①] 从立德开始,以德统领智体美劳,形成五育融合育人有机统一整体,如图 3-2 所示。

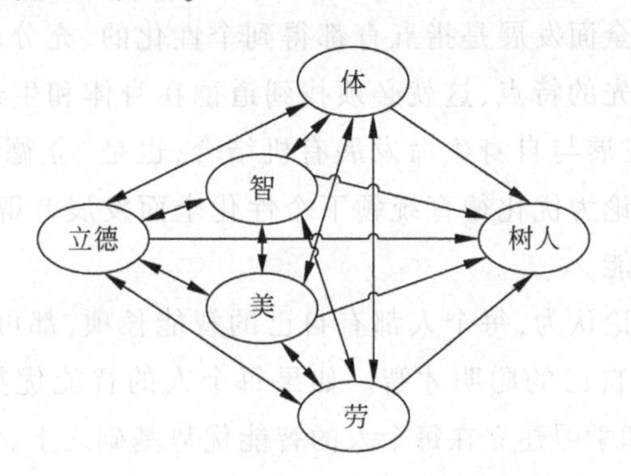

图 3-2 立德树人,五育融合机理

马克思主义关于人的全面发展学说认为,“人的全面发展”是指人的智力与体力多方面的、广泛的、充分的、自由的发展;“五育和谐发展”是指对学生实施德育、智育、体育、美育、劳动教育要做到结构合理、配合融洽、发展协调。既要避免单一或片面的畸形发展,也不能搞“齐头并进”;而是要“在发展中走向全面”,实现五育之间的有机统一。但长期以来,在我国的教育实践中,各学段各年级主要按五育分门别类,以学科课程形式加以落实,各学科的五育融合度缺少应有的精细化考量,缺乏按照不同学段不同年级学生全面发展对五育内容的需要比例来科学设计和安排课程,不仅难以形成合力,有时还会肢解甚至消耗“全面发展”的整体性。

现实教育实践中,德智体美劳全面发展更多停留在理念层面,行动上碎片化、分散化、点状式做法比较多,对德智体美劳之间的联系及其相互作用缺乏深入系统的整体认识和具体化布局和部署。学科设置的质和量都缺乏五育内部结构功能得以充分发挥的内在规定性依据,也就是说,并没有按照每项发展在全面发展中所占的比重以及全面发展对每项发展的需要程度来科学安排五育对应的学科课程,五育融合有待进一步加深。

德育、智育、体育、美育、劳动教育五个方面各自有着不同的作用,不能互相代替。五育之间是紧密结合在一起的,既不能彼此分离,也不能互相冲

① 桑新民. 对“五育”地位作用及其相互关系的哲学思考[J]. 中国社会科学,1991(06): 159-166.

击。五育中缺少任何一个部分,其他各育要受到损害;五育各自分离,则全面发展教育的有机体就失去了生命力。不能“一育代替他育”或“一育冲击他育”。五育在确定的同一时空里,为完成同一任务,向着共同的目标,彼此配合融洽,协调发展,不断提高。①

德智体美劳全面发展是指五育都得到个性化的、充分的、和谐的发展,并且凸显德育为先的特点,这就必须找到道德在身体和生命里的结合点和生长点,使道德发展与自身生命发展有机结合,也是“立德”和“树人”的支点。多元智能理论为优化德育统领下个性化全面发展开辟了新视野,赋予了厚德载福新动能。

多元智能理论认为,每个人都有自己的智能长项,都可以在学习、工作和生活中来展示自己的聪明才智。如果每个人的智能优势得以发现和发展,将教育教学和学习建立在每个人的智能优势基础之上,每个人都应该有最佳的进步。可见,多元智能的各项智能都具有“立德”功能,并且又能张扬个性和特长,能够满足德育统领下的个性化全面、充分、和谐发展,实现最佳育人效果,从而达成教育造福人类的共同目标。

案例

杭州富春七小:正心立德　劳动树人
——“新劳动教育”的实践与思考②

坚持把立德树人作为教育的根本任务,是教育改革和发展的重要方针。如何把立德树人落到实处,是每一名教育工作者必须思考和实践的课题。

一、劳动教育是立德树人的重要途径

立德树人,即教育事业不仅要传授知识、培养能力,还要把社会主义核心价值体系融入国民教育体系之中,引导学生树立正确的世界观、人生观、价值观、荣辱观。

积极心理健康教育创始人、中国教育科学研究院孟万金教授在深入系统总结古今中外德育经验教训,尤其在吸收新兴的具身认知观基础上,率先提出了“具身德育”新理念。“具身德育”主张“德之根在心,人之本在劳,二者合起来即立德树人的根本”。

---

① 孟万金,姚茹,苗小燕,等.新时代德智体美劳“五育”并举学校课程建设研究[J].课程·教材·教法,2020,40(12):40-45.

② 章振乐.正心立德　劳动树人——小学“新劳动教育”的实践与思考[J].中国特殊教育,2017,203(05):27-29.(孟万金教授多次亲临该校考察交流指导)。

人类的发展历程表明，劳动对人有着重要的意义。劳动创造人，正是通过劳动，人才得以进化为统治地球的高级动物；劳动发展人，正是借助劳动，人类不但适应了大自然，且不断按自己的思维和努力去改变大自然；劳动成就人，通过劳动，人生有了价值；劳动造福人，在劳动中，人类获得了物质和精神的满足；劳动改造人，在劳动中，可以化解消极的情绪和心理，让人树立生活的信心。

"具身德育"强调心理和劳动是教育立德树人的"根""本"，将心理、体力、脑力以及产生心理的客观现实、体力脑力劳动的情景等有机结合起来，将道德融入身体、心灵深处，成为身、心、灵的有机成分，不仅知行统一，更符合马克思关于人的全面发展学说之脑力劳动与体力劳动和谐发展。

习近平总书记说：劳动是财富的源泉，也是幸福的源泉。在中小学加强劳动教育，可以让孩子们感受到劳动光荣，体验人对生活的能动创造；感受到劳动的艰辛，学会尊重和爱惜劳动成果；感受到劳动快乐，在劳动中发现大自然对人的贡献和自我的才能，从而在真实的劳动实践中增强立德树人的针对性和实效性。

二、当下劳动教育的现状

苏霍姆林斯基说："儿童的智慧出在他的手指头上。"没有实践的教育就像"空中楼阁"，劳动的双手才是"智慧的创造者"。双手的劳动在智力发展上起着特别重要的作用，双手劳动涉及人与自然的关系，而离开人与自然的相互作用，则智力的发展、体魄的强健可谓缘木求鱼。

然而，近年来伴随生活水平的大幅提高，越来越多的人远离了劳动，远离了大地、阳光、清风明月，远离了大自然，也就远离了生命的本体，这是何其危险的事情！更值得警醒的是，随着城镇化的推进，现在不少年轻人已经失去了劳动热情，丧失了劳动精神。尤为严重的是，许多人对"劳动"还存在偏见，并不断地误导着下一代。许多孩子完全成了"小皇帝""小公主"，不会整理自己的床铺，不会系鞋带、洗衣服，书包要大人背，班里的卫生要大人搞……劳动能力严重缺乏。

面对劳动教育的现状，2015 年，教育部、共青团中央、全国少工委颁布了《关于加强中小学劳动教育的意见》(以下简称《意见》)。《意见》指出：劳动教育是全面贯彻党的教育方针的基本要求，是实施素质教育的重要内容，是培育和践行社会主义核心价值观的有效途径。

因此，树立正确的劳动观，还原劳动本色，上好新时期的劳动教育课，是新时代对学校教育的新要求。在新的历史时期，我们需要什么样的劳动？怎样对待劳动？这些都是值得思考的重大命题。

三、"新劳动教育"实践

(一) 缘起

1."为孩子幸福人生奠基":理念引领,创新办学

我们学校创办于2009年,在"承江南人文资源,育东吴少年才俊"的探索中,提出了"学生成长的乐园,教师发展的家园"的共同愿景,"为孩子的幸福人生奠基"的办学理念。我们希望每一个七小学子都能在这个校园里快乐地学习、快乐地生活、快乐地成长。

我们通过"人文七小、绿色七小、书香七小"三大工程,努力让孩子们在和谐、向上的校园里幸福地度过童年,成长为"有朝气、有骨气、有才气"的现代"东吴小才俊",促使学生核心素养的提升,真正得到全面发展。我们希望我们的孩子能成为有根的人。

2."开心农场":创造幸福校园生活

正是在这样的办学理念和校园文化传承之下,我们在办学实践中一直在进行富有七小特色的教育改革。学校建成后,周围有一大片荒地,可能我自己来自农村的缘故,对于土地有着莫名的亲近,于是和几个老师、职工、亲属一起开辟了一部分,种上了韭菜、番薯等农作物。我女儿那时候也在七小读书,很喜欢这块菜地,一开始是几个孩子,后来是一群孩子去菜地。看着韭菜、麦子不分的孩子们,我忽然感觉到,我们是农民的孩子,从农村出来,没想到我们的下一代居然已经离土地那么遥远了。那时网上的"开心农场"很流行,于是我们把它建成为开心农场,围绕开心农场,我们进行了一系列课程和育人探索。20亩土地分成区块,每个班级承包两块地,负责日常的管理与养护。

3."新劳动教育":创新幸福教育内涵

2012年,我们萌生了以"天人合一,人事相趣"为宗旨的"新劳动教育"理念,希望通过"新劳动教育"唤醒孩子对自然、对劳动的热爱之情,让孩子们的双手变得灵巧,智慧得到发展,健康快乐地成长为一个热爱生命、热爱生活的人。

在进行传统劳动教育的同时,我们还对劳动教育的时代内涵进行了思考和拓展,提出了"新劳动教育"的理念,构建了新劳动教育课程,力图以劳动为载体,以劳辅德,以劳增智,以劳强体,以劳益美,以劳养心,赋予劳动新的意义和内涵。

(二)"新劳动教育"的"新"

为什么叫"新劳动教育"呢?我们认为,新劳动教育的"新"主要体现在

以下几个方面。

第一,新劳动教育的立场是积极的。我们所提倡的新劳动教育相比于传统教育而言,最基本的特征就在于其立场的自觉性和积极性,新劳动教育主动从教育规律和人的本质特征的世界观出发,去定位劳动教育在整个教育体系中的应有地位。

第二,新劳动教育的内容是开放的。我们认为,在钢筋水泥丛林中成长起来的年轻一代,一方面他们的物质生活极其丰富,另一方面他们与自然的联系又极其贫乏。在这种情况下,他们的人生体验和精神世界总体而言是"贫血"的。从当代学生的特点出发,必然需要赋予劳动教育以新的内容。

第三,新劳动教育的主要功能是满足学生的存在性需要。新劳动教育倡导的是学生在劳动过程中能够收获自我本质力量实现的幸福感,能够领悟万事万物"和而不同"的美好,能够获得"天人合一"的境界体验。

第四,新劳动教育的实现路径是整合的。新劳动教育倡导的是一种整合的教育观,即劳动将作为一种学校文化,以课程整合的方式,将学科教育、德育、校园文化建设等方方面面建立成一个有机的统一体。这样,劳动教育在学校中的实现既是有形的,也是无形的。

"新劳动教育"对于劳动的立场是积极的,内容是开放的,基本功能是存在性的而不是工具性的,其落实途径是整合化的而不是单兵作战的。因此,新劳动教育不是单纯的劳动技能的培养,而是让学生在劳动中亲近自然、回归自然,激发生命的活力,培养学生多元能力,促进生命成长的教育。"新劳动教育"是以劳动为载体,以劳辅德,以劳增智,以劳强体,以劳育美,以劳养心,实现立德树人的根本任务。

(三)"新劳动教育"的具体实施

在"新劳动教育"的具体实施中,我们设计了三大途径:开心农场、生活整理和亲子合作。

开心农场是利用校园周边20余亩土地开辟的综合性学习探究体验区,是一个教育的综合体,突出"育德养心",即体现劳动教育所承载的生命教育的内涵。开心农场实行项目承包责任制,分片划出责任区,落实到各班进行日常的管理养护。每个年级都有自己的项目。"新劳动教育"与学科课程有机统整、融合,形成"新劳动教育"特色课程群。每学期都设一周作为"新劳动教育"主题周,开展教学活动。

"没有亲近过土地的孩子,就没有幸福的童年。"七小的孩子们,在研究土壤、播种、除草、施肥、收获、义卖、赠送等过程中,享受了丰收的喜悦;更与大自然有了零距离的接触,感受到了劳动的幸福。

生活整理是学校开展“新劳动教育”的又一重要载体,突出好习惯的养成。在生活整理中,我们制定了一整套课程,从如何摆放文具到如何整理用品,从教室到操场,从学校到家庭,从作业整理到思维整理,使我们的孩子养成了好习惯,终身受益。

亲子合作是学校和家庭的结合,突出融生活于教育。以家长与孩子共同参与的各类活动,引导学生体验劳动,获得成长。我们还推出了“12 岁前应该做的 30 件事”,受到家长孩子的欢迎。

通过几年的实践,“新劳动教育”在教育的范畴、目标、内容、评价上有了新的探索,成为我校德育的新途径。学校教育从课堂育人到开放育人,从书本育人到生活育人,从知识育人到实践育人。

(四)“新劳动教育”的成效

新劳动教育课程从设置到实施始终围绕着学生的需求和兴趣爱好开展。让学生知农、爱农、亲农,学习了劳动知识,掌握了劳动技能,培养了劳动情感。学生在知农学农的过程中,慢慢发展多元能力,提升学生的生命品质。

1. 学生更亲近自然了

“亲近土地”是每个孩子内心的向往。在“开心农场”每个板块的开放性学习中,学生都表现出了极大的兴趣。他们乐于观察、乐于研究、乐于劳作、乐于分享……走出教室,在开放的空间里,学生身心得到了放松,学习的兴趣在对农作物的培育中得以自由地发展。农事活动中,学生走出教室,走进农场,也感受到自然与人类的密切关系。

2. 学生更会动手动脑了

新劳动教育课程不仅是劳动,也需要学生参与探究合作。在多种体验活动中,学生的动手动脑能力得到了提升。据统计,我校学生在活动中每月参加“农事”特色课程群 9 次,每学期参与义卖等相关活动 3 次。上学年中,学生共阅读相关书籍 3000 多册,写出作文 2578 篇,其中,35 篇在各级各类比赛中获奖,70 余幅美术作品在各级各类比赛中获奖。调查显示 75.4%的学生认为参与“开心农场”的活动“很开心”。

3. 学生更爱劳动了

新劳动教育课程中,学生能亲历耕种到收获的全过程,感受种植的辛劳,品尝自己劳动的果实,让孩子真正领悟到劳动的意义,使他们更爱劳动了。“开心农场”增加了学生在活动中的积极情感体验,提供开放、宽容和积极的反馈,增加了学生的同伴、师生和亲子互动,满足了学生在不同人际背景下的情感需要,深化了对不同人际氛围和社会角色的体验,促进了学生人格的健康发展，形成了良好的交往技能和健康的人际关系，促进了学生的社会性发展。据调查统计，88.7%的家长在调查中表示："开心农场"的活动，让孩子更懂事了，长大了，希望农场一直办下去。90.3%的教师认为"开心农场"活动促进了学生的成长，使学生更开心、更自信、更能干了。

新劳动教育课程着力于挖掘田园教育资源，着力于改变学生的学习方式，着力于提升学生的基本素质，不仅得到了社会以及家长的高度认可，而且有效提升了学校的整体办学水平和教育质量，学校的育人模式实现了转换。学校教育从课堂育人到开放育人，从书本育人到生活育人，从知识育人到实践育人，整个学校充满着生命的活力，成长的活力，创新的活力。

"新劳动教育"的品牌正在形成，"新劳动教育"的课程被评为"全国十大美好课程"，媒体称七小是"中国最具变革力的学校"，教育界专家也给予了高度肯定。作为全国中小学劳动教育实验单位，我校积极做好研究成果推广工作。为继续深入探讨课程改革背景下新劳动教育的理念与新劳动教育课程构架，创新育人模式，促进教师专业化发展，由七小发起，来自北京、上海等地的15所学校本着自愿合作共进的原则，共同组建了全国新劳动教育联盟学校。学校先后接待了北京、贵州、宁夏、江苏、上海等多个省市的兄弟学校以及浙江省内的近40所学校的领导和教师来校学习、参观。

第四章　新时代幸福教育思想体系

党的二十大提出“加快建设高质量教育体系”，为构建和优化新时代幸福教育思想体系指明了方向。新时代高质量幸福教育体系建设是系统工程，必须秉持系统论的立场、观点和方法，提高政治站位，系统设计幸福教育的初心与使命、方向与目标、任务与功能、对象与内容、原则与特点、途径与方法、成效与评价，形成具有中国特色和中国气派兼顾世界视野的系统性、科学性的思想体系。

一、初心与使命

新时代幸福教育的初心与使命就是弘扬有教无类、因材施教、寓教于乐、教学相长、知行合一、立德树人优秀教育传统，使其在新时代创造性转化、创新性发展，更好地将中国共产党“为中国人民谋幸福，为中华民族谋复兴”的初心使命落实到教育强国的现代化进程中，使教育真正成为人民、社会和国家幸福的基石，民族振兴的支柱。

党的初心“为中国人民谋幸福”落实到新时代教育上，核心就是“办好人民满意的教育”，满足人民对美好生活的教育需求，从有学上到上好学，进而造福人民，造福社会，造福子孙后代——这就是新时代幸福教育的初心。

这里的“人民”不能简单地确定为单个的个人或群体，而应该根据教育的服务对象来确定。教育要为人民服务，就是说教育的服务对象是人民，教育要满足人民的需要。教育服务的对象（抽象的总体概念“人民”）在教育实践活动中可以具体化为两个实体：一是代表社会价值和利益的国家，二是代表个人价值和利益的受教育者个人或家长。这两者的需要实质上是统一的。办好人民满意的教育就是要办符合国家发展需要的，同时让受教育者个人满意的教育。国家作为人民公共利益和价值的代表，从这个意义上讲，党和国家与人民的利益是高度统一的。换句话说，抽象的“人民”总体可以具体化为国家和家长两个实体。[①] 有人指出,"人民满意的教育"中的"人民"是个集合体,包括学生、教师、家长、群众、政府、学校等各个层面的主体。

新时代幸福教育追求的是人民满意的教育,是促进人的全面发展、释放每个人的潜能、满足现代社会发展需要的教育,是包括发达的幼儿教育、高水平的义务教育、完善的职业教育、优质的高等教育和健全的终身教育的完备教育体系。[②]

党"为中华民族谋复兴"的使命落实到新时代幸福教育上,重在厚德载福,助力培养担当民族复兴大任的时代新人,助力实现"国家富强,民族振兴,人民幸福"的中国梦。

党的十九大首次明确提出"培养担当民族复兴大任的时代新人",党的二十大再次强调,"着力培养担当民族复兴大任的时代新人"。担当民族复兴大任的时代新人内涵十分丰富,社会主义核心价值观是时代新人之核,中华文化是时代新人之魂,坚定的共产主义理想是信仰标识,担当民族复兴重任是历史使命,德智体美劳全面发展是素质要求,有中国人的志气、骨气、底气是精神气质,全球视野和世界眼光是人类情怀。核心应具备坚定的理想信念、强烈的社会责任感、勇敢的担当意识、过硬的本领、不懈的奋斗精神、扎实的实践力、勇于创新的精神。[③]

新时代幸福教育立足上述崇高使命的政治站位,顶层设计,不断提高自身价值追求、理论水平和实践价值,为中华民族伟大复兴加速培养时代新人。

二、方向与目标

深化素质教育,牢固坚持社会主义办学方向,是新时代幸福教育坚定正确的政治方向。进一步深化素质教育,更好地为党育人,为国育才,助力培养担当民族复兴大任的时代新人是新时代幸福教育追求的目标。

党的二十大报告提出发展素质教育,既是对素质教育的肯定,也表明素质教育符合中国式现代化的要求,代表着中国基础教育改革发展的方向。谢维和认为素质教育的核心要义可以概括为"三全",即全面贯彻党的教育

---

① 和学新."人民满意的教育"的评估指标研究[J]. 教育科学研究,2009(01):5-12.

② 靳闯,践行习近平新时代中国特色社会主义思想　努力办好人民满意的教育——深入学习贯彻习近平同志关于教育工作的重要论述[J]. 装备维修技术,2020(02):86-87.

③ 朱永新. 培养担当民族复兴大任的时代新人[N]. 人民政协报,2022-8-22(2).

方针,面向全体学生,促进学生的全面发展。[①] 第一个“全”是全面贯彻党的教育方针。这是发展素质教育的基本指导思想。第二个“全”是面向全体学生。一定是要面向全体学生、促进教育公平。第三个“全”则是促进学生的全面发展,而不是片面的认知或智力发展,或者是个别方面的发展。当然,素质教育并不否定个性发展、个体兴趣,它鼓励学生在某些方面形成与发展自己的优势。这种个性发展与全面发展并不矛盾。实际上,个体的发展本身是一个综合的、相辅相成的整体。一方面,德育具有统领性的地位与作用,并且能够有机地融入其他“四育”中;另一方面,“五育”彼此之间也是相得益彰、相互促进的。正如中国传统文化所强调的那样,德福是统一的。可见,素质教育最终还是与幸福有机联系起来的。

党的二十大提出:“从现在起,中国共产党的中心任务就是团结带领全国各族人民全面建成社会主义现代化强国,实现第二个百年奋斗目标,以中国式现代化全面推进中华民族伟大复兴。”“从二〇二〇年到二〇三五年基本实现社会主义现代化;从二〇三五年到本世纪中叶把我国建成富强民主文明和谐美丽的社会主义现代化强国。”这为新时代幸福教育确立近期目标、中期目标和长远目标提供了根本遵循。

新时代幸福教育的近期目标——围绕服务于我国“十五五”规划战略目标,构建与时俱进的幸福教育新体系。“十五五”规划的核心是发展新质生产力,全面推进中国式现代化。幸福教育要着眼于未来5年国家发展战略对教育的要求,着力为办好人民满意的教育开辟发展新领域、新赛道,为教育高质量发展注入新动能、新活力。助力因材施教、寓教于乐、减负增效、优质均衡、科技赋能水平大幅提高;助力积极心理健康教育深入人心,心理问题和心理疾病预防化解和标本兼治取得突破进展;助力师生和家庭的教育获得感、幸福感进一步提升;助力办学活力和五育融合育人实效显著增强。力争幸福教育体系进一步发展完善,一批富有特色的实验校、实验区成为示范标杆,带动地方教育创新发展。积极助推教育造福师生、造福家庭、造福社会、造福国家、造福子孙后代、造福世界、造福人类精彩纷呈。幸福教育成为国内一流教育品牌,力争为科教兴国作出应有贡献。

具体实践重在促成人民满意的教育所强调的“五个一”目标:一是办好每一所学校,体现教育公平;二是教育好每一个学生,体现育人为本;三是让每一位家长放心,体现办好人民教育的宗旨;四是选好每一位校长,体现先进办学理念;五是关心每一位教师的成长,体现教师专业发展的支撑作

---

① 谢维和.发展素质教育的要义与战略取向[J].人民教育.2023,884(01):19-22.

用。其中,教好每一个学生是重心,选好每一位校长和关心每一位教师的成长是办好人民满意的教育的保证①。教育因学生而存在,为学生而存在,其根本使命在于"育人""立人",办好人民满意的教育应首先让学生满意。正如苏霍姆林斯基所说:"教育的理想就在于使所有的儿童都成为幸福的人,使他们的心灵由于劳动的幸福而充满快乐。"②

新时代幸福教育的中期目标——围绕服务于2035年我国战略目标,构建与时俱进的幸福教育新体系。2035年,我国的主要战略目标是基本实现社会主义现代化,建成教育强国、科技强国、人才强国。幸福教育要着眼于我国2035年战略目标对教育的要求,全面推进各级各类教育幸福理念、路径、机制、实效等不断发展完善。力争幸福教育由重点实验校、实验区迈向大面积普及性发展,并由数量规模型迈向质量效益型;幸福教育大、中、小、幼、婴纵向衔接及家、校、社横向贯通的一体化建设格局基本形成;深入助推教育造福师生、造福家庭、造福社会、造福国家、造福子孙后代、造福世界、造福人类硕果累累。幸福教育成为国内领先世界知名的教育品牌,力争为服务一带一路和人类命运共同体建设做出积极贡献。

新时代幸福教育的长远目标——围绕服务于本世纪中叶我国的战略目标,构建与时俱进的幸福教育新体系。到本世纪中叶,我国的战略目标是,把我国建设成为综合国力和国际影响力领先的社会主义现代化强国,这也是第二个百年奋斗目标。幸福教育要着眼于这一战略目标对教育的要求,全面构建综合实力和国际影响力领先的幸福教育生态系统,幸福教育进入数量和质量全面提升、高水平发展的快车道;全面助推教育造福师生、造福家庭、造福社会、造福国家、造福子孙后代、造福世界、造福人类取得举世瞩目成效。幸福教育成为中国特色、中国风格、中国气派、世界领先的教育品牌,力争为助力实现"国家富强、民族振兴、人民幸福"的中国梦,助力"一带一路"和人类命运共同体建设做出较大贡献。

三、任务与功能

新时代幸福教育的任务就是要为更有效落实立德树人根本任务激发动力,增强活力,减负增效,轻负高质,切实促进立德树人根本任务入脑、入心、见行。

---

① 王文湛.办好人民满意的教育重如千斤[J].人民教育,2013(02):7-8.

② 苏霍姆林斯基.给教师的建议[M].杜殿坤,译.北京:教育科学出版社,1984:474.

立足新时代的历史新起点、新高度来看，教育要落实立德树人的根本任务，要服务于为人民谋幸福的初心，两者自然地走到了一起。因此，构建以立德树人为核心的新时代幸福教育新体系不仅是时代亟须，也是历史必然。新时代幸福教育的最大新意就是将新时代立德树人与人民幸福两大主题有机结合起来，致力于个人和社会平衡及充分发展。幸福和幸福教育、立德和树人、厚德与载福都有着悠久的思想渊源和牢固的思想根基。[①]

实证主义名家斯宾塞提出，教育的任务是人们为完美生活做准备。这里的完美生活实质就是个体和社会的美好生活。就个体而言，我们需要德智体美劳全面发展；就社会而言，我们需要实现“国家富强、民族振兴、人民幸福”的中国梦。这就将立德树人根本任务与幸福教育的初心和使命有机结合起来了。

新时代幸福教育的功能是指通过创新为教育打上幸福底色，激活幸福密码，增加幸福元素，强化幸福体验，收获幸福成果，从而提高教育活动的获得感、认同感和幸福感，有效促进个体幸福感和社会幸福感的有机统一。前者指个体功能，重在更加有效地促进个体的社会化和个性化，提升个体自由全面发展幸福感；后者指社会功能，重在更加有效地助力教育强国、人才强国和科技强国建设，加速实现“国家富强、民族振兴、人民幸福”的中国梦。

教育既然是努力地去促进每个人过一种幸福、完整的生活，它本身就应该是幸福的。新时代幸福教育的实践功能就是还教育幸福本色。新时代幸福教育主张深化素质教育，开发潜能，提高效能，轻负高质，彻底扭转填鸭式、满堂灌、题海战的应试教育局面，促进教育创新，引导师生爱教爱学、会教会学、教会学会，使兴趣特长得到张扬，全脑潜能得到开发，从而提高教师的教与学生的学的热情和效能，改善教学力和学习力，有效地提高学习成绩及减轻学习负担，促进个体身心健康和全面发展，提高个体适应能力，促进个体形成健全的人格，使人具有良好的社会功能、高效率的学习与工作状态、建设性的人际关系、独立自主的人格，都有积极向上的理想追求、自我实现的不竭动力和境界高远的精神家园。在主观层面，使个体充满幸福感和满足感（对过去）、希望和乐观主义（对未来），以及快乐和幸福流（对现在）；在个人层面，使人拥有爱的能力、工作的能力、勇气、人际交往技巧、对美的感受力、毅力、宽容、创造性、灵性、天赋和智慧；在群体层面，使社会组织具有公民美德、社会责任感、利他主义、有礼貌、宽容和有职业道德。

---

① 孟万金. 构建立德树人幸福教育新体系[J]. 中国特殊教育，2019，233（11）：10-15.

四、对象与内容

新时代幸福教育面向全体,即面向全体师生和家长,具体细分为学前教育学生、中小学生、高校学生、职业教育学生及其教师、家长。也就是说,学生、教师和家长都是新时代幸福教育的对象。

PISA 2018 数据显示,中国四省市在三项核心素养上表现优异,但学生幸福感在国际比较中仅处于中等或中等偏下的水平。① 普通学生幸福感偏低,亟须重视。学习困难学生(学困生)和超常学生(部分为学优生)则更有自己的不尽如人意的地方,其幸福感更有自己的难言之处,在追求教育公平的当下,更应该给予应有的关注。

教师既要教学生幸福,更要首先开展自我幸福教育,让自己先幸福起来。东北师范大学发布的《中国教师发展报告(2020—2021)》调查样本覆盖了全国 33590 位中小学教师,可信度比较高。报告中显示,中小学教师职业幸福感发展态势表现为总体水平较高,超过 80%的教师能够在工作中体验到职业幸福感。② 但作为主力军,中青年教师职业幸福感下降:最受煎熬的是中青年教师。

家长是孩子幸福的第一任教师,也是自我幸福教育建设幸福家庭的主体,自然是新时代幸福教育的重要对象之一。家长接受幸福教育主要为了建设幸福家庭,从而获得自身和孩子的幸福。

国标课程内容首先是新时代幸福教育内容的重心,其重点是将幸福元素、手段渗透到国标课程教学之中,提升国标课程学习的幸福感含量,增进国标教育教学效果。其次是优化及丰富发展地方和校本课程(包括社团选择课程),增强学生获得感、满足感和幸福感,满足学生德智体美劳全面发展需要。最后是针对不同对象(主要是学生、教师和家长)开设专门的幸福通识课程,包括科学正确的幸福观,有关学习、工作和生活的幸福常识,体验分享创造幸福的技能和能力等。

面向学生的通识课程内容,重点围绕道德幸福感、心理幸福感、学业幸福感、健康幸福感、社会幸福感五方面。面向教师的通识课程内容,重点围绕健康生活幸福感、尚德敬业幸福感、积极心理幸福感、人际和谐幸福感、经

---

① 张佳慧,辛涛.15 岁学生幸福感的影响机制探讨——来自中国四省市 PISA 2018 的证据[J].清华大学教育研究,2020,41(05):11-19.

② 教育泉泉.中小学教师幸福感有多强?这份报告里有答案[EB/OL].(2021-12-14)[2023-10-10].https://baijiahao. baidu. com/s?id=1719128105487084378&wfr=spider&for=pc.

济如意幸福感、环境宜人幸福感六方面。面向家长的通识课程内容，重点包括家庭经济、家庭健康、家庭教育、家庭关系、情绪体验五个方面。

五、原则与特点

（一）基本原则

新时代幸福教育的基本原则就是根据新时代社会需要，在提升教育幸福感活动过程中应该遵循的规则，主要有以下六项基本原则。

1. 全面幸福，各得其所

全面幸福就是人人幸福，事事幸福，时时幸福，处处幸福。人人事事、时时处处幸福，必然使每个人的才能都能在其想要的领域得到充分的施展，因而处于理想的发展状态，获得最佳发展效果，收获自身的最大幸福。

2. 厚德载福，激发福流

新时代幸福教育主张厚德载福，既是弘扬厚德载物中华民族精神和优良传统的历史必然，又是承担德育为先、德育为要、培根铸魂使命的时代要求。唯厚德者能受多福，这种福是由全神贯注所产生的极乐的心理体验，指在做事情的时候，完全出自于内在兴趣，乐趣来自活动本身，而不是外在的诱因（如报酬、奖励、欣赏等），这就是福流（flow）。

3. 尊师爱生，充满温情

新时代提倡师生平等，提倡教育要充满温度和真情，提倡用心去温暖，用情去感化（情是幸福、美感、爱恨等的本体和表现，是人与人之间交流互动的纽带）。反对师道尊严，反对机械灌输，这就使学生尊重教师，教师爱护学生变得尤其重要。这是对尊师爱生中国优秀传统的发扬光大，也是实现“教学相长”优秀传统的创造性转化和创新性发展。

4. 爱教乐学，勤奋刻苦

爱教是教师爱岗敬业的前提，乐学是学生快乐学习、以学为乐的境界，勤奋刻苦是“知-好-乐”必经的历练之道。新时代幸福教育主张因材施教，寓教于乐，教学相长，从“学海无涯苦作舟”迈向“学海无涯乐作舟”，从而达到乐学之巅的学乐境界，引发幸福的触感。

5. 渗透融合，融会贯通

新时代幸福教育是在原有课程体系基础上实现的优化，主要通过渗透，将幸福因子、幸福密码、幸福元素融入国标课程和地方课程，提高国标课程的轻负高质带来的幸福感；通过五育融合育人统整和完善校本课程，提升

“双减”背景下课外活动与课外服务的效能和温度,确保各学段纵向有效衔接和螺旋上升,同时促进各学科横向有效联动和融会贯通。

6. 科学加减,轻负高质

在“双减”背景下,新时代幸福教育主张通过加强教育教学的科学性减负,通过增强动机和热情减负,通过教育教学手段创新减负,通过技术赋能减负,通过提高教与学效率减负,让教师和学生乃至家长切实从减负中品尝到质量提升的甜头,消除质量下降的忧虑。

(二) 主要特点

新时代幸福教育的主要特点既彰显时代精神,又体现自身内涵独到之处,表现为以下五点。

1. 追求平衡充分发展

在整个国民教育体系里,相对而言,早期婴幼儿(0~3 岁)是短板,特殊教育是弱项,学困生和超常生坐冷板凳,这些亟须弥补。区域教育综合平衡充分发展也是关键,个体内部“长于智、疏于德、弱于体美、缺于劳”的畸形现象也亟须矫正。

2. 还原师生家长福祉本源

师生家长福祉是系统工程,不局限于学习、工作,更涉及教育教学、学习生活、生活品质和学业、工作、生活满意度。新时代幸福教育回归教育本源、生活本源,强调幸福源头。要求做到五项基本保障:基本保障睡眠、规律早餐、保证每天体育活动时间、保证每天阅读半小时、父母关注子女生活。力争目前 91.5% 的小学生和 84.1% 的中学生会感到“幸福”的局面进一步改善。①

3. 强化积极心理底色

新时代幸福教育强调积极心理的基础作用,倡导弘扬心理正能量,培养积极的阳光心态,善用积极防治消极,用希望防治失望,用乐观防治悲观,用自强防治自卑,用快乐防治悲伤……从而为幸福打上积极心理底色。

4. 彰显快乐有成活力

追求快乐是动物的本能,更是人类的天性。新时代幸福教育将快乐与有成有机结合起来,既避免了日本曾经失败的单纯的快乐教育的隐患,也预防了为了追求成功而不顾一切的“苦教”“苦学”倾向,确保了在快乐中成长并在成长并体验快乐的良性循环,使教育教学充满生机活力。

---

① 靳晓燕. 学习的幸福感从何而来——对话北京师范大学教授刘坚[N]. 光明日报,2022-9-20(13).

5. 重视阳光体育

人体内血清素、内啡肽和多巴胺被称为三种“快乐物质”,能够促进人体三种“快乐物质”分泌的共同要素就是晒太阳和体育活动。新时代幸福教育倡导将晒太阳与体育活动结合起来。晒太阳和体育活动的量要根据年龄适可而止,不宜过度,这样既可以确保全天精力充沛,效率高,又可以提高幸福感。

六、途径与方法

新时代幸福教育的途径主要回答通过什么路径来达成幸福教育的目的,总体而言,新时代幸福教育主张全方位、全过程、全员参与、全面渗透的立体化途径,培养幸福学生,成就幸福教师和家长。具体包括学校、家庭和社会三大路径,并且实现三者有机结合。

学校是新时代由专职人员有目的、有系统、有组织、有计划地开展幸福教育的重要场所,不仅为师生提供体验及分享幸福的机会和平台,更为开启和促进学生终身幸福奠基。学校主要包含五个阶段:幼儿园、小学、初中、高中和大学。在家庭和社会幸福教育中,学校发挥主导和专业引领作用。学校开展幸福教育的主要路径包括:以学校领导为统领,建设幸福学校;以班主任为骨干,建设幸福班集体;以学科教师为生力军,建设幸福课堂和幸福课程;以课后服务教师为引领,建设幸福课外活动。同时,还要举办家长学校,以家长为后援,引导建设幸福家庭,提升亲子家庭综合幸福感。

学科渗透是学校幸福教育的主渠道,课堂是学校幸福教育的主阵地。必须坚持实质性渗透,反对形式上学科教学与幸福教育两张皮、贴标签、加重课堂负担的做法。

家庭是温馨的港湾。建设幸福家庭,重在充分体现家的幸福本源要义,同时为学校建设幸福家园文化提供参考和借鉴。

社会途径重在用好社会资源,博物馆、科学馆、图书馆、纪念馆、革命圣地、风景名胜区、美丽山河、亲子乐园、拓展训练基地等都是幸福教育的优质资源,通过研学旅行体验和风土人情考察欣赏等都会增进知识、扩大视野、愉悦心情,进而提高幸福指数。

新时代幸福教育方法主要是提高教育教学幸福指数、增进师生和家长幸福感的方法,可以分为显性幸福教育课程方法和隐性幸福教育课程方法。显性幸福教育课程是指专门开设幸福通识课程,其内容主要包括幸福知识、技能和能力。幸福知识传授按照知识传授方法,一般采用启发式讲授法、专题研讨法、合作探究法、情境体验法、头脑风暴法等。幸福技能带有明显的操作性,需要有行动的介入,一般采用讲练结合法、示范模仿法、习惯养成法、抗挫历练法、成长记录法等。幸福能力是知识与技能在实践中的灵活运用,一般采用问题解决模拟法、情境任务法,其精华都集中体现在新兴的具身认知法。具身认知法的精髓就是情境-情感-行动,即把要解决的问题或要完成的任务放置在一定的情境之中,通过触景生情,产生情感倾向或内驱力,进而引发行动,解决问题或完成任务,最终获得知与行统一的满意效果。

隐性幸福教育课程方法实质就是润物细无声的渗透法,主张挖掘德智体美劳各学科课程本身包含的幸福元素、幸福资源,彰显幸福张力,增强学生的幸福体验和幸福感受。优化教育教学方式方法和手段艺术,激发动机和热情,减负增效,轻负高质,增强学习内容的吸引力和学习过程的快乐体验以及学习结果的满足感、获得感,这就需要灵活运用和创新各种教学法。

有关幸福的方法主要指各种心理方法,如阳光疗法、运动疗法、正念冥想法、心理平衡法、音乐催眠法、乐观养成法、认知疗法、行为疗法、精神分析疗法、系统脱敏疗法、放松减压法、疏导宣泄法、心灵鸡汤法等。这些方法要根据需要灵活运用。

七、成效与评价

新时代幸福教育的成效着重指幸福教育所要取得的收获,既包括学生、教师和家长在各方面所取得的进步,更包括在这些进步过程中体验到的幸福,以及因进步而最终获得的成长及其幸福感。具体表现为学生幸福、教师幸福、学校幸福、班级幸福、课堂幸福、课外幸福、家庭幸福。其直觉感受和形象表达即为个人心花怒放,课堂生动高效,班级生机盎然,学校活力四射,家庭欢乐无忧。幸福的最终归宿还是要落实到主体的幸福感上,即学生和教师幸福指数提升。除了教师专业发展和学生全面发展成绩以外,教师和学生幸福感测评成绩代表核心成效,广泛效果还可以延伸出共性积极心理品质的增加和心理障碍的减少。

新时代幸福教育把评价当作促进幸福教育的有效手段,将评价融于教育教学过程之中。评价本身就是体验、分享、增进、创新幸福的有机组成部分,它对幸福教育活动和效果发挥反思、总结、监控、导向、矫正作用,属于认知的最高层——元认知。加德纳主张,在个体参与学习的情境中轻松地进行评估,可见学生自主评价是幸福教育评价的最大优势。著名教育学家布卢姆指出,在教育领域,评价是最高层的认知活动,如图 4-1 所示。

新时代幸福教育主张:由单一评价迈向综合评价,由终结评价迈向过程评价,由外在评价迈向自我评价,由横向评价迈向纵向评价。为此,设计出

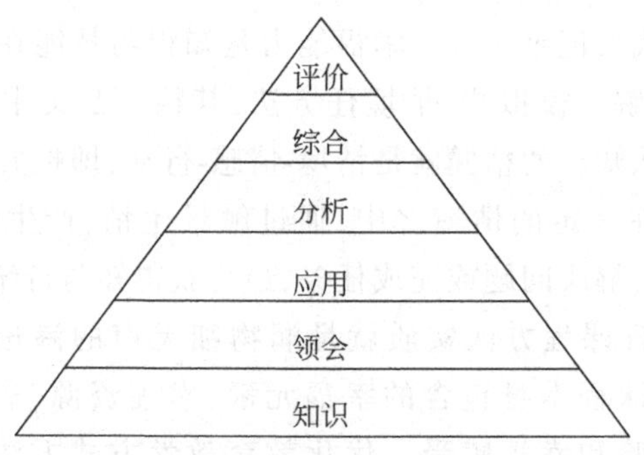

图 4-1 布卢姆认知活动层次

两种评价模式，一种是对教的评价，这种评价主要针对集体幸福教育及其效果（见图 4-2）；另一种是对学的评价（见图 4-3），这种评价主要针对个体学习过程中幸福感受及其效果。

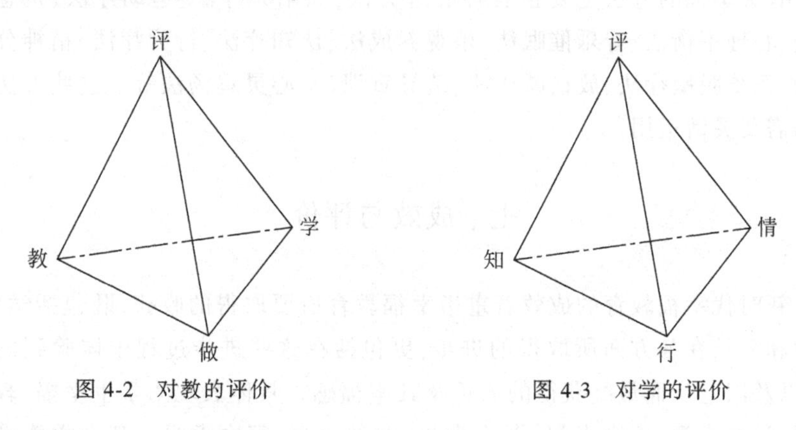

图 4-2 对教的评价　　图 4-3 对学的评价

由图 4-2 可见，"教-学-做-评"四位一体，既是教育"教"的活动模式，也是"教"的评价模式，评价辐射、监控、统领并融会于教、学、做各环节，实现了评价与教、学、做的有机统一。

由图 4-3 可见，"知-情-行-评"四位一体，既是幸福教育"学"的活动模式，也是"学"的评价模式，评价辐射、监控、统领并融会于知、情、行（意）各环节，实现了评价与知、情、行（意）的有机统一。①

新时代幸福教育的评价形式包括过程性评价（形成性评价）、终结性评价、主观评价、客观评价、自我评价、他人评价、直接评价、间接评价、任务评价、量表评价等。由于幸福主要是自我主观感受，最有效的评价是学生的自我评价，尤其是自我形成性评价，通过经常的形成性评价，监控、调整幸福教育过程，使个体和学校不断得到反馈和强化，自觉调整未来发展方向。必要

① 孟万金，张冲. 具身德育：立德树人新视野[M]. 济南：山东人民出版社，2019：101-105.

时，也可以开展教师与学生间的评价。

案例

幸福学校高端论坛：发表幸福教育宣言

山东淄博作为全国第一个积极心理健康教育实验区，成功举办了“积极心理健康教育：创建幸福学校高端论坛”。美国佛州大学的 Richard Wagner 教授、国际教师代表 Horton Darlene 女士、美国匹兹堡大学博士后 Connie Guan 与中国校长、教师代表和教育行政领导 300 多人参加了论坛。

会上，中美专家联合发起成立了“国际幸福学校联盟”。中方首席专家孟万金教授、美方首席专家 Richard Wagner 教授为幸福教育联盟揭牌。国际教师代表 Horton Darlene 女士宣读了幸福教育宣言。美国匹兹堡大学博士后 Connie Guan 翻译并做了精彩解读。联盟的成立将极大地推动幸福学校的创建，促进幸福学校的国内外交流与合作。

国际幸福教育联盟宣言①

序　言

鉴于幸福是人类的共同追求、最终追求；幸福国家成为世界关注热点；

鉴于创建幸福国家，基础在幸福人生，关键靠教育，阵地在学校；

鉴于有必要促进幸福学校间友好关系的发展，形成跨类别、跨级别、跨地区、跨文化的协作组织；

鉴于对这个联盟的权利和义务的普遍了解和认可及对实现这个宣言愿意做出积极努力；

鉴于作为所有学校努力实现的共同期盼，通过教育教学改革促进对幸福的尊重与创新，并通过个人的和集体的、政府的和民间的、国家的和国际的渐进措施，使该宣言的各项内容在各成员学校得到普遍和有效的承认、遵从和改进。

第一条

人人都需要幸福，人人都创造幸福；人人都享有幸福，人人都珍惜幸福。

第二条

坚持物质与精神、生理与心理、个人与集体、主观与客观、眼前与长远有机统一的幸福观。

第三条

总幸福指数=先天的遗传素质+后天的环境+自身能主动控制的心理力

① 国内外专家联合发布.幸福学校国际联盟宣言[J].官群，译.中国特殊教育，2011，135(09)：3.

量。我们无法改变先天遗传,但是我们可以努力营造良好的后天环境,更为重要的是我们要主动控制自己能掌握的力量,做生活的主人。

第四条

坚持以人为本取代以知识为本的办学理念;在教育中感受幸福,在幸福中获得教育。

第五条

幸福的校长办出幸福的学校,幸福的学校成就幸福的教师,幸福的教师教出幸福的学生,幸福的学生扬帆幸福的人生,幸福的人生奠基幸福的国家。

第六条

劳动是幸福的源泉。自主性的教与学是教师爱教、学生乐学的根本。爱教、会教、教会和爱学、会学、学会是克服教师职业倦怠和学生厌学的最佳途径。

第七条

身体安康是幸福的本钱,心理安康是幸福的支点。身心和谐、人格健全是幸福的生命线。

第八条

硬件、软件完备,校内、周边环境优美,校园精神面貌生机勃勃,校园文化充满活力。

第九条

运用现代化信息技术手段和多媒体优化课程、教材、教法,减负增效。

第十条

上好每一堂课,教好每一个学生,成就每一个教师,还愿每一个家庭。

第十一条

科科有特色,生生有个性,师师有品牌,家家有感动。

第十二条

悦纳自我,自知、自信、自尊、自重、自觉、自治;尊重他人,知人、敬人、爱人、容人、助人、立人。

第十三条

即使遇到不幸,也要从逆境中奋起,在不幸中求得幸福,在不圆满中求得圆满。

第十四条

创新是幸福的动力,公平是幸福的前提,质量是幸福的保障。

第十五条

民主管理,人本关怀;禁止体罚和暴力,清除恐吓、骚扰和歧视。

第十六条

学生联合,教师联手,学校联姻,城乡联袂,区域联动,全国联通,国际联网。

中篇　主体对象

第五章　新时代教师幸福教育研究

教育大计，教师为本。实施幸福教育，要下好教师幸福这一先手棋。2018年，我国发布《中共中央　国务院关于全面深化新时代教师队伍建设改革的意见》，明确提出"广大教师在岗位上有幸福感"。[①] 2021年PISA测评中增加了教师幸福感测评。可见，教师幸福感日益成为国内外教育关注的热点。开展教师幸福教育研究，探究争做"四有好教师"路径，成为重要的时代课题。

一、教师幸福感的内涵

教师幸福感是指教师在生活、工作中需要获得满足和自由实现自己的职业理想、发挥自己潜能并伴随着力量增长所获得的持续快乐体验。教师幸福感既包含教师作为人的个体的一般幸福感，又包括教师职业不同于其他职业的群体特殊幸福感。

檀传宝教授认为，教师的幸福感就是教师在自己的工作中，自由实现自己的职业理想的一种教育主体生存状态。[②] 黄正平也认为，教师的幸福是教师在工作中自由实现自己的职业理想的一种教育主体生存状态。教师对自己生存状态的意义体验构成教师的幸福感。[③] 唐志强认为，所谓教师幸福感就是教师在教书育人的职业活动中所产生的认知满意度和所获得的情绪情感体验。[④]

显然，国内学者对教师幸福感的定义，多集中在心理学中的自我完善和自我需要得到满足的倾向上，以及对主观幸福感和心理幸福感含义的整合

① 中共中央　国务院关于全面深化新时代教师队伍建设改革的意见[EB/OL].(2018-1-20)[2020-4-21].https://www.gov.cn/gongbao/content/2018/content_5266234.htm.

② 檀传宝.论教师的幸福[J].教育科学,2002(01):39-43.

③ 黄正平.幸福感:师德修养的理想境界和目标追求[J].江苏教育学院学报(社会科学版),2003(05):14-17+29.

④ 唐志强.提升小学教师职业幸福感的对策[J].现代教育科学,2010(04):89-91.

上。因此我们认为,教师的幸福感是教师自己身心需要得到满足和教师职业得到发展两者的统一。教师通过自己辛勤的工作把学生培养成才的同时,自身也在教学过程中得到了发展和提升,其心理和精神上的需要也得到了满足,进而体验到教师职业的兴趣和快乐,从而得到了幸福。①

英国教育家 Elizabeth Holmes 在《教师的幸福感》一书中指出,幸福感是一种源自内心的主观感受,它要求身心之间的和谐,意味着生活中各个情绪体验的维度所具有的平衡感和舒适感。幸福感是个体需要得到满足和理想得以实现时产生的一种情绪状态,是一种复杂的、多层次的心理状态。②

影响教师幸福感的因素可以分为外因和内因两方面。外因方面,学者的研究集中在经济收入、社会支持以及人际关系等方面。内因方面,教师对自身的价值认同普遍下降,缺乏理解,成就感丧失;教师积极的正向职业体验严重缺失,并已成为教师职业幸福感获得的内在障碍。③

国外对教师幸福感的研究始于 20 世纪 90 年代末,1998 年斯科特(Scott)首次使用“教师幸福感”这一术语,随后有关研究逐渐增多。④ 其中比较有名的是 Joan E. van Horn 等(2004 年)提出的教师职业幸福感,其内涵主要包括五个方面:专业幸福感、情感幸福感、认知幸福感、社会幸福感、身心幸福感。

还有教师幸福感量表(TWBS),包括 16 个与教师工作经验相关的项目。该量表测量教师幸福感的三个因素,包括工作量幸福感(如“我在校外完成的教学工作”)、组织幸福感(如“学校领导提供的支持”)和师生互动幸福感(如“与班上学生的关系”)。教师被要求从消极到积极按照(1)到(7)对教师工作不同方面的幸福感进行评分。

教师的主观幸福感子结构包括:自我效能感、工作满意度、任务明确的正向情感、亲社会行为或联系性、社会支持。经过筛选和简化,提炼出学校联系、自我效能和幸福感。

全国行业幸福感调查,教师职业幸福感连续三年排名前三,分析原因,除了职业自由、稳定等教师职业的优势以外,还与教师自身以及学校、社会因素有关。概括起来主要包含如下要素。

(1) 职业认同。表现为:热爱教师职业,能体会到作为教师的快乐,对

---

① 张中伟. 教师幸福感研究的回顾与反思[J]. 教育探索,2011(09):14-15.

② 沈飘,张建人,周柏任. 小学教师与中学教师幸福感的比较[J]. 中国健康心理学杂志,2016(04):514-517.

③ 张中伟. 教师幸福感研究的回顾与反思[J]. 教育探索,2011(09):14-15.

④ 汪文娟. 中小学教师职业幸福感:结构及影响因素[D]. 杭州:浙江师范大学,2019.

教师工作充满热情，能体会到教师的工作价值，充满爱心地工作，等等。

(2) 职业交往。表现为：能与学生建立融洽的关系，能与学生进行心灵沟通，能与家长建立良好的关系，能与家长深入交流，能与上下级保持融洽关系，能与同事和睦相处，能与同事真诚交流，能与同事互帮互助，等等。

(3) 专业成长。包括以下几项。

① 自我效能感。表现为：能乐观面对压力，能坚持自己的职业理想，有信心应对工作中的各种挑战，能执着于工作，能全身心投入工作角色中，等等。

② 工作成效。表现为：学生的成长、进步，学生的成功，创设出师生满意的课堂，激发了学生的学习兴趣，付出得到回报，课堂上得心应手，课堂上学生认真听课和积极发言，等等。

③ 自我成长。表现为：专业素质得到提高，教学科研能力得到提高，自身价值得以实现，职称职务有所晋升，等等。

(4) 学校管理。包括以下几项。

① 评价机制。表现为：学校的评价机制公平合理，充满人文关怀的管理制度，丰富健全的评价体系，拥有专业自主权和自由空间，等等。

② 教学环境。表现为：先进齐全的教学设备，轻松舒适的办公环境，优美整洁的校园环境，丰富的图书资源，积极向上的学习氛围，等等。

③ 工资待遇。表现为：丰厚的工资奖金和福利待遇，学校提供丰富的校园文化生活，等等。

④ 社会支持。表现为：学生家长的信任、认可、尊重，家人的支持，朋友的帮助和鼓励，社会的尊重和认可，等等。

(5) 身心健康。表现为：学生的健康快乐，家人的健康平安，自我拥有健康的身体，拥有积极向上的心态，拥有健康的人格，等等。

(6) 学生的真情实感。表现为：学生的肯定和认可，学生的爱和关心，学生的尊敬和爱戴，学生的理解和支持，学生的快乐和幸福，等等。

人民网教育频道与《现代教育报》联合推出"教师的幸福指数"调查，参与调查的13973人中，认为自己生活和工作幸福的不到两成，四分之一的教师厌倦教师职业，三分之二的教师在一天工作结束时会感到疲惫不堪。① 综合国内研究发现，中学教师主观幸福感整体达到中等水平，比非教师群体优越。但是，初中两极分化、高中升学率始终是捆绑在教师心头的精神枷锁。

① 教师幸福指数令人堪忧，幸福人不足两成［EB/OL］.（2011-9-9）［2020-3-5］. http://edu.people.com.cn/GB/15629819.html.

小学教师的幸福指数不高,工作满意度与经济状况是敏感影响因素。可见,先让教师幸福起来不仅重要,而且迫切。

从有关教师幸福感研究的文献来看,有重大影响力的不多,并缺乏对教师幸福问题的学理探讨。理论研究不够深入和系统,缺乏跨学科、多角度的研究。

二、中小学教师幸福感量表研发

提升教师幸福感,首先要了解教师幸福感现状,这就必须测评诊断。现行有关量表基本上都是舶来品,不适合中国国情,比如对师德的忽视等。所以,我们团队以中国特色的马克思主义幸福观为指导,借鉴中西方学校幸福感和满意度的相关研究成果,通过对1846名中小学教师进行测量,编制了适合中国教师、具有中国特色的中小学教师幸福感测评量表。量表包含心理幸福感、职业幸福感、健康生活幸福感、社交幸福感、财务幸福感和环境幸福感六个分量表20个维度,共82个项目。研究结果表明该量表具有良好的信效度,可用于测量中国中小学教师综合幸福感情况。①

(一)文献综述与理论建构

1. 国外关于教师幸福感的测评研究

1998年,斯科特(Scott)最早使用"教师幸福感",艾尔特曼(Aelterman)等人认为:教师幸福感是一种积极的情绪状态,它是具体的环境综合因素与教师个人需求和期望达成的双边和谐。阿克顿(Acton)和格拉斯哥(Glasgow)则进一步把教师幸福感具体界定为在与同事和学生合作过程中建构起来的个人专业成就感、满意感、目的感和愉快感。

教师幸福感的测评理论上看是由一般幸福感测评(主观幸福感测评、心理幸福感测评和社会幸福感测评及其整合测评)演进而来,但主观幸福感侧重个人生活满意度,心理幸福感侧重自我实现,二者都是个人主义价值取向。为弥补二者的不足,社会幸福感重视集体主义倾向,但不足之处是国外教师幸福感的专门性量表研发和调查研究还主要聚焦于主观幸福感。关于教师主观幸福感测评,首先值得一提的是祖卡(Dzuka),他从教师总体生活

---

① 姚茹,孟万金. 中国中小学教师综合幸福感量表的编制[J]. 教育研究与实验,2021,201(04):88-96.

满意度、积极情绪和消极情绪三个维度来设计。阿尔伯克基(Albuquerque)也证实了教师主观幸福感的三维结构。哈比布扎德(Habibzadeh)使用改编的牛津幸福量表对教师幸福感的影响因素开展了调查研究。迪文(Devin)采用牛津幸福量表对学前教师幸福感进行了研究。

2015年,伦肖(Renshaw)等人专门针对教师这一特定群体编制了一个简短多维、完全从积极方面衡量和测评教师主观幸福感的量表(TSWQ),该工具包含学校联结感、教学效能感两个维度。科利(Collie)等研发了实践导向的教师幸福感量表,提出了与教师工作有关的教师幸福感的三个部分:工作量幸福感、组织幸福感和师生互动幸福感。

有学者指出,当前的教师幸福感研究碎片化、视野狭窄、深度有限。鉴此,布莱斯(Price)和麦卡勒姆(McCallum)于2015年利用布朗芬布伦纳的生态系统理论提出影响教师幸福感的五个系统。最里层是微观系统,包括学校环境、家庭、社区团体、友谊等,在学校环境微观系统层面上,教师能力、自我意识、自我控制、社会资本以及专业学习活动都可能影响教师的幸福感;同时,学校环境与其他微观系统之间相互作用,形成中间系统,包括各微观系统间的联系、与家人和朋友的归属感和联结、社区和专业网络;第三层是外层系统,指组织和环境的影响,如组织、雇主、政府、地方、国家、国际机构等,可能对教师幸福感产生间接影响,是教师无法控制的因素;宏观系统包括体制信仰、社会问题、价值观、法律法规,它笼罩着微观系统、中间系统和外层系统,形成一个有机统一的整体;同时,这些因素又随时间和时代演进而不断发展(时间系统),从而持续影响教师的幸福感。教师幸福感生态系统框架(见图5-1)有助于全面系统地认识教师幸福感及其与相关因素的相互关系。

2018年,曼金(Mankin)对美国6个州共1883名中小学教师施测主观幸福感并证明该量表可用于小学、初中、高中教师的测评,量表的信度、效度符合测评学标准,可广泛推广和应用。PISA 2021测试中教师幸福感围绕认知幸福感、主观幸福感、健康幸福感和社会幸福感四方面的核心要素设计题项。上述测评日益体现出教师幸福感测评整合化和边界模糊的倾向。

综上可见,国外教师幸福感测评工具及相关研究重点关注主观幸福感,而专门侧重教师心理幸福感、社会幸福感的测评研究并不多见。这给国内研究提供了一些启示:第一,丰富教师幸福感研究的主题内容。拓展影响因

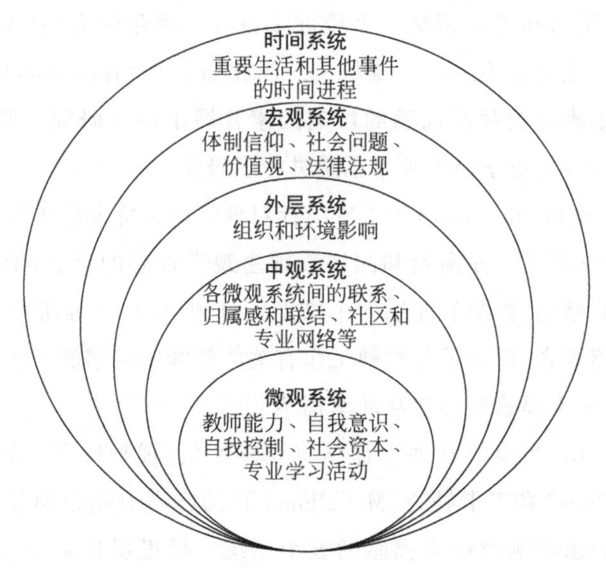

图 5-1　教师幸福感生态系统框架

素研究，要考察诸如社会、学校、心理等多种因素对教师幸福感的影响。第二，我国未来的教师幸福感研究要尝试借用多种学科理论，将教师幸福感放到广阔的社会背景之中，研发具有中国特色世界视野的中小学教师综合幸福感测评工具。

2. 国内关于教师幸福感的测评研究

我国对教师幸福感的研究起步于20世纪末。但是专门针对教师群体的幸福感测评工具较少，已有的测评工具主要沿袭国外，集中于教师主观幸福感测评。比如，林欣欣开展了教师主观幸福感量表中文版修订及适应性研究；王静和罗小兰专门编制了中学教师教学主观幸福感问卷。

教师心理幸福感测评研究为数不多，专门针对中小学教师的屈指可数。例如，胡姗姗等、高玉红等以及彭海芹引用或参考修订的里夫(Ryff)等的心理幸福感量表对教师进行了测评，但其科学性和针对性都有待改善。

目前尚未发现关于教师社会幸福感的测评研究，这与我国崇尚集体社会的文化传统并不相符。有学者在对我国教师幸福感研究的回顾与反思中指出："测评工具比较单一，缺乏本土化测评量表。由于东西方文化具有较大的差异，国外研究工具在中国应用存在着文化适应性问题。因此，编制出具有本土特点的、适合评估不同类型人群的测评量表，是当前需要努力的方向。"为此，有学者做了初步尝试，提出"教师幸福感包括教师专业身份认同感、教育教学满意感、人际交往和谐感、职业情境舒适感四个结构"，并编制了问卷。但更深入系统的工作有待进一步开展。

3. 中国中小学教师幸福感理论模型建构

不同文化、不同时代、不同价值、不同制度、不同群体对幸福的认识、理解和追求不尽相同。中国中小学教师幸福感测评必须建立在新时代中国特色及世界视野的教师幸福感理论基础之上。具体而言,就是要以习近平新时代中国特色社会主义思想为指导,贯彻落实习近平有关教育的重要论述,以教育部颁发的《中小学教师专业标准(试行)》和《关于加强和改进新时代师德师风建设的意见》为基本遵循,以"四有"好教师为标杆;以"得天下英才而教育之"为乐,以传道授业解惑为主责,以"格物、致知、诚意、正心、修身、齐家、治国、平天下"所彰显的由内及外、由己及群、由小及大、由近及远的幸福追求和奋斗不息的思想为取向;以马克思辩证唯物主义和历史唯物主义为理论基础,弘扬中国传统文化中优秀的幸福观思想,借鉴西方教师幸福感测评的合理成分及其整合理念。本研究依据布朗芬布伦纳生态系统模型对教师幸福感影响因素的透视结果,提出符合新时代需要的中小学教师综合幸福感结构要素假说,即:健康生活是教师幸福感的基石和前提——身体健康和良好的生活习惯是所有人幸福感不可或缺的物质保障;尚德敬业是教师幸福感的灵魂和精髓——师德师风和专业发展是教师幸福感特有的行业标配;积极心理是教师幸福感的源泉和机制——积极向上的心态和善于心理平衡是确保教师幸福感的调节杠杆;人际和谐是教师幸福感的神经和支架——和谐的人际关系牵动教师幸福感的神经,架起教师社会情感互动的桥梁;经济如意是教师幸福感的后盾和激励——经济是教师幸福感的润滑剂、催化剂,能有效提升教师职业尊严和效益;环境宜人是教师幸福感的温床和营养——良好环境是教师幸福感必不可少的外在文化,让教师沐浴在幸福氛围之中。本研究以这六大维度构建起中国中小学教师综合幸福感的假设理论模型,如图 5-2 所示。

由图 5-2 可见,积极心理是综合幸福感的内核,健康生活是积极心理的物质外壳,二者构成身心统一的有机体,在学校环境、家庭环境和社会(社区)环境中彰显出职业功能(尚德敬业)、社会功能(人际和谐)和经济功能(经济如意)。值得一提的是,按地理位置,环境可以分为学校、家庭和社会(社区),但任何家庭都位于一定社区,所以家庭环境是否与社会(社区)环境合并成为家庭内外环境还有待考察;此外,从内容和功能上考究,不论学校还是社会(社区)环境,发挥实质性作用的主要还是制度,因此,制度环境能否凸显出来,也有待进一步验证。

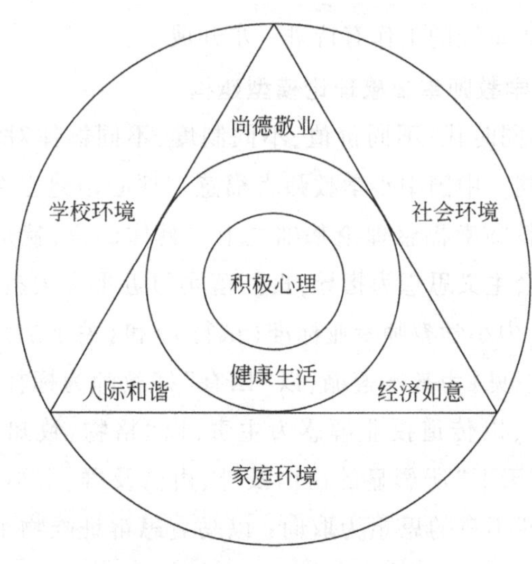

图 5-2　教师幸福感理论模型

（二）研究设计

1. 调查对象

本研究以整群抽样的方式，从我国西部、中部、东部和东北部四大区域共 23 个城市中选取中小学教师，数据涵盖北京市、上海市、重庆市、辽宁省、山东省、安徽省、四川省、浙江省、广东省、广西壮族自治区、福建省、湖南省、山西省 13 个省（区、市）。共收集到 3978 份教师问卷，其中有效问卷 3641 份，有效率为 91.53%。其中，小学教师 1214 人，初中教师 1390 人，高中教师 1033 人，未填写学校类型 4 人；男教师 931 人，女教师 2710 人。

2. 量表编制

本量表题目由教育心理学和测量学专家依据中小学教师幸福感理论模型编制。题目编制立足于中国自身的实际需求和文化背景，力求体现教育部《中小学教师专业标准（试行）》和师德师风建设有关文件精神，并吸收了西方关于主观幸福感、心理幸福感、社会幸福感量表的合理成分以及三者整合的思想。量表题目的来源有：从国内国外相关问卷或量表中直接选取的合适题项、修改已有问卷或量表中的有关题项、补充编写新的题项。题项编制后，由教师代表和相关领域专家反复修改，直至表述无歧义、简洁易懂。然后，由教师对量表进行试答，以确定题项。量表内容包括三部分：第一部分为指导语，主要介绍测验目的、内容、答题方式以及注意事项；第二部分为个人信息采集，主要收集人口学变量相关信息；第三部分为量表主体，包含六个分量表（健康生活幸福感、尚德敬业幸福感、积极心理幸福感、人际和谐幸福感、经济如意幸福感和环境宜人幸福感),共184道原始题项(见表5-1)。每个分量表的题目编排均进行了非系统化随机处理。作答方式采用李克特五点量表,被试需对照自己的实际情况,判断各题项陈述与自身的符合程度,并选择对应的数字,“1”为“完全不符合”,“5”为“完全符合”。

表5-1 中小学教师综合幸福感量表主体结构(原始题项)

健康生活幸福感	尚德敬业幸福感	积极心理幸福感	人际和谐幸福感	经济如意幸福感	环境宜人幸福感
36题	46题	30题	31题	15题	26题

3. 数据处理

核验数据时,删除了按规律作答以及数据缺失大于50%的被试数据,采用系统均值填补缺失值。数据被随机分成两份,一份用来做探索性因素分析(样本1),共1821人;另一份用来做验证性因素分析(样本2),共1820人。量表项目分析、探索性因素分析、信效度分析使用的软件是SPSS 16.0,验证性因素分析使用的是AMOS 4.0。

(三)结果与分析

1. 项目分析

(1)题目的临界比率值。分别取每个分量表总分低端27%的被试作为低分组、高端27%的被试作为高分组,对每个题项均分进行组间差异比较。结果发现,尚德敬业幸福感分量表中,在题项05上,低分组与高分组得分差异虽显著但决断值t小于3,删除该题项。其他题项得分均存在极其显著的组间差异($p<0.001$),有良好的鉴别力。

(2)题总相关。对各题项得分与分量表总分进行相关分析。删题标准为吴明隆提出的“个别题项与总分低度相关(相关系数小于0.4),表示题项与该维度的同质性不高,最好删除”。据此每个分量表剔除后,结果如下:①健康生活幸福感分量表中,各题项与分量表总分的相关系数为0.42~0.75;②尚德敬业幸福感分量表中,各题项与分量表总分的相关系数为0.48~0.79;③积极心理幸福感分量表中,各题项与分量表总分的相关系数为0.41~0.70;④人际和谐幸福感分量表中,各题项与分量表总分的相关系数为0.55~0.81;⑤经济如意幸福感分量表中,无题项删除,各题项与分量表总分的相关系数为0.41~0.81;⑥环境宜人幸福感分量表中,各题项与分量表总分的相关系数为0.54~0.84。保留下来的所有题项与各自分量表总分的相关均极其显著($p<0.001$)。结合决断值和题总相关系数,保留题项的区分度分析均符合测量学要求,各分量表中的项目同质性较好、区分度也较高。

2. 探索性因素分析

将样本1数据分为六个分量表(健康生活、尚德敬业、积极心理、人际和谐、经济如意、环境宜人)分别进行探索性因素分析,直交旋转采用最大变异法,采用主成分分析法抽取特征值大于1的共同因素,根据本研究的理论构想和碎石图确定最终的因子数。删除在所有因子上载荷量小于0.4、在多个因子上载荷量大于0.45的题目,以及同一量表中表意重复或不符合理论构念的题目。每删一次做一次探索性因素分析,直到最终因子结构稳定为止。

(1) 分量表一:健康生活幸福感量表。KMO检验显示,KMO统计量值为0.926,大于0.5,说明变量间的相关程度无太大差异,数据适合做探索性因素分析;巴特利特(Bartlett)球形检验结果$p<0.001$,拒绝球形假设,原始变量之间存在相关,数据适合做探索性因素分析。旋转后的数据抽取出了4个因子,累计方差贡献率为57.06%,依据吴明隆提出的标准,"萃取后保留的因素联合解释变异量若能达到60%以上,表示萃取后保留的因素相当理想,如果萃取后的因素能联合解释所有变量50%以上的变异量,则萃取的因素也可以接受",表明抽取的4个因子是合适的。

分量表一共有32个原始题项,删除因子载荷低、存在多题项交叉载荷、与理论构念不匹配、表意重复的题项10个,最终保留了22个题项。将探索性因素分析抽取出的4个因子分别命名为劳逸结合、生活习惯、身心健康、体育锻炼。各题项在4个因子上的载荷量见表5-2。

表5-2 健康生活幸福感的因子结构与因子载荷

题项	劳逸结合	生活习惯	身心健康	体育锻炼	题项	劳逸结合	生活习惯	身心健康	体育锻炼
H22	0.807				H35		0.491		
H4	0.803				H31			0.678	
H29	0.689				H34			0.622	
H18	0.634				H6			0.612	
H25	0.625				H5			0.586	
H20	0.544				H33			0.565	
H10		0.758			H28			0.510	
H8		0.754			H27			0.498	
H24		0.708			H13				0.789
H26		0.643			H15				0.776
H7		0.572			H17				0.685

（2）分量表二：尚德敬业幸福感量表。KMO 检验的统计量值为 0.970，Bartlett 球形检验结果 $p<0.001$，数据适合做探索性因素分析。旋转后的数据抽取出了 4 个因子，累计方差贡献率为 66.68%。分量表二共有 42 个原始题项，删除因子载荷低、存在多题项交叉载荷、表意重复、与理论构念不匹配的题项 10 个，最终保留了 32 个题项。将探索性因素分析抽取出的 4 个因子分别命名为专业理念与师德、专业效能、专业情怀、学校归属感。各题项在 4 个因子上的载荷量见表 5-3。

表 5-3　尚德敬业幸福感的因子结构与因子载荷

题项	专业理念与师德	专业效能	专业情怀	学校归属感	题项	专业理念与师德	专业效能	专业情怀	学校归属感
09	0.846				025		0.455		
07	0.814				016			0.750	
01	0.799				02			0.714	
03	0.777				014			0.634	
023	0.762				035			0.630	
06	0.741				017			0.608	
08	0.668				042			0.494	
018	0.645				034			0.472	
031		0.789			039				0.790
024		0.732			043				0.758
020		0.728			040				0.752
021		0.712			041				0.741
026		0.709			044				0.731
036		0.707			045				0.674
013		0.677			046				0.640
037		0.554			038				0.638

（3）分量表三：积极心理幸福感量表。KMO 检验的统计量值为 0.924，Bartlett 球形检验结果 $p<0.001$，数据适合做探索性因素分析。旋转后的数据抽取出了 4 个因子，累计方差贡献率为 60.88%。分量表三共有原始题项 27 个，删除因子载荷低、存在多题项交叉载荷的题项 3 个，最终保留了 24 个题项。将探索性因素分析抽取出的 4 个因子分别命名为积极情绪、消极情绪、自主发展、关注未来。各题项在 4 个因子上的载荷量见表 5-4。

表 5-4 积极心理幸福感的因子结构与因子载荷

题项	积极情绪	消极情绪	自主发展	关注未来	题项	积极情绪	消极情绪	自主发展	关注未来
M3	0.811				P11			0.750	
M8	0.811				P13			0.728	
M4	0.810				P7			0.692	
M7	0.796				P6			0.687	
M1	0.775				P15			0.681	
M9	0.707				P4			0.661	
M12		0.786			P1			0.654	
M5		0.745			P12			0.582	
M13		0.742			P8			0.560	
M6		0.723			P5				0.737
M2		0.678			P10				0.696
M10		0.506			P9				0.663

(4) 分量表四：人际和谐幸福感量表。KMO 检验的统计量值为 0.938，Bartlett 球形检验结果 $p<0.001$，数据适合做探索性因素分析。旋转后的数据抽取出了 3 个因子，累计方差贡献率为 71.31%。分量表四有原始题项 29 个，删除因子载荷低、存在多题项交叉载荷、与理论构念不匹配、表意重复的题项 13 个，最终保留了 16 个题项。将探索性因素分析抽取出的 3 个因子分别命名为社交和谐、家庭和睦、领导支持。各题项在 3 个因子上的载荷量见表 5-5。

表 5-5 人际和谐幸福感的因子结构与因子载荷

题项	社交和谐	家庭和睦	领导支持	题项	社交和谐	家庭和睦	领导支持
S17	0.831			S3		0.755	
S8	0.759			S5		0.722	
S19	0.737			S31		0.706	
S18	0.731			S24			0.904
S16	0.724			S25			0.887
S21	0.693			S26			0.772
S28		0.804		S12			0.684
S27		0.757		S13			0.475

(5) 分量表五：经济如意幸福感量表。KMO 检验的统计量值为 0.906，Bartlett 球形检验结果 $p<0.001$，数据适合做探索性因素分析。旋转后的数据抽取出了 3 个因子，累计方差贡献率为 66.85%。分量表五共有原始题项 15 个，删除因子载荷低、存在多题项交叉载荷的题项 2 个，最终保留了 13 个题

项。将探索性因素分析抽取出的 3 个因子分别命名为经济如意、财务管理、经济拮据。各题项在 3 个因子上的载荷量见表 5-6。

表 5-6　经济如意幸福感的因子结构与因子载荷

题项	经济如意	财务管理	经济拮据	题项	经济如意	财务管理	经济拮据
F1	0.876			F12		0.694	
F10	0.837			F11		0.672	
F13	0.795			F14		0.634	
F2	0.788			F9			0.848
F4	0.665			F8			0.816
F3	0.539			F7			0.647
F5		0.786					

(6) 分量表六：环境宜人幸福感量表。KMO 检验的统计量值为 0.937，Bartlett 球形检验结果 $p<0.001$，数据适合做探索性因素分析。旋转后的数据抽取出了 3 个因子，累计方差贡献率为 73.27%。分量表六共有 24 个原始题项，删除因子载荷低、存在多题项交叉载荷、表意重复的题项 11 个，最终保留了 13 个题项。将探索性因素分析抽取出的 3 个因子分别命名为学校环境、制度环境、家庭环境。各题项在 3 个因子上的载荷量见表 5-7。

表 5-7　环境宜人幸福感的因子结构与因子载荷

题项	学校环境	制度环境	家庭环境	题项	学校环境	制度环境	家庭环境
E18	0.808			E25		0.783	
E19	0.787			E24		0.766	
E17	0.783			E4			0.783
E16	0.735			E6			0.708
E14	0.671			E1			0.687
E22		0.821		E2			0.678
E26		0.791					

3. 验证性因素分析

经过项目分析以及探索性因素分析后的教师综合幸福感量表包含六个分量表 21 个因子，共 120 个题项。使用样本 2 数据对这六个分量表分别做验证性因素分析，以考查实际模型与构想模型的拟合度。设各潜变量之间两两相关，观测变量的残差之间相互独立。验证性因素分析过程中发现了一些拟合指数不理想的分量表，主要表现为某几个题项因子载荷低于 0.50，或者题项间残差的共变指数 MI 较大，需要修正。修正的方法和原则为：删除因子载荷较小的题项；对于两个题项间 MI 值较大的情况，删除其中一个题项,在删除时,优先删除与多个题项间的 MI 值都较大的题项,并尽量保留因子载荷较大、与理论构念更一致的项目。据此,删除了 35 个题项。

经过验证性因素分析,最终形成 85 个题项的教师综合幸福感量表(见表 5-8),其中包含 12 个反向题。各分量表的拟合指数均满足心理测量学要求:χ^2/df 介于 4.08 至 6.39 之间,TLI 介于 0.94 至 0.97 之间,CFI 介于 0.95 至 0.98 之间,GFI 介于 0.93 至 0.97 之间,RMSEA 介于 0.06 至 0.07 之间,SRMR 介于 0.03 至 0.05 之间。按照测量学的要求,χ^2/df 在 5 左右即可接受,RMSEA<0.08 即可接受,其他拟合指数大于 0.90 即表示拟合良好。说明教师综合幸福感各分量表的拟合度较好。

表 5-8 中小学教师综合幸福感量表主体结构

健康生活幸福感	尚德敬业幸福感	积极心理幸福感	人际和谐幸福感	经济如意幸福感	环境宜人幸福感
劳逸结合(3)	专业理念与师德(5)	积极情绪(4)	社交和谐(5)	经济如意(3)	学校环境(4)
生活习惯(4)	专业效能(7)	消极情绪(4)	家庭和睦(4)	财务管理(3)	制度环境(3)
体育锻炼(3)	专业情怀(5)	自主发展(6)	领导支持(3)	经济拮据(3)	家庭环境(3)
身心健康(5)	学校归属感(5)	关注未来(3)			
15 题	22 题	17 题	12 题	9 题	10 题

注:括号内数字为题项数。

对总量表进行验证性因素分析,结果显示,部分因子间的残差存在相关,参照 MI 值在项目间添加相应路径对变量进行释放后,模型拟合指数良好,χ^2/df = 2.767, GFI = 0.996, TLI = 0.993, CFI = 0.998, RMSEA = 0.042, SRMR = 0.008,符合心理测量学要求,可以接受为最终模型。

4. 信度与效度分析

(1)分量表和总量表信度分析。各分量表的克隆巴赫 α 系数为 0.806、0.949、0.887、0.904、0.842 和 0.925,总量表的克隆巴赫 α 系数是 0.966。不论是各分量表还是总量表,信度均良好,符合心理测量学要求。

(2)效标关联效度分析。教师综合幸福感量表的效标选择卡姆贝尔(Cmapbell)等编制的幸福感指数量表(index of well-being)和迪纳(Diener)等编制的生活满意度量表(satisfaction with life scale)。皮尔逊(Pearson)相关分析结果表明:健康生活幸福感、尚德敬业幸福感、积极心理幸福感、人际和谐幸福感、经济如意幸福感和环境宜人幸福感分量表均分与幸福感指数均分的相关系数为 0.50~0.65,与生活满意度均分的相关系数为 0.39~0.66;总量表均分与幸福感指数均分的相关系数为0.72,与生活满意度均分的相关系数为0.63。这说明本研究编制的教师幸福感工具效标效度良好,符合心理测量学要求。

(四) 讨论

本量表的编制以马克思主义幸福观为理论基础,汲取了古今中外幸福观思想,借鉴了已有幸福测评的一般成分,集成了经典教师幸福感测评的专项成分,由课题组专家经过多次研讨和修改编制而成。初测量表由六个分量表共184道原始题目组成,通过项目分析、探索性因素分析,逐步精简了题项。项目分析时,删除鉴别力低的题项1道、题总相关不合要求的题项14道;探索性因素分析中,删除因子载荷低、存在多题项交叉载荷、表意重复、与理论构念不匹配的题项共49道。验证性因素分析中,删除了因子载荷低的题项和残差与其他潜在因素存在较高相关的题项共35道,使各分量表和总量表模型的结构既符合理论构想,又满足测量学要求。最终编制出由健康生活幸福感、尚德敬业幸福感、积极心理幸福感、社交和谐幸福感、经济如意幸福感和环境宜人幸福感六个分量表构成的含21个因子、85道题目的教师综合幸福感量表。总量表及分量表的验证性因素分析结果显示,χ^2/df为2~7,RMSEA为0.04~0.07,TLI和CFI为0.94~1。总量表及分量表信度为0.80~0.97,总量表与幸福感指数量表的效标关联效度为0.72、与生活满意度量表的效标关联效度为0.63。以上指标表明,教师幸福感量表符合心理测量学要求,具有较高的信效度。

在量表的因子构成方面,健康生活幸福感分量表中,原始量表设计了劳逸结合、生活习惯、身体健康、心理健康、体育锻炼五个维度,探索性因素分析提取出劳逸结合、生活习惯、身心健康、体育锻炼四个因子。身体健康和心理健康合并成身心健康,说明两者之间存在内在统一性。良好生活习惯是身心健康的基础,与劳逸结合、体育锻炼相辅相成,共同为教师幸福感提供身心体能支撑。

尚德敬业幸福感分量表中,原始量表设计了专业理念、职业道德、专业情怀、专业智能、工作成效、学校归属感六个维度,探索性因素分析抽取出了专业理念与师德、专业情怀、专业效能、学校归属感四个因子。专业理念与职业道德有较多交叉,而且职业道德更多体现为师德,师德对专业理念又有引领作用,所以原来的专业理念和职业道德合并成了一个因子——专业理念与师德;另外,专业智能是工作成效的支撑,工作成效是专业智能的体现,所以两者合并成为一个因子,即专业效能。

积极心理幸福感量表中,原始量表设计了积极情绪、消极情绪、自主性、自我接纳、个人成长、生活目标六个维度,探索性因素分析提取出自主发展、关注未来、积极情绪和消极情绪四个因子。自主发展涵盖了自主性和个人成长,关注未来包含立足于自我接纳的现实奔向生活目标。积极情绪和消极情绪比例调整构成幸福感的心理调节机制。

人际和谐幸福感分量表中,原始量表设计了社交和谐、工作关系、家庭和睦三个维度,探索性因素分析提取出社交和谐、领导支持、家庭和睦三个维度,原工作关系中的领导因素独立了出来,凸显出领导支持在工作关系中的主导作用;同事、学生、非家庭成员等因素合并到了一起,成为"社交和谐";家庭和睦自然是教师幸福感的坚强后盾。

经济如意幸福感分量表中,原始量表设计了经济如意、财务管理、经济拮据三个维度,探索性因素分析后保持这一结构设计不变。经济如意与经济拮据表明收支状况,如果收大于支,则幸福感较强,反之则差;两者中间还有个财务管理的调节,这个环节处理得当,财产还可以增值。

环境宜人幸福感分量表中,原始量表设计了学校环境、家庭环境、社区环境、制度环境四个维度,探索性因素分析提取出学校环境、家庭环境、制度环境三个维度。这进一步完善了理论模型假说,即家庭环境扩大到内外环境,从而将家庭的外部社会(社区)环境并入家庭环境维度,而学校和社会(社区)发挥实际功能作用的制度因素凸显出来,独立成为"制度环境"。由于家庭环境有内外之别,家庭的外部环境基本上就是社区环境,所以社区环境在探索性因素分析后被剔除。

幸福感是一个复杂的心理结构,教师综合幸福感量表在如下几方面做了最大努力:①既要体现一般领域的幸福感测评共性,又要突出教师群体幸福感的特性;②既要考虑多维性和融合性,又要强调简约性和实用性;③既要突出中国特色,又要兼具世界视野。由于时代在快速变化、社会在快速发展,教师综合幸福感内涵和外延也在不断进步发展,因此教师综合幸福感量表在今后使用和验证中需不断发展完善。

(五)结论

中国中小学教师综合幸福感量表包含健康生活幸福感、尚德敬业幸福感、积极心理幸福感、人际和谐幸福感、经济如意幸福感和环境宜人幸福感六个分量表,共 21 个因子、85 个题项,具有良好的信效度,可为有关我国中小学教师综合幸福感的研究提供一种适用的工具。

三、中小学教师幸福感现状调查与提升对策

我国中小学教师幸福感研究中,大多只关注了某一种或两种幸福感取向,缺少对教师幸福感的综合考量。而且,测评工具主要来源于国外幸福感量表,然而,一些研究结果表明国外量表并不适用于我国群体。如有人将Ryff心理幸福感量表运用于我国城市居民时,发现其结构效度并不理想,原因可能在于国内外文化、价值观等方面存在差异。[①] 此外,已有研究采用定性与思辨方法的居多,定量与实证研究相对较少;研究对象大多选取某一区域的一所或几所学校,取样范围的局限性可能导致研究结果缺乏代表性和普适性,难以整体反映中小学教师的幸福感状况。有研究者认为,我国中小学教师的职业幸福感处于中等偏上状态[②],也有研究者发现中小学教师的职业幸福感总体状况并不乐观[③]。有必要进一步开展教师幸福感调查研究,摸清现状,以便提出针对性对策建议。

(一)中小学教师幸福感现状调查

笔者课题组核心成员采用自主研发的中国中小学教师综合幸福感量表(初级版),以整群抽样的方式,从我国东部、中部、西部和东北部四大区域共18个城市选取中小学教师,数据样本涵盖北京市、上海市、重庆市、辽宁省、吉林省、山东省、安徽省、四川省、浙江省、广东省、广西壮族自治区、福建省、湖南省、山西省14个省(区、市),开展抽样调查,[④]结果发现中小学教师幸福感总体状况良好。教师幸福感总量表平均分为3.61(S_D=0.44);从各分量表看,除财务幸福感维度的平均分(3.00±0.73)与理论中数差异不显著外,职业、社交、环境、心理、健康幸福感五个维度的平均分为3.23~4.03,单样本t检验均显著高于中数3。说明除财务幸福感外,中小学教师幸福感总体水平良好。除心理幸福感和环境幸福感维度得分差异不显著外,其他五个维度上的得分两两之间均存在显著差异,得分由高到低依次为:职业幸福感、社交幸福感、心理幸福感、环境幸福感、健康幸福感和财务幸福感。六大维

---

① 邢占军,黄立清.Ryff心理幸福感量表在我国城市居民中的试用研究[J].健康心理学杂志,2004(05):231-234.

② 张美兰.中小学教师职业幸福感的调查研究[J].九江学院学报(哲学社会科学版),2011(01):110-113.

③ 姜艳.小学教师职业幸福感研究[D].苏州:苏州大学,2006.

④ 姚茹.中国中小学教师幸福感现状调查与教育建议[J].中国特殊教育,2019,225(03):90-96.

度包括20项因子，得分排在前六位的分别是专业理念与师德、社会关系、家庭关系、学校环境、关注未来和自主发展，得分排在后六位的分别是经济如意、积极情绪、劳逸结合、制度环境、身体健康和财务管理。

（二）中小学教师幸福感提升对策

大面积提升中小学幸福感，除了依靠政府改善教师收入以外，更多还要依靠个体努力。当务之急是要让科研带动教师幸福感的提升，让专业发展成为提升教师幸福感的杠杆，让职业规划成为提升教师幸福感的阶梯。

1. 让科研成为提升教师幸福感的引擎

苏霍姆林斯基说过：如果你想让教师的劳动能够给教师带来乐趣，使天天上课不至于变成一种单调乏味的义务，那你就应当引导每一位教师走上从事教育科研这条幸福的道路上来。

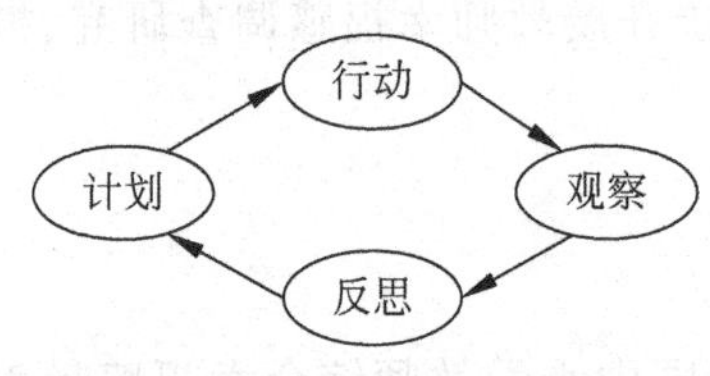

图5-3 行动研究的过程

行动研究是以解决问题为中心的，是最能给教师带来幸福感的研究范式。行动研究的过程如图5-3所示。

行动研究第一要找到研究的起点，第二要收集资料，第三要分析资料，第四要形成行动策略，第五要实施与检验行动策略。行动研究的具体操作程序如图5-4所示。

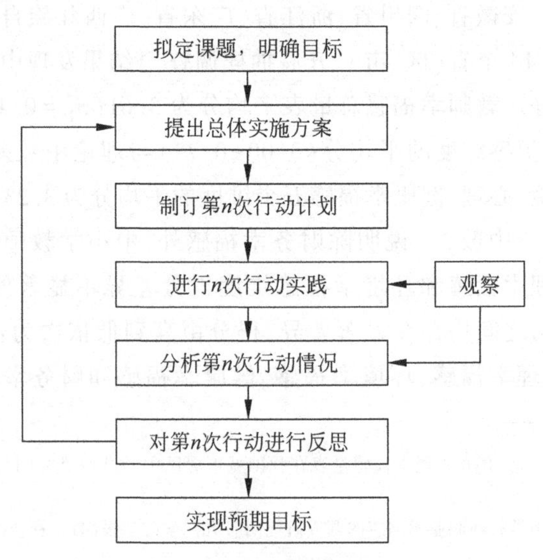

图5-4 行动研究的具体操作程序

（1）拟定课题，明确目标。

（2）提出总体实施方案。

（3）设计第一次行动"计划"并进行行动。

（4）对第一次行动进行"观察"记录。

（5）对第一次行动"观察"结果进行内容分析。

（6）对第一次行动的"反思"评价。

（7）制定第二次行动方案。

（8）进行第二次行动（行动实践、观察分析、反思评价）。若干次循环，实现目标。

2. 让专业发展成为提升教师幸福感的杠杆

教师幸福感不是空中楼阁，它是建立在专业发展基础之上的，没有好的专业发展，就谈不上教师幸福感。专业发展是有效提升教师幸福感的杠杆。我们对全国23个省、市的知名校长进行了问卷调查，总结教师专业素质及其排序。教师专业素质架构要素线性排序如图5-5所示。在此基础上，概括出教师四位一体专业素养结构，如图5-6所示。[①]

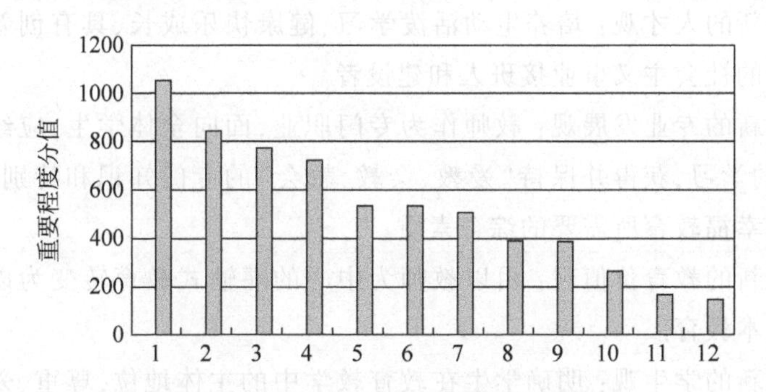

图5-5　教师专业素质架构要素线性排序

1—师德高尚（1054分）；2—关爱学生（842分）；3—教学能力（774分）；4—交流协作组织能力（721分）；5—学科专业功底（534分）；6—终身学习（532分）；7—科研创新（504分）；8—综合学识功底（388分）；9—人品人格（386分）；10—心理健康（264分）；11—关注学校发展（166分）；12—教育理念（142分）

通过专业发展四项修炼可以提升教师专业发展水平，促进教师幸福感结构要素的优化，进而提升教师综合幸福感。

1）专业理念修炼

专业理念系统主要指在对教师专业本质理解的基础上形成的关于教育

---

① 孟万金. 全纳教育理念下教师专业素质及专业化标准研究［J］. 中国特殊教育，2008，95（05）：13-17.

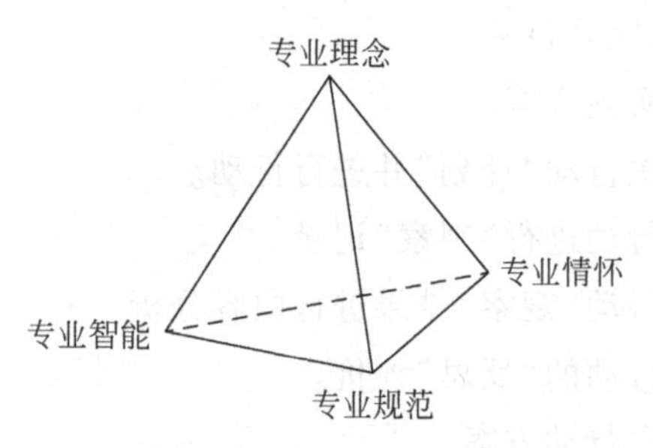

图 5-6　教师四位一体专业素养结构

的观念,是统帅教育职业活动的总的思想意向,是指导和影响教育教学工作的纲领,引领教师专业发展方向。教师作为专门职业,教育理念是统帅、是灵魂,不仅直接关系着教师的教育行为,而且间接地影响着未来教育的性质与质量。专业理念主要指幸福教育思想,即人类对幸福的追求,具体来说就是,学校要为学生幸福人生奠基,要为教师幸福人生扬帆。要坚持在幸福中开展教育,在教育中分享幸福;通过幸福创新教育,通过教育创造幸福。在这种理念下,教师要树立一系列新的观念。

一是新的人才观:培养生动活泼学习、健康快乐成长、具有创新意识和实践能力的社会主义事业接班人和建设者。

二是新的专业发展观:教师作为专门职业,面向全体学生,应经过严格的、持续的学习,获得并保持“爱教、会教、教会”的专门知识和特别的技术,不断提高幸福教育所需要的综合素质。

三是新的教育价值观:由以教师为中心的灌输式教育转变为以学生为中心的生本教育。

四是新的学生观:明确学生在教育教学中的主体地位,尊重、爱护每个学生,发现每个学生的多元智能优势,注重开发学生不同的潜能,不让一个孩子掉队,促进所有学生适应社会,做生活的主人,做最好的自己。

五是新的教师观:教师的主要职责由传递知识向培养健全人格转换,由给出现成答案向交换意见、帮助学生发现问题和解决问题转换,由满足学生的一般需要向满足学生所有需要尤其是特殊需要转换。

六是新的教育过程观:在教育活动过程中坚持自主、合作、探究,坚持因材施教,使所有普通学生和有特殊需要的学生都得到充分发展。

七是新的教育评价观:由知识主导向综合素质转变,由以终结性为主向以形成性为主转变,由评价过去成就向激发未来潜能转变。

2）专业智能修炼

专业智能主要指从事教师职业必须具备的知识、学识和才能的总和,是教师专业成长的核心和支柱,主要回答“能不能”的问题。根据教师职业活动的性质和特点,我们将其分成如下六个子系统。

一是有关学生发展及其学习系统:学生全人发展及其为此而展开的学习是教师专业化发展所关注的核心,教师要具备指导所有学生全人发展所必需的知识技能和综合能力,满足学生成长和多元化的求知需要。

二是有关教师自身发展及其科研创新系统:教师自身发展及其科研创新是所有学生全人发展和高效教学的保证;学习化社会要求教师具备终身学习、职业生涯设计及科研创新所必需的、满足所有学生所需要的通用知识技能和综合能力。

三是有关教学内容及其高效教学系统:教学内容是师生互动的载体,以何种方式、采用什么方法与学生沟通是高效教学的内涵,信息社会要求教师不仅具备扎实的学科专业功底,把握学科前沿、洞察学科发展方向的能力和具备跨学科的知识和技能,还要具备高效教学和教会所有学生学习所必需的知识技能和综合能力,特别是信息技术与学科教学的结合能力。

四是有关教育教学评价系统:评价不仅是检验教育教学效果的手段,还具有激励、指导学习的作用;幸福教育要求教师在传统终结性评价和形成性评价基础上,具备教育教学评价的多元化及效果表达和论文写作所必需的知识技能和综合能力。

五是有关协作互动资源整合系统:专业智能的最大标志就是系统内部各子系统的协作互动与资源整合。专业智能要求教师具备师生之间、同事之间、上下级之间、学校与家庭、社区乃至社会之间互动及资源整合,特别是促进学生之间融合所必需的知识技能和综合能力。

六是智力与辅助智力因素系统:教师专业发展离不开认识,它建立在感知、观察、思维、想象、记忆等智力因素基础上。同时,需要、兴趣、动机、性格、意志等辅助智力因素也是构成教师专业发展的前提条件。

3) 专业情怀修炼

专业情怀是指教师对自己所从事职业的个性心理倾向性的总和,是教师出色完成职业使命所必需的情趣、情感和情操,是教师专业成长的兴奋剂和动力。专业情怀不仅在精神状态和情绪维度对教育教学发生直接或间接影响,还会对学生发生潜移默化的作用。其主要内涵是爱与被爱,可进一步分成双向互逆的六个子系统。

一是关爱自己和被自己悦纳:注重自己的身心健康,满足自我合理的精神需求,因而使自己得到自我欣赏的愉悦回报。

二是关爱学生和被学生热爱:体贴入微,满足学生全人发展的多元情感需求,因而得到学生的爱戴。

三是关爱工作及享受工作乐趣:表现出鲜明的职业爱好和积极的工作热情,因而得到工作成就感所带来的欢欣及工作本身的乐趣。

四是关爱学校和被校方爱护:关注学校发展,认同学校目标,因而得到学校成就所带来的自豪感及学校对自己的重视与爱护。

五是关爱同事和被同事欣赏:与人为善,尊重、欣赏同事,因而得到同事的关爱和人际关系和谐的愉快感。

六是关爱家长和被家长钦佩:与家长交心,引导家长与孩子一起成长,因而体验到家长的信任、尊重所带来的满意与喜悦等。教师想被爱,除首先要付出爱以外,还要举止文明、形象儒雅、人品高尚、人格健全、心胸豁达、助人为乐、谈吐高雅、风趣幽默、生动活泼、富有魅力等。特别值得注意的是,专业智能是专业情怀的资本,而专业情怀是专业智能的推进器。

4) 专业规范修炼

专业规范是指教师专业成长必须达到的基本标准、必须遵守的基本规则和必须履行的契约及各种公约的总和,是教师专业成长的基本守则。根据规范的不同层面和功能,我们将专业规范系统分为六个子系统。

一是政策法规系统:依法执教所必需的知识技能和综合能力。比如,学习和执行国家的教育方针、政策,贯彻落实《中华人民共和国义务教育法》和有关教育的政策法规,提高政治理论水平,不宣扬封建迷信、歪理邪说,反对各种歧视,不传播有害学生身心健康的观点和思想,遵守国家的法律法规等。

二是教师等级资格证书系统:各级各类各科教师从业最低资格所必需的知识技能和综合能力。例如,对有关教师资格证书的认识、申办及达标等。

三是学校制度系统:遵守学校规章制度所必需的知识技能和综合能力。例如,遵守学校各项出勤和备课、上课、批改作业、考试、继续教育,以及师生关系、家校合作等各项规定。

四是道德规范系统:遵守职业道德和社会公德所必需的知识技能和综合能力。比如,文明礼貌、不赌博、不酗酒、作风正派、执教廉洁等。

五是行为规范系统:教师为人师表所必需的知识技能和综合能力。例如,语言规范健康、举止文明端庄、着装整洁得体、形象朴素大方、注重礼仪仪表等。

六是契约公约系统:起草、理解、缔结和履行各种契约和公约所必需的知识技能和综合能力。例如,与校长签约及履行协约,起草、签订以及履行家校协约,起草、签订及履行各种相关公约等。

3. 让职业规划成为提升教师幸福感的阶梯

幸福需要经营,更需要规划。俗话说,人无远虑,必有近忧。好的职业规划为提升教师幸福感谋好篇布好局,有计划有目的地妥善安排好不同阶段不同时期的工作重点和难点,这样才能对眼前和长远幸福运筹帷幄。教师规划职业生涯,可以按照由近及远(近期、中期、长期和终身)规划。

(1) 近期规划。主要指当下到三年以内的规划,重点是近期要做的重要工作和预期目标,需要什么资源和采取哪些手段等。

(2) 中期规划。主要指3~6年内的预期目标和重要任务。这是因为我国的学制特点,一般小学一到三年级为小学低年级,四到六年级为小学高年级,初中和高中均为三年(个别情况例外,如5+4制)。

(3) 长期规划。主要指6~10年的规划。许多学校实行跟班制,6年一般是两轮跟班。一回生,两回熟,两轮跟班积累了丰富的教学经验,一般对教学能做到熟能生巧,这时应该有个质的飞跃。如新手教师规划30岁时成为教学能手等。

(4) 终身规划。一般指规划到退休,设定个人退休时的预期目标和要完成的主要任务。这就需要从全局和整体的高度将近期、中期、长期规划有逻辑地联系起来,形成一个系统,调整好节奏,分清轻重缓急,从而使整个职业生涯规划得到进一步优化和提高,确保教师职业幸福感不断提升。

案例

人大附中北京经济技术开发区学校:人本管理造就幸福教师[①]

人大附中北京经济技术开发区学校创建于1998年,在提升教育优质化发展过程中,始终把"办温暖的、负责任的、舒展生命的幸福教育"作为办学理念,为每位师生的幸福成长奠基,力争为每个师生开启美好未来。我们不仅要给学生一个幸福的童年,我们还要努力给学生一个幸福的人生方向。幸福的童年,是学生快乐的校园生活;幸福的人生方向,是为孩子今后的人生走向奠定完整和谐、可持续发展的人生基础。教育以幸福为目的,既是一种实然事实的存在,也是一种应然价值的追求。所以,幸福教育既是一种教

① 人大附中北京经济技术开发区学校王教凯校长供稿(选编)(2020年4月)。孟万金教授曾亲临学校作幸福教育辅导报告。

育理想，更是一种教育实践。

做幸福的教育，是目标；幸福地做教育，是过程；尝到教育的幸福，是结果。

2017年，我们把学校的办学理念用一个指数函数来概括，从某种意义上来看，这个指数函数就是一个"幸福函数"（见图5-7）。用指数函数来解释学校办学理念，这是王教凯校长的独创，也是他思维灵活、富有创新精神的具体体现。王教凯的幸福指数函数的公式为 $F=e^{wr}$。对于这个公式，他这样解释：e在数学中是自然常数，类似于圆周率π，是无理数。e还是教育的第一个字母，我们学校要做回归自然的教育，我们把这个作为基础，作为底数；w 表示的是温暖，r 表示的是负责任；我们把温暖和负责任作用在教育中，最后会得到这样一个结果，F 是自由舒展的生命。F 大写，其他字母小写，表示我们决心要培养大写的人，大格局的人。F 还可以理解为面向未来，要做面向未来的教育；也可以表示幸福，我们的教育要为孩子的终生幸福奠基。F 在物理学中还表示力，在这里，还可以表示一种幸福力。这样合在一起，构成了一个指数函数。指数函数表达的是一种变化趋势，这种变化趋势说明，只要老师给孩子温暖和负责任的教育，那么最后所产生的作用是不可估量的，是巨大的，类似于指数爆炸的状态。提倡老师们用温暖和负责任来培养孩子，我们学校未来毕业生的价值是不可估量的，这是我们的育人理念。

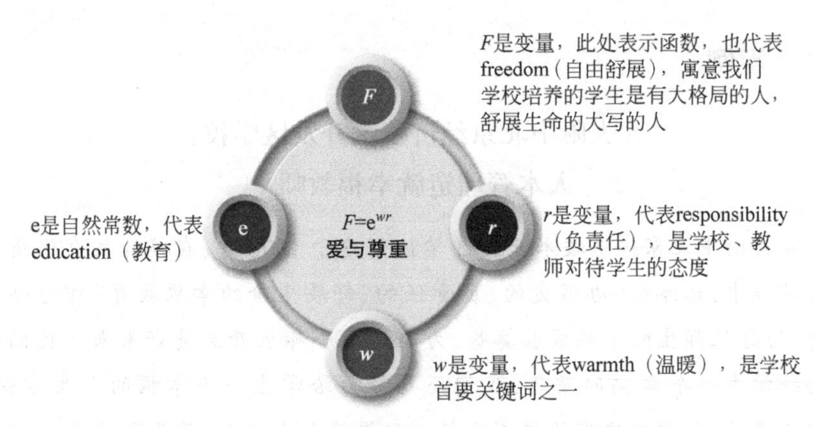

图5-7　人大附中北京经济技术开发区学校的办学理念

"一所真正的学校，其实就是一个温情的校长带着一群有温度的人，干着一件温暖的事。"这是学校对自己的鲜明定位，温暖也成为学校"幸福教育"的首要关键词。

我们始终坚信：学校是每一个人的学校、为了每一个人的学校、需要每一个人的学校。教师是学校最宝贵的财富，应当让教师成为学校的主人。激发调动所有教职工的工作主动性、创造性，不断增强他们教书育人的使命感、终身从教的幸福感，是我们学校管理的根本出发点。学校服务对象是学生，他们是教育的对象，充分尊重他们的个性，发展他们的天性，舒展他们的生命，培养他们做德智体美劳全面发展的社会主义建设者和接班人，是学校的终极目标，也是教育的培养目标。

学校是教师人生成长、成就自我的舞台。学校积极构建教师专业成长平台，健全激励机制，拓宽教师发展通道，教师的幸福感和成就感不断提升。幸福的学校一定是充满人文关怀的学校，学校领导经常深入教师办公室嘘寒问暖，关心他们的身体、了解他们的疾苦，学校为过生日的教师送上校长手写祝福卡、生日蛋糕，教师家里有事学校全力相助，慰问住院教职工，关心离退休教师的生活，设置母婴室，在一个个节日里为教师送鲜花，发放体育器械；“工会之家”“教师社团”“教师健身房”“开放式读书长廊”“校长有约——与教师共进午餐、聆听教师心声”、定期给教职工手写书信沟通交流等，让每一位教师能够以主人的姿态在学校成长，能够充分感受到学校生活、学习、工作的温暖、快乐与幸福。

学校通过一系列人文关怀的“暖心”工程，让教师们心情愉快地工作，增强了学校的凝聚力和向心力。让爱与尊重充盈校园，营造出了师生共享的和谐氛围，向善、求实、爱、尊重、温暖成为教书育人的精神基因。

通过自我实现，让教师感受成长的幸福，学校先后组织实施“双培养工程”“青蓝工程”“师带徒”等骨干教师培育工程。青年教师培养与骨干教师培养结合起来进行，学校扩大校内骨干分子的范围，鼓励教师积极参加各种竞赛，提高教育教学水平，早出骨干、多出骨干。构建长期的教师学习培训机制，促使教师自我教育的再深造，提高教师素质。

强校必先强师。加强学习，提升教师专业发展水平。为了调动教师的内驱力，促进教师专业化发展，学校采用“请进来、走出去”的方式，为教师成长搭台子、引路子，首先学校借助人大附中本部优质教育资源，请名师专家对教师进行培训，让他们的先进理念给教师以引领；同时连续举行三届“学术年会活动”，通过邀请全国教育名家顾明远、朱永新等到校讲学的方式，让全体教师不出校门就能领略教育名家的风采，用高水平的教育思想引领教师队伍的发展。

第六章　新时代婴幼童幸福教育研究

《国家中长期教育改革和发展规划纲要(2010—2020 年)》首次明确提出了“重视 0~3 岁婴幼童教育”,标志着从国家政策层面,我国早期教育正式向前延伸到了 0 岁,中国政府已经将儿童早期发展纳入《“健康中国 2030”规划纲要》,上升为国家战略,实现了政策从 0~6 岁儿童学习与发展的全覆盖。党的二十大报告提出:强化学前教育普惠发展,加快建设高质量教育体系。“十四五”规划纲要提出,到“十四五”期末,每千人口拥有 3 岁以下婴幼儿托位数要达到 4.5 个。这为开展新时代婴幼童早期幸福教育提供了前所未有的机遇。

一、新时代呼唤婴幼童幸福教育

婴幼童幸福教育主要指促进 0~6 岁婴幼童及其父母或养育者共同成长和发展的过程,是在婴幼童与父母或养育者之间开展的,有助于孩子身体、情感、智力、人格、精神等多方面协调发展与健康快乐成长的互动式活动,其精髓是开启和奠基孩子终身的幸福,并提升父母和养育者的幸福感。

生命早期是一生的基石。俗话说,三岁看大,七岁看老。我国著名儿童教育家陈鹤琴曾指出,幼稚教育从三岁开始已经太晚了。诺贝尔经济学奖得主 Heckman 在对早期教育示范性项目的投入及其效益研究后得出结论:对早期教育进行投资,无论多早都不为过。改革开放以来,我国党和政府非常重视早期教育,但是举办什么样的早期教育,如何办好早期教育,成为历史要求我们亟须回答的现实问题。

(一) 婴幼童早教的启蒙和先导作用

早期教育在促进孩子个体身心发育发展上发挥着不可替代的启蒙和先导作用。新近研究发现,3 月龄婴儿的刺激与反应时就能预测 4 岁时言语和行为智商;[1]在正规学校教育开始前的教育能够缩小低收入与高收入家庭孩

① Dougherty and Haith of the University of Denver. Infant expectations and reaction time as predictors of childhood speed of processing and IQ[J]. Journal of Developmental Psychology, 1997, 33(01): 146-155.

子之间的教育成就鸿沟。[①] 平均而言,3 岁时高收入家庭孩子的词汇量是低收入家庭同龄孩子的 3 倍。[②] 早期教育能提高孩子将来升入高中后的毕业率,提高其标准化测验成绩,降低留级和需要接受特殊教育的人数。[③] 参加早教的孩子到 5 岁时智商可以提高 4~11 分,甚至 25 分。[④] 参加早教项目的孩子到 14 岁时,其阅读和数学测验成绩显著高于同龄未参加过早教项目的孩子,同时前者有 36%升入了四年制本科大学,而后者只有 14%。[⑤] 另有研究表明,接受早期教育婴儿的适应性、精细动作、语言和个人交往功能区发育商(developmental quotient,DQ)比未接受早期教育的婴儿高,且差异显著。总之,系统早期教育对婴儿体格生长和智力发育均有促进作用。[⑥] 生活在有丰富刺激的家庭环境中的儿童,从 1 岁到 3 岁智商不断提高;相反,生活在刺激较少的家庭环境中的儿童在相同时间内智商会下降 10~20 分。[⑦] 儿童从刺激较少的环境转移到有丰富刺激的环境之后,智商分数得到显著提高。[⑧] 到学前晚期,当智商开始成为较为稳定的特质之后,周围环境质量对儿童智力发展的重要作用就更加明显了。[⑨] 联合国儿童基金会在《世界儿童状况》报告中提醒,全球有 2.26 亿儿童发育迟缓,这将损害智力发育。在出生后 8 个月内发育迟缓的儿童,其 6 岁时的智商比正常儿童低 11 分。[⑩] 可见,科学的早期教育是促进婴幼童身心和智能发育的有效措施。[⑪]

---

① Coleman J S, Campbell E Q, Hobson C J, et al. Equality of educational opportunity: summary report(Vol. 2)[R]. U. S. Department of Health, Education, and Welfare, Office of Education, 1966.

② Hart B, Risley T R. Meaningful differences in the everyday experience of young american children [M]. Towson: Paul H Brookes Publishing, 1995.

③ Schweinhart L J, Montie J, Xiang Z, et al. Life-time effects: the high/scope perry preschool study through age 40[M]. Ypsilanti: High/Scope Press, 2005.

④ Barnett W S. Long-term effects of early childhood programs on cognitive and school outcomes [J]. The future of children, 1995(03): 25-50.

⑤ Campbell F A, Ramey C T, Pungello E, et al. Early child-hood education: young adult outcomes from the abecedarian project[J]. Applied Developmental Science, 2002, 6(01): 42-57.

⑥ 刘小芸,曾燕,郭洁,等. 系统早期教育对婴儿体格生长和智力发育的影响[J]. 中华妇幼临床医学杂志, 2011, 7(04): 352-354.

⑦ Bradley R H, et al. Home environment and cognitive development in the first 3 years of life: A collaborative study involving six sites and three ethnic groups in North America [J]. Developmental Psychology, 1989(25): 217-235.

⑧ Turkheimer E. Individual and group differences in adoption studies of IQ [J]. Psychological Bulletin, 1991(110): 392-405.

⑨ Sameroff A J, et al. Stability of intelligence from preschool to adolescence: the influence of social and family risk factors [J]. Child Development, 1993(64): 80-97.

⑩ 张力玮,邓明茜. 早期教育是孩子幸福一生的基础[J]. 世界教育信息, 2011(10): 9-13.

⑪ 穆雪,陈晓梅,霍晶,等. 早期教育对婴幼童智能发育的影响[J]. 中国儿童保健杂志, 2010, 18(07): 620-622.

西方发达国家十分重视早期教育,各国各显优势。比如,美国秉持“教育从第一天起”的理念,主张释放潜能,让孩子在各种益智、团队游戏中学会体验和探索的本领。德国秉持从小益智开发的理念,主张启蒙抽象思维能力,让孩子在绘制地图和数字类游戏、下棋、走迷宫、搭积木、玩魔方等游戏活动中益智。加拿大秉持从小动手动脑的理念,主张启蒙动作能力、均衡发展和创造力,让孩子在美术、劳作、音乐以及唱歌等游戏活动中提升动作能力和创造力。法国秉持从襁褓开始培养气质理念,主张艺术细胞启蒙和艺术训练,让孩子通过艺术科目游戏活动开发智力。日本秉持从小启蒙独立人格的理念,主张培养孩子的自理能力和自强精神,让孩子从游戏活动中学会打理自己,不给别人添麻烦。尽管发达国家早教理念和模式不尽相同,但各国为孩子早成才和快成才打基础的大方向是一致的。

(二)早教的社会效益和经济效益

越来越多研究表明,早期教育不仅对个体终身发展至关重要,更具十分重要的社会和经济效益。已有研究发现,到26岁时,当年参加过亲子中心早教的学生相对未参加的学生,较少被捕、滥用药物、需要禁食减肥,而更有可能获得高学历、健康保险和全职工作;随机选取低收入家庭三四岁幼儿参加早期教育,到18岁时要比未参加的同龄人成为惯犯的人数少5倍。[①] 诺贝尔经济学奖得主霍克曼(Heckman)对早期教育示范性项目的投入与效益研究证明,对早期教育进行投资,无论多早也不为过。[②] 美国芝加哥追踪研究项目(Chicago Longitudinal Study,CLS)通过20年的追踪研究,结果显示实验组的孩子到26岁时,早期教育的总收益(包括个人收益和社会收益)是每投资1美元可以获得10.83美元的回报,年收益率为18%。其中,4~6岁儿童教育项目收益率最高,仅社会收益就达到8.24美元。[③] 从出生到2岁接受的优良教育和养育在高危人群样本中是每投资1美元收益5.01美元。[④] 接

---

① Lawrence J, Schweinhart, Jeanne Montie, et al. Lifetime effects: the highScope perry preschool study through age 40 [J]. The Academy of Experimental Criminology, 2005(04): 2-3.

② Heckman J J. Invest in the very young [EB/OL]. (2002-01-30) [2023-11-10]. https://files.eric.ed.gov/fulltext/ED467549.pdf.

③ Reynolds, Arthur J, Temple J A, et al. Age 26 Cost-benefit analysis of the child-parent center early education program [J]. Child Development, 2011, 82(01): 379.

④ Reynolds A, Temple J, White B. Cost-effective early childhood development programs: a synthesis of evidence in the first decade of life [EB/OL]. (2009-01-30) [2023-11-10]. https://www.researchgate.net/publication/255621568_Cost-Effective_Early_Childhood_Development_Programs_A_Synthesis_of_Evidence_in_the_First_Decade_of_Life.

受早期教育的幼儿成年后的犯罪率比没有接受早期教育的减少 40% ~ 50%。[①] 因此,国际社会高度重视早期教育。联合国大会早在 1959 年就通过了《儿童权利宣言》; 2010 年联合国教科文组织在莫斯科举办首届世界儿童早期教育与保育大会,重申早期教育是所有儿童的权利和发展的基础,并从国家人力资源建设的高度提出了"早期教育构筑国家财富"的主题。美国 1965 年就开展了规模庞大的联邦早期儿童项目"开端计划",被誉为学前教育的"国家实验室"; 1987 年正式出版《从出生到八岁发展适宜性早期教育实践》计划; 布什政府颁布《不让一个孩子掉队》教育法案,提出教育要从婴幼童抓起; 奥巴马政府设立总额为 5 亿美元的"力争上游 (Race to the top)——早期学习挑战经费"; 2013 年民主党代表团发起《美国儿童强劲起点法案》(*Strong Start for America's Children Act*),为低收入家庭提供免费早教; 加利福尼亚州专门出台了《为幼儿园准备法案》(*Kindergarten Readiness Act*),资助从出生到 5 岁的孩子接受早教,并创立了与 K12 相衔接的早教课程; 2005 年南加利福尼亚高等法院明确指出,在整个教育过程中花在早期教育上的钱是最有效的花费; 到 2014 年,全美有 40 个州建立了入园前教育项目。[②] 韩国 1991 年通过了《婴幼童保育法案》,将"保育"发展为"保育"与"教育"相结合的"保教"。新西兰 1993 年启动以前首相名字命名的 3 岁前婴幼童教育国家计划——"普卢凯特"计划,并在《面向二十一世纪教育》报告中明确提出"教育必须从出生开始"。英国政府 1998 年发起"确保开端计划",为 4 岁以下婴幼童提供早期教育。

(三) 研制新时代婴幼童幸福教育计划[③]

中国是世界上最早提出早教思想的国家,比古希腊等国家早 700 多年,[④]为我们留下了丰富而宝贵的早教思想遗产。如何继承我们已有的经验和智慧,构建具有中国特色世界视野的早期教育是我们面临的时代课题。[⑤] 新时代幸福教育在融合中国优秀传统文化与西方先进理念的基础上,提出

---

① Mann Emily A, Reynolds Arthur J. Early intervention and juvenile delinquency prevention: evidence from the Chicago longitudinal study [J]. Social Work Research, 2006, 30(03): 153-167.

② Workman E, Griffith M, Atchison B. State pre-K funding: 2013-14 Fiscal Year [R]. Education Commission of the States, 2014.

③ 官群,孟万金. 婴幼童幸福教育计划:开启和奠基孩子的终身幸福[J]. 学前教育研究, 2016, 264(12): 3-14.

④ 唐良炎. 我国古代早期教育思想简论[J]. 贵州师范大学学报(社会科学版), 1993(03): 56-58.

⑤ 李敏宜. 美国早期教育课程模式与当代中国早期教育课程改革[J]. 学前教育研究, 2009(01): 27-30.

了婴幼童幸福教育计划。

我国早教思想源远流长，最早可以追溯到南北朝时期，概括起来主要有："以豫为先"(《颜氏家训·兄弟篇》)，强调教育要走在人的发展的前面；以家庭为中心，认为家庭教育比学校和社会教育更重要，所谓"胎教与保傅之教，犹胜今日痒序乡党之教"(《二程语条》卷二)；强调养教结合，所谓"食以养其生""学以养其良"(戴震《孟子字义疏证》)；以德育为先，所谓"生子咳提，师保固明孝仁礼义"《颜氏家训·教子篇》；以生活技能为重，所谓"童蒙之学，始于衣服冠履……"《童蒙须知》)；以游戏为主，所谓"婴儿相与戏"(《韩非子·外储说左上》)；快乐至上，所谓"乐嬉游""中心喜悦""习礼歌诗"(《全书》卷二)，等等。这些思想和实践为构建中国特色的早教体系奠定了深厚的民族文化基础。与此同时，西方传统早教思想主要有三派，一是认为发展是基因进化的必然产物，二是认为发展由环境和父母塑造，三是皮亚杰和维果斯基针对前两派观点之争，提出了认知-发展论，强调儿童的主动性、天性与教养的相互作用，为当今流行的蒙台梭利教育、瑞吉欧教育、HIPPY(Home Instruction for Parents of Preschool Youngsters)课程、高瞻课程(High Scope)等提供了理论基础，也为我们提供了有益借鉴。

随着时代进步，越来越多的学者主张幸福对生命早期比以后任何年龄段都重要，因为幸福在各种环境下都是早期阶段儿童学习能力发展的基础和动力。当婴幼童体验到发自内心的幸福时，他们能够完成各种复杂的目标。[①] 同时，幸福为孩子提供心理和情绪的稳定性，引导孩子在早教活动中集中注意力，积极参与。将幸福作为主线贯穿早教方案和实践，不仅能使孩子成为积极主动的学习者，更重要的是能促使孩子将来成长为具有积极担当意识的社会公民。[②] 婴幼期不仅是健康人格的启蒙期，更是一生幸福的奠基期。生命早期的心理成分能否形成幸福倾向或特点可以预测或影响一生的幸福，这一点已经成为共识。在和照料者的互动中能够积极形成对自我、他人和人际关系的认知表征的婴幼童，比那些不积极的孩子表现得更为自信，在青少年时期的成绩更好，同时有更为积极的同伴表征，享有更为亲密和支持性的友谊。[③] 一项为期 17 年的追踪研究也发现，那些在四五岁时表

---

① Kiiko I, Joseph S A. Exploring educators' perspectives: how does learning through "happiness" promote quality early childhood education? [J]. Australasian Journal of Early Childhood, 2014, 39(03): 46-55.

② Bailey R. Well-being, happiness and education [J]. British Journal of Sociology of Education, 2009, 30(06): 795-802.

③ Cillessen A H N, Mayeux L. From censure to reinforcement: developmental changes in the association between aggression and social status [J]. Child Development, 2004(75): 147-163.

现出较多自主分享行为且亲社会道德推理水平相对成熟的儿童，在整个儿童期、青春期以及进入成年早期之后，仍然会乐于助人，更多地为他人着想，对亲社会问题和社会责任的推理也更加精细。可见，亲社会性可以很早就建立起来，并且具有相当的稳定性。[①] 而儿童在3~10岁表现出的抑郁、暴躁和攻击行为，则能够很好地预测其以后是否容易出现攻击和其他反社会倾向。[②] 这意味着攻击性一旦形成，会对个体未来幸福造成毁灭性打击。可见，只有化解早期危机才能化解成年后的危机，否则个体将无幸福可言。构建中国特色世界视野的婴幼童幸福教育新体系，即是要凸显生命早期对个体终身幸福的开启和奠基作用。

婴幼童幸福教育计划以加速实现“国家富强、民族振兴、人民幸福”的中国梦为宗旨，以党的教育方针和各项教育政策为指导，以马克思主义关于人的全面发展学说和马克思主义幸福观为思想灵魂，以体验现实幸福为近期目标，以奠基终身幸福为远期目标，立足早教成为国策的战略高度，在弘扬中华早教思想和幸福观优秀传统基础上，借鉴西方早教和幸福观合理成分，根据婴幼童发展的身心规律和特点，为每个孩子提供适合的教育，既不让一个孩子掉队，更要让每个孩子最优，同时促进教师、家长或养育者与孩子一起健康快乐成长。

二、新时代婴幼童幸福教育的学习与发展观

新时代婴幼童幸福教育建立在儿童出生就是乐学天才基础之上。儿童生命的早期是个传奇，其学习与发展的巨大潜能难以估量。只要遵循其学习与发展规律，必定能开启和奠基孩子终身幸福。

（一）儿童出生就是乐学天才

儿童从出生，甚至更早，就开始了学习。美国华盛顿大学学习与脑科学研究所负责人帕特丽夏·库尔表示：“我们知道婴儿出生就有学习能力，但现在我们认为他们甚至在更早的时候就开始学习。”美国教育家布克梅尼斯特·富勒指出：“每一个孩子生来都是天才，但大多数孩子在他生命的最初六年里，天资被磨灭了。”

---

① David R. Shaffer. 发展心理学——儿童与青少年[M]. 邹泓，等译. 8版. 北京：中国轻工业出版社，2009：390，514，268.

② Kiiko I，Joseph S A. Exploring educators’ perspectives：how does learning through “happiness” promote quality early childhood education? [J]. Australasian Journal of Early Childhood，2014，39(03)：46-55.

儿童早期的几年在一生中是成长和发展最快的阶段,这种快速的变化曾被认为是奇迹,尤其一岁时儿童大脑发育是非常关键的。国外研究表明:儿童感觉、语言和认知从出生前到12月龄期间爆发性地快速发展,达到顶峰,见图6-1。与父母、护理人、保育专家、教师以及其他成年护理人员之间的互动在大脑发育中发挥着关键作用,从出生到进入幼儿园的每一天都很重要。

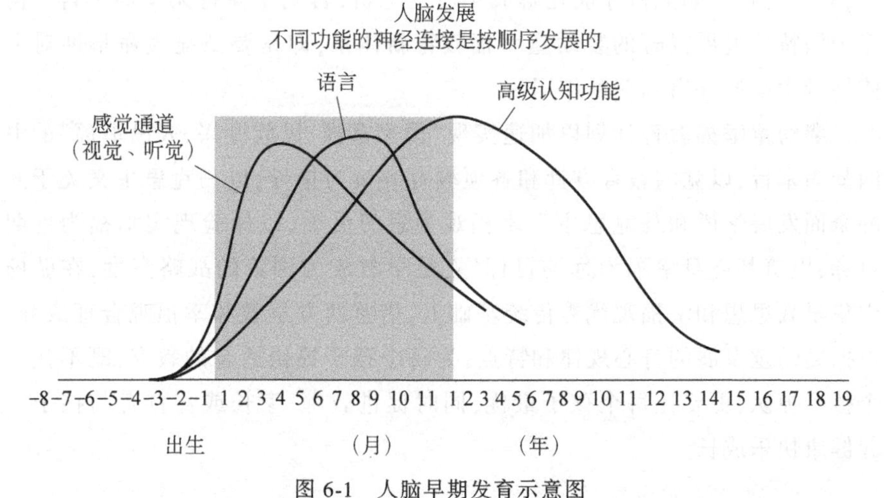

图6-1 人脑早期发育示意图

注:左侧方块区1岁内的数字表示月龄,方块区右侧1岁以后的数字表示年龄。

从出生到3岁,儿童学习身体技能和社会技能,情感和认知也得到发展。新近研究发现,3月龄婴儿对刺激的反应时能预测4岁时的言语和行为智商。[①] 生活在有丰富刺激的家庭环境中的儿童,从1岁到3岁,智商不断提高;相反,生活在刺激较少的家庭环境中的儿童,在相同的时间内,智商会下降10~20分。[②] 在出生后8个月内发育迟缓的儿童,6岁时的智商比正常儿童低11分。习性学家认为,生命的前三年是人类社会和情绪反应发展的敏感期,或许是形成亲密情感关系的最敏感期,如果在此期间没有或很少有机会形成这种关系,这些儿童会难以结交亲密朋友,且在以后生活中很难与他人建立亲密的情感关系。可见,人际关系在3岁前就已经奠定基础了。这种人际关系认知表征一旦在生命的早期形成,就会相对稳定,成为人格的一部

① 官群,孟万金.婴幼童幸福教育计划:开启和奠基孩子的终身幸福[J].学前教育研究,2016(12):3-14.

② Bradley R H, Others A. Home environment and cognitive development in the first 3 years of life: a collaborative study involving six sites and three ethnic groups in North America [J]. Developmental Psychology, 1989(25): 217-235.

分,从而对个体终身的亲密关系都产生影响。

出生到3岁为儿童将来学习打下基础。该阶段要最大限度开发每个儿童的学习潜能。发表在世界著名学术杂志《科学》上一篇关于8个月婴儿统计学习的论文指出,婴儿具有计算语言输入的统计学特点的强大机制。① 埃里克森提出人一生要处理好八个危机,0~1岁是人生的第一个危机,重点处理好基本信任对基本不信任问题;1~3岁是人生的第二个危机,重点处理好自主对羞耻(疑虑)问题;3~6岁是人生的第三个危机,重点处理好主动对内疚问题。只有每个前面的危机得到顺利解决后,才能成功过渡和应对下一个危机。可见0~6岁在人生发展中成功度过危机的重要作用。

因此,不少发达国家制定了从0岁开始的早期学习与发展标准或指南,并采取了行动。例如,新西兰1993年启动以前首相名字命名的3岁前婴幼童教育的国家计划——"普卢凯特"计划;《面向二十一世纪教育》报告明确提出"教育必须从出生开始";英国政府1998年发起确保开端计划(Sure Start),面向4岁以下婴幼童早期教育;美国2005年大部分州的早期学习标准主要针对3~5岁幼儿,从2007年开始,美国各州绝大部分的早期学习与发展标准都从3岁进一步向前延伸到了0岁;美国的高瞻课程是全世界应用最为广泛的学前教育课程之一,该课程分0~2.5岁和2.5~6岁,前者包括社会交往、自我意识、交流、运动、探索物体、探索物体的结构、对比和计数、空间和时间几个方面的活动内容,后者包括创造性表征、语言和读写、主动性和社会交往、运动、音乐、分类、排序、数字、空间和时间几个领域的活动内容。

(二)儿童学习的特点和规律

儿童早期学习特点和规律主要包括以下六点,这也是婴幼童幸福教育需要遵循的科学依据和规律。②

1. 学习开始于家庭和社区

家长是孩子的第一任、最重要和终身的教师。他们一天24小时、一周7天对孩子负全责,指导孩子长大成人。父母和家庭呵护他们的孩子,想方设法为孩子健康成长提供支持,这是一项艰巨的工作。父母把孩子嵌入亲戚、朋友和社会网络系统之中,这个社区为孩子提供安全、机会、学习和支持。

---

① Saffran J, Aslin R, Newport E. Statistical learning by 8-month-old infants[J]. Science, 1996, 274(5294): 1926-1928.

② 官群,姚茹,Richard Wagner,等.中国《0~3岁儿童学习与发展指南》研发报告[J].中国特殊教育,2018(05):67-73.

家庭和社区的传统、语言、活动是孩子学习和发展的基础。孩子通过他们生活中的人、社区和场所建构起自己的个性。渐渐地,这种支持网络系统扩大到监护者、儿童护理专家、教师、健康提供者、图书馆人员以及其他为孩子提供服务的人员和家庭。

2. 孩子通过关系、玩耍和主动探索来学习

孩子通过与父母、家庭、护理者、儿童保育专家、教师和社区的关系来学习。孩子密切观察父母和护理人并做出反应。这些呵护关系帮助孩子成为具有安全感的、自信的、好奇的和社交的人。这些关系还帮助孩子学习如何控制他们的情绪、如何与其他人相处。与成年保育人的互动也有助于孩子大脑发育。

孩子还通过玩耍和探索来学习。在玩耍中,孩子表现出对生活的热情。他们随时可以通过与周围世界的互动开展学习。他们观察、倾听、触摸、品尝和闻味;他们通过尝试来关注会发生什么;他们使用创造力和想象力。

具有残疾或发育迟缓症的孩子,或具有发育迟缓风险的孩子,可能需要特别关注,以促进他们的社会和情绪发展。例如,对于一些与其他孩子成功交往或持续玩耍存在困难的孩子,早期筛查和干预尤为重要。

3. 每个孩子和家庭都具有独特的天赋和能力

每个孩子都有独特的优势、天资和兴趣组合,在这些方面孩子需要更多支持。孩子以自己的速度成长和学习,因而不可能准确界定孩子何时能完全熟练某项技能。对一些孩子来说,健康呵护需求、残疾或发育迟缓可能影响他们如何和何时学习与成长。在孩子拓展学习和发展领域时,成人应提供支持,这一点非常重要。

4. 当健康、安全和不饥饿时,孩子的学习效果会最好

为了学习,孩子的基本需要必须得到满足。孕期妇女的护理是健康发展的第一步。带健全儿童看健康专家或保育专业人员时,家长可以提供重要的关于孩子发展、行为、免疫力、口腔健康、视觉和听觉方面的评判信息。每天保持均衡营养、充足睡眠和身体活动能帮助孩子成长,并为健康习惯和学习搭建平台。孩子还需要安全的地方生活和玩耍,也需要学会何时和如何向可信任的成年人寻求帮助。

5. 学习和发展建立在以前学习和发展基础之上

孩子的学习方式与他们搭积木塔的方式相同。把一个积木放到另一个积木上面,只要积木有牢固的根基,积木塔就能矗立起来。《0~3 岁儿童学习与发展指南》提供了 0~3 岁儿童学习要成为的、要做的和要知道的事情的例子,不论是在家的还是在社区的、在正规学习环境中的还是在学校的。在成长和发展过程中,成长和发展的步骤可能延伸到几个年龄段,但每次学习都建立在以前不同年龄的学习和进步的基础之上。

6. 学习是相互关联的

孩子在某方面的成长和发展对其他方面既有影响也有依存,不能说哪一方面的学习和发展比其他方面更重要。孩子的身体和认知发展会相互促进,这是发展的整体性。

(三) 儿童学习的语言潜能优势

语言是儿童早期学习的重要内容之一,具有特殊地位和作用。语言是人类特有的一种高级神经活动,是儿童阅读、学习、智力及社会适应能力等多方面发展的重要工具。① 国外科学家发现婴儿在出生前就开始学习语言,他们在最后10周孕期内已具有从妈妈那里学习和记忆基本语言声音的能力,这使得新生儿对自己出生前听到过的母亲的声音、故事以及歌曲产生偏好。

近20年来,不少研究者通过对单卵和双卵双胞胎的研究发现,人类的语言获得是受基因决定的,与语言相关的基因决定了个体语言中枢的神经元数量以及神经连接的复杂程度和可塑性。这从生物遗传学角度证实语言是人类遗传天赋的一部分,尽管只有在特定的成熟阶段和适当的外部环境条件下才能显现出来,②但这不妨碍我们得出"孩子出生就是语言习得天才"的结论。③ 而语言结构的普遍特征同时反映了人获取知识的能力的普遍特性,④如新生儿出生时就具有音乐感知能力;出生2~3天的新生儿能通过经典条件反射、操作性条件反射开展学习;3个月时婴儿已能顺利进行各种学习活动,学习范围和种类越来越广泛,能对社会性刺激和非社会性刺激进行记忆和学习;3~4个月起就能分辨彩色与非彩色;3~5个月的婴儿已具有立体视觉;3~6个月开始主动探索;4~6个月的婴儿开始有随意抓握动作;5~6个月有选择的社会性微笑;7~9个月的婴儿能有意识地较长时间注意感兴趣的事物;10~12个月的婴儿已能进行基本的数概念学习;12个月以前的婴儿已能运用工具解决问题等。这些出生就已经具备或很快具有的潜

---

① Kuhl P K. Early language learning and literacy: neuroscience implications for education[J]. Mind Brain Education, 2011, 5(03): 128-142.

② Chomsky N. On nature and language[M]. Cambridge: Cambridge University Press, 2002: 46-48.

③ 官群. 儿童早期语言天赋及开发:来自国际研究前沿的证据[J]. 学前教育研究, 2016(08): 71-74.

④ Chomsky N. Aspects of the theory of syntax [M]. Cambridge, Mass: MIT Press, 1965: 59.

质和准备，在数学、物理等各方面都有明显表现。如发表在世界著名学术杂志《科学》上的一篇关于8个月婴儿统计学习的论文指出，婴儿具有计算语言输入的统计学特点的强大机制。[①] 有研究表明婴儿大脑中存在着处理数量信息的专门系统，[②]这被认为是人类数量感的先天机制。[③] 此外，婴儿在生命早期还具备了内隐物理知识，这使得他们可以根据其所掌握的有关客体的核心知识来解释所看到的物理事件，同时也为他们理解一些事件的因果规则提供了基础[④]。可见，每个孩子生来都是天才。遗憾的是，现实的天才教育忽视了面向全体孩子开发天才潜质，而仅仅局限于少数质优儿童，且大多关注的是大中小学阶段的学生，对天才发展关键期的学前阶段，尤其是低龄婴幼童期的普通孩子的天才潜质尚缺乏足够的重视和应有的开发。[⑤] 因此，本研究提倡的婴幼童幸福教育主张每个孩子出生就是乐学天才，应该得到有助于其天才潜质发展的适合的教育。

帮助孩子学习语言可以促进认知技能发展，有助于孩子及早参加社会互动和吸取信息。长期以来，国内对早期语言学习尤其是外语学习争论激烈，观点不一。有的家庭和机构不主张让孩子接触外语，而有的家庭和机构却专注孩子的外语特长；有的父母甚至还担心地方方言对孩子普通话带来负面影响。越来越多研究表明，儿童出生就是语言学习的天才，许多儿童出生后可以同时学习两种或更多种语言，或者尽管母语还在掌握过程中，也可以同时学习另外一种语言。年幼时学习两种或多种语言或方言在多个方面对儿童都是有益的。这些好处包括更高的思维水平和推理能力、更好的问题解决能力和倾听技能。

学习一种以上语言或方言的儿童有可能经历一段时间的沉静期，或者看起来学习得比较慢。这是因为他们在吸收新语言的声音和学习新语言的单词。对大多数儿童来说，学习一种以上的语言并不会导致口语或语言发展迟缓。

---

① Saffran J, Aslin R, Newport E. Statistical learning by 8-month-old infants [J]. Science, 1996, 274 (5294): 1926-1928.

② Butterworth B. The development of arithmetical abilities [J]. Journal of Child Psychology and Psychiatry, 2005(46): 3-18.

③ Butterworth B. 数学脑[M]. 吴辉，译. 上海：中国出版集团东方出版中心，2004：6-20.

④ Spelke E, Breinlinger K, Macomber J, et al. Origins of knowledge [J]. Psychological Review, 1992, 99(4): 605-632.

⑤ 孟万金. "双超教育"让所有孩子天才潜质得到最佳发挥——兼论"幸福早教"新理念[J]. 中国特殊教育，2015(01)：69-72.

父母、护理人、儿童保育专业人员和教师要尊重和促进孩子的语言发展。这样做对支持儿童的社会和情感发展以及学业成就具有长远效益。语言之间的范式和结构不同,成人在考虑儿童语言学习进程时要考虑到这些因素。最近几十年的研究证明,3 岁前接触两种语言的儿童可以不费力地精通双语,并且在认知发展、智力、皮亚杰守恒问题、克服分心等诸多方面都有较好表现。近来,一项控制良好的实验研究发现,双语者在认知发展上占有优势。最新研究证明,学习外语可以促进大脑语言相关区域生长。一项功能性磁共振(fMRI)研究表明,大脑的可塑性可以通过双语学习实现,双语者从一种语言切换到另一种语言并没有显著增加认知负担。早期接触多语环境可以促进有效交流。可见,正确认识和运用双语和多语,对幼童语言天赋的开发及认知发展大有裨益,值得期待和尝试。① 关键是要像母语一样用自然习得的方式,在生活和游戏中通过外语环境的“浸泡”或将外语作为游戏的工具来自然习得,而不是通过“死记硬背”的学习方式或小学化的教学方式获得。

三、新时代婴幼童幸福教育课程建设

课程是为实现培养目标而选择的教育内容及其进程的总和。杜威批评传统“课程最大流弊是与儿童生活不相沟通”,认为“学科科目相互联系的中心点不(应)是科学,而(应)是儿童本身的社会活动”。

(一)“五位一体”多元智能游戏生态系统

新时代婴幼童幸福教育课程建设将个体、家庭、社会、国家、世界有机结合起来,依据多元智能理论设计游戏,构建“五位一体”多元智能游戏生态系统,如图 6-2 所示。

首先,应突出具身优势。随着儿童的身体特别是脑的发育发展,其生活、学习、记忆、思维和创造的能力日益增进,兴趣、态度、品德乃至人格也在不断发展完善。因此,婴幼童幸福教育课程必须遵循身体动作带动或促进心理发展的规律,依据身体发育的头尾律和正侧律设计和实施课程,促使儿童动作发展表现为从上到下、从大到小、从简单到复杂、从不随意到随意的过程。

---

① 官群. 儿童早期语言天赋:来自国际研究前沿的证据[J]. 学前教育研究,2016(08):32-40.

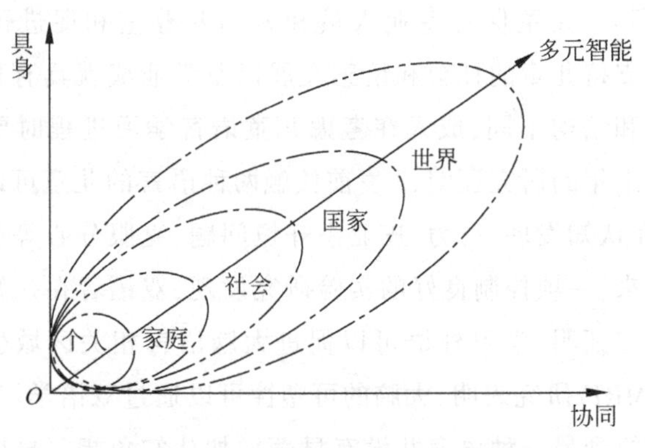

图 6-2 “五位一体”多元智能游戏生态系统

其次,应强调协同效应,即应将“具身”引发的各种活动用多元智能进行优化,并贯穿于“个人、家庭、社会、国家、世界”五个层面,既体现循序渐进,又有利于各系统之间通过交叉融合发生协同效应,进而通过自组织机制对发展的整体性、创造性发挥促进作用。

总体来看,“五位一体”多元智能游戏生态系统在继承儒家经典“格物、致知、诚意、正心、修身、齐家、治国、平天下”的基础上,补充了“社会”,使其内部逻辑层次更合理、更系统,不仅丰富发展了中华优秀传统,更彰显了社会主义核心价值观在个人、社会、国家三个层面的对应关系。课程内容以中华传统美德和良好行为习惯为根基,面向现代核心素养,以文化基础(人文底蕴和科学精神)、自主发展(学会学习和健康生活)、社会参与(责任担当和实践创新)为导向,以适合儿童年龄月龄的关于个人、家庭、社会、国家、世界意识的游戏活动为主干,充分发挥多元智能游戏活动优势,最大限度地满足因材施教和寓教于乐的要求,实现感同身受、爱学乐学、学以致用、学有所获的课程追求。

(二) 激发语言天赋课程建设

激发语言天赋是新时代婴幼童幸福教育课程建设特别关键的内容。婴幼儿早期语言天赋的激发可从如下几方面入手。①

1. 从关键内容入手

婴儿说出的第一批单词大都是他们曾经操作过的物体或者参与过的活

① 官群. 儿童早期语言天赋:来自国际研究前沿的证据[J]. 学前教育研究,2016,260(08):32-40.

动,也就是他们通过感觉运动图式所理解的某些经验。换句话说,儿童说出的第一批单词有很大一部分是他们移动或摆弄的物体的名字。比如,汉语儿童掌握的第一批词包括“奶、蛋、鞋、娃娃、积木、狗、猫、汽车”“抱、睡觉、吃、亲(吻)、笑”等。研究发现,婴幼儿最初习得的单词中,要么是婴幼儿经常摆弄的物体(例如球、鞋),要么是自己能够移动的物体(例如玩具汽车、火车),要么是指代熟悉动作的单词(如来、吃)。

总之,婴幼儿说得最多的是他们已经通过自己身体的感觉运动活动理解了的内容。一般而言,婴儿理解和表达的词汇是名词在前,动词其次。而当词汇量超过一二百时,婴儿就必须想办法将这些词汇组织起来,变成他人可以理解的言语。研究证明,语法复杂程度是儿童掌握的词汇量的函数,随词汇量的增长而增长。这样,围绕身体感觉运动的词汇、句子、话题发展开来,语言即可步入发展的快车道。

2. 用好指认——命名

在词汇爆炸期(18~24 个月),单词学习的速度显著增长,每周可增加 10~20 个新单词。这些新单词通常聚焦在“命名”上,也就是说,词汇爆炸主要表现在命名爆炸,这时的婴幼儿似乎已经深深意识到,每件事物都有自己的名称,因此他们想学会所有物体的名称。这时,孩子还不能完全用言语表达,主要手段是用手指,因此善于采用指认——命名策略,不仅可以满足孩子指认事物的欲望,更有助于迅速扩大其词汇量。

3. 交谈互动是关键

尽管婴儿有语言天赋,但如果是仅仅听他人谈话,仅仅单方面接触语言,还是很难习得语言的,必须积极参与到语言使用中。研究发现,儿童如果只是看大量电视节目,也不一定保证学会单词或语法。经常参与使用语言的社交互动,对于掌握语言来说更为重要。[①] 因此,婴儿与成人尤其是母亲之间的互动和交流,对于婴儿在语言形成过程中取得进步至关重要,尤其是在生命最初的几年,在咿呀学语的阶段,互动越多,婴儿的语言能力越好,发音更准确有力。可见,早期的联系是很重要的,最好让婴儿一直处于成人和其他儿童的陪伴下,处在一个有着动听、清晰的、可互动的声音环境之中。被动听的效果远远比不上主动交谈。

---

① Lieven E V M. Cross linguistic and cross-cultural aspects of language addressed to children [C]. In C. Gallaway & B. J. Richards (Eds.). Input and Interaction in Language Acquisition. Cambridge, England: Cambridge University Press, 1994.

4. 注重用好“规律”

一个是统计学规律，即婴儿大量接收反复听到的词组或句子，用“统计方法”学语言。这一点已经被《科学》杂志上发表的一项“婴儿8个月运用统计方法学习语法”的研究成果所证实；另一个是结构排列规律，玛瑞斯(Mareus)等发现，7个月的婴儿能学习抽象的声音排列模式。他们给7个月的婴儿编了一些简单的、按ABA或ABB结构排列的句子，结果显示即使句子中具体字词有改变，婴儿也能判断出句子的结构。虽然认知的具体过程依然是个谜，但这一发现表明这种认知能力可能正是人脑的基本能力。这两大规律告诉我们，为促进婴幼儿语言天赋的发展，一是要根据婴幼儿的生活场景，按词频由大到小增加刺激量，促进语言的统计学习；二是要注意语言信息的结构和形式规律，促进语言学习的结构排列效应。

5. 善用母婴语言

母婴语言也称儿童指向型语言，即父母或成人对婴幼儿会用非常短小、简单的句子，甚至是字词。同婴幼儿讲话时，成人不仅讲得慢，音调高，经常重复，而且会强调关键词语(通常是指代物体或活动的单词)，许多时候还吸收了婴幼儿语言的叠字成分。这样，就在正规成人语言与婴幼儿还未成熟的语言之间架起一道桥梁，语言学界称作“中介语”，它在婴幼儿语言发展中发挥着不可替代的中介作用，符合最近发展区原理。遗憾的是，在理论和实践中，都存在着成人要用规范语言与婴幼儿交谈的说法和做法，其出发点是避免不规范语言的输入。一系列研究证明，儿童并不能通过直接模仿成人的言语而习得语法规则，父母用儿童指向型言语讲话的主要目的是与孩子进行有效的沟通。因此，婴幼儿语言教育也要善于运用儿童指向型语言，注意由简到繁、由简单到复杂的过渡性，避免中介语“石化”现象。

6. 让婴幼儿从错误中学习

2岁左右，儿童创造性的发音在规则或者策略的引导下，创造出成人单词的简化版(如把喝水说成水，把shampoo说成poo)，这些早期的发音简化导致的错误由于生理成熟的限制而具有跨语言共性，从发音错误到正确的过渡，恰恰是儿童从语音错误中学习、发展语言天赋的过程。儿童指向型语言带来的“中介语”也是严格意义上的、从不规范语言向规范语言的过渡。在此过程中，婴幼儿在单词、句子使用中常出现“过度泛化”(如将所有四条腿长毛的动物泛称为狗狗)和“过度规则化”(如把所有包含“青”的字都发为“qing”的音)的错误。这就要求婴幼儿要能不断分化，如将狗与猫、兔子、猴子等区分开来，同时要提升对字词含义的理解。对于“电报式语言”的不断丰富、完善和提高，也属于从不规范甚至是错误中学习的典型。只有将儿童的语言创造性所导致的错误通过扩展、修正、完善等使其成为学习提高的机会,而不是尽量预防和避免这些错误,不是要求一步到位的成人规范语言,儿童语言才会充分体现出创造性的活力,才能真正快速提升。

7. 正视多语学习

1960年,哈库塔(Hakuta)的研究指出,双语儿童在语言知识测验和一般智力测验上的成绩显著低于单语同伴。进入21世纪后的研究则发现这些早期研究是有严重缺陷的,①因为它们所选择的双语儿童被试通常是来自社会经济地位较低的第一代或第二代移民,其本身不是很精通英语,而且他们所参加的测验是用英语实施的,而不是用他们最精通的语言,与他们的成绩相对照的样本则来自中产阶级,英语是其主要语言。近来,一个控制良好的实验研究发现,双语者在认知发展上占有优势。纯粹的双语者在IQ测验、皮亚杰守恒问题以及一般语言熟练程度上的得分等于或高于单语同伴。② 最新研究证明,学习外语可以促进大脑语言相关区域生长。③ 一项fMRI研究表明,成功的双语单词学习会引起背后的神经变化。④ 大脑的可塑性可以通过双语学习实现,也就是说,双语学习可以引起大脑结构的变化。⑤ 从单语和双语比较研究来看,语言学习年龄影响大脑结构的塑造。⑥ 双语者从一种语言切换到另一种语言并没有显著增加认知负担。⑦ 早期接触多语环境可以促进有效交流。⑧ 可见,正确认识和运用双语、多语,对幼童语言天赋的开发及认知发展的益处值得期待和尝试。

另外,父母、护理人、儿童保育专业人员和教师可以通过下面的努力来促进儿童对母语和外语及其文化的习得:

---

① Fernald A, Morikawa H. Common themes and cultural variations in Japanese and American mothers' speech to infants [J]. Child development, 1993(64): 637-656.

② Francis N. Research findings on early first language attrition: implications for the discussion on critical periods in language acquisition [J]. Language Learning, 2005(55): 491-531.

③ Johan M, Johan E, Nils C B, et al. Growth of language-related brain areas after foreign language learning[J]. Neuro Image, 2012(63): 240-244.

④ Jing Y, Kathleen M G, Peter M, et al. Neural changes underlying successful second language word learning: An fMRI study [J]. Journal of Neurolinguistics, 2015(33): 29-49.

⑤ Ping L, Jennifer L, Kaitlyn A L. Neuroplasticity as a function of second language learning: Anatomical changes in the human brain [J]. Cortex, 2014(58): 301-324.

⑥ Denise K, Kelvin M, Jen-Kai C, et al. Age of language learning shapes brain structure: a cortical thickness study of bilingual and monolingual individuals [J]. Brain & Language, 2014(131): 20-24.

⑦ Jason W G, Judith F K, Paola E D. When language switching has no apparent cost: lexical access in sentence context [J]. Frontier in Psychology, 2013(05): 1-13.

⑧ Samantha P F, Zoe L, Boaz K, et al. The exposure advantage: early exposure to a multilingual environment promotes effective communication [J]. Psychological Science, 2015, 26(07): 1090-1097.

- 使用图画、道具、手势等所需要的东西。
- 边说某个单词边提供标签时,使用手势表示需要什么样的行动。
- 学习儿童的单词和短语。
- 用儿童语言学习和教授歌曲。
- 提供反映儿童语言/文化的图书、图画和标签。
- 鼓励儿童或家庭从自己的语言和文化角度教同学唱歌或讲故事。

四、新时代婴幼童幸福教育实施要务

新时代婴幼童幸福教育实施要务重在强化孩子的“执行功能”,因为它是儿童学习与发展背后的深层内核,在此基础上坚持十项基本原则。

(一)开发婴幼童的“执行功能”

值得特别强调的是,在各年龄各领域各项学习与发展背后共同的深层内核是“执行功能”(executive function)。[①] 执行功能是个体在自动化的或冲动性反应不合时宜时表现出来的一系列自上而下的控制过程,包括抑制控制、工作记忆和认知灵活性三个核心成分,以及推理、问题解决和计划性三个高级成分,是个体高级认知功能、心理健康和学业成功的重要预测因素。自我发展良好的儿童能够养成关键的自我管理技能,即“执行功能”,这些技能的作用就像飞行员的空中交通控制器,管理着几个跑道上飞机的起降。开发儿童执行功能需要通过从出生就开始的与成人的互动。成人可以通过下述互动帮助儿童发展执行功能:

- 满足儿童的基本需要。
- 鼓励儿童用不同的方式尝试做事。
- 与儿童一起玩捉迷藏游戏。
- 与儿童一起玩需要规则的游戏,该规则可以与儿童一起制定、一起修改,比如玩“假装游戏”。
- 提供与其他儿童一起玩“假装游戏”的充足时间和足够的物质。
- 询问儿童在做什么、感觉如何、为什么有这样的感觉。
- 用非判定性和感兴趣的语调询问儿童“你还能够做什么,你认为怎样更好”。
- 让儿童分享对自己所做的、感受的和为什么这样感受的想法。

---

① New York State Early Learning Guidelinds[EB/OL].(2016-02-02)[2023-11-05].http://www.doc88.com/p-0408 913727848.html.

- 日常活动中与孩子一起解决问题。
- 倾听孩子的主意和想法。
- 关注什么能使孩子大笑起来,运用能使孩子大笑起来的方法与孩子玩耍(避免胳肢,以免孩子难忍)。
- 让孩子加入文化活动。
- 用家乡话与孩子交谈。

开发执行功能能帮助儿童学会集中注意、逻辑推理、联系判断、控制冲动、制订计划、发现目标并努力实现目标、评价正在发生的事并根据需要调整。

(二)婴幼童幸福教育基本原则

婴幼童幸福教育的理念和课程需要家长和托育师以及学前教师坚持如下十项基本原则。

第一,家庭中心,亲子互动。父母是孩子最重要的老师,家庭是早教最重要的场所。幸福的首要发源地是家,孩子们是“在对住所的热爱中不断获取幸福”,同时“热爱住所常常是幸福童年的标志”。[1] 不少家长对自身的作用和责任认识不足,对各种早教机构趋之若鹜。殊不知,早教机构永远不可能、也达不到父母对孩子发展所起到的作用。有良好早教意识的父母不会把自己陪伴孩子快乐成长的幸福和教育孩子成才的责任转交给别人。[2]

第二,孩子自主,快乐主导。根据操作条件反射理论,儿童每一次进步得到即时强化会带来快乐,并会进一步诱发该行为,进而形成自主行为。任何强加的或牺牲快乐换取的成绩都是不足取的。

第三,善用最近发展区,提供“学习支架”。如维果斯基所言,教学应走在儿童发展的前面,帮助儿童跨越其最近发展区,才能真正推动儿童发展。但成人通常很难精准地确定儿童的最近发展区及其所需的学习支架,而年长一两岁或二三岁的孩子恰好各方面发展先行一步,因此通过复式安排,年龄稍大的孩子显示的发展水平即是年幼孩子的最近发展区,教师和家长可以通过角色扮演互换、长幼儿童互动、自主性活动等自然发挥“学习支架”的作用。同时,成人还要注意针对关键期或敏感期,采取特别措施,不失时机地开发孩子们的潜能。

---

① Nel Noddings. Happiness and education[M]. Cambridge: Cambridge University Press,2003: 17,122.

② 李静. 早教应重在“教育”父母[N]. 中国教育报,2014-9-21.

第四，体脑协同，动静结合。儿童早期发育最快的是大脑和身体动作，并且这二者是协同发展的。早期教育应遵循“由上而下、由近及远”的身体动作发展规律和体脑信息左右交叉对应规律，通过身体动作为大脑提供各种刺激-反馈，有意识地锻炼大脑两半球协同活动的能力，这对于培养儿童健全的智力、开发其创造性、促进其未来成长都十分必要。同时要注意，不能把活动安排得过满，要给儿童留下自由活动的余地和享受“安静”的时空。

第五，扎根生活，道法自然。生活即教育，教育即生活。古代早教主张“教之以事”，把教育同儿童的日常生活结合起来。根据经典条件反射理论，婴幼童的学习本就应从吃喝拉撒睡等最基本的生物需要入手，强调课程内容和学习方法的自然性、即时生成性，通过示范和儿童有意无意模仿的“社会性学习”，帮助儿童养成良好习惯。

第六，亲近自然，鼓励探索。人类本身是自然长期进化的结果，而且始终与自然之间保持着物质、能量和信息的交流。阳光、新鲜空气、优美的环境等都是儿童成长所必需的，而大自然也正好是天赐的最好课程，一土、一沙、一石、一花、一草、一木、一山、一水，白天黑夜日出日落，春夏秋冬斗转星移，都是活教材，让儿童沐浴其中，多看、多听、多接触、多比较、多质疑、多思考、多记忆、多联想，既是无须刻意创设的生动课堂，也是无形的最自然的早期教育。

第七，语言先行，启迪智慧。语言文字是大脑接收社会信息的主要载体之一，因此语言也是激活大脑活动的认知材料和启迪智慧的手段。我们不应把学习汉字的意义局限于掌握一套符号系统，而应更多地注意汉字在促进大脑两半球功能上的重要作用。在内部语言形成早期，儿童如果能进行语言文字的认读，无疑将有效促进其智慧的发展。①

第八，着眼整体，和谐发展。整体性是儿童发展的基本规律之一，教学内容、方式、手段、环境和评价等都要面向全体儿童的和谐发展，发挥跨通道知觉优势，②提高教学效益。切忌为某一方面的进步而损害其他方面的协调发展，切忌只顾眼前进步而损害长远发展。

第九，尊重个性，因材施教。每个儿童都是独一无二的，因此教师与家长应根据每个儿童的特点，一起为孩子量身定制教育内容和教学方案，尤其要根据现场情景即时生成“活课程”，为每个孩子提供最适合的教育，让每个

---

① 刘景钊. 论汉字认知在促进儿童大脑两半球均衡发展中的作用[J]. 教育生物学杂志，2013(04)：245-250.

② 史爱华. 默语与儿童智慧的发展——基于内部语言发展策略的思考[J]. 学前教育研究，2008(07)：30-33.

孩子都成为最好的自己。

第十,过程评价,即时强化。过程评价又称形成性评价,重在发现进步和激励成长,能够为教师、家长和孩子提供即时反馈,促进或矫正学习效果。同时,良好行为习惯的形成依靠即时评价提供的肯定和赞许的强化。当然,为消除不良行为,负强化有时也是需要的,但只能是辅助的,并且要谨慎使用。

案例

成都市龙泉驿区:践行幸福教育理念　开展幸福早教实验①

一、立足区域现实,锁定幸福教育大目标

龙泉驿区是四川省省会成都市所辖的21个区(市)县之一,位于成都平原东缘,龙泉山西侧,辖区面积557平方公里,辖12个街(镇)乡,141个村(社区),常住人口120余万,是国家级经济技术开发区、国家级天府新区高端制造产业功能区、"两湖一山"国际旅游文化功能区所在地,是驰名中外的"水蜜桃之乡"。通过实施两期学前教育三年行动计划,我区学前教育实现健康快速发展。财政投入资金近6亿元,新(改、扩)建幼儿园41所。目前,全区有标准学位31770个,在园幼儿30160人,总学位数基本满足区域内适龄幼儿入园需求,初步缓解适龄幼儿"入园难"的问题。公办园和公益性幼儿园达到54所,在园幼儿18048人,公益性学位覆盖率从32.2%提高到86.4%,有效缓解"入园贵"的问题。成都市等级园从11所增至86所,优质资源覆盖面从主城区扩展到每一个街道(镇乡),逐步满足百姓在"入好园"问题上的需求。在"十二五"期间,我区学前教育虽然得到健康快速发展,但是学前教育仍是我区整个教育的短板,面对"十三五"时期,龙泉教育"聚焦质量、专注改革"的战略主题,建成与"中国大车都、成都副中心"相匹配的一流教育的发展目标,学前教育面临着全新的形势和挑战:新型城镇化进程不断加快,"二孩"生育政策全面实施,妥善解决随迁子女和新增人口入园任务更加艰巨,教育基本公共服务能力亟待进一步增强;人民群众生活水平和质量普遍提高,更加关注教育公平,更加注重教育质量,人民群众对丰富、多样、高品质教育的期待更加迫切,学前教育质量提升、区域品牌和园所特色建设刻不容缓。在全面分析学前教育发展现状的基础上,我们提出了"十三五"学前教育发展总体思路和发展目标。总体思路:以创建"幸福早教实验区"为

① 颜佳,晋荣鸥.践行幸福教育理念　开展幸福早教实验[J].中国特殊教育,2017(05):80-81+88.(该区为孟万金教授课题实验区,孟万金教授多次亲临该区指导)。

契机，以实施“幸福早教计划”为载体，以提升教师整体素能为核心，以名园培育工程为重点，全面提升区域学前教育质量。发展目标：到2020年，公办和公益性学位覆盖率达在园幼儿总数的80%以上，优质学前教育资源覆盖率达70%以上。成都市等级园达90%以上，公办园“一园一章程、一园一特色”基本形成，区域学前幸福教育自主品牌基本形成。

二、积极采取行动，推进“幸福早教”落实落细

2016年12月，从我区正式成为中国教育科学研究院管理的国家社科基金课题“积极心理健康教育基本理论与规律研究”全国首个“幸福早教实验区”以来，龙泉驿实验区贯彻落实“幸福早教计划”的工作推进情况如下。

1. 高度重视，统筹部署，全力夯实三个基础

1）健全保障机制，构建组织基础

我区正式被批准为“幸福早教实验区”后，区教育局立即行动起来，在组织机构上，成立了实验区工作领导小组、研究小组，组建专家团队，确定首批实验园；在工作机制上，建立行政推动、科研引领、专家指导、典型示范的管理和工作机制，确保教育局相关科室、区教科院相关部门、各实验园分工负责、协调配合，有序、有效推动实验区工作；在制度建设上，逐步建立实验工作责任制、培训制度、经验交流推广制度、信息通报制度等各项管理制度，为推进实验工作提供制度保障；在经费保障上，区财政统筹安排，设立幸福早教实验专项经费，纳入每年区级财政预算。同时，各实验园所根据实验需要，匹配相应资金，保证实验区、实验园工作顺利推进。

2）注重理念先行，汇聚思想基础

在2016年学前教育总结会上，区教育局统一部署，要求实验园全体教师，利用寒假全面开展“幸福早教计划”的理论学习。各幼儿园教师通过阅读书籍、查阅文献、线上线下讨论等方式对幸福教育、早期教育、积极心理学、发展心理学等内容进行了深入学习和广泛思考。如和平小学附属幼儿园组织教师阅读马丁·塞利格曼关于幸福的五部曲《持续的幸福》《真实的幸福》《认识自己　接纳自己》《活出最乐观的自己》《教出乐观的孩子》，还阅读了不同版本的《积极心理学》，通过交流分享，结合幼儿园、教师、家长、幼儿的实际，确定了幼儿园的研究方向——培养乐观的教师、乐观的家长、乐观的孩子。

3）抓好顶层设计，规划行动基础

实验区工作小组、研究小组在认真分析我区学前教育发展现状的基础上，确定了“以点带面、先行实验、有序推进、全面推广”的工作思路，先后制定了《龙泉驿区幸福早教实验区工作实施方案》《以幸福早教为载体提升区

域学前教育质量的研究》区域课题研究方案，指导、推动“幸福早教计划”在实验园开展。2月24日，先行先试的西河镇第二幼儿园市级农村立项课题《在种植活动中培养幼儿学习品质的研究》顺利开题，为其他实验园选择研究方向，撰写开题报告起到抛砖引玉的作用，目前，各实验园正在抓紧时间撰写研究方案。

2. 聚焦重点，有序推进，着力探索四条路径

路径一：专家引路实现高起点起步。教育科研是推进实验区工作的重要抓手，对于提升教师综合素能，完善理论体系具有极强的理论操作性和实践价值。区教科院专家组充分发挥专业优势，通过多种途径带动实验园科研骨干教师，发挥科研引领作用，积极启动幸福早教实验研究。成都市心理健康教育学科带头人、区教科院副院长周兆伦作了题为《幸福早教与积极心理健康教育——龙泉驿区幸福早教工作推进思考》的专题讲座，通过参与式分享、讨论交流，帮助实验园教师进一步厘清对幸福早教的认识；区教科院理论发展部部长李明隆就实验区实施方案的撰写进行了专题辅导；区教育局和区教科院联合召开实验园研究思路交流会，实验园研究负责人一一分享了各自幼儿园的研究思路，区教科院理论发展部曾旭玲老师从研究选题、文献查阅、目标任务及研究方法等方面进行了详细讲解，并提出相关建议；研究小组在区教科院的指导下撰写区级课题研究方案，各实验园撰写子课题研究方案；组织实验园教师参加省教科所理论室举办的科研菜单培训——教学成果的总结提炼，帮助教师树立成果意识，学会及时总结。

路径二：大赛搭台加快多元化渗透。课堂是实施幸福教育的主阵地，区教育局和教科院抓住“国际幸福教育研讨会”即将召开的契机，开展幸福课堂大赛和研讨，进一步加深幼儿教师对幸福教育的理解。以“践行幸福教育，培育核心素养”为主题，开展第十三届教师技能大赛幼儿园组决赛，4天时间，全区园长、教师共计1500余人次参加其中，大赛产生4个一等奖、7个二等奖、12个三等奖。赛后，引导、鼓励实验园教师围绕“幸福课堂建设”主题，从活动设计、师幼互动、幼儿发展、优质课分享等方面进行反思、总结并撰写成文，100余位教师投稿100篇参加“国际幸福教育与积极心理健康教育研讨会”征文评选；区教科院学前教育部以推广大赛成果，促进教师发展为目的，分两批次组织开展优质课展示活动，并围绕语言、健康活动核心经验、有效提问、幼儿学习特点与方式，开展“幸福课堂”大讨论，参加教师近300人。

路径三：创新发展促进品牌化建设。区教育局以创新发展增强学前教育发展活力，通过校地合作、聘请专家组、“名园+创建园”等方式，启动学前教育品牌园、优质园、特色园培育工程。区教育局组织教研员、骨干园长到滨河幼儿园、东山幼儿园，结合课题，围绕园本课程实施方案的制定、实施、评价等方面，指导一级园以园本特色课程建设为导向逐步形成办园特色；西河镇第二幼儿园与四川师范大学合作，签订《龙泉驿区学前教育名园建设指导专家协议》，标志着品牌园培育工程正式启动；区教育局邀请成都市一级园评审专家组到龙城实验幼儿园指导一级园创建，正式启动2017年优质园培育工作。

路径四：双名计划培养全链条人才。提高保教质量的关键是教师素能的提升，我们启动了名园长、名教师培养工程。与成都大学师范学院合作，成立3个名园长工作坊三人行研修小组和3个名师工作室，遴选50名园级以上骨干教师参加为期3年的研究，培养一批适应本区学前教育改革和发展的、具有先进教育思想、鲜明教学风格的名园长和名优教师。

3. 阶段盘点，梳理总结，初步取得可喜成效

实验区工作启动虽然只有短短5个月的时间，但是区域学前教育、实验园、教师、幼儿都有了可喜的变化。通过幸福早教论坛、幸福课堂大赛、学年工作布置会以及相关学习和培训，幸福教育的理念已经深入人心，实施幸福早教成为全区幼儿园园长、教师的共识，全区84所公办、民办幼儿园申请加入国际幸福学校联盟。实验园通过深入学习、充分讨论，找到了保教工作与幸福早教实验的结合点，有的立足幼儿，从能力、品质、素能、活动等角度开展实验；有的立足教师，从团队建设、职业幸福感开展研究；有的立足家长，从亲子关系、家园合作入手启动研究；有的立足园所，从构建幸福文化出发展开顶层设计。目前，各园研究方案正在完善中。实验园教师通过理论学习，丰富了关于早期教育、幸福教育、积极心理学方面的理论知识，在实践中积极主动地关注并尝试运用一些策略促进幼儿积极心理品质的发展。如西河镇第二幼儿园通过《在种植活动中培养幼儿学习品质的研究》，教师逐步学会了观察孩子，学会将种植活动研究中的发现运用到游戏活动、生活活动的组织和引导，增强了年轻教师的专业自信。幼儿最大的变化是喜欢上了种植活动，在活动中能积极观察，主动提出自己感兴趣的问题，对教师的提问能大胆地表达自己的观点和想法……这些都是开展幸福早教实践的点滴收获、初步成效。

4. 坚持问题导向，促进幸福计划再思考

在短短5个月的实验区工作推进中，我们也面临一些问题，从参与园所来看，公办园多、民办园少，与公办民办并举的学前教育发展格局不相匹配；从办园质量上看，品牌不优、水平不高，与城乡群众多元化、多层次的民生需求不相适应；从师资素能上看，理论知识储备不足、课题研究经验欠缺，与学前教育改革发展要求不相协调。下一步我们将以这次研讨会的召开为契机,在中国教科院的专家引领下,在全国各地同行的倾情帮助下,在市区领导的具体指导下,进一步解放思想,开拓思路,扎实工作,学习和借鉴全国各地实施幸福教育的好经验、好做法,充分发挥政府的导向和保障作用,积极调动幼儿园、教师、家长资源,全面推进“幸福早教计划”,为“幸福早教计划”的进一步推广提供龙泉经验。

链接

成都市龙泉驿区:举办中韩婴幼童幸福教育研讨会
实现幸福幼教大发展①

2016年12月17日,由中国教育科学研究院(下简称教科院)与韩国儿童保育与教育研究院联合主办,教科院德育与心理特教研究所和成都市龙泉驿区教育局共同承办的“中韩婴幼童幸福教育研讨会”在四川省成都市召开。我院刘建丰副院长、韩国儿童保育和教育研究院院长禹南姬、四川省成都市龙泉驿区副区长刘堃出席会议并致辞。

会议以“开启和奠基孩子的终身幸福”为主题,刘建丰副院长宣读了关于“婴幼童幸福教育实验区”的批复函并将实验区的牌匾授予龙泉驿区教育局。同时,大会还宣读了《中国婴幼童幸福教育联盟倡议》。

主题报告环节由北师大教育学部学前教育系霍力岩教授主持。在上午的环节中,教科院德育与心理特教研究所所长孟万金研究员和韩国儿童保育和教育研究院国际研究办公室主任文茂瓊分别做了题为“婴幼童幸福教育计划:开启和奠基孩子的终身幸福”与“幸福教育在韩国儿童早期教育中的政策与实践”的主题报告。

下午,韩国儿童保育与教育研究院基础研究与统计组组长都南希和成都市龙泉驿区西河镇第二幼儿园园长分别做了题为《幼儿的幸福感、满足感与亲子关系的相关性》与《践行幸福教育,享受教育幸福》的报告。其间,大会还对优秀幼儿园示范观摩课进行了现场展示。

此次会议直击当今学前教育界共同关心的问题,引起了与会者的广泛共鸣,得到了与会者的高度评价。中韩双方一致认为,今后,该论坛应每年举办一次,并将其范围扩大到日本、东南亚乃至更多国家,造福子孙后代。

成都龙泉驿区开启了“践行幸福教育理念,实现幸福幼教大发展”的新格局。

① 中国教育科学研究院. 我院成功举办“中韩幸福早教研讨会”[EB/OL]. (2017-01-20)[2023-10-10]. https://www.cnaes.edu.cn/post/1365.

第七章　新时代中小学生幸福教育研究

苏霍姆林斯基说："在教学大纲和教科书中，规定了给予学生各种知识，但却没有给予学生最重要的东西，这就是：幸福。理想的教育是：培养真正的人，让每一个从自己手里培养出来的人都能幸福地度过一生。"新时代幸福教育要让学生做学习的主人，更要做幸福的主人，成为德智体美劳全面发展的社会主义建设者和接班人。

一、新时代中小学生需要加强幸福教育

新时代幸福教育充分发挥学生的主体作用，让学生做幸福的主人。传统教育习惯于将学生置于被动接受地位，填鸭式、满堂灌、题海战现象严重，学生积极性、主动性不强，厌学、学习负担过重表现明显，幸福感明显不足。一般认为，由于受高考压力和升学压力的影响，高中生幸福感低于初中生；由于受社会舆论和自尊感影响以及教育质量影响，非重点中学学生幸福感低于重点中学学生。小学生的幸福指数虽然相对较高，但近年来有些恶性事件的低龄化，也给小学生幸福感敲响了警钟。

"OECD 2030 学习框架"①把个体和社会幸福作为终极目标来看，提升学生和社会幸福感是历史和国际趋势。主观幸福感(subject well-being)是一种积极的情感态度，包含了学生发展的重要内涵，是评估学校教育质量的重要指标，同时也是学生美德形成的基础，对学生创造性思维发展具有推动作用。② 幸福感对青少年健康成长和发展具有重要意义，如果青少年学生幸福感降低，可能会伴随抑郁、焦虑、孤独等不良情绪，③④引发学习成绩不良、退

---

① OECD. Learning compass 2030[EB/OL].(2019-05)[2023-11-10]. http://www.oecd.org/education/2030-project/teaching-and-learning/learning/learning-compass-2030/.

② 孔企平，姚佩英. 学生的主观幸福感具有重要教育价值——近年来"Well-Being"理论研究述评[J]. 全球教育展望，2013(11)：39-45.

③ 侯瑞鹤，文书锋，俞国良，等. 研究生的主观幸福感与抑郁、焦虑情绪调查[J]. 中国心理卫生杂志，2013(06)：479-480.

④ 唐淦琦，黄敏儿. 高低幸福感人群的负情绪特点：生理和表情的依据[J]. 心理学报，2012(08)：1086-1099.

学等问题行为。[①] 关注学生的学校幸福感是对教育本质的回归,作为从应试教育向素质教育转型的重要抓手,学生学校幸福感的研究对我国尤具现实意义。

PISA 2018 数据显示,我国四省市(北京、上海、江苏和浙江)的中学生作为一个整体取得了阅读、数学、科学第一的成绩;但学生的幸福感状况结果显示,中国四省市学生的幸福感低于 OECD 平均水平。研究表明,中国四省市家庭社会经济条件较好的学生中有 34.6%,达到了 PISA 2018 定义的幸福感标准,在各参测国家或地区中处于中等水平;而对于家庭社会经济条件较差的学生,这一比例仅为 27.9%。PISA 2018 学生问卷中对生活满意度和正向情感的测量分别作为主观幸福感的认知和情感指标。我国四省市的两个幸福感指标在各参测国家或地区中属于中等或中等偏下的水平。PISA 2018 数据显示,我国四省市学生生活满意度平均分为 6.64,低于 60 个参测国家或地区;正向情感平均分为 0.11,低于 32 个参测国家或地区。在与幸福感相关的学生个体特质心理韧性方面,平均分为-0.12,低于 61 个参测国家或地区。[②] 尽管西方评价标准和价值取向可能不适合中国文化背景,结果并不一定符合事实真相,但也提醒我们,学生的幸福感应该引起足够的重视。普通学生的幸福感应该得到进一步重视,学习困难学生(学困生)和超常学生(部分为学优生)则更应给予应有的重视,他们的幸福感更有自己的难言之处,在追求教育公平的当下,他们更不应该被忽视。

二、中小学生幸福感量表研发

培养学生的幸福感,首先必须了解和诊断学生幸福感现状,这就需要科学构建学生幸福感结构模型,研发测评工具。[③]

(一)学生幸福感研究述评

南澳大利亚教育与儿童服务部(the South Australian Department of Education and Children's Services)2007 年发表的《学习者幸福感框架——从出生到

---

① 李新.学生的幸福感——来自 PISA2015 的测评结果及启示[J].世界教育信息,2017(08):23-29.

② 张佳慧,辛涛.15 岁学生幸福感的影响机制探讨——来自中国四省市 PISA 2018 的证据[J].清华大学教育研究,2020,41(05):11-19.

③ 张冲,官群,孟万金.中国中小学生综合幸福感量表的编制研究[J].心理学探新,2020,40(03):269-276.

12岁》对学生学校幸福感的构成做了如下界定，包括认知、情感、生理、社会和精神五个维度；[①]阿拉特认为，幸福感源于人类三种基本需求的满足，即物质需求、社会需求和个人成长需求。有学者基于此提出了学生的学校幸福感由“学校条件、社会关系、自我实现方式和健康状况”构成的四维框架；[②]有学者总结了经济社会学、心理学和健康科学领域与幸福感相关理论和测量的主客观指标，提炼出了七个共同指标，即学校条件、自我实现方式、社会联系、感觉、思考、功能和努力七维框架。[③] 有研究者从学习结果角度建构学生幸福感并提出了学生学校幸福感量表。该量表整合了学生学习结构的情感性产出、社会性产出和学术性产出，提出学生学校幸福感由“在学校的快乐体验”“课堂中的社会融合”“对学习任务的兴趣”“师生关系”“对学习任务的动机”“对待家庭作业的态度”“课堂中的注意力”和“学术自我概念”组成的八维结构。[④⑤] 在国际学生评价项目（PISA）2015年的报告中，学生的幸福感被定义为“学生为创造幸福而充实完满的生活所需要的心理的（psychological）、认知的（cognitive）、社会的（social）、身体素质的（physical functioning）能力总和”。[⑥] 这是PISA项目首次对学生进行幸福感的测量，对科学、系统、全面建构我国学生幸福感框架体系具有重要借鉴意义。

从以上框架可以看出，南澳大利亚提出幸福感的框架应该包括精神（指信仰、价值观、伦理道德等）方面。新时代幸福教育坚持道德与幸福感密不可分。亚里士多德明确提出，幸福是最高的善。未来中国学生幸福感测量框架中应凸显道德这一重要成分。

综上，可以发现学生幸福感测量的两个趋势，一个是测量指标由过去的主观论和快乐论为基础向现在的以自我实现、潜能发挥和社会性、环境因素为基础转变；另一个是幸福感测量不再是单一的指标，而是倾向于建立多维

---

① DECS. Learner wellbeing framework for birth to year 12[EB/OL].(2014-07-31)[2023-10-08]. http://www.decd.sa.gov.au/learnerwellbeing/files/links/link_72840.pdf.

② Anne K, Matti R. Wellbeing in school: a conceptual model[J]. Health Promotion International, 2002, 17(1): 79-87.

③ Anne K S, Billy O, Alison G. The student well-being model: a conceptual framework for the development of student well-being indicators[J/OL].(2013-02-04)[2023-10-08]. http://dx.doi.org/10.1080/02673843.2012.754362.

④ Opdenakker M C, Van Damme J. Effects of schools, teaching staff and classes on achievement and well-being in secondary education: Similarities and differences between school outcomes[J]. School Effectiveness and School Improvement, 2000, 11(02): 165-196.

⑤ 安桂清，童璐. 学生学校幸福感测评框架研究述评[J]. 外国教育研究，2014(12): 97-106.

⑥ OECD. PISA 2015 results: students' well-being(Volume Ⅲ)[EB/OL].(2017-04-19)[2023-05-08]. http://www.oecd.org/pisa/publications/pisa-2015-results-volume-iii-9789264273856-en.htm.

度整合的指标体系。这对我们建构中国中小学生幸福感测量维度具有借鉴意义,经过课题组专家多次研讨,我们倾向于从心理、学习、健康生活、社会性和道德五个维度建构中国中小学生的幸福感测量框架。

由于修订使用国外的量表存在文化和价值观的适用性问题,国内学者开始自编青少年幸福感量表。王极盛自编了中学生主观幸福感量表,包括正性情感、家庭满意感、自我满意感、学习满意感、同伴交往满意感、教师满意感和生活条件满意感七个维度。① 陈作松等自编了高中学生主观幸福感问卷,由 35 个项目构成,分属正性情感、负性情感、生活满意感、学习满意感、身体满意感五个分量表。② 田丽丽等自编了青少年学校幸福感量表,提出学校幸福感量表由学校满意度、在校积极情感和在校消极情感三种成分组成。其中学校满意度是一个由成就感、学校管理、师生关系、同学关系、教学和课业学习组成的六维结构,在校积极和消极情感均为单维结构。③ 甘熊自编了初中生学习主观幸福感问卷,包括成绩感受、学习体验、环境激励、希望学习成绩四个维度,共 35 个项目。④

综上可见,我国学生幸福感测量工具的研究需要注意以下问题：第一,立足中国国情办教育的思想引领；第二,重视价值观和文化的适应性；第三,重视群体的适用性；第四,尽可能反映幸福感的全貌；第五,客观反映年龄发展趋势。

（二）研究设计

1. 研究对象

采取整群抽样的方法,从我国东北部、东部、中部和西部四大区域共 9 个城市选取中小学生,数据样本涵盖辽宁省、山东省、北京市、上海市、安徽省、重庆市、浙江省和广东省等省市。以小学五年级、小学六年级、初中一年级、初中二年级为施测对象,共发放问卷 5300 份,收回 5129 份,回收率为 96.8%。回收问卷中有效数据为 4940 份,有效率为 96.3%。被试的人口统计学变量见表 7-1。

---

① 王极盛,丁新华.初中生主观幸福感与生活事件的关系研究[J].心理与行为研究,2003(05)：96-99.

② 陈作松,连榕,季浏.高中学生主观幸福感量表的初步编制[J].中国健康心理学杂志,2007(01)：18-20.

③ 田丽丽.青少年学校幸福感量表的编制[J].心理发展与教育,2008(07)：100-106.

④ 甘雄.初中生学习主观幸福感量表的编制及其初步应用[J].中国学校卫生,2010(10)：1190-1192.

表 7-1　被试的人口统计学变量

性别	小学五年级	小学六年级	初中一年级	初中二年级	总计
男	305	282	1261	760	2608
女	254	253	1102	723	2332
总计	559	535	2363	1483	4940

注：年级和性别变量数据有缺失。

2. 量表的编制

测试题目的编制主要来源于：第一，直接选自国内外优秀的相关测验；第二，修改前人测验中的有关测试题；第三，自主编写。结合中国文化背景和实际需求，编制试题时力争体现"中国学生发展核心素养"的 18 项基本要点、教育部《中小学公共安全教育指导纲要》(2007 年 2 月)、社会主义核心价值观、教育部《中小学生德育工作指南》(2017 年 8 月)等政府文件有关要求。题目由教育心理学和教育测量学专家编制，然后经由课题组专家、校长、教师、家长、学生代表反复修改，直至题目简洁、易懂、无歧义，最终由学生进行试答后确定。初测量表由三部分内容组成。第一部分是指导语，介绍测验内容、目的、作答方式和注意事项。作答方式采用的是李克特式五点量表，要求被测者根据各题项中的陈述与自己的符合程度选择相应数字。"1"表示"完全不符合"，"5"表示"完全符合"。第二部分是个人信息采集。第三部分是量表主体，分为五个分量表，共有 167 个原始题项。每个特征上的题目编排都经过了非系统化随机处理。

3. 数据的处理

首先对数据进行核检，把按规律作答和数据缺失在 50%以上的被试数据删除，对异常数据进行原始数据核对。然后采用 SPSS 16.0 对题目进行项目分析及探索性因素分析，使用 AMOS 4.0 对测验结果做验证性因素分析，并进行量表信效度检验。

(三) 结果与分析

1. 项目分析

研究采用两种方法进行项目区分度的分析。第一，采用题目的临界比率值(CR)的方法。将每个维度的总分按从高到低的顺序排列，分别取前后 27%为高、低分组，对两组被试在每道题上得分的平均数进行差异检验。结果表明，问卷中各维度上高分组和低分组各题得分平均数的差异均达到 0.000 的显著性，即各题均有良好的鉴别力。第二，采用题总相关的方法。对项目分数与分量表总分作相关分析，结果表明：①删掉与分量表总均分相关值较低的两个项目后，第一个分量表各项目与分量表总均分的相关值范围为 0.41~0.71；②删掉与分量表总均分相关值较低的一个项目后，第二个分量表各项目与分量表总均分的相关值范围为 0.60~0.85；③删掉与分量表总均分相关值较低的三个项目后，第三个分量表各项目与分量表总均分的相关值范围为 0.50~0.81；④删掉与分量表总均分相关值较低的两个项目后，第四个分量表各项目与分量表总均分的相关值范围为 0.65~0.82；⑤删掉与分量表总均分相关值较低的两个项目后，第五个分量表各项目与分量表总均分的相关值范围为 0.58~0.87。以上所有相关值都达到极其显著的水平。原始项目共有 167 个，通过题目相关的方法，共删除 10 个，剩余 157 个。结合两种方法的结果来看，剩余题目的项目区分度分析都达到了测量学的要求，各维度下的项目都具有较好的同质性，都具有较高的区分度。

2. 探索性因素分析

将数据库随机分成两个，数据库 1 包括 2521 人，用于探索性因素分析；数据库 2 包括 2508 人，用于验证性因素分析。根据学生幸福感的概念界定和构念，把数据库 1 分为心理幸福感、学业幸福感、健康幸福感、社会幸福感和道德幸福感五个分量表数据库，分别进行探索性因素分析。采用公因子法（principal axis factoring）进行因子抽取，采用斜交旋转方法（promax）进行旋转。在因子数量的确定上，先使用特征值（elgenvalue）大于 1 的方法，并结合碎石图，自由探索因子数；再结合已有的理论构想，最终确定因子数。删除题项的根据包括三项：在任何一个因子上的载荷量都小于 0.30，在多个因子上的载荷量大于 0.30；与维度的操作性定义不符；题目的意思表述相似。采用删除一题就重新探索性因素分析一次的方式，逐步探索出稳定的分量表因子结构。

1）分量表一：心理幸福感量表

KMO 和 Bartlett 检验结果是 KMO 为 0.911，Bartlett 球形检验 p 小于 0.001，说明数据适合进行探索性因素分析。经过旋转，抽取 4 个因子，4 个因子的累计方差解释率为 61.63%。原始题目共 28 道，删除因子载荷低、交叉载荷的题目及重复表述的题目 4 道，确定 24 个题项。探索性因素分析结果表明，分量表一中提取出了 4 个因子，因子一命名为“自主发展”，因子二命名为“关注未来”，因子三命名为“消极情绪”，因子四命名为“积极情绪”。心理幸福感分量表的因子结构和各项目的因子载荷见表 7-2。

表 7-2 心理幸福感分量表的因子结构和各项目的因子载荷

题项	自主发展	关注未来	消极情绪	积极情绪
P11	0.78			
P13	0.75			
P2	0.74			
P10	0.73			
P1	0.69			
P7	0.65			
P6		0.79		
P8		0.77		
P5		0.74		
P3		0.62		
E3			0.79	
E4			0.77	
E14			0.75	
E10			0.73	
E5			0.70	
E6			0.66	
E11			0.64	
E9			0.61	
E12				0.75
E7				0.74
E13				0.71
E8				0.70
E2				0.68
E1				0.64

2）分量表二：学业幸福感量表

KMO 和 Bartlett 检验结果是 KMO 为 0.974，Bartlett 球形检验 p 小于 0.001，说明数据适合进行探索性因素分析。经过旋转，抽取 3 个因子，3 个因子的累计方差解释率为 70.69%。原始题目共 34 道，删除因子载荷低、交叉载荷的题目及重复表述的题目 16 道，确定 18 个题项。探索性因素分析结果表明，分量表二中提取出了 3 个因子，因子一命名为“学习策略”，因子二命名为“学习动机”，因子三命名为“学习投入”。学业幸福感分量表的因子结构和各项目的因子载荷见表 7-3。

表 7-3 学业幸福感分量表的因子结构和各项目的因子载荷

题项	学习策略	学习动机	学习投入
A14	0.87		
A18	0.81		

续表

题项	学习策略	学习动机	学习投入
A26	0.79		
A22	0.76		
A27	0.72		
A12	0.69		
A13	0.67		
A25		0.87	
A31		0.69	
A16		0.62	
A1		0.57	
A20		0.57	
A15		0.50	
A4			0.77
A5			0.75
A7			0.58
A2			0.52
A8			0.44

3）分量表三：健康幸福感量表

KMO 和 Bartlett 检验结果是 KMO 为 0.959，Bartlett 球形检验 p 小于 0.001，说明数据适合进行探索性因素分析。经过旋转，抽取 3 个因子，3 个因子的累计方差解释率为 62.11%。原始题目共 24 道，删除因子载荷低、交叉载荷的题目及重复表述的题目 4 道，确定 20 个题项。探索性因素分析结果表明，分量表三中提取出了 3 个因子，因子一命名为“生命安全和生活习惯”，因子二命名为“体育锻炼”，因子三命名为“身体健康”。健康幸福感分量表的因子结构和各项目的因子载荷见表 7-4。

表 7-4　健康幸福感分量表的因子结构和各项目的因子载荷

题项	生命安全和生活习惯	体育锻炼	身体健康
H13	0.86		
H16	0.83		
H15	0.74		
H14	0.73		
H10	0.57		
H3	0.50		
H11	0.49		
H17	0.43		
H27		0.86	
H26		0.75	

续表

题项	生命安全和生活习惯	体育锻炼	身体健康
H4		0.71	
H6		0.70	
H5		0.44	
H19		0.44	
H20			0.82
H18			0.66
H12			0.63
H23			0.45
H22			0.41
H21			0.40

4）分量表四：社会幸福感量表

KMO 和 Bartlett 检验结果是 KMO 为 0.872，Bartlett 球形检验 p 小于 0.001，说明数据适合进行探索性因素分析。经过旋转，抽取 4 个因子，4 个因子的累计方差解释率为 63.17%。原始题目共 39 道，删除因子载荷低、交叉载荷的题目及重复表述的题目 2 道，确定 37 个题项。探索性因素分析结果表明，分量表四中提取出了 4 个因子，因子一命名为"亲子关系"，因子二命名为"学校归属感"，因子三命名为"同伴关系"，因子四命名为"师生关系"。社会幸福感分量表的因子结构和各项目的因子载荷见表 7-5。

表 7-5 社会幸福感分量表的因子结构和各项目的因子载荷

题项	亲子关系	学校归属感	同伴关系	师生关系
S24	0.92			
S23	0.90			
S27	0.86			
S22	0.85			
S29	0.83			
S26	0.83			
S28	0.83			
S20	0.80			
S21	0.79			
S25	0.70			
S32		0.95		
S33		0.93		
S31		0.92		
S34		0.91		
S36		0.90		

续表

题项	亲子关系	学校归属感	同伴关系	师生关系
S30		0.90		
S35		0.89		
S38		0.80		
S37		0.59		
S4			0.87	
S6			0.87	
S8			0.87	
S9			0.84	
S2			0.83	
S7			0.83	
S3			0.80	
S5			0.79	
S1			0.66	
S15				0.91
S14				0.88
S16				0.86
S13				0.78
S12				0.76
S17				0.75
S18				0.74
S10				0.71
S11				0.69

5）分量表五：道德幸福感量表

KMO 和 Bartlett 检验结果是 KMO 为 0.980，Bartlett 球形检验 p 小于 0.001，说明数据适合进行探索性因素分析。经过旋转，抽取 3 个因子，3 个因子的累计方差解释率为 75.39%。原始题目共 32 道，删除因子载荷低、交叉载荷的题目及重复表述的题目 10 道，确定 22 个题项。探索性因素分析结果表明，分量表五中提取出了 3 个因子，因子一命名为“仁义廉正”，因子二命名为“积极礼孝”（礼孝指礼让和孝顺），因子三命名为“友善忠勇”（忠勇指忠诚和勇气）。道德幸福感分量表的因子结构和各项目的因子载荷见表 7-6。

表 7-6　道德幸福感分量表的因子结构和各项目的因子载荷

题项	仁义廉正	积极礼孝	友善忠勇
M24	0.90		
M29	0.87		

续表

题项	仁义廉正	积极礼孝	友善忠勇
M30	0.86		
M25	0.85		
M26	0.78		
M23	0.72		
M21	0.70		
M28	0.65		
M15		0.89	
M14		0.70	
M16		0.69	
M17		0.68	
M19		0.65	
M18		0.62	
M6			0.74
M8			0.67
M2			0.64
M9			0.62
M7			0.60
M5			0.59
M4			0.56
M3			0.52

3. 验证性因素分析

1）分量表的验证性因素分析

经过探索性因素分析，最终形成了121个项目的综合幸福感量表。为考查构想模型与实际模型拟合度，我们对该模型进行了验证性因素分析。使用数据库2对探索性因素分析形成的五个分量表进行结构效度检验，每个分量表的各个潜变量之间设定为两两相关，观测变量的残差之间设定为相互独立。

验证性因素分析发现，分量表四即社会幸福感分量表的拟合指数不理想，存在几个数值较大的项目间残差的共变指数（MI），需要进行修正。根据MI值并参考项目的因子载荷值，保留因子载荷较大并与维度内涵更一致的项目，采取每删除一个项目就重新进行一次验证性因素分析，最终删除了8个项目。

验证性因素分析结果表明，五个分量表的χ^2/df取值为3~7，RMSEA为

0.04~0.06,CFI 和 TFI 取值为 0.93~0.98(见表 7-7)。χ^2/df 接近 2,即可认为模型的拟合程度较好,在样本较多的情况下,χ^2/df 在 5 左右即可接受,其他拟合指数局限于 0~1,越接近 1,表示理论假设的拟合程度越好①,本研究五个分量表的验证性因素的拟合指数均在要求范围之内,说明总体上拟合度较好。此外,心理幸福感分量表各项目的标准化因子载荷为 0.59~0.85,学业幸福感分量表各项目的标准化因子载荷为 0.71~0.87,健康幸福感分量表各项目的标准化因子载荷为 0.44~0.87,社会幸福感分量表各项目的标准化因子载荷为 0.72~0.91,道德幸福感分量表各项目的标准化因子载荷为 0.61~0.91。

表 7-7 六个分量表验证性因素分析的拟合指数

分量表	χ^2	df	χ^2/df	CFI	TLI	RMSEA	SRMR
分量表一	1423.55	236	6.03	0.94	0.93	0.053	0.051
分量表二	849.41	128	6.64	0.97	0.96	0.060	0.025
分量表三	986.32	160	6.16	0.95	0.94	0.060	0.037
分量表四	1461.47	366	3.99	0.97	0.97	0.048	0.034
分量表五	627.28	203	3.09	0.98	0.97	0.040	0.022

2)总量表的结构

经过删减,最终在 17 个因子上共保留 113 个题项。为进一步考查各个分量表是否能形成一个结构效度良好的测量工具,计算每个分量表中各因子总分,以 17 个因子总分为观测变量,以五个分量表为潜变量,进行验证性因素分析。五个潜变量之间设定为两两相关,17 个测量变量的残差之间设定为相互独立。由表 7-8 可见,模型拟合良好,符合统计学要求,因此可接受为最终模型。

表 7-8 总量表验证性因素分析的拟合指数

χ^2	df	χ^2/df	CFI	TLI	RMSEA	SRMR
659.11	104	6.34	0.96	0.95	0.062	0.027

4. 信度与效度分析

1)分量表和总量表信度分析

五个分量表的 Cronbach'α 一致性系数分别为 0.82、0.96、0.95、0.98 和 0.97,总量表的 Cronbach'α 一致性系数为 0.98。这说明各分量表和总量表的信度良好。

① 郑日昌,张杉杉. 择业效能感结构的验证性因素分析[J]. 心理科学,2002,25(01):91-92.

2）校标关联效度分析

校标工具有两个，一个是前文提到的由 Pavot 和 Diener 编制并得到跨文化、跨群体检验的被广泛使用的生活满意度量表[①]（satisfaction with life scale），另一个是由 Cmapbell 等编制并得到广泛使用的幸福感指数[②]（index of well-being）。Pearson 相关分析结果表明，心理幸福感、学业幸福感、健康幸福感、社会幸福感和道德幸福感分量表均分与生活满意度均分和幸福指数均分的相关分别为 0.50~0.71 和 0.52~0.62，总量表均分与生活满意度均分和幸福指数均分的相关值分别为 0.72 和 0.63（见表 7-9）。综合幸福感量表与校标工具的相关值为 0.72 和 0.63，说明新编制的工具与校标工具既有共同之处，又相对独立地测查了学生幸福感的不同方面，说明该量表的效度较好。

表 7-9　学生综合幸福感各分量表和总量表与校标工具的 Pearson 相关矩阵

	心理幸福感总均分	学业幸福感总均分	健康幸福感总均分	社会幸福感总均分	道德幸福感总均分	综合幸福感量表总均分
生活满意度总均分	0.50**	0.61**	0.66**	0.71**	0.67**	0.72**
幸福指数总均分	0.62**	0.52**	0.56**	0.59**	0.52**	0.63**

注：** 表示 $p<0.01$。

（四）结论

我国中小学生综合幸福感量表由五个分量表 17 个维度构成，共 113 个项目；五个分量表和总量表的信度为 0.82~0.98；综合幸福感总量表与生活满意度量表和幸福指数量表的校标关联效度值分别为 0.72 和 0.63。这表明该量表具有良好的信效度指标，可以作为我国中小学生综合幸福感测评的初步测量工具。

三、中小学生幸福感现状调查与教育建议

提升中小学生幸福感，首先必须科学测评中小学生幸福感发展现状和特点，找出优劣，据此精准施策，提出教育对策建议。[③]

① William Pavot, Ed Diener. Review of the satisfaction with life scale[J]. Psychological Assessment, 1993(02): 164-172.

② 汪向东，王希林，马弘. 心理卫生评定量表手册（增订版）[M]. 北京：中国心理卫生杂志社，1999: 82-83.

③ 张冲，孟万金. 中小学生综合幸福感发展现状和教育建议[J]. 中国特殊教育，2018(09): 72-79.

（一）研究方法

1. 研究对象

采取整群抽样的方法，从全国东部、中部和西部八个省市抽样调查中小学生，回收有效问卷5029份，有效率98.1%。

2. 研究工具与数据的处理

采用我们团队研发的中国中小学生幸福感通用量表开展抽样调查。采用SPSS 22.0对量表进行探索性因素分析和多元方差分析，使用AMOS 17.0对测验结果做验证性因素分析，并进行量表信效度检验。

（二）结果与分析

1. 中小学生综合幸福感发展的总体状况

道德、健康、社会、学习和心理幸福感五个分量表的平均分为3.77～4.16，单样本t检验显著高于中数3，这说明中小学生综合幸福感发展状况良好。五个分量表得分由高到低依次为：道德幸福感、健康幸福感、社会幸福感、学习幸福感和心理幸福感。五个分量表包括17项因子，得分排在前五位的分别是生命安全和习惯、仁义廉正、同伴关系、学习动机、友善忠勇，得分排在后五位的分别是身体健康、消极情绪、关注未来、学习策略和积极情绪。17项因子的得分排序如图7-1所示（消极情绪是反向计分，得分越高，说明体验到的消极情绪越少）。林崇德指出，人际关系问题、学习压力问题和自

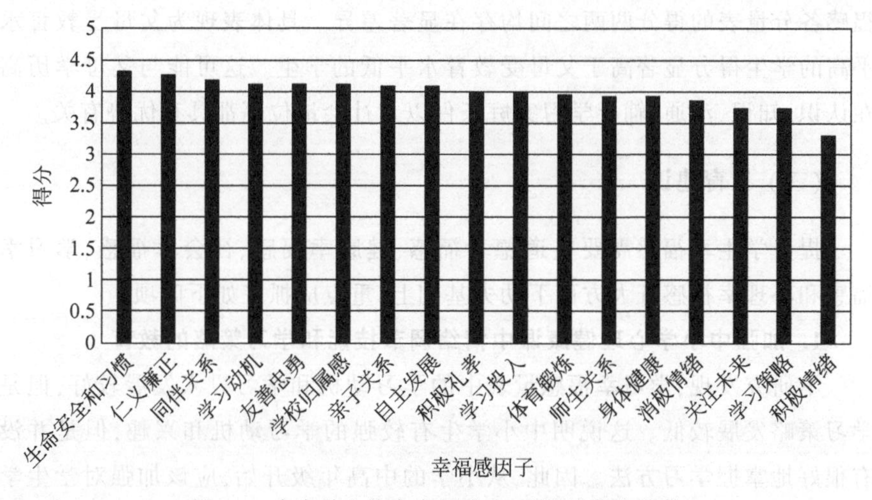

图7-1　中小学生综合幸福感17项因子得分排序

我问题是青少年群体中最为突出的三大心理健康问题①。本调研结果基本印证了中小学生在学习和自我(关注未来)方面可能存在一些问题,进而导致关注未来和学习策略的因子得分低。

2. 中小学生综合幸福感的年级和性别差异

就心理幸福感量表而言,低年级学生得分显著高于高年级学生得分;对于学习、健康、社会和道德幸福感四个分量表来说,均表现为低年级学生得分显著高于高年级学生得分。总体而言,中小学生综合幸福感得分随着年级的升高而显著降低。这印证了“成长的烦恼”的现象。就性别差异而言,心理、健康和道德幸福感量表得分存在显著的性别差异,表现为女生得分显著高于男生;学习和社会幸福感量表得分无显著性别差异。这主要是男强女弱心理定势给男生带来的社会压力相对较大而导致。

3. 中小学生综合幸福感的城乡差异

城市学生得分显著高于农村学生得分。这与城市各方面条件相对优越有关,城市学生的幸福意识也比较强。

4. 是否担任班校干部对中小学生综合幸福感的影响

担任班校干部的学生得分显著高于没有担任班校干部的学生得分。这与积极要求进步和自我价值实现、自尊心提升有关。

5. 中小学生综合幸福感的父母受教育程度差异

除父母受教育水平在小学及以下和初中这两个学历层次的学生在某些幸福感分量表得分的差异不显著外,父母四种受教育水平的学生在综合幸福感各分量表的得分两两之间均存在显著差异。具体表现为父母受教育水平高的学生得分显著高于父母受教育水平低的学生。这可能与父母学历高在认识、知识、沟通、辅导学习家庭条件以及社会地位等都具有优势有关。

(三)教育建议

提升学生幸福感需要在道德幸福感、健康幸福感、社会幸福感、学习幸福感和心理幸福感五大方面下功夫基础上,重点应抓好如下四项。

1. 加强中小学心理健康课中情绪调节技能和学习策略的教育

本研究发现,学习幸福感量表中的学习动机和学习投入发展较好,但是学习策略发展较低。这说明中小学生有较强的学习动机和兴趣,但是并没有很好地掌握学习方法。因此,从小学的中高年级开始,应该加强对学生学

① 林崇德.积极而科学地开展心理健康教育[N].北京师范大学学报(社会科学版),2003(01):31-37.

习策略和方法的教育。小学高年级的学生开始进入青春期,情绪波动较大,情绪的两极性比较明显,除了让学生学会正确恰当地体验和表达情绪外,还应该教给学生掌握调节情绪的技能。

2. 小学生注重培养积极心理品质,初中生注重心理问题解决

小学应该注重培养学生的积极心理品质,注重心理健康的发展性和预防性,为未来奠定积极的心理基础;进入初中后,除继续发展学生的积极心理品质外,还应该根据学习和生活的变化,以及青春期特有的性心理问题,提前做好防范工作和解决心理问题。

3. 坚持班校干部轮换制,践行教师期望的积极效应

班校干部职务应建立定期轮换制并将其常规化。班干部轮换制应注意做到:一是根据需要尽可能多地设置岗位,让每个学生都能在轮换中任职班干部中的一个角色;二是尽量让学生能够体验不同的班干部角色,以促进学生的发展;三是轮岗时考虑学生的优点和特长,争取做到“人尽其才,才尽其用”;四是培养班级核心力量,由“老”干部带“新”干部。

4. 积极推进“家长学校”建设,提高家庭教育能力和父母对学校事务的参与能力

应充分发挥学校对“家长学校”的指导和组织作用,明确进一步落实“家长学校”的功能,积极发挥校级、年级、班级三级家长委员会的作用,从家长中挖掘典型现身说法,引导家长更新家庭教育观念,掌握科学的育儿知识和方法,定期组织培训,参与学校事务管理;花时间陪伴和关心孩子,如全家在一起吃饭、与孩子交谈、关心孩子在校表现,参与学校的家长会,与教师沟通学生的学习情况等。

四、中小学生幸福感模型国际视野

提升中小学幸福感,还可以参考借鉴国外经典模型的合理成分,主要有以下几种。

(一) PERMA 模型

PERMA 是由积极心理学家 Marin Seligman 开发的幸福理论模型。它确定了幸福的五个基本要素。

一是积极情绪(positive emotion)。要努力营造和保持积极的情绪状态,远离消极情绪困扰,使自己拥有一个轻松愉快、光明的好心情和好心态。当我们有好心情时,我们的大脑会更好地工作。

二是参与度(involvement)。对要做的事情保持热情和好奇,并投入其中,切实体验到乐在其中,越专注效率越高;忘我成分越多,我们就会越发快乐。因此,通过进一步提高参与度,我们的大脑可以获得更多的快乐。

三是正向关系(relationship)。建立积极人际关系,形成良性互动,获得有效的社会支持和赞许,拓展社会资源,提升自尊和自我效能感,体验到温暖快乐的社会氛围。当我们的大脑处于"快乐"状态时,这种积极性就会波及他人,从而提高生产力。

四是意义(meaning)。发现和构建所从事的事情的意义,增强其价值导向,深刻意识到自己及自己的行为和结果对个人和社会的价值。因此,越是感到有意义,我们就会越发积极,也就越会克服拖延和推迟学习与练习的倾向。

五是成就(achievement)。通过努力,获得满意的回报,品尝到收获的甜头,体验到成就的快乐,增强自信心,更加激励自己取得更大成就。

通过专注这五个要素,学生可以在生活中蓬勃发展,找到自己想要的幸福。因此,PERMA 为学生提供了美好生活的起点。

(二)九因素模型

根据 Argyle 理论(2001 年),九因素模型包括以下几项。

一是饮食。饮食不仅能提供营养和能量,为生长发育提供保障,个人喜欢健康饮食还能大开胃口,激活大脑兴奋。

二是社交活动。良好的人缘和社会交往,无疑会给自己带来正能量;反之,人际交往不顺,会增加郁闷和烦恼。

三是运动。运动不仅可以强身健体,还可以调节心情,释放多巴胺和发泄内心负能量。

四是远离酒精饮料和其他药物。酒精虽然被误解为可以消愁,但是往往"借酒消愁愁更愁",其带来的副作用是不可低估的,尤其是形成恶性循环后。是药三分毒,药物带来的心理暗示是负面的。

五是成功与社会认可。人是社会性动物,追求成功和社会赞许是本能,因此,要给自己增添不断体验成功的机会,同时自己的成功也要尽可能分享给他人,以赢得更多认可。

六是从技能中受益。某项熟练技能、兴趣、特长和爱好,会给自己提供施展特长、展示才能的机会,从而增强自我实现的体验。

七是音乐、艺术。音乐和艺术本身就是人的精神享受,不仅陶冶情操,净化心灵,更能让人心旷神怡,身心放松。

八是条件与环境。良好的条件和环境是保证生活、学习、工作顺利和顺心的前提,因此,必要的软硬件条件和尽可能舒心优美的人文环境、自然环境都会极大影响心情和学习、生活及工作。

九是放松。劳逸结合是人的生物钟所必需的,不会主动休息就不会高效工作。所以,要有意识给自己减压,而不要让生活、学习等压弯了腰,甚至发展到“压死骆驼的最后一根稻草”的危险边缘。

(三) 十一因素模型

Wolk(2008)提出,通过关注以下重要原则,可使学生上学时获得更多的幸福,并发现在学校内部工作中获得更多的幸福。

一是在学习中找到快乐。学生主业是学习,寻找到和充分体验学习的乐趣无疑会极大提升幸福感。学习成绩是学习乐趣的主要源泉。因此,至少要有一门自己最喜欢的学科,这是学习乐趣的支点,当然,这种喜欢的学科越多越好。

二是自主做出不同的选择。对待任何选择,都有自己拿主意的权利和机会,而不是被动或被迫做出某种选择。

三是自由发现、发明创造新东西。保持自己的好奇心、猎奇心,能自己发现或创造出新东西,体验到灵感带来的成功的兴奋。

四是分享自己的工作和成绩、经验。有机会向同学或他人分享自己的成功或经验,得到别人的关注和认可,是人人内心向往的事情,不仅有利于巩固自己的经验,还能提升自我效能感和自尊感。

五是有自由玩耍的时间。玩耍娱乐是人的本能需要,也是大脑主动调节学习和生活节奏所必需,因此,自由玩耍能给人带来轻松、有趣、放飞心灵的时空。

六是发现和欣赏学校空间的吸引力。喜欢学校自然会给学校增加魅力,也给自己带来置身于学校这个精神乐园的满足感和惬意感。

七是外出参观考察、研学旅行。外出考察实景实情,将学习与大自然融为一体,不仅可以亲身体会,还可以从学校相对封闭的环境里解放出来,既放松身体又放飞心灵。

八是阅读好书。一本好书或许就是一次好的旅行,或许就是一次人生启迪,或许就是一次好的对话,或许就是一次精神大餐,能给人带来精神冲击、思想震撼、灵魂触动,让人大为受益。

九是参与更多体育和艺术活动。体育和艺术对身心的益处是多方面的,参与符合自己需要的更多体育和艺术活动,无疑会提升自己的幸福感。

十是多角度评估自己，发现自己的长项。尺有所短寸有所长，每个人都有自己的优势和劣势，不能拿自己的短项去比别人的长项，以免给自己增加烦恼。要学会变换角度评价自己，找到自己的长项，从而找到自信。

十一是积极参加团体娱乐活动。团体娱乐活动总是能激动人心，让人沉浸在集体欢欣鼓舞的兴奋之中，那种热烈的氛围，会让人热血沸腾、情不自禁，焦虑烦恼都会跑到九霄云外。

案例

北京交通大学附中：教育的初心就是为学生谋幸福，让学生成为幸福的主人①

幸福是人类追求的“终极目标”，也是人类永恒的愿景和主题。教育作为培养人、成就人的事业，理应以“幸福”为指向而展开，以“人”为核心而展开。教育不仅是为未来“完满生活做准备”，更重要的是其过程也应是丰盈幸福的，学生能从中感知幸福真谛，获得幸福的能力。

基于对人和教育本质的思考以及学校历史积淀、师生发展需求，北京交通大学附属中学（下文称为交大附中）提出了“建一所富有生命动力的幸福学校”的办学目标，系统建构了学校的理念体系，并深入开展了办学实践（见图7-2）。

就像每个人都有自己的故事，每个人对幸福的定义都有不同。我们通过对教师、学生和家长进行广泛调研认为，幸福学校就是激发人的生命成长动力，培养人的幸福感和幸福能力，使其成为最好的自己的学校。幸福学校是一所生活自在，个性自然，逐渐实现价值自觉，有精神追求的学校。

幸福学校建设的核心是“人”，而学生是学校最重要的主体。中学阶段是青少年学生拔节孕穗的关键时期，中学教育是国民教育体系中承上启下的“腰”。如果说小学是为学生打下扎实的根基，大学是学生成长的繁茂枝叶，那么中学就是中间至关重要的“主干”。能否“挺直腰杆”幸福成长，首先要看方向是否正确。就交大附中而言，我们认为，学生要有饮水思源的情怀、爱国荣校的品质，才能径直向上生长，将来才能成为社会中流砥柱、成为国之栋梁；要有阳光和谐的心态、有容乃大的胸怀，才能有蓬勃无穷的可能；要有精准敏锐的洞见、独立创新的人格，才能拥有自我突破、自我实现的能力；要有健康的体魄、博雅的兴趣，才能更深广地汲取养分，成为具有生命动

① 北京交通大学附属中学校长戴文胜供稿（选编）（2020年3月）. 北京交通大学附属中学作为中国教育科学研究院实验校，曾多次邀请孟万金教授亲临学校指导和讲座。

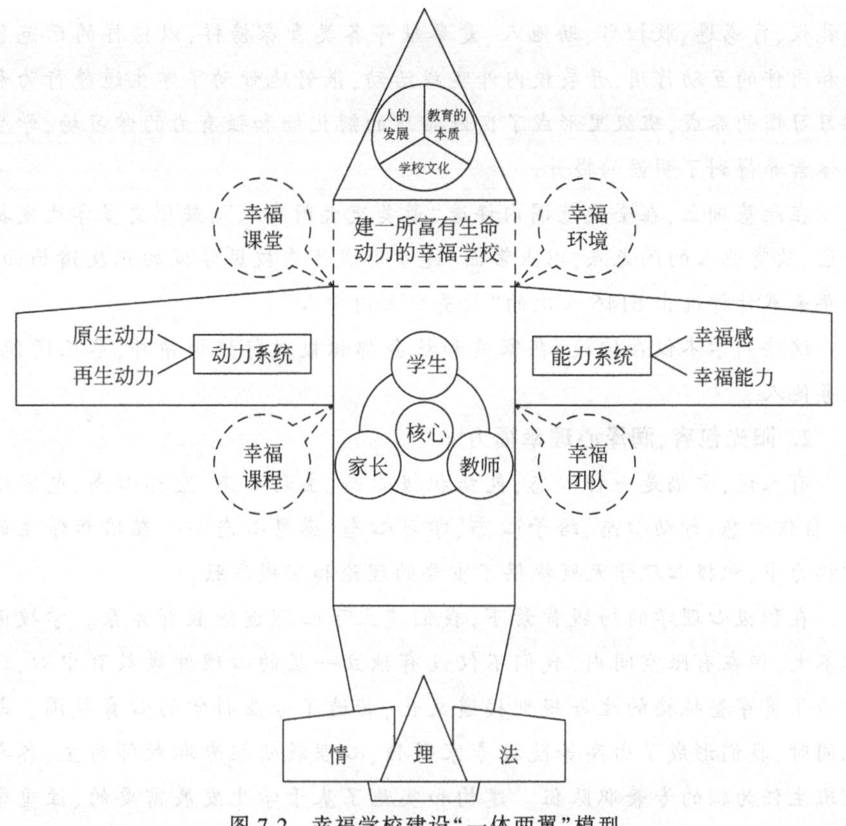

图 7-2　幸福学校建设"一体两翼"模型

力的参天大树。

这就是交大附中要培养的幸福学子：感恩重责，阳光包容，博学笃行，健康雅趣。

1. 感恩重责，涵养道德幸福力

学校是学生成长和学习的地方，不仅是知识、能力的增长，更要有精神和价值取向的萌发与引领。"落其实者思其树，饮其流者怀其源"，我们通过"走进学生心灵"的德育课程体系及实践，着力弘扬"饮水思源，爱国荣校"的校训精神。在同理心、与人为善等原生动力的基础上，进一步激发和培养学生感恩重责、关爱他人、社会担当等再生动力。

学生的成长是多元素综合性的，德育和教学本为一体。我们整合了以往的德育和教学资源，较早地成立了专门引导和服务学生成长的"学生发展中心"，精心打造了包括荣誉课程、仪式课程、诚信课程、小组合作课程、节日课程(学生节、学科节)、"青春榜样——最美交大附中人"课程等十大课程体系，使交大附中特有的感恩重责精神自然浸润学生心中。

比如，"青春榜样——最美交大附中人"课程，就是以班级为单位，树立尚礼仪、存感恩、敢担当、助他人、爱奉献等各类青春榜样,以榜样的示范作用和同伴的互助作用,开展校内外实践活动,很好地带动了学生道德行为和学习习惯的养成,班级里形成了良好品质的孵化场和强有力的学习场,学生整体素养得到了明显的提升。

在此基础上,在全校范围内评选"最美交大附中人",鼓励更多学生发掘自己、欣赏他人的闪光点,以点带面,逐步形成优秀校风学风的正反馈局面。七年来累计评选出6146人次的"最美交大附中人"。

这些同学不仅在学校,在家庭和社会都积极践行校训精神,尽己所能,服务他人。

2. 阳光包容,润泽心理幸福力

有人说,幸福是一种心态,包括积极心态、主动心态、空杯心态、包容心态、自信心态、行动心态、给予心态、学习心态、感恩心态……在培养学生的幸福力中,积极心理学无疑提供了重要的理论和实践参照。

在积极心理学的场域背景下,我们建立了心理健康教育体系。学校面积不大,但在有限空间内,我们不仅设有独立一层的心理健康教育中心,还打造了贯穿整栋楼的生涯规划楼道文化,营造了专业科学的心育氛围。与此同时,我们形成了由高等院校专家引领、心理教研组专职教师为主、各年级班主任为辅的专兼职队伍。建构和实施了基于学生发展需要的、注重学生心灵体验的心理健康与生涯规划相辅相成、必修课程与选修课程齐头并进、团体辅导与个体咨询双管齐下、校内课程与拓展活动密切结合的心育课程体系。

作为教育部认定的国家级心理特色校,在常规的心育课程外,根据不同年龄学生特点,开设的初一生涯适应训练营、初二积极心理训练营、高一生涯拓展训练营、毕业年级心理减压与专业咨询、525心理健康日等已成为我校传统心理活动,帮助学生更好地悦纳自我、欣赏他人、规划和成就更美好的人生。

一个人内心能自我平衡,外界有支持系统,便是幸福。因此,幸福能力对内指向好好学习、成为更好的自己,对外则指向好好爱人、成全更多的人。

学校应该是一个充满乐趣的地方,学校也是一个寻找伙伴的地方,我们注重培养学生的归属感,让学生有心灵的交流与感动。因此,我们以成长共同体为路径,促班级文化建设,培养学生社交幸福感,增强其外界支持系统。根据班级的共同愿景,学生(6~8人)及其家长共同组成成长共同体,进行小组建设,培养学生同伴交往的合作能力和班级建设的主体意识。

在班级文化建设中刘同学写道:"在这个新的学期,我们开始了新的班级文化,新的一天,新的生活,一切都是新的,也包括新的朝气,伴着朝阳我们在感悟。我们回顾着过去的美好、温馨、爱,像大海一样无边无际包容着我们,让我们沉浸其中。在新班级文化建设的时间里,我们像溶液一样,相互溶解、包容,而这一切的基础,是我们共同的家。”

在各类活动中,学生都可借助成长共同体完成复杂的任务,如活动方案的提出、协商、执行、效果评估等,各方面能力均得到了锻炼和提高。

张同学说:“在新的学期里,班级开展了小组合作。刚开始听到这个名字觉得又陌生又没必要,但是过了一段时间,我们小组在各方面都有了进步,在小组中同学们互相帮助、互相监督、互相管理,这些功劳还要归功于合作小组的推动力,推动了我们不断进步,不断向上。”

3. 博学笃行,彰显学习幸福力

对于学生而言,最重要的任务必然是学习,最主要的幸福感来源也是学业上的精进,因此,如何提高学生的学习力,是学校关注的重要课题。

学习,是一门科学,也是一种“道”。作为中华“学道”联盟的发起校,我们在全国率先开设了“学道”课程,使学生从哲学、科学、文化和生命的角度思考学习,从元认知培养的角度,帮助学生学会学习,建构学习和生活的完整世界。

课堂是学校育人的主要阵地,是师生心灵相约的正式场合。除了“学道”课程,我们更多的是致力于全学科的幸福课堂的打造。那么,什么样的课堂能让学生感受到幸福呢?以往,课堂教学主要围绕知识、能力等外显因素。幸福学校建设的核心要素是“人”,因而课堂应该围绕人的需要来展开。我们通过师生互动,促进师生相互交流、相互启发、相互增益,满足人的成长需要,在这个过程中,教师与学生彼此间进行思想和情感的交流,从而达成共识、共享、共进,实现教学相长与共同发展。

幸福课堂建设的关键词是“参与”“共生”,以“三有”为标准,以“微课”为载体,以“微项目”为切入点,以学生认知特点为出发点,以多元化、发展性的教师评价为契机,以培训为引领。

“三有”标准的提出,首先是基于学生的需要。学校对全校学生进行调研,请同学们写出自己喜欢的课堂的10个关键词,出现频率最高的词汇为语言幽默、内容精彩、多媒体、交流、自主、实践体验、有收获、激励评价等,学校对这些关键词进一步分析,归纳为“有趣”“有参与”“有成就”,并对“三有”标准的内涵进行了详细解读。

“有趣”,指关注学生的兴趣,让学生们有学习的乐趣,在探索兴趣中激发志趣。学校老师归纳出六种有趣课堂的教学策略,即捕捉学生的兴趣所在——关注学科知识和生活的联系；从“坐中学”走向“做中学”——让学生的智慧在指尖灵动；上有味道的课——有趣课堂要有学科“味”；课堂生成的“错误”——不可多得的教学资源；设计有趣的问题——从一般问题到重要问题；设计有趣的活动——从感性认识到理性认识。

“有参与”，指师生的行为参与、认知参与和情感参与，并最终促成高层次的思维参与。教师的主导作用、学生的主体作用与教学内容三部分构成了“有参与”课堂的基础。其教学策略有四条，即让教师“懒惰”一些——经营有空间感的课堂；开展有挑战性的合作学习——实现群体的对话和共生；丰富多样的教学策略——造就课堂的精细高效；为思维而教——向深度学习转变。

“有成就”，指师生双方的获得感，具体表现为学生在课堂上有收获，并与他人分享收获；表现为老师在教学中进入一种富有成就感、获得感的“福流”状态。

我们通过“微课题”和“微项目”研究的方式，推进“三有”幸福课堂的实施。所谓“微课题”指以教研组为单位，以解决教师教学工作中的矛盾、困惑为导向，个人申报与组内研究相结合，自定研究题目和研究内容，自控研究过程，自行课堂实验，自发研究成果，教研室在整个过程中提供统一管理、资源供给和专业指导。“微项目”则是以备课组为单位将“微课题”进一步细化，开展备课组的行动研究。

通过参与、共进的课堂活动，培养学生可持续发展的核心素养，使学生充分发挥主体参与作用，对所学内容感兴趣、有需求、有探索，发挥自己的优势，体验到成长的幸福。而教师则借助这一平台，更好地把握学科核心素养，发挥教师个人风格，体验到职业的幸福。

2019届毕业生曾凯博同学在微博上记录了老师们最为动人的细节，字里行间流淌着满满的感恩与幸福：我不会忘记梁红梅老师“根本停不下来”的演讲，不会忘记她批评学生后秒变玩笑的“不正经”，不会忘记她替我排解感情问题时的推心置腹；我不会忘记刘璐霏老师煽情时“自催化流眼泪”的终极操作和她无人能敌的赞美他人的能力（“这作文写得太漂亮了！满分！”）；我不会忘记吕继红老师在我“人生低谷”时的理性分析和与我畅谈未来人生路时给我的鼓励，真心感谢您；我不会忘记于伟东老师满黑板的数学板书和她加班为我们判改错的认真负责；我不会忘记钱振云老师与王泰的“特殊合作”和她判作业时的责任心与耐心；我不会忘记于红秋老师讲课时突然爆笑的神奇操作和她与我在高考前的大自习探讨散文2小时的不辞辛苦。我同样不会忘记杜明星老师诙谐幽默时的亲和力和他绝对的领导力；商克非老师深入浅出的历史课；代阿老师走遍天下的广博见识；当然还有自称“百草之王，百鸟之王”、政治课超级精彩的韩凤芝老师……

4. 健康雅趣，绽放精彩幸福力

“幸福，从这里开始……”走进我们的校园，这句话映入眼帘，动人心弦。在这里，佳木葱茏、花草芬芳、生命律动、曲水流觞，人文雕塑错落有致，师生在绿荫匝地的校园中自由栖息，有醉心阅读之美，有专注研讨之美，有运动竞技之美。

方寸之间，我们开辟了科技、生物、化学、物理、音乐、美术、体育馆、校友俱乐部等活动场所，通过怡人、人本的校园环境建设，我们尽可能为学生成长营造适宜的沃土。

“好的人生，就是在自己热爱的领域努力地玩耍。”环境建设的背后是覆盖各年级的近200门校本选修和个性化的社团活动。

经过多年积淀，不同兴趣爱好的孩子在这都能找到自己的归属。每年都有几百名同学在科技、艺术、体育等领域，取得北京市、全国乃至世界水平的优异成绩。

例如科技方面，作为第一批将科技课程纳入必修课的学校，多名学生获得日内瓦、纽伦堡国际金奖、北京青少年科技创新市长奖、航模世界金奖等。

艺术方面，东校区成为海淀区唯一的艺术特色学校，是中央美院、清华美院、罗马美院等国内外近十所艺术学院的生源基地。交大附中金帆合唱团是北京市第一支高中混声合唱团，获得多项国内外奖项，多次参演国家大型庆典活动。

体育方面，棒球、垒球、田径单项屡获全国冠军，篮球、羽毛球等项目也获得多项市区级冠军，为国家输送了多名运动健将，并且每位学生至少都能掌握一项体育技能，可以是游泳，可以是各类跳绳等。即使是居家学习时，老师们也精心为同学们编制了7套不同的家庭操锻炼身体，以增进学生健康。

此外，生物社、天文社、街舞社等也屡获市区级、国家级奖项。童声合唱团、智能社、辩论社、橡皮章社、街舞社、模拟联合国、茅以升话剧社、心理协会、软笔书法、国学、传统陶艺等社团颇受学生欢迎。各类活动构成学生校园生活中最精彩纷呈的部分。

5. 课程体系，支撑多元幸福力

课程是学校为促进学生成长而提供的发展轨道和资源平台，实际上，我校学生培养目标的达成正是基于多元、个性的课程体系的精心设计与有效实施。关于课程，上文中均有提及，在此做一个更宏观而系统的概述：我们以学生的需要和发展规律为出发点，围绕“感恩重责、阳关包容、博学笃行、健康雅趣”的育人目标，研发了具有交大附中特色的幸福课程体系，如图 7-3 所示。

图 7-3　交大附中幸福课程体系

从横向看，对应着培养目标的四个方面，学校课程主要包括育德、育心、育智、育美四大类，涉及公民社会、审美艺术、健康生活、科技创新、文学社会五大领域。其中公民社会包括公民教育、育德课程；审美艺术包括美术、音乐、节日课程；健康生活包括体育、心理、学涯规划；科技创新包括数学、物理、化学、生物、信息技术、科技课程；文学社会包括语文、英语、历史、政治、地理课程。

从纵向上看，包括初高中各学段的基础性课程、拓展性课程、发展性课程三个层级。其中，基础性课程着力于优质化实施，拓展性课程着力于特色化实施，发展性课程着力于个性化实施，如图 7-4 所示。

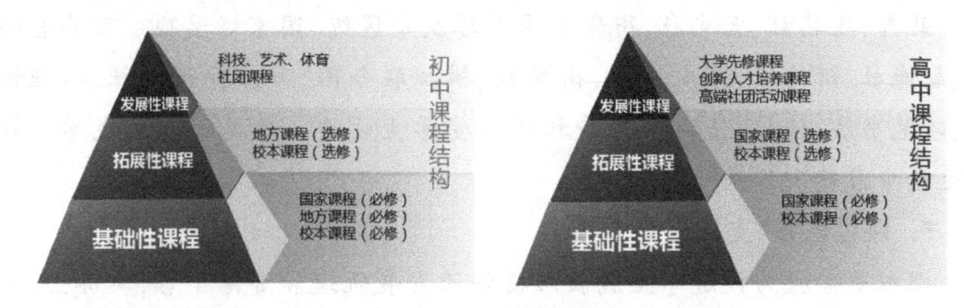

图 7-4　课程结构

通过幸福课程建设,在促进学生德、心、智、美全面发展的基础上,全方位多角度地激发学生成长的原生动力和再生动力,充分挖掘学生潜力,促进学生专业上向精深发展,兴趣上向广博拓展,发现、支持和提升学生的多元幸福能力。

正如2019届毕业生王佳晨同学所言:"学校的办学宗旨是建一所幸福学校,作为一个在母校生活六年的学生对此深有体会。在学科素养的提高、德育的引导、人生道路的引领以及社会责任的培养过程中,我们逐渐感悟到何为幸福。丰富多彩的活动课程更是为学习增添了一抹亮色,茅以升话剧演出、学生节、校园开放日、游学、诗歌朗诵会、校园歌会、集团运动会,等等,给予了我们展示自我、认知世界、认识自己、提升自我的绝佳机会,为我们未来改造社会和世界提供着最强劲的动力。"

6. 幸福是一种智慧

幸福不是某些具体的指标,而是一群人,专注地去做好每一件事,是去爱身边的每一个人。

对我们而言,最大的幸福就是,在这所校园里,所有师生共同走过的每一天,都是在彼此相望中开始与结束的,生命因为充盈着幸福感而更有温度与厚度。我们深深体验到幸福是动力,也是一种能力,是一段心路历程,更是一种智慧。

第八章　新时代学困生幸福教育研究

在新时代普通学校的幸福教育中,学习困难学生(学困生)教育是新时代追求教育公平和充分发展的短板。他们不仅学习成绩较差,还会导致辍学、心理疾病甚至更严重的后果,影响一生的幸福。因此,兜住学困生幸福底线,让学困生搭上新时代幸福教育快车,是加快建设高质量教育体系亟须弥补的短板。

一、新时代幸福教育亟须关爱学困生

学习困难(learning disabilities, LD)也称学习低能、学习障碍(learning disorder),是指学生的学业成绩不能满足社会的要求。早在1963年,美国教育心理学家S. Kirk就提出了"学习障碍"这一概念,主要针对基础教育阶段智力正常、学业不良的学生,在中国常被译为"学习困难"。尽管学习困难目前还没有一个统一的界定,但综合以往研究可以看出,学习困难是指学生的智力水平正常、没有感官障碍,但其学习成绩明显低于同年级学生,不能达到预期的学习目的。

(一) 学习困难的内涵

学习困难除了明显表现为学习成绩差以外,还表现以下主要问题: ①学习问题——学业成绩或课堂行为引起了教师、父母和自己的担心; ②未充分发挥潜能——学业成绩低于实际水平; ③学习低能——未充分发挥潜能的同时,学业成绩又比自己年龄所应达到的平均水平低; ④个别学科低能——学习低能表现在某学科上。

与学习困难相近的研究术语有学习障碍、学习无能、学习不良、学业不良等,英文统称LD,而LD又是learning disability、learning difficulty、learning disorder三个英语术语的缩写。[①]

---

① 张冲,官群. 学习障碍也是病,严重了也要命[J]. 中国德育,2013(12): 6-8.

learning disability(字面意思是学习无能,多翻译为学习障碍)最早是由美国教育心理学家科克于1963年提出的。他认为learning disability是指儿童在语言、说话、阅读和社会交往技能方面的发育障碍[①]。这些障碍不包括视、听觉障碍和智力障碍。在学习障碍的界定中,影响比较大的有两个。一个是美国残障者教育法案(Individuals with Disabilities Education Act,IDEA)的界定。IDEA自1975年发布到现在,经历了几次修改,最近一次修改是在2004年。IDEA对学习困难进行了界定：特殊学习障碍指那些在一种或多种基本心理过程方面存在障碍的儿童,这些基本心理过程与理解和使用语言(说或写)有关,障碍可能表现为听、思维、说、阅读、写作、拼写或进行数学计算方面的能力不完备[②]。另一个是由美国学习障碍国家联合委员会(National Joint Committee on Learning Disablities,NJCLD)1988年修订并于2016年进行更新的定义："学习障碍是指一个异质群体,在听、说、读、写、推理和数学能力的获得和运用上有明显的困难或障碍。这些个体的内在障碍可能是由中枢神经系统失能(即功能障碍)造成的,并且可能贯穿一生。"[③]

learning disorder(字面意思是学习混乱、凌乱、失调,也多翻译为学习障碍)主要是指由于与学习有关的一个或者多个心理加工损伤以及思维和推理能力受损导致的具体障碍。带有临床疾病(disease)倾向色彩。比如阅读障碍(dyslexia)、书写障碍(dysgraphia)、计算障碍(dyscalculia)。

learning difficulty,根据美国国家卫生研究院(NIH)的定义,一般是指由读写障碍、多动症及阿斯伯格等症状所产生的学习能力低下、注意力不集中、肢体协调不佳,以致缺乏社交能力等的具体表现。它是由神经系统障碍造成的,特征是辨认字的正确性及流畅度有困难,以及无法拼写,对语言的拼音组成有困难。

有研究者对比IDEA和NJCLD的界定发现,在NJCLD中,拼写(spelling)不再作为一种特殊障碍,将其归为写(writing)之下[④]。这种改变或调整属于政策层面或理论层面,那么在实际层面是否能得到证实,还需要实证数据的支持。

学习困难没有其他典型的临床症状,但可能表现为抱怨,或与一些行

---

① Kirk S A. Educating exceptional children[M]. Oxford,England：Houghton Mifflin,1962：46.

② Specific learning disability [EB/OL]. (2018-05-25) [2020-06-02]. https://sites. ed. gov/idea/regs/b/a/300. 8/c/10.

③ All about learning disabilities and ADHD[EB/OL]. (2016-05-21) [2020-06-04]. http://www.ldonline. org/about/partners/nj-cld#definition.

④ 张雅明,俞国良.美国学习不良的概念及发展[J].中国特殊教育,2003(10)：51-55.

为、情感症状有关,透过这些可有所发现。侵犯性行为、心烦意乱、缺乏上课动力、焦虑、忧郁、学校恐怖、噩梦、遗尿、痉挛、周期性偏头痛可作为依据。Gottlieb Zinkus 和 Bradfor(1979)描述了这些儿童在接受临床评价时,为掩盖或推迟测验中预期的失败所采取的典型的自卫行为。

- 经常避免回答"我不能""我不会"。这是典型的害怕失败。
- 如果他们试图去做一项工作,遭到挫折后就很容易为他们真正的或猜想的缺点而气愤,这可能被误以为是对自己的挑战或损害,这常是希望值高的儿童的行为。他们面对的事情更加表明他们能力不及,为此感到十分伤心。
- 儿童可能通过要求去厕所、抱怨疲劳或长时间讲话引起的头疼来设法逃避测验。
- 一些儿童不关心学业成绩,不顾父母的失望,他们不喜欢上学,没有任何人或物能伤害他们的感情,这种拒绝型是最难克服的。这些不关心成人意见的儿童,要么是太抑郁了,对任何科目都不抱有热情和希望;要么是认为没有任何成人能真诚地关心自己,因此用沉默或谎言使自己与社会隔离,疏远社会,保护自己。

一般定义下学习困难发生率为 10%~17%[①],且呈现上升趋势。欧美的医学统计显示,每六个人中就有一个会受到不同程度的学习困难影响[②]。据美国研究报告:所有学龄儿童中,20%~25%的儿童表现出未充分发挥出潜能,10%~15%的儿童学习低能,以至于严重到使他们至少在一个学科要降低两个级差。加拿大统计数字表明:所有学龄儿童中 5%~7%的学习低能,1%~3%的需要特别教育。

我国虽未有过系统调查和准确的比例数字,但大量儿童学习障碍的事实却一直困扰着教师、家长和儿童本人,使得教师和家长焦急不安,更使得学生自己恐慌、忧虑,严重影响着儿童的身心健康。正如一些研究者所说,"学习障碍不仅会导致学生学习困难,还会对学生身心造成严重危害,甚至会导致学生轻生。"因此可以说"学习障碍也是病,严重了也要命"[③]。保守估计我国 2.5 亿中小学生中约有千万量级学生受到学习困难的干扰,累及上亿家人,给学校和家庭、社会带来沉重负担。

学习困难是当前我国中小学教育面临的一个严峻问题,也是一个世界

---

① 孟万金. 儿童学习障碍的诱因与诊治[J]. 心理发展与教育,1991(03):190-193.

② Steinhauer P. Psychological problems of the child in the family[M]. New York: Basic Books, 1983.

③ 张冲,官群. 学习障碍也是病,严重了也要命[J]. 中国德育,2013(23):6-8.

范围的难题。学习困难伴随个体终身。学习困难学生不仅学习成绩落后，而且伴随着许多心理行为问题、社会和情绪障碍，这些因素又融合在一起产生交互作用，形成恶性循环，严重影响该群体的健康成长与生命质量。因此，关注学习困难学生身心发展，为其提供有针对性的教育、辅导和干预，是提高教育质量、促进教育平衡充分发展的具体体现。尤其是学习困难儿童的早期诊断和早期干预，是新时代幸福教育的兜底工程，对于学习困难儿童的终身发展和社会适应、让学困生搭上幸福快车，具有重要意义。

（二）学习困难的诱因

学习困难可能由于发育延迟、生理障碍等许多原因引起，下面着重探讨心理及社会诱因。[①]

情感问题是学习障碍产生或存在的原因之一。学习障碍中所包含的基本情感因素主要表现在如下几个方面。

急躁：急躁不安的儿童经常难以做到全神贯注，特别是当要求他们控制自己的行为和工作进行时，更是如此。一个自我目的明确、具有创造性和坚持性的儿童在同样条件下可能要好于他人；相反，一个腼腆、脆弱、不易激起热情的儿童在一个组织严谨、高度竞争的环境中可能表现得要差一些。

焦虑：轻微的焦虑对学习和取得成就具有积极意义，但过度焦虑会使人感到无能为力。除了近期搬迁、父母分居等引起焦虑外，一些儿童由于担心失败而显得特别焦虑。例如：有的儿童害怕成绩低使父母失望；有的儿童忍受不了教师的压力、学校和课堂的竞争气氛而预感会失败；有的儿童不敢大声说话和大声回答问题，唯恐招来别人对自己某种生理迟钝或障碍的注意。过度焦虑会占据儿童的精力和注意力，降低儿童注意力的集中，干扰短时记忆和组织技能。

抑郁：儿童抑郁的普遍特征就是学科成绩低于应能达到的水平。具体表现在：常以为自己被虐待、受挫折、挨骂、挨批，被剥夺、被遗弃，感到绝望、生活无意义，受人冷落，无依无靠；沮丧、好哭、嗜睡、食欲不振、兴趣丧失，孤僻、懒散、过敏、寻衅、学业不良等。

学习回避：从敌视、对抗和独立的意识倾向可以看出，儿童能通过逃学或采取对学业成绩无所谓的态度来与成人的价值观背道而驰。这种对学习的初步拒绝与连续的失败、潜在的学习低能密不可分。对许多不愿上学的

① 伊腾隆二. 学习障碍与治疗指导[M]. 张增节，译. 心理学内部参考资料（六）.

儿童的调查研究表明,对他们作不出学习低能的明确诊断。

精神崩溃:相对来说,几乎没有精神病儿童由于学科成绩突然下降而开始需要护理;不幸的是,有些儿童在被确认为严重精神紊乱之前就掉队或永久地从课程学业中掉队。

缺乏动力:这是所有引起学习障碍的情感因素中最难把握和界定的(也许是因为与家庭和社会背景缠绕在一起,很难加以确定)。学校中学习成功的兴趣和进步的希望,随着老师的认可和家长的激励而增强。但是,一些儿童尽管家庭和在校条件很好,也会因缺乏动力而丧失学业兴趣。对于为什么会突然丧失这种动力或者怎样预防和对付,尚不得而知。

太少的鼓励和太多的激励、过分的期望同样是儿童学习障碍的诱因。

大量生活条件较差的儿童,其学习效率不同于生活水平中等或较高的儿童。最近的研究表明,类似的儿童在学前几年可能有正常的智力水平,但在入学后最初几年逐渐下降,特别在言语方面。其原因可能如下:

- 学前期缺乏智力方面的激励。
- 由于各种家庭问题所导致的偏见,使儿童缺乏与父母共处的时间,儿童缺乏学习兴趣的培养。
- 家庭规模较大,儿童与父母很少有单独有效的接触。
- 家庭与老师的变动性大。
- 家庭内缺乏行为控制(如缺乏始终如一的惩罚来促进自我约束,缺乏忍受挫折、工作毅力、学习成就自豪的体验)。
- 解决问题的态度不如老师的心愿(钻牛角尖),招来谴责、不满,因而引起学习动力削减。

上进的儿童常常和兄弟姐妹一起从事丰富和高度专业性的活动,这些儿童由于智力平平,可能竞争不过非常聪明的同伴或兄弟姐妹,即使能竞争也要花费大量精力,做出更多的努力,这些儿童并非智力达不到正常水平,只不过不能满足家庭过分的要求而已。这种不现实的压力通常导致儿童对学校的厌烦、对父母或学校的不满,丧失自尊。

连续的失败和挫折会导致儿童的气愤、失望和悲伤。这些情感逐渐使他们对上学无好感、逃学、上课不听讲或在家逃避做作业。家长、老师的批评或“努力学习”的压力引起他们的不满和不信任,并伴有对抗行为(顶嘴、扮小丑、破坏课堂秩序、同老师开玩笑)。同学同伴之间对学习低能者缺乏尊重进一步削弱了他们的自尊心,引起情感上的疏远,并常会发生冲突。

二、学困生诊断量表研发

学困生幸福教育重在早诊断、早发现、早干预、早见效。这首先需要科学的诊断测评工具。由于传统学困定义混乱，learning disability、learning difficulty、learning disorder 内涵不同，导致西方测评工具理论基础不牢，标准不一。而国内相关测评工具主要借鉴、修订西方工具，不仅缺乏理论建构，不适应中国文化，更重要的是缺乏发展性价值取向。也就是说，西方工具多倾向面向问题学生的病理性测评，而我们亟须的更多是幸福教育视域下的面向全体的发展性测评，即通过测评促进发展，优化学习。这就使得学习困难评估工具不仅对于部分学困生提供有针对性的测评、诊断、干预和辅导具有重要意义，更重要的是对全体学生减负增效、深化素质教育，更具有全局性的战略意义。①

（一）已有学习困难测评工具审视

目前，世界上比较经典的学习困难测量方法和工具有学习障碍评估量表、学习障碍检查表、学生评估量表，下面分别讲述。

1. 学习障碍评估量表

学习障碍评估量表（修订第二版）（learning disability evaluation scale，LDES-R2）是由 S. B. McCarney 和 T. J. Arthaud 于 2007 年编制的。该工具旨在使教学人员能够记录儿童和青少年学习障碍的最具特色的表现行为，它可以提供基于最常被接受的学习障碍定义的学习困难者的概况。LDES-R2 包括听、思维、说、读、写作、拼写和计算七个维度。题目反映方式属于李克特四级评分，共有 88 项。LDES-R2 基于 4473 名学生进行了标准化，学生群体覆盖 6~18 岁和 1~12 年级。标准化样本的人口统计学特征涵盖性别、居住地、种族、地理区域和父母职业等变量。该工具具有良好的信效度指标。我国有研究者探讨了 LDES-R2 在中国小学生群体中的适用性程度，探索性因素分析的结果并不支持 McCarney 的七因子结构②；还有研究者使用 LDES-R2 的翻译版本在希腊进行了学习障碍学生的测评，探索性因素分析

---

① 孟万金，张冲，Richard K Wagner. 中国小学生学习困难评估量表的编制研究[J]. 中国特殊教育，2016(11)：55-62.

② 曾守锤.《学习障碍评价量表》修订报告[J]. 中国特殊教育，2006(06)：92-96.

结果支持了 McCarney 的七因子结构,但目前该研究没有进行验证性因子分析①。因此,该量表的因子结构还需要进一步研究验证。

2. 学习障碍检查表

学习障碍检查表(learning disabilities check-list,LDC)由美国国家学习障碍中心制定(NCLD,2007)。学习困难是描述异质障碍群体的一个术语,障碍主要表现为听、说、读、写、推理、数学和社交技能等方面。学习障碍检查表包括以下维度:大肌肉动作和精细运动技能、语言、阅读、书面语言、数学、注意力、社会/情感和其他。该工具可用于评估学前儿童、中小学生和成人。共有 96 个项目②。

3. 学生评估量表

学生评估量表(pupil rating scale revised,PRS)由美国心理和语言学家 H. Myklebust 于 1965 年编制,教师可以使用该量表检测那些在中枢听觉测试中有缺陷的学生。该量表是一个行为检核清单,教师可以用来评价学生在言语和非言语能力方面五大类的表现,包括听觉理解和记忆、语言、时间和方位判断、运动、个人与社会行为。共有 24 个项目,按照"1"和"0"计分。该量表可用于评估 3~15 岁青少年,一般由教师或医生进行评定③。由于该量表的权威性和在国际上的广泛影响,先后被我国学者修订并在实际中大量使用④⑤。

通过文献综述,我们发现,由于学习困难的界定并不统一,且缺乏操作性定义的支持,因此国内学者大多翻译、修订国外比较成熟权威的量表,并制定常模,作为评估我国学生学习困难的评估工具,很少看到符合心理测量学要求的优秀的本土化的测评工具。翻译修订的工具存在文化适用性的问题,跨文化研究结果比较一致地表明,在一种文化下的概念界定或者观点并

---

① Souroulla A, Panayiotou G, Kokkinos C. The role of the teacher in identifying learning disabilities: a study using the McCarney learning disability evaluation scale(LDES)[J]. Journal of Learning Disabilities, 2009,42(06):483-493.

② Learning disabilities check-list[EB/OL]. (2014-12-07) [2020-06-01]. https://childdevelopmentinfo.com/wp-content/uploads/2014/12/ldchecklist.pdf.

③ Obringer S. John. The pupil rating scale(Revised) as a predictor of referral for central auditory disorders[C]. Annual Meeting of the Mid-South Educational Research Association(14th), U. S. Biloxi, 1985-11-11.

④ 静进,余淼,邓桂芬.学习能力障碍筛查量表的修订和在小学生中的试用[J].心理发展与教育,1995(01):24-29.

⑤ 魏源.学习障碍筛查量表的区域性应用性研究[J].中国特殊教育,2004(03):79-82.

不一定适用于另一种文化[①]。而且,翻译过来直接使用的工具,较少看到验证性因素分析的结果。验证性因素分析是一种基于理论的分析方法,由于在计算时考虑到了假设模型的测量误差,因此被看作一种更为严格的统计方法。此外,现有的学习困难的测评工具基本为他人(教师)评估,实施起来费时费力,且难以保证评估质量,也不适于做团体测验。

为满足"早诊断、早发现、早干预、早见效"的四早需要,本研究重点研发小学生学习困难测评工具,其根本目的不仅在于筛查学习困难的临床神经生理病态症状,也不仅是为了发现学习上的不良,更重要的是从成本-效益角度动态性考查学习难度体验及其学习效果,揭示每位学习者显性和隐性学习困难现状和机制,进而提高测评、诊断和预防、干预、矫治的科学性、针对性和实效性,从而使之适用于中国文化背景下所有小学生学习困难诊断与评估,并使用验证性因素分析和模型比较的方法验证量表的因子结构。

(二) 研究方法

1. 研究对象

采取整群抽样的方法,从山东、北京、广州三地,选取小学四、五、六年级学生为施测对象,共发放问卷1620份,收回有效问卷1561份,有效回收率为96.4%(见表8-1)。

表8-1 被试的人口统计学变量

性别	小学四年级	小学五年级	小学六年级	合计
男生	388	337	76	801
女生	345	324	69	738
缺失数据	14	7	1	22
总计	747	668	146	1561

2. 量表的编制

在编制测试题时往往有以下几个测试题的来源:第一,直接选自国内外优秀的相关测验的测试题;第二,修改前人测验中的有关测试题;第三,自主编写。本量表的测试题在重点借鉴 McCarney 的学习困难评估量表的基础上,综合运用了上面三种方法。在形成量表初稿后,邀请学习困难领域专家、校长、教师和家长就题目覆盖的全面性、科学性、适合性、可读性等问题

① Tsigilis N, Koustelios A, Grammatikopoulos V. Psychometric properties of the teachers' sense of efficacy scale within the greek educational context [J]. Journal of Psychoeducational Assessment, 2010, 28(02): 153-162.

给予评价和建议,并根据意见和建议进行修改,然后在部分小学生群体中进行试测。测量表由三部分内容组成。第一部分是指导语,介绍测验内容、目的、作答方式和注意事项。作答方式采用的是李克特式五点量表,要求被测者根据各题项中的陈述与自己的符合程度选择相应数字。"1"表示非常不像我,"5"表示非常像我。第二部分是个人信息采集。第三部分是量表主体,共有 89 个题项,分别属于七个因子结构,每个因子包括 8~23 道题目。每个因子上的题目编排都经过非系统化随机处理。

3. 验证的模型

根据以往研究结果,本研究比较了七因素模型和六因素模型。七因素模型是根据 IDEA 对学习困难的界定和 McCarney 等提出的七因子结构发展来的,包括听、说、读、拼写、写作、计算和思维七个因子结构;六因子模型是基于 NJCLD 对于学习困难的界定和学习困难检核表(LDC)建构的,把"拼写"和"写作"两个因子合并为"写"一个因子,属于七因子模型的嵌套模型。

4. 数据的处理

首先对数据进行核检,把按规律作答和数据缺失在 50%以上的被试数据删除,对异常数据进行原始数据核对。然后采用 SPSS 20.0 对题目进行项目分析及信度分析,使用 Mplus 7.4 对数据进行验证性因素分析和模型比较。

(三)结果与分析

1. 项目分析

研究采用两种方法进行项目区分度的分析。

(1) 采用题目的临界比率值(CR)方法。将每个维度的总分按从高到低的顺序排列,分别取前后 27%为高、低分组,对两组被试在每道题上得分的平均数进行差异检验。结果表明,问卷中各维度上高分组和低分组各题得分平均数的差异均达到 0.000 的显著性,即各题均有良好的鉴别力。

(2) 采用题总相关的方法。对项目分数与所属维度均分作相关分析,结果表明,各项目与其所属维度均分的相关系数为 0.503~0.796,且都达到极其显著的水平。结合两种方法的结果来看,整个问卷的项目区分度都达到了心理测量学的要求。各维度下的题目都具有较好的同质性,各个项目也都具有较高的区分度。

2. 验证性因素分析

首先对数据的分布形态进行检验。Multivariate Kurtosis 计算结果表明,数据偏离了多变量的正态分布(Mardia's coefficient = 458.69, $p<0.001$),因此在 Mplus 程序中使用极大似然估计(MLM)方法进行模型拟合。各个潜变

量之间设定为两两相关，观测变量的残差之间设定为相互独立。

使用验证性因素分析的方法对七因子和六因子模型进行拟合，并比较两个模型的拟合结果。拟合度是检验假设模型与原始数据吻合的重要指标。χ^2/df 接近 2，即可认为模型的拟合程度较好，在样本较多的情况下，χ^2/df 在 5 左右即可接受，CFI、TLI 等拟合指数局限于 0~1，越接近 1，表示理论假设的拟合程度越好①。CFI、TLI 大于 0.90 表示比较好的拟合度。RMSEA 小于 0.01 代表极其高的拟合度，一般极少能达到；RMSEA 小于 0.05 代表很好的拟合度，SRMR 应该小于 0.08②③。

验证性因子分析发现，89 题七因子的模型拟合结果并不理想。检查共变指数（modification indices）并结合各个因子内涵和题目表述，删除那些与其他多个题目具有高共变指数、因子载荷较低、题目表述存在歧义、题目表述不容易被理解的 34 道题目后，剩下 55 道题目，然后计算并比较两个模型的拟合结果。结果表明，七因子模型的拟合指数（$\chi^2/df=1.37$，CFI、TLI = 0.94，RMSEA = 0.024，SRMR = 0.040）要好于六因子模型（$\chi^2/df=1.41$，CFI、TLI = 0.92，RMSEA = 0.026，SRMR = 0.041）（见表 8-2）。

表 8-2　七因子和六因子模型验证性因素分析的拟合指数

模型	χ	df	χ^2/df	$\Delta\chi^2$	Δdf	CF1	TL1	RMSEA	SRMR
七因子模型	1924.99	1409	1.37			0.938	0.936	0.024	0.040
六因子模型	1999.62	1415	1.41	58.59*	6	0.924	0.921	0.026	0.041

注：* 表示 $p<0.05$。

由于六因子模型嵌套于七因子模型，因此使用 χ^2 差异检验（chi-square difference test）的方法进行两个模型比较。因为模型使用了 MLM 的参与估计方法进行拟合，所以需要使用经过校正的 $\Delta\chi^2$（Satorra-Bentler scaled chi-square difference test）。χ^2 差异检验结果表明，七因子模型的数据拟合结果要显著好于六因子模型（$\Delta\chi^2=58.59$，$\Delta df=6$，$p<0.005$）。

根据模型拟合指数的标准，七因子模型的拟合指数均在要求范围内，说明总体上该模型是一个拟合不错的模型。从七因子验证性因素分析的结果可以看出，部分因子之间的相关较高，这提示我们应该进行进一步检验，来验证相关较高的因子的确是两个独立的因子，还是应该合并为一个因子。

---

① 郑日昌，张杉杉. 择业效能感结构的验证性因素分析[J]. 心理科学，2002，25(01)：91-92.

② Sugawara H M, MacCallum R C. Effect of estimation method on incremental fit indexes for covariance structure models[J]. Applied Psychological Measurement，1993(17)：365-377.

③ Steiger J H. EzPATH：a supplementary module for SYSTAT and SYSGRAPH[M]. Evanston，IL：SYSTAT，1989：162.

把相关系数最高的“拼写”因子和“说”因子合并为一个因子，形成一个新的六因子模型，然后与七因子模型进行模型比较。χ^2 差异检验结果表明，七因子模型的数据拟合结果要显著好于六因子模型($\Delta\chi^2=32.83, \Delta df=6, p<0.005$)。使用相同的方法对相关系数较高的因子两两合并生成新的模型，与七因子模型进行嵌套模型的比较，结果均说明七因子模型的拟合结果要显著好于新生成的六因子模型。因此，七因子模型可接受为最终模型。

验证性因素分析结果表明，“听”维度各项目的标准化因子载荷为0.56~0.65，“说”维度各项目的标准化因子载荷为0.48~0.64，“读”维度各项目的标准化因子载荷为0.50~0.67，“拼写”维度各项目的标准化因子载荷为0.48~0.70，“写作”各项目的标准化因子载荷为0.57~0.78，“计算”维度各项目的标准化因子载荷为0.62~0.71，“思维”维度各项目的标准化因子载荷为0.39~0.71。按照因子载荷要大于0.3的标准，说明以上各项目较好地反映了所要测量的公共因子，属于比较好的测量题目。

3. 信度分析

学习困难评估量表七个维度Cronbach'α一致性系数分别为0.84、0.83、0.88、0.84、0.84、0.93和0.89，总量表的Cronbach'α一致性系数为0.98。这说明各维度和量表总体信度良好，见表8-3。

表8-3　学习困难评估量表七个维度和量表总体信度(Cronbach'α)

听	说	读	拼写	写作	计算	思维	总量表
0.84	0.83	0.88	0.84	0.84	0.93	0.89	0.98

(四) 讨论与结论

在学习困难的研究和干预中，科学评估非常重要。但现实研究中具有较好心理计量学指标本土化的工具十分稀缺。本研究通过文献综述和专家评定，形成了较为全面、丰富的原始题目，采用两种方法进行项目分析。题目的临界比率值的方法表明，问卷中各维度上高分组和低分组各题得分平均数的差异均达到0.000的显著性，即各题均有良好的鉴别力；题总相关结果显示，各项目与所属各维度均分的相关系数为0.503~0.796，且都达到极其显著的水平，说明各维度下的题目都具有较好的同质性。然后通过验证性因子分析和嵌套模型比较的方法，证实了学习困难由听、说、读、拼写、写作、计算和思维七个因子构成。信效度分析结果表明，该工具具有良好的信效度指标。

本研究主要依据IDEA对于学习困难的界定和McCarney的七因子结构

编制题目,并通过验证性因子分析和嵌套模型比较的方法,检验我国小学生学习困难测评量表的因子结构。验证性因子的分析方法与探索性因子(基于数据的分析方法)不同,它是基于理论假设的一种估计方法。相对于其他类型的分析,它具有以下优点：第一,潜变量由能够控制测量误差的观测变量构成,因此潜变量可以免于随机测量误差和系统测量误差影响。第二,为检验量表跨群体或时间不变性提供可能。第三,可以用于比较不同的理论模型①。结果表明,小学生学习困难量表是由听、说、读、拼写、写作、计算和思维七个因子构成,而不是六因子结构。这说明“拼写”和“写作”是两个独立的因子结构,不能合并为一个因子。由于某些因子之间的相关较高,提示可能存在可以合并的因子。把相关较高的因子两两合并后新生成的六因子模型与七因子模型进行比较,结果仍然支持七因子模型。

最后,从工具发展的角度而言,学习困难是一个复杂的心理结构,很难短时间内通过几次测验和分析就能获得比较稳定的测量工具。所以目前的版本只是小学生学习困难测量的初级版本,在未来的研究中还需进行重测信度、校标关联效度、预测效度、会聚效度等信效度的检验,在标准化样本群体中进行测量验证,并建构常模,在不同研究者的不断使用和验证中逐步完善这一核心工具。尤其是在学习困难诊断分级、分类、分段标准以及内在机制揭示方面,还需要其他相关辅助量表综合分析,才能进一步做出更全面、客观、精准的详细结论,揭示深层机制,提出标本兼治良方。

通过上述分析,可以得出如下结论：

(1) 我国小学生学习困难测评量表由听、说、读、拼写、写作、计算、思维七个维度构成,共55个项目,具有良好的信效度指标,可以作为我国小学生学习困难测评初步测量的核心工具。

(2) 结合其他辅助评估工具,有望建立健全学习困难诊断分级、分类、分段标准及评价指标体系,提供精准诊断和找到根本原因,提出科学高效应对方案。

三、建立健全学困生诊断标准与帮扶机制

让学困生搭上幸福快车,不仅要早诊断、早发现,更要早干预、早帮扶、早见效。这就必须建立健全学习困难诊断标准与帮扶机制,即制定学习困难分级、分类、分段标准和建设政府、学校、家庭、社会四位一体的帮扶机制②。

① Bollen K A. Structural equations with latent variables[M]. New York：John Wiley,1989：23.

② 孟万金. 建立健全学习困难诊断标准与帮扶机制[J]. 中国特殊教育,2013(12)：65-69.

（一）建立健全学习困难诊断分级、分类、分段标准及评价指标体系

标准是对重复性事物和概念所做的统一规定，它以科学、技术和实践经验的综合成果为基础，经有关方面协商一致，由主管机构批准，以特定形式发布，作为共同遵守的准则和依据。学习困难标准就是对学习成绩落后的重复性现象、事件和相关概念所做的统一规定，它以教育科学、学习科学、生理科学、神经科学、心理科学以及医学等为科学依据，以学习技术、测评技术、干预矫正技术等为手段，以有关实践经验为基础，经有关权威和专业方面协商一致，由国家主管机构批准，以特定形式发布，作为学习困难界定、鉴别、诊断、干预、教育、矫治、帮扶、研究等领域共同遵守的准则和依据。我们与美国佛罗里达州立大学学习困难研究中心联合研制了学困诊断分级、分类、分段标准及评价指标体系①。具体见表 8-4。

表 8-4　学困内部关系及帮扶对策

<table>
<tr><th>类　型</th><th>特　点</th><th colspan="2">表　现</th><th>帮扶级别及重点</th></tr>
<tr><td>隐性：各种原因导致的学习达不到预期目标所体验和经历的困境和难处，统称学习低效</td><td>成绩与智力不成正比；成绩与努力不成正比</td><td>学习低效</td><td>单科低效
双科低效
多科低效
全科低效</td><td>初级：教师全员参与，面向全体学生，发展与预防，优化学习态度、习惯及策略，减负增效</td></tr>
<tr><td rowspan="2">显性：专指由学习障碍及其社会心理因素而非智力落后引起的学习落后，统称学习困难
其中，学习障碍主要是由脑认知加工系统功能不健全或不协调导致</td><td rowspan="2">智力不差，成绩明显差</td><td>学业不良</td><td>单科落后
双科落后
多科落后
全科落后</td><td>中级：心理教师、家长和有关学科教师参与，制订学科个别教育计划（IEP），聚焦重点</td></tr>
<tr><td>学习障碍</td><td>阅读障碍、书写障碍、数学障碍——典型障碍
听觉异常、思维异常、口语异常、阅读异常、书写异常、拼写异常、运算异常——基础异常</td><td>高级：有关专家、家长、班主任、心理教师和语文、数学教师参与，制订跨学科抽离式特训计划，综合干预</td></tr>
</table>

① 学困课题组. 中国学习困难/学习障碍标准与测评系统研发成功[J]. 中国特殊教育，2013（10）：32.

按照学困的轻重程度,可分为轻度、中度和重度三级。

按照学困的年龄特点,可分为六个学段学困:学前、小学低年级、小学高年级、初中、高中和大学/成人。

(二)建立健全政府、学校、家庭、社会四位一体帮扶机制

第一,要制定学困帮扶方法标准。学困帮扶方法标准指以学困测评鉴别、干预、教育矫治方法以及所需软硬件产品性能、质量方面的检测、试验方法为对象而制定的标准。其内容包括检测或试验的类别、检测规则、抽样、取样测定、操作、精度要求等方面的规定,还包括所用仪器、设备、检测和试验条件、方法、步骤、数据分析、结果计算、评定、合格标准、复验规则等。学困帮扶方法标准要制定配套的人力、物力、财力和效果标准。

第二,制定学困师资和工作标准。对从事学困工作人员的专业水准、责任、权力、范围、质量要求、程序、效果、检查方法、考核办法等制定系列标准。明确以学校心理教师为骨干,建立由学校、家庭和社会有关专业人员组成的多学科和跨学科团队。建立以学校为主体,联合家庭、社会专业力量的学困帮扶工作保障机制。

第三,制定学困生帮扶配套设施标准。要制定配套设施建设标准,包括场地标准、学困干预技术标准、产品标准、安全卫生与环境保护标准等。学困产品标准是指对学困测评、干预、教育矫治产品的结构、规格、质量和检验方法所做的技术规定。

第四,制定学困安全、卫生与环境保护标准。这类标准是以保护学困生和学困测评干预教师以及相关物的安全、保护人类的健康、保护环境为目的而制定的标准。这类标准一般都要求强制贯彻执行。

第五,制定学困工作管理标准——对学困工作领域中需要协调统一的管理事项所制定的标准。明确各级教育行政机构在学习困难学生帮扶体系构建与应用中的工作责任,强调县级教育行政部门对学困生帮扶工作的统筹职责。

(三)学习困难预防和干预须知

1. 学习困难预防须知

- 通过产前咨询和助产护理来减少产期并发症。
- 为所有儿童提供高质量的日常护理和幼儿教育,特别是那些条件较差、智力上缺乏鼓励和情感晚熟的儿童。
- 对未来父母的教育,特别是那些自己有过学习障碍经历的父母,培训他

们发展儿童的社交和自我服务技能,扩大儿童的注意范围,增强儿童的学习动力和完成任务的自豪感,为儿童接受正常教育作好学前准备。

- 教师、咨询者、社会工作者、医生对儿童施行继续教育,增强儿童的动力、自尊感和社会竞争感来促进学习。动力、自尊和竞争意识这三方面特别重要,因为儿童早期的社会竞争、自尊和课堂行为的严格要求,是将来学业成绩和一般压力下不受伤害的前提。

2. 学习困难排解须知

学习困难有效治疗的关键是早期排解。

一些一般性原则对所有学习障碍都是适用的,其基本点在于将注重点由失败转移到成功上(Satnton,1981)。为此,教师必须对儿童的能力、弱点、局限的程度和实质做出正确评价,作为对他们提出希望的根据。教师必须赢得儿童的信任感,恢复儿童的自信心。怎样才能做到这一点,很大程度上依赖于教师的性格和敏锐感,依赖于为保证早期成功而安排的学科程序结构。例如,一门课程可分成一系列小的台阶,让儿童不断地得到集中注意和完成任务、取得进步的回报(Ross,1976),以期延长注意的时期。敏锐的、有观察力的教师能够帮助儿童学会交朋友,教给儿童摆脱被取笑和批评所带来伤害的办法。父母与教师的合作是很重要的,对儿童的任何一点进步都要鼓励、赞扬,通过促进其良好的学习习惯、鼓励其责任心和在家的自我约束使儿童更加进步(Seranton,et al. 1978)。

尽管采取的具体教育方式各有不同,但在所有的方式中,都采用了某种“目标程序”来使儿童的注意力集中在某个刺激上,赢得儿童有选择地对该刺激某个方面的倾向。在选择合适的矫治程序时,儿童低能的种类、年龄和一般能力水平都必须加以考虑。感情易冲动、易发狂的儿童可通过自我命令的方式而收到益处(Bachara and Zaba,1978),例如,可教给他们在做任何事之前先给自己言语指令,像“停下”“看看和想想”;缺乏良好动力控制、抄写有困难的儿童可指导他们及早使用打字机;算术上有困难的儿童可尽早使用计算器。

3. 学习困难干预须知

学习困难干预重在行为改变。行为改变的基本原则是给儿童即时赞赏,或通过他们集中精力所赢得的具体报酬的标志(如画红星或测验成绩)给予强化。行为得到报酬、受到强化,动力就得到加强。许多学习低能儿童与那些偶尔只给予鼓励就能独立工作的儿童不同,他们没有即时的“强化”就不能工作,特别是过去学业成绩几乎不会令人满意的儿童。

行为改变的基本原则如下。

- 必须明确界定什么样的行为才应得到激励(如静坐不动的时间、正确解答题目的数量等)。
- 开始的要求不要高,以保证早期的成就,随着儿童的熟练程度可逐渐提高要求。
- 必须有规则、连贯而系统地给予强化(象征性标志、学分或画红星)。
- 通过一定量的强化标志可以换得的最后报酬由以下方法决定:①教师单方面决定(如钢笔、奖品);②教师和班级联合决定(特殊性活动);③和家长一起决定:对特殊儿童要给予个性化的强化标志。
- 这种过程一直要进行到儿童开始从做作业、取得良好成绩、为成绩报告单而自豪和被别人羡慕中体验到发自内心的喜悦为止。带有明显继发性情感和社交问题的学习低能儿童,既需要个别心理疗法来恢复对别人的信任感,重建创伤的自尊心,又需要群体疗法,调查儿童在社交中的不协调反应,训练儿童与人相处的技能,通过示范、指导、练习来培养儿童交往中的策略和智谋。

4. 学习困难儿童的父母须知

父母的否定和拒绝态度常导致儿童学习问题。当家长对孩子所抱有的成功的良好希望受到成绩低或教师抱怨的威胁时,父母要经过一些阶段后才能逐渐接受儿童学习障碍的事实。

- 开始对问题的拒绝:“他果真会如此顽固不化”或“她会摆脱障碍的”。
- 对学校或首先发现儿童学习障碍的教师表示气愤。一些父母责怪学校的影响(如教师的性格或方法、同学)引起了学习问题,来袒护儿童。这阶段的危险在于家长仅仅想转学而不愿仔细查清问题。
- 抱怨孩子没有努力。很容易将孩子对作业的厌烦、怨恨与儿童的懒惰或故意遗忘相混淆,这种曲解只能助长儿童对家长或老师的不满。
- 当成绩低劣到无可拒绝,特别是在心理测验中检测出障碍时,就会引起家长的埋怨,埋怨测验的工作人员(如“半小时内他怎么能作出这样的结论”),接着埋怨那些没有及早发现儿童问题的人(家庭医生、儿科专家、启蒙老师等)。这种怨恨是内疚的表现,他们后悔自己忽略了或没有发现儿童的学习低能问题。这时他们较多易接受专家的建议。危险在于,父母依旧反对这个诊断结论,无休止地到处寻求别的建议,他们可能寻找能立即补救的药物或“治疗法”,以便很快地解决问题,使孩子跟上正常的学习。不论这些方法能否暂时提高儿童的注意力、降低感情冲动,都不能克服认知迟钝、恢复受到伤害的自尊心,也摆脱不了社会孤独感。最终,当他们认识到所期求的神丹妙药不存在时,才回到当初的诊断者那里,寻取怎样帮助带有学习和社交障碍儿童的指导。

学习障碍由什么引起的整个问题,实质上就是"什么促使着儿童学习",也就是智力正常的儿童学习动力所需要的社会和情感方面的前提条件是什么,以及学校、家庭和社会怎样使这种动力保持在一个高水平上,一直到少年和成年期。解决了这个问题也就从根本上有效地避免了学习障碍的发生和发展。

四、实施"温情教育计划"提升学困生幸福感

如前所述,学困生智商不低,而学业差,因此,可从情商上下功夫。"温情教育"的汉语意思就是"用爱去温暖学困生,使学困生心灵得到感化;用情去感动学困生,使学困生产生情感共鸣",进而激发学困生学习动机,产生学习热情,调整学习认知方式,全身心投入到学习之中,增强学习中"福流"体验,进而提高学习兴趣、学习效率和学习成绩。"温情教育"的英语是Multi-Intervention for LD(MILD),具体讲就是从多方位、多层次、多维度、多路径、多学科干预学习困难,采取综合性整体解决方案。可见,"温情教育"发力点一是培养学困生的情绪智力,二是优化学困生的认知神经加工机制。

(一)以情绪智力重置学困生学习支点

学习状态和结果在很大程度上受智商和情商影响。学困生认知智力没问题,而学业不良,说明学困要另寻原因,突破学困也要另寻支点。作为学习状态支撑和调节的情绪智力成为我们团队聚焦的重点。下面推荐Maurer等创立的提升情绪智力和学习成绩的六步骤项目(a 6-step program),可以在学生原有基础上促进学生情绪智力和学习技能的进一步发展。更重要的是,该项目可以渗透到其他学科进行①。

第一步,情感词介绍:将情感词和个人经历联系起来。

目标是帮助学生在个人经历和新情感词的意义间建立联系。实现这一过程需要在介绍单词前先让学生回答一些事先准备好的问题。这些问题能够使学习体验个性化,并引导学生结合自己的经历阐述。教师在介绍单词时融入了学生的个人经历,可以让他们自动地将新单词和自己过去的经验联系在一起。如果单词的学习涉及个人经历,学生就能保持好奇心和注意

① 张冲.学习困难教育干预研究:基于情绪智力的视角[M].北京:教育科学出版社,2020.

力。他们还会自动把新单词的概念与自己或他人的经历联系起来。这些个人联结提高了学生在学习过程中的参与度,促进了他们对情感词的学习、记忆和自发的使用。

第二步,设计和人格化解释：用符号表示情感词。

目标是帮助学生加深对第一步新学习的情感词的理解。通过帮助他们学习设计(design,用符号表示情感词)和人格化解释(personified explanations,用来解释设计(design)和情感词之间关系的语句)之间的关系可以实现这一目标。所有的设计都有人格化解释,详细说明了设计和情感词之间的动态关系。人格化解释是将人格特征赋予设计中的几何图形,对设计中的相互作用及其和单词的关系进行阐明。在学生专注于设计和人格化解释时,大脑半球间的联系会加强。一般而言,视觉的、非言语的、空间的直觉思维(即设计)更多地激活右半球;言语的、逻辑的、分类的、精密的思维和分析(即人格化解释)会特定地激活左半球。当大脑的两个半球被共同激活时会产生最具有生产力的智力机能。

第三步,现实世界联想(real world associations,RWA)：将情感词与社会和学习场景相联系。

目标是要让学生在情感词和"现实"世界之间建立联系。学生用一两句话写出情感词与他们接触到的人或日常生活经验之间的联系。RWA 可以参考学科(包括历史和文学)、重要的社会事件(当地、国内和国际)和引起学生强烈感触的事件。然后学生在最初设计的基础上用图表示 RWA,即将设计中的几何构型替换成 RWA 中真实的人、地点和事件。用图表示 RWA 能够确保学生完全理解情感词及其与真实世界的联系。学生在 RWA 的作业中要用一句话写出情感词与学习科目(即历史、文学等)、社会事件(即他们使用了杂志、报纸上的文章)以及对他们来说很重要的社会事件(即他们亲身经历的事件)之间的关系。学生在写 RWA 时要保持对信息的推断过程,目的是让学生自己得出结论,这比他人提出更有意义。学生在完成 RWA 时,有机会对他人和团体做出评价,发现为什么个体会产生这样的感情,了解个体如何应对他们的感情。RWA 还有助于培养学生的同情心和同理心,这对个体的成长和发展来说至关重要。

第四步,个人/家庭联结(personal/family association,PFA)：把人格与家庭经验和感觉词联系起来。

目标是让学生在新感觉词和个人经验间形成联系。在项目的这一部分,学生写下他们自己或家庭成员(父母、看管者、兄弟姐妹等)的个人经历。在完成家庭作业 RWA 后,引导学生随后尽可能多地与家庭成员讨论 RWA。

讨论之后逐渐变成和家庭成员之间的个人讨论,并使用分配到的词。教师应该强调询问家庭成员具体问题的重要性,并提前发送信件给学生的家长。不像 RWA,PFA 是“个人的”,并且给学生提供选择,他们是否最终愿意在讨论阶段(第五步)和同学分享。PFA 作为一项课堂活动,以帮助学生熟悉这个过程。人们通过了解自己而了解其他人。当学生把“感觉”词和他们自己的个人体验或他人的个人经历联系起来,有助于他们达到项目的一个重要的目标:了解“他们是谁”,以及他们真正想法和感受是什么。他们会以个人的方式接触到他们通常不会接触到的大量的人类情绪。

第五步,课堂讨论:分享真实世界联结和/或个人/家庭联结。

目标是促进课堂上的社会互动和公开讨论。这是通过让学生与他们的老师和同龄人分享他们的 RWA 和/或 PFA 来实现的。课堂讨论是 RWA 和 PFA 的自然拓展。课堂讨论鼓励学生分享他们的想法、感受、经验和观点。这些讨论提高了学生的倾听技能,能够帮助他们更好地理解自己和其他同学。当在个人层面上讨论时,学业主题变得更加令人兴奋,学习内容也会提高学生的兴趣和注意,这对于促进学生的学习和培养人际关系至关重要。同时,这也有助于培养学生的信任感,便于与他人建立亲密关系,能够让他们在课堂上感受到家庭的感觉(而不是许多孩子在学校遇到的孤立感)。学生在课堂中学会分享自己的思想和感情,对他们的心理发展具有深远的影响,并且是他们在家庭、学校和工作场所建立满意人际关系的关键因素之一。

第六步,创造性写作作业:将感觉词融入开放式作文中。

目标是通过写作表达和调节情绪,培养学生感觉词汇的创造性写作能力,促进他们学习感觉词汇。写短文也可以帮助学生表达和阐明他们的内心想法和感受。事实上,许多研究人员认为,写作能积极地塑造儿童的思想,促进他们社会认知和社会情感的发展。好的写作是一种创造性行为,它要求学生要真心愿意揭示他们的内心想法和感情来对待这项任务。如果在学校写作是为了达到某个现实的目的,就应该鼓励学生尽量减少模仿性对话,最大限度地发挥自己的独特性。通过这样做,学生不仅阐明了他们目前的现实,而且更重要的是,努力成为能够感知现实的人。

(二)优化学困生的认知神经加工机制

“温情教育”优化学困生认知神经加工机制,关键在于认知过程中大脑左右半球以及与身体的平衡训练,身心手脑协同配合,将身体和感官以最佳姿势处于重力场中,通过调控平衡训练系统的难度和范围取得不断进步的训练效果。

大多数情况下,通过训练,阅读速度会提高10%~20%,嘴巴和嘴唇会运转更灵活,眼睛浏览书页会更有效,同时对阅读内容理解得会更好,将体验到视敏度和两眼协同的显著改善。这些活动也很可能会增加听觉记忆的广度。一个有注意力缺陷的人参加这些训练活动后,会在更长的时间里投入要做的工作中。如果在12~24周内能持之以恒地在平衡训练系统上完成设计好的那一系列活动,无论是在阅读效率上还是在其他学术活动中,也包括在体育运动中以及其他体力活动中,接受训练的表现会显著改善。因为那些训练活动提高了大脑神经网络的工作效率,也将会使那些负责各脑组织之间的连接和促进大脑不同部分之间联合和联系的神经网络更加完善。

大脑是由许多神经网络系统组成的,它成功地完成不同的活动调动和整合身体各个系统。例如,手眼协调涉及视觉和运动神经网络,也涉及负责身体平衡和将身体聚焦于任务的神经网络。计时是整合和协调不同神经网络系统的关键所在。重力加速度为大脑提供了基本参照,以此为基线发展出测量所有时间、空间和能量的各类标准。重力加速度和重力的方向保持不变也非常重要,它有助于大脑发展出三维的空间方向感。大脑不断地进行校正和重组以便更有效地运作。重力加速度为所有时间、空间、能量进行校正提供标准参考点,同时也是整合所有的感觉和运动过程的基准。

对三维结构进行分辨成为决定智力极限的关键因素。通过观察平衡感,可以直观地判断出对重力的测量和感受能力。因此,更有意义的是可以利用其逆过程——通过刺激平衡感的活动来提高对那些基点的感受能力。

当考查平衡刺激的积极效应时,可以看到平衡对于大脑计时的影响。这种影响对于注意力缺失的人来说尤其明显。一般地,大多数有注意力缺陷的人反应时间缓慢。医生开药来治疗注意力缺失会加快反应时间,这在一定程度缓解了注意力缺陷问题,但从长远的角度来看,其副作用如何我们还不清楚。反应时间与平衡需求有关,这种平衡需求的产生与满足都是在大脑中完成的。对平衡的要求越高,就要求相关系统做出更快的反应以维持平衡。平衡刺激与那些患有注意力缺陷的人通过服药取得的效果非常相似,但没有副作用(同时伴以其他方面的改进)。在阅读实验中,读完一段材料,接着在平衡系统活动十五分钟,然后再阅读,会发现阅读速度提高了,表明平衡刺激提高了大脑对信息的处理速度,加速了反应时间。平衡训练系统即使进行短期的训练活动,以有效协调两个半球的方式来使用大脑会帮助人们更有效地去读书,更有效地学习,去独创性地解决问题,使记忆更准确、容量更大,使人们去进行更有创意的思考。这些参与者在学习能力测验中特定的智力单元上的成绩也会显著提高。改善脑功能等于改善智力,也等于提高了成功概率并改善了生活质量。

平衡训练系统通过触觉、动觉、前庭和视觉的通道来刺激大脑的两个半球的联合。在刺激平衡系统或两个大脑半球联合的过程中，触觉、动觉、前庭、视觉等系统的协作能力也得以提高和完善。只要这些系统不超载，借助特定的活动提高平衡能力，也就相应提高两个大脑半球之间以及与此相关联的感官系统之间的融合水平。该平衡训练系统的平衡程度是可以控制和选择的，这使得人们在不超载的情况下挑战和改善神经系统成为可能。

当开始平衡刺激的时候，大脑中的所有系统都通过占主导的前庭感觉而参与其中。随着平衡需求的增加，参与各系统的神经元也增加了。各系统进行联合，而连接各系统的神经元的数量也随之增加。由于神经网络速度、精度和效率水平与网络中的神经元数目有关，所以神经元数目的增加会使大脑功能的精度提高。

在更高的平衡难度水平上，每个相关感觉系统的神经网络上需要数量更多的神经元，而且完成各神经网络间的连接也需要更多的神经元。这些需要更高水平的平衡的活动刺激了神经网络的发展和壮大，同时还引起连接和整合大脑不同部分的通信系统与信息通道的成长并变得更高效。

平衡训练活动不是针对任何特定的大脑结构。它们涉及许多大脑系统并统合这些系统。平衡训练系统完成活动所改善的那些大脑结构和加工过程，是提高基本智力的基础。它们影响视觉能力、记忆力、手眼协调、阅读、写作、语音、语言、数学能力以及体育竞技能力。它们提高儿童的成绩也改善世界级运动员的成绩。平衡训练系统活动被应用在视力治疗方案、语音程序、阅读补救程序或任何用到脑的程序中，将使受训者在有限的时间内收获更多，极大地提高了学困生的学习成就感、获得感和幸福感。

综上可见，多元干预突破学困 MILD(温情教育)计划吸收了先进的脑科学研究成果；饱含丰富的、科学的神经心理机制；从多学科、多维度干预学习困难，是综合性整体解决方案，对幸福教育有效兜起学困生幸福底线具有重要的实践价值。

案例

邢台陶行知中学：通过“温情教育”促成学困生进步的行动研究[①]

“温情教育”经邢台陶行知实验学校实验证明，效果非常显著：利用一

① 官群，姚茹，刘计敏. 通过“温情教育”(MILD)促成学困生进步的行动研究——邢台陶行知中学采用“易学灵”突破学困初见成效[J]. 中国特殊教育，2013(09)：56-62.（该校作为孟万金教授课题实验校，多名课题团队成员曾持续驻校开展研究半年，孟万金教授多次亲临该校考察指导）。

节晚自习时间对13名数学学困生和14名英语学困生分别进行为期3个月的多元干预。在该学校10月份组织的质量检测考试中,与上学期期末考试相比较,英语组14名学生的英语成绩年级名次平均进步了44.7名,最快的进步了154名,数学组13名学生的数学成绩年级名次平均进步了129.8名,最快的进步了464名。

在本学期11月份组织的全区期中统考中,与起始成绩(上学期期中考试)相比,数学组在全年级685名学生中,平均进步了82个名次,最快的进步了325个名次;英语组平均进步了89个名次,最快的进步了276个名次。数学组有的同学各科总分在全年级进步了109个名次,在班内各科总分进入前20名。英语组有的同学各科总分在全年级名次进步了148个,在班内各科总分跃居班级前5名。学生本人和家长老师都认为这些学困生不仅学习成绩提高显著,还带动了其他各方面的明显进步。明显进步还具体表现在学科学习方法、规范和效率方面。

1. 在记忆单词的速度和质量上

统计表明:最初学生用25~30分钟,单词的记忆量为6~8个,当堂检测时错误率40%~70%。目前,每节课40分钟,学生的单词、词组、句子总量30个,检测发现,全部达到了正确率在80%以上,每次测验有3~8名学生全对。

跟踪A学生记忆单词的情况发现:最初,记忆单词时间为20分钟,单词量为8个,平均每个单词用时2.5分钟,当时默写时只对了3个。目前,A学生记忆30个单词用时35分钟,平均每个单词用时1.17分钟,听写结果全对。可见,A学生的单词记忆效率、正确率都明显提高。

2. 在做题思路、步骤和规范上

粗略分析发现,有21名学生书写不规范。在做几何题目时,步骤也很没有条理。经过这一阶段的训练干预,学生做题时,解题思路已比较明确,脉络变得较清晰,从解题步骤上看,也能够清楚表达自己的意图了。C学生最初几何题目的基本步骤掌握不好,跟踪该生,后来测试发现该生可以把自己的想法准确表达出来,并且有理有据。

在错题修改方面,有一些学生害怕犯错,做错了题目也不敢正视,知道题目做错之后就心烦,只是用橡皮擦掉或者划掉错误的答案,不会找自己哪一步做错了。现在他们敢于承认自己的错误,有做错的题目,自己会用红笔改过来,并且思考做错的原因。以D学生为例,在做课堂前测试题时,如果出现错误,不看自己错在哪里,而是直接擦去错误答案,把正确的答案抄下来。经过指导,他养成了用红笔重新订正错误的习惯。

3. 在精神状态、非智力因素和学习效能感等综合素质上

表现为学习目标明确了，信心增强了，开始努力了，学习效率明显提高。从被试的主观感受文字里，发现学生在学习效能等五个方面有了积极的进步。

（1）学习效能感提升

在访谈和自我反省日记中，学生说或写道："我觉得我的进步很大，对学习有很大的信心。""分数涨得很快，每一次思路都会很清晰。""原来不会背的英语单词、不会读的句子，现在都会了，感觉提高了不少，现在学习认真了，上课也很少走神了。""感觉自己比以前认真多了，以前总是粗心写错单词，现在正确率提高了。""参加训练我英语进步了很多，以前英语不及格，现在能考 80 多分，单词书写也好了很多，原来一节课记 5 个单词，现在能记 20 到 30 个了。""我对英语有了更深的了解，我觉得学习英语很容易。"

（2）体脑身心融合训练效果明显

在访谈和自我反省日记中，学生说或写道："进行训练很开心，不止这样，还提高了注意力。""在训练室中，我很认真地训练，训练后感到心情舒畅，注意力变得集中，在课堂上也规矩了很多。我感到了自己的进步。""在器材训练时，刚开始做摆球训练时我的注意力很难集中，但是做了几次之后，我逐渐找到感觉，之后的用棒击球和扔小球都在很认真地做，做完之后大脑都会感觉很轻松。""原来训练时不专心，现在认真多了，收获非常大，做完训练后感觉注意力集中了，身体也很舒服，脑子也灵活了，反应快了，我感觉这个训练对我很有帮助。""在老师的教导下，我变得更认真了，现在的注意力也提高了，上课也比以前收敛多了，做事更加细心了。"

（3）理想信念和意志品质加强

在访谈和自我反省日记中，学生说或写道："我明白了世界上没有天才，要靠自身的努力。认真学习、永不放弃、信守承诺，不管做什么事都要认真学习，这才能成功。""要一直坚持不能放弃，才有可能达到目的，甚至超越自己。""要一直奋斗才能成功，要注意细节才能定成败。"

（4）感恩意识提升

在访谈和自我反省日记中，学生说或写道："我要感谢我的老师，他们给我排忧解难，给我支持、信念和力量。""感谢爸妈，一直在支持我、鼓励我，在我烦恼的时候认真听我讲，为我排忧解难。谢谢。""我要欣赏我自己，因为我在认真学习，我为自己的精神感到骄傲！我要感谢我的同学，他们平时都很关心爱护我。我以后要做一个心存感激的人。"

(5) 心态向上,充满信心和希望

在访谈和自我反省日记中,学生说或写道:"我的心态开始变得积极了,这让我每天都感觉到过得很快乐。我会经常反思自己,我会选择有力量的人做偶像,化为动力。""我今后的学习一定会更上一层楼,一定会努力学习、努力奋斗、认真听讲、积极回答、认真思考、细心做题,争取考个好高中,努力向目标奋斗。""我打算,今后要努力锻炼身体,在数学学习上,加把劲,拼一拼,争取数学成绩有更大的提高。""今后我会更加努力地学习,乘胜追击,使自己的学习更加优秀。开学之后把自己的学习成绩提上去,为自己的人生之路打好基础。"

第九章　新时代超常生幸福教育研究

党的二十大报告提出“加快建设教育强国、科技强国、人才强国”“促进教育公平”“着力造就拔尖创新人才”。这就需要教育为祖国培养一批又一批的栋梁之材,也就是常说的英才。新时代追求更加平衡和充分发展,要求教育更加优质公平,树立人人成才、人尽其才的“大人才观”。作为拔尖创新人才早期培养的基础教育阶段的超常教育,应当与时俱进,由传统面向少数资优天才学生的培养转型升级为面向全体学生的潜能开发,将“超常”的含义由传统的在群体中表现“超过寻常、超出一般”,延展出在个体自身潜能开发上“超过寻常、超出一般”。这就是我们根据世界最新脑科学研究成果和国际超常教育内涵的不断丰富发展,提出的“人人都有超常潜能,人人都需要超常教育”的“双超常”教育观。遗憾的是,不论是传统意义上的天才学生,还是现代意义上的潜能挖掘,都亟须让他们得以充分发展的适宜教育,这是新时代幸福教育追求的高端公平。

一、新时代幸福教育亟须关爱天才儿童

传统上讲的超常儿童是指智力发展明显超过同龄常态儿童水平或在某方面有特殊才能的儿童,常称为天才儿童,在我国古代称为神童,国外也称资优儿童。所有发展杰出而成才的可笼统称为英才,其中包括偏才、专才、怪才。

(一) 关爱传统经典天才的迫切性

传统的经典超常儿童观主要是指智力超常,将智商 140 以上的儿童界定为天才儿童,比例占 3%左右。

在教育实践中,“填鸭式”“灌输式”“满堂灌”“死记硬背”“题海战”等教育方式方法可能把学生训练成“考试机器”,一些天才儿童可能得不到应有的适宜教育和关爱,正常潜能都没有得到正常发挥,就更谈不上超常潜能超常发挥了,其结果是天才儿童得不到理想的发展,甚至“潜能”越大的学生可能越被常规教学排斥,沦落成后进生或问题学生,有的甚至出现了极端事件

和恶性事件。不仅没有成才,还成了社会的包袱,给国家造成人才资源的浪费。

新时代幸福教育主张,加快建设教育强国、科技强国、人才强国,促进教育公平,必须首先加快建设高质量超常教育体系,为拔尖创新人才做好前期基础教育准备。

(二) 扩大天才儿童视域的重要性

天才的基本内涵与天才的心理结构要素是密切相关的。1978 年,经美国国会修改的定义是:“天才儿童是那些无论在学龄前、小学、中学等哪一个阶段被识别的,具有已表现出来或潜在能力的儿童或青年,他们在智力、创造性、具体学术和领导能力等方面,或者在表演和视觉艺术领域被证实具有高度的能力,进而他们需要超常规的教育和实践。”美国著名心理学家加涅从天才和专才的联系与区别提出“天才的能力”的四个关键领域(见图 9-1):一是智力出众(包括推理能力、逻辑能力、记忆力);二是创造力出众(强调原创性);三是社会情感智力出众(主要是领导能力);四是感知运动能力出众(主要是平衡力、控制力、空间和身体意识)。

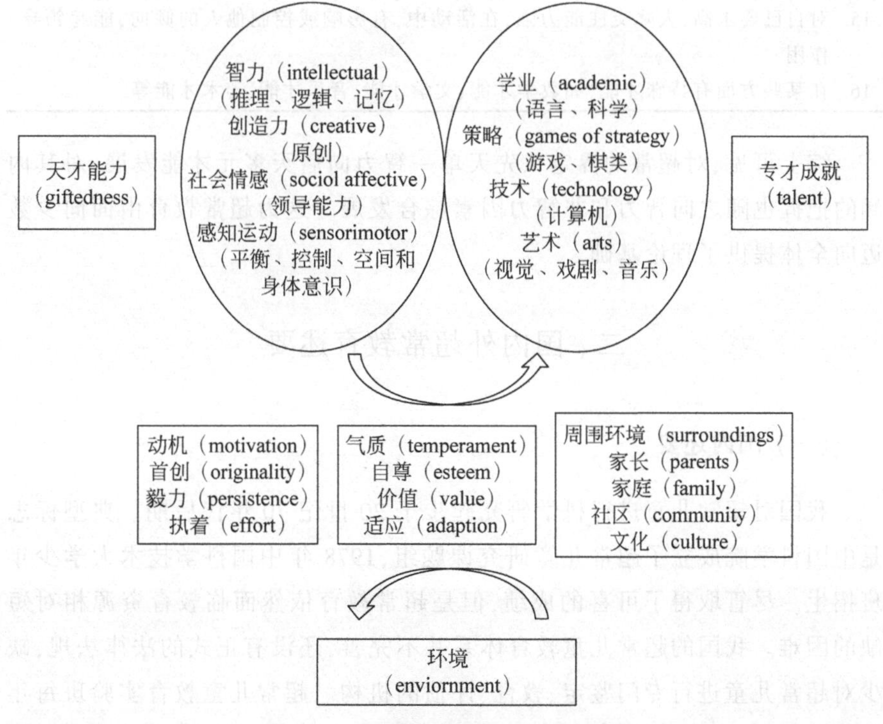

图 9-1　加涅的天才与专才理论模型

我国有研究者采用韦氏儿童智力量表中国修订版(C-WISC),测量总结出超常儿童的心理特征,见表9-1。

表9-1 超常儿童心理特征参照表

超常儿童心理特征
1. 有强烈的好奇心和旺盛的求知欲
2. 兴趣广泛、专深,知识面较广
3. 注意集中,尤其对感兴趣的事情,能长时间地高度集中注意
4. 观察力敏锐,常能发现一般人没有注意的现象或问题,观察仔细并能有计划、有方法地观察
5. 语言流利,词汇丰富,阅读和写作能力超过同龄儿童
6. 记忆力强
7. 思维敏捷、理解力强,对于具有优势的学科,学习表现轻松
8. 善于概括事物或数量之间的关系
9. 喜欢举一反三,主动将所学知识运用到新领域,解决新问题
10. 喜欢解难题或复杂的问题,常试图用多种途径解决问题
11. 有创造性
12. 爱独立思考,有主见
13. 有较强的动手能力
14. 有理想、有自信、责任心强、能克服困难坚持完成任务
15. 对自己要求高,人际交往能力强,在活动中,有影响或控制他人的倾向,能起领导作用
16. 在某些方面有特殊才能,如数学才能、文学才能、音乐才能、美术才能等

综上可见,对超常的界定从先天单一智力向后天多元才能发展,对其内涵的把握也随之向智力和非智力因素综合发展。这为超常教育由面向少数迈向全体提供了理论基础。

二、国内外超常教育述要

(一)国内述要

我国对超常儿童进行科学研究起步于20世纪70年代后期。典型标志是中国科学院成立了超常儿童研究课题组,1978年中国科学技术大学少年班招生。尽管取得了可喜的成绩,但是超常教育依然面临教育资源相对短缺的困难。我国的超常儿童教育体系并不完善,还没有正式的法律法规,缺少对超常儿童进行专门鉴定、教育、评估的机构。超常儿童教育实验班每年所能接收的学生人数很有限,它们的课程和教学方法,也仅适合一部分能够与之适应的天才儿童①。大部分中小学没有专门针对超常儿童制订的教学计划、措施以及专门的教材、课程；对于那些被父母送进学校的超常儿童应该进行哪一年级的教育，学校也并没有进行严格、科学的鉴定评估。许多超常儿童在学校里并没有接收到能最大限度开发他们潜力的课程②。更有不少超常儿童因为理解力强，学习速度快，经常表现出“先知先觉”、打断教师讲课。由于上课“吃不饱”，经常上课分心，不能集中听讲，或者抢答问题，甚至做小动作，不安心听课，扰乱课堂正常秩序，因此，经常遭受老师和同学白眼，经常“坐冷板凳”，被边缘化，从而导致这些超常儿童对上课失去兴趣，对学习感到枯燥乏味。久而久之，这些本该学习又快又好的超常儿童反而学习不系统、不牢固，学习成绩掉队，沦落成班级的学习后进生和品行情感上的问题儿童。这样不仅白白浪费了他们天生的聪明智慧，还会使他们感到心理压抑痛苦，找不到应有的幸福感，还给部分超常儿童成长带来隐患，甚至酿成悲剧。因此，新时代幸福教育要切实肩负起为拔尖创新人才幸福人生奠基的时代使命。

（二）国际述要

美国作为当代西方最强的超级大国，其超常或天才教育值得探究。美国将超常教育范式划分成以下三类：基于测验的超常儿童范式、基于真实表现的人才开发范式和基于需求的差异范式。三种范式在目的、策略等问题上有明显的差异，但它们有相同的理念，即都认为人与人之间有基本的差异，需要用不同的教育来对待。相比来说，基于需求的差异范式更能满足大多数学生的需要③。

德国在超常或天才教育上也有自己的特色。德国在天才儿童鉴别和选拔方面研发了成熟且系统的多维天才模型和测试工具。同时，通过完善的机构、组织和协会开展了天才教育教师的师资培训，为天才儿童及其家长提供咨询服务和长期的纵向追踪研究。而在意识方面，德国从官方到民间都非常重视天才儿童教育，并为天才儿童教育的开展提供重要的资金支撑。④

---

① 慕雯雯. 中国儿童超常教育的历史回顾与思考[J]. 新西部，2010(07)：169+172.

② 修云辉，袁茵. 我国超常儿童教育存在的主要问题与解决对策[J]. 南京特教学院学报，2011(01)：48-50

③ 戴爱华. 美国超常教育范式比较及其启示[J]. 创新人才教育，2016(01)：88-91.

④ 卢柳柳，刘颖，郭秀丽，等. 天才教育和人才支持多样化体系构建——德国天才儿童教育研究[J]. 基础教育参考，2023(02)：49-58.

俄罗斯作为我国的战略合作伙伴，继承了苏联科技教育的遗产，其超常或天才教育的优势建立在竞赛体系和补充教育体系的发达基础之上，俄罗斯建立了全国性的发现和培养天才青少年的体系，以保障天才教育的系统性实施。通过改革与完善奥林匹克竞赛体系和补充教育体系，在各地区建立专门的天才教育机构和联合体，让全国性体系得以成型和运行，并从法律法规、机构和人员、资金和信息等方面来保障以上措施的实施①。

新加坡作为典型的中西融合的国家，文化、语言与我国相似程度较大，其超常教育更值得一探。新加坡以《天才教育计划》作为指导其天才教育的纲领性文件，并设立了天才教育处，自上而下地领导和监督天才教育的实施。新加坡的天才教育探索已经有近40年的经验，形成了相对完整的天才教育体系，在天才儿童的选拔机制、培养模式、融合安置、师资配备等方面的建设都比较完善。其天才教育政策鲜明，充分考虑了天才儿童的非智力因素发展，提高了新加坡的国家竞争力与国民素质，为新加坡培养了一批拔尖人才②。

综上可见，超常教育在国内外得到了不同程度的重视和发展，但也存在许多问题亟待解决。

首先，超常教育问题是一项严肃的科学问题，是一项复杂的系统工程。要办好新时代的超常教育，必须首先借鉴脑科学的研究成果，探索天才成长成功的脑机制，为超常教育提供科学依据。既不能拔苗助长，也不能放任自流，要大胆尝试科学有效的“双超常教育”，使之不断深化完善。

其次，英才教育是一项贯穿大、中、小、幼的系统工程，是一个接力赛跑，必须建立健全大中小幼上下衔接、家校社横向贯通的英才教育体系，为不同阶段超常儿童提供适合的超常教育。

三、“双超常教育”新视野

“双超常教育”是对“人人都有超常潜能，人人都需要超常教育”的高度概括和提炼，由此决定了超常教育不再是面向少数精英的教育，而是面向全体的教育，开启了教育公平新视野。

传统上人们普遍认为超常儿童只占极少数，然而，国外最新研究成果显

---

① 刘楠. 俄罗斯天才教育政策、措施及其保障机制[J]. 现代教育论丛，2016(06)：83-88.

② 刘颖，卢柳柳，郭秀丽，等. 致力于发掘全体儿童潜力——新加坡天才教育研究[J]. 基础教育参考，2023(02)：24-32.

示,儿童在其早期就具备了惊人的认知行为和能力,这意味着只要及时地、用科学的方式和培养手段,开展超常儿童的普遍塑造是有可能的[①]。没有超常潜能作基础,超常教育则是空中楼阁;没有超常教育作开发,超常潜能则是深埋的金矿。前者为超常教育大众化奠定了基础,后者为大众享有超常教育权提供了动力。

新时代幸福教育追求更加平衡、更加充分发展,主张金字塔形超常观,即以智力超常为主的先天质优生(常称为天才)为顶部,向下延伸到其他方面的先天质优生为中部,再向下延伸到先天一般而后天突出的学优生为底部。底部越大,顶部越高。进而将超常教育与优质公平教育无缝对接,提出:“人人都有超常潜能,人人都需要超常教育”[②]和“超常潜能超常发挥”的“双超常”教育观[③],使传统“象牙塔”式的超常教育面向全体,让每个学生都有望成为拔尖创新人才,也纠正“削峰填谷”的教育不公平现象,既为超常生应有的幸福感起锚、扬帆、远航,也为人人成才提供通道,更为造福社会、造福人类提供精英人才支撑。

(一) 人人都有超常潜能

“人人都有超常潜能”主要体现在深度和广度两个方面。深度主要指所有人都蕴藏着巨大的脑潜能,尤其是在生命早期。科学界公认,我们仅用了人脑全部能量的大约10%,尚有90%的潜能有待开发;广度主要指不同人在多元智能维度上体现出不同的智能优势,每个人成才不再是传统单一智力优势途径,至少还有八项智能成才途径有待开发。

1. 深度:人脑潜能现在只用了10%,还有90%尚待开发

人脑是世界上构造最复杂、机能最精密、任何仪器都无法比拟的高级神经系统。根据推测,人脑有1万亿个细胞,包括:1千亿个活跃神经细胞,9千亿个“黏着”、滋润和隔离活跃神经细胞的其他细胞。1千亿个活跃神经细胞中的每一个,其本身就是一台真正的电脑,可以与其他细胞构成多至2万个连接,可以储存1015比特的信息量。人的大脑皮层所包含的思维能量可与原子核的物理能量相比。苏联科学家曾指出:当代科学使我们懂得人的大脑结构和工作情况,大脑所储存的能力使我们目瞪口呆。在正常情况下工作的人,一般只使用了其储存能力的很小一部分。如果我们能迫使

① 郭晗.论天才儿童普遍培养的可能性[J].哈尔滨学院学报,2004,25(01):125-129.

② 孟万金,官群.人人都有超常潜能,人人都需要超常教育——再论双超常教育:破解拔尖创新人才培养难题[J].中国特殊教育,2010(07):49-53.

③ 官群.树立和实践又好又快“双超常教育”科学发展观[J].中国特殊教育,2009(01):4-7.

我们的大脑达到其中一半的工作能力，我们就可以轻而易举地学会40种语言，将一套苏联大百科全书背得滚瓜烂熟，还能够学完数十所大学的课程。

美国加州大学洛杉矶分校研究大脑的爱迪博士及其同事们发现，大脑的功能非常奇妙、复杂，几乎无所不能。他们认为："就实用目的而言，脑的创造力几乎是无限的。"越来越多的科学家认为，现在一般人只使用了大约10%的大脑功能，绝大部分潜能尚待开发。以记忆潜能为例，众所周知，计算机的一大优势就是储存信息量极大、准确性很高。但研究表明，人的信息记忆潜能是计算机的几千倍，同时还可以对信息去伪存真，能对一盘散沙式的信息建立起有意义的结构以便于储存，这种记忆潜能是计算机无法企及的。可见，人人都有超常潜能！拔尖创新人才脱颖而出关键是得到适合的教育，超常潜能得到超常发挥。

2. 广度：多元智能理论揭示出人的智能不是单一的，人的成才通道是多元的

传统教育以单一智力为支撑，常常以智商论高低。学习考试都建立在单一智力理论基础之上。殊不知，人的智能丰富多彩，人的成才通道也多种多样，所谓"三百六十行，行行出状元"。美国哈佛大学心理学教授加德纳提出的多元智能理论为人的发展与成才开辟了新的视野，从横断面为人类成才的超常潜能拓展出了更大空间。针对传统智力理论的局限，他把智能定义为"在实际生活中解决所面临的实际问题的能力、提出并解决新问题的能力以及对自己所属文化提供有价值的创造和服务的能力"①。他提出，人类至少有八项智能：语言智能、逻辑-数学智能、视觉空间智能、身体-运动智能、音乐智能、人际交往智能、自我认知智能、自然观察智能。多元智能后来扩充到第九项智能，以后还可能发展出第十项。这些智能都体现出身心潜能，这些潜能是每个人都有的，与生俱来的，只不过不同人在这些潜能的表现上和组合上具有不同的特点和优势。如果根据每个人的智能优势提供适合的教育，每个人的优势潜能都能得到超常发挥。

（二）人人都需要超常教育

超常教育就是为超常潜能超常发挥所提供的适合的教育。只要提供适合的教育和适合的人才成长环境，即便"差生"也能发现、发掘和发挥其超常潜能，得到应有的发展，甚至成为世界级大师，大科学家霍金、爱因斯坦、爱

---

① 刘玉娟. 发展学生优势智能的课堂教学策略研究[J]. 中国教育学刊，2003(01)：34-37.

迪生就是典型代表。

超常教育要保证课程、教材、教法适合发掘和发挥每个人的潜能，真正做到因材施教。超常教育实施的主要途径有二：一是在普通班中进行学科教学渗透，要求教师尽可能根据“双超常教育”理念和原则、策略设计和实施教学，备课、上课、布置作业；二是使用超常教育配套课程、教材、教法，开展专门化的课外兴趣特长强化。具体操作机制可采用“抽离式”，即通过学科渗透，学生在课上普遍接受“双超常教育”；通过组织多种多样课外兴趣特长小组，学生在课外专门接受“双超常教育”。二者优势互补，相辅相成，以保证学生的超常潜能超常发挥。

四、“双超常教育”的幸福双翼

新时代超常生幸福教育的核心要义与基本路径在“双超常”①。其中“双”充分体现了“平衡和充分”两方面和谐发展的新时代内涵，也体现了“好与快”的高度统一，彰显了超常儿童培养过程中矛盾双方的对立统一规律，避免了畸形和片面发展，为超常教育插上了幸福双翼，确保超常教育幸福启航，展翅飞翔。

（一）“双超常教育”的核心要义

“双超常教育”是指又好又快科学发展的超常教育，超常潜能超常发挥的教育，其先进理念是：人人都有超常潜能，人人都需要超常教育。其思想核心是面向全体，以人为本，以“健全人格+才能出众”为努力目标，以“智力与非智力、左脑与右脑、学业与心理、显能与潜能、加速与加深的和谐互动教育”为结构要素，以兼顾天赋儿童和特殊才能儿童为基本原则，其基本要求是全面协调可持续发展，其根本方法是统筹兼顾。

“双超常教育”扎根于阴阳对立统一的文化传统。尽管古代没有专门的“双超常教育”思想，但是“双超常教育”中的“双”所强调的对立统一规律在中国古代却早有相关思想，在古代，“双”体现了“一分为二，合二为一”的辩证思维观念。《易经》用阴阳两种力量的相互作用来解释事物的变化和发展。《老子》提出“反者道之动”这一命题，概括了矛盾的存在及其在事物发展中的作用。后世的哲学家常用分合、两一、参两、相反相成等概念表达事物对立面之间既统一又斗争的关系。在如何正确认识和运用对立统一规律

---

① 官群．“双超常教育”刍议［J］．教育研究，2009，30（02）：58-61．

上,儒家的“中庸”“中和”之道,成为中国传统文化的最高价值准则。宋朝叶适《中庸》说:“古之人,使中和为我用,则天地自位,万物自育。”这正是“双超常教育”主张超常人才成长过程中矛盾双方对立统一的传统文化根基。

“双超常教育”的第一要义是大力发展超常教育。发展才是硬道理。发展超常教育就意味着既不能退步更不能停办。尽管超常教育遇到许多问题,但都是发展中的问题,发展中的问题只有依靠进一步的发展来解决。要通过超常教育的发展观念、发展模式的转变,着力把握超常教育发展规律,创新超常教育发展理论,转变超常教育发展方式,破解超常教育发展难题,提高超常教育发展质量和效益,实现超常人才又好又快地茁壮成长。

“双超常教育”的核心是坚持以人为本。以人为本的“人”是指具有高度心理、生理差异的在具体环境中生活的实体。因而,超常教育不能只见“超常”不见“人”,要坚持人不仅是自然界和人类社会的根本和主体,而且是人本身的根本和主体,人是人的最高本质。以人为本要求超常教育从超常人才的本质出发,重视超常人才的价值,肯定超常人才的作用,承认超常人才的力量和能动性,充分尊重超常人才的主体地位,发挥超常人才的首创精神,保障超常人才的各项权益,致力于开发超常人才的主体性、能动性、创造性、身心和谐性,促进超常人才的健康、和谐与全面发展。

(二)“双超常教育”的基本路径

“双超常教育”基本路径主要通过开发人脑潜能深度与广度来实现。

1. 发挥全脑协同潜能

超常发挥首先是通过适合的教育充分发挥人脑潜能。神经科学研究表明,大脑由左右两半球组成。左脑是以语言为主的分析、判断和抽象概括的中枢,是科学脑,主要分管逻辑思维、意识、来自身体右侧的信息、机械记忆,以及与语言、逻辑、数字、数学、顺序和拼音文字等有关学术性的活动,俗称“学术性”左脑。右脑以形象思维为主,是直觉思维的中枢,是艺术脑,主要分管整体感知、创造力、皮肤触摸感、潜意识、风景映像、音乐韵律、自然声、来自身体左侧的信息、情感、新颖性学习、三维空间记忆以及空间、图画、想象、图案和汉字等涉及创造性的活动,俗称“创造性”右脑。

科学家们预言,两脑相比,右脑存在的潜力约为左脑的 10 万倍,如果左脑加右脑协同活动,其效果不是 $1+1=2$,而是会增大 5 倍、10 倍,甚至更多,即世界上流行的公式:$1+1\geqslant5$。例如:美国康涅狄格州 Bryam 市的米德小学,孩子们用一半时间学习各艺术课程,另一半时间上常规课。结果,他们在数学、语文和其他科目的成绩都有提高。欧美的其他学校效仿这一做法,也取得了同样的效果。说明为开发右脑功能所花费的额外时间也有助于左脑功能的发展。许多研究也显示,事业成功者大多是右脑功能得到较大程度开发者。所以,左右脑协调教育(见表9-2)可以大幅度提高学习效率和学习兴趣,有助于受教育者超常潜能的超常发挥①。因此,善用左右脑教学策略,优势互补,可有效开发全脑潜能。

表9-2　左右脑教学策略及特点比较

右脑教学策略及特点	左脑教学策略及特点
1. 教学不限于教师的讲台而是整个生活现状	1. 教学以校内,室内学习为主
2. 使用多种实践活动形式	2. 多种讲授问答方式
3. 除整班外,还可以分小组或个别施教	3. 以整班施教为主
4. 以学生活动为主	4. 以教师讲授为中心
5. 教师激励、引导学生参与辅导	5. 教师灌输知识,管教学生
6. 着重师生双方的沟通	6. 只是单向传递
7. 教师不是权威角色,而是学生与知识的桥梁	7. 教师处于权威的角色领导教学
8. 有适当的直观教具和实物	8. 只靠书本作业
9. 启发式教学,学生积极主动	9. 学生只是被动地接受
10. 学得灵活,用得及时	10. 课本知识多,学生学习死板
11. 教师与学生比例低	11. 师生的比例高,节约人力
12. 知识系统性差	12. 课本知识多
	13. 容易流于形式,呆板

大小脑协调也是开发人脑潜能的有效手段。大脑(有人泛称大脑皮层)位于脑壳内的顶部,由左右两半球组成,各半球分工不同,是人的智能中心。小脑位于脑壳内的底部,这一部分控制着非常简单但重要的功能:如呼吸、心率和许多本能。小脑在调节姿势和平衡中起着重要作用;当人们进行技能学习时,小脑还可以“自动领航”。与小脑相比,大脑是用映像、概念或观念之类的东西进行认识、思考的中枢,其最大特点是具有创造性(具体功能见上述左右脑分工)。小脑是用身体进行记忆的中枢,其最大特点是具有适应性,分管塑造大脑活动的模型、反射行为、动作调控、技能熟练、自动化、无意识化、类型化、控制误差、迁移等。学习时“由生到熟”再到“熟能生巧”就是由大脑功能向小脑功能的过渡。小脑能分担大脑日常的工作,有效地减轻大脑的负担,让大脑处于自由状态,以便在重要时刻使大脑产生创造性灵感。所以大小脑协调教育能有效地形成适应性,为促进创新能力发展和减轻学习负担提供支撑。

① 孟万金.积极心理健康教育[M].北京:中国轻工业出版社,2008:55-78,79-101.

2. 开发多元智能

超常发挥在向纵深发掘发挥人脑潜能的同时,还要从横断面发现、发掘、发挥人的多元智能优势,通过适合的教育帮助学生走上最佳成才的捷径。我国古代的王勃六岁善文辞,李白、杜甫、白居易都在八岁前表现了诗才,欧洲近代的莫扎特五岁开始作曲,贝多芬和海顿是十岁开始作曲,舒伯特幼时即能弹钢琴,这些人成年后也在自己的领域施展才华。这些都是多元智能单项或组合优势成功人物的典型例子。多元智能从两个方面为发现和发挥自身智能优势和成才捷径提供了更大空间:一是为了多元智能而教,二是通过多元智能而教。

(1) 为了多元智能而教——目的。课程的学习以发展学生多元智能为目的,通过整合多元智能和多学科知识的专题进行学习。在进行学校教育课程设计的时候,充分认识到不同学生的不同智能特点,强调使每个学生的智能强项得到充分发展,并从每个学生的智力强项出发,促进学生其他各种智能领域特别是智能弱项的发展。年龄越小,培养学生多元智能、跟踪学生多元智能发展状况越重要。

(2) 通过多元智能而教——手段。通过多元智能路径教授同一学习内容,以"多元智能教学菜单"为工具进行学习。多元智能作为一种工具,同一知识内容可以通过多元路径进行,教学应注重学生的个性或者智能特点,与学生的学习风格相匹配,为学生智能强项得到超常发挥提供有效途径。只要教师能根据每项智能采取不同的教学方法,学生就可能有机会利用其最擅长的智能学习。

(三)"双超常教育"为幸福提供平衡保障

"双超常教育"主张:智力与非智力、左脑与右脑、学业与心理、显能与潜能、加速与加深的和谐统一,有效防治畸形和偏差,从而为幸福提供平衡保障。

1. 智力与非智力的和谐互动教育

传统上,将智商超过 140 的儿童归属为超常儿童群体,对超常儿童的教育也主要侧重于智力开发,而对非智力因素开发相对薄弱。以致有些超常儿童迷信自己的高智商,总是把自己摆放在与众不同的位置,社会适应力低,心胸狭窄,性格孤僻,言语刻薄,经不起挫折,受不了冷遇,缺乏自知之明。其结果不但泯然众人,甚至不如众人。"双超常教育"坚持智力与非智力的和谐互动,主张对超常智力者加强非智力因素的培养教育,尤其是情绪智力的培养。《哈佛情商设计》一书指出,智商决定了人生的 20%,而情商决定了人生的80%①。因此,在重视“智商”(IQ)的同时,强化“情商”(EQ),从而为超常人才的成长和成功打下坚实根基。

2. 左脑与右脑的和谐互动教育

大脑由左右两半球组成。左脑俗称“学术性”脑,右脑俗称“创造性”脑。两脑相比,右脑存在的潜力约为左脑的10万倍。传统超常教育偏重左脑而相对忽视右脑,所以并没有抓住“超常教育”的支点,却有加速“应试教育”之嫌。“双超常教育”主张左脑与右脑的和谐互动,注重美育教育和课堂中的艺术资源开发利用,如多媒体和视觉、音乐等灵活运用。

3. 学业与心理的和谐互动教育

传统的超常教育不论选拔还是培养都偏重于学业,集中表现为加速式教育,表出现“大学生的智力、中学生的性格、小学生的脾气”。有的孩子因无法承受复杂环境的压力,不能正确认识自己,而惨遭淘汰②。“双超常教育”主张在关注学业的同时,要提高对超常儿童心理健康教育的科学性、针对性和实效性,尤其要加强积极心理品质的培养,包括增进主观幸福感、提高生活满意度、开发心理潜能、发挥智能优势、改善学习力、提升自我效能感、增加沉浸体验、培养创新能力、优化情绪智力、健全和谐关系、学会积极应对各种挫折、充满乐观希望、树立自尊自信、完善积极人格。在心理和人格健全发展的前提条件下,根据超常学生的“最近发展区”安排教学进度,确保超常儿童学业和心理的双丰收,为他们的幸福人生奠基。

4. 显能与潜能的和谐互动教育

锋芒早露是超常儿童的普遍现象。有的超常儿童常常在一岁左右就已经有所表现,诸如:在绘画、音乐、体育、计算和语言方面的特殊才能,有的幼年大量识字,有的擅长外语,有的是小画家、小歌手,有的智力高于同龄发展水平2~3岁甚至4~5岁。超常儿童在智力、个性、创造力等方面与常态儿童相比也有明显表现。传统的超常教育在培养和评价上明显偏重于显能,尤其在“应试教育”的影响下往往急于求成,拔苗助长,而对潜能的重视和开发相对不足。“双超常教育”主张显能与潜能的和谐互动。显能与潜能是一个连续体,二者能量是互换的。超常儿童真正缺少的并不是在课堂上传授的显性知识及其“显能”的表露,而是课余时间积累的隐性知识及其潜能的开发。缩短课时后,由于进度快,即使是强项课程也需要学生占用业余时间进行课前的准备和课后的消化,更不用说那些原本不超常的学科则更需要占

① 孟万金. 积极心理健康教育[M]. 北京:中国轻工业出版社,2008:185.

② 吴红婧. “超常教育”何以能成功[J]. 世纪,1999(03):57-59.

用大量业余时间,接受超常教育的学生自然牺牲了获取隐性知识和开发潜能的机会,这是他们后劲不足的一个重要原因。发现和开发潜能应当成为超常教育急需弥补的一个重要方面。

5. 加速式与加深式的和谐互动教育

加速式教育主要是指通过特殊学校或普通学校中的特殊班级为智力超常儿童提供教育,使其在少于普通学制的时间内完成学业任务,比普通儿童提前 4 年左右升入大学。加深式教育也叫"充实式"或"丰富式"教育,是指把智力超常儿童放在普通班级中学习,与此同时为他们提供一些特别的服务和指导①。传统的超常教育主要依靠加速式教育,而加速式教育由于压缩了儿童情感和社会性正常发展的时期,加之学业压力较大,包括同伴在内的各方面成长环境也比较特殊,很容易导致智力超常儿童在学业和智能上孤立发展,而其他方面的成长受到抑制。"双超常教育"主张加速式与加深式的和谐互动。有研究表明,接受"加深式教育"的超常学生表现出更积极的自我概念、更高的主观幸福感和更低程度的测验焦虑,证明"加深式教育"更有利于促进智力超常儿童情感和社会性的发展。未来,有必要融合加速式与加深式教育的优点,设计出最适合超常儿童重质、重量、重效率的教育模式,即超常儿童每周要利用部分时间离开自己的班级,与那些具有同样智力水平的同伴一起活动,活动内容既可以是在资源教室中开展自主学习,也可以是在某些方面接受"加速" 培养,这就是未来超常教育的理想趋势——抽离式教育。

总之,"双超常教育"杜绝拔苗助长和扼杀、捧杀超常人才,实现速度和质量相统一、个人成长与周围环境相协调,使超常人才在良好生态环境中学习生活,实现超常人才人生和事业的双丰收,从而为拔尖创新人才的幸福人生奠定扎实基础。

案例

中国科大:少年班超常教育实践的成果与经验探讨
——基于"双超常"教育思想的视角与思考②

自 1978 年中国第一个高校少年班成立于中国科学技术大学(以下简称

① Van Tassel-Baska, J. V. Theory and Research on Curriculum Development for the Gifted[C]. K. A. Heller, etc. International Handbook of Giftedness and Talent(2nd Edition). Oxford: Pergamon, 2000, 345-365.

② 朱芬,孔燕. 中国科大少年班超常教育的实践成果与经验探讨——基于"双超常教育"思想的视角[J]. 中国特殊教育,2020(08):43-47.(孟万金教授曾受聘为中国科学技术大学兼职教授,对少年班进行了深入研究与交流)。

“中国科大”)以来,我国超常教育的实践已有四十余年。四十多年的探索,中国科大少年班为我国科技发展和人才强国战略提供了大批科教界、工商界的高水平精英人才,影响辐射了大中小学育人模式的改革。在当前拔尖人才教育进入全面发展又面临新挑战的历史时期下,立足平衡和充分发展的新时代需求,基于“双超常”教育思想的视角,探索和分析造就中国科大少年班教育的成功经验,将为我国拔尖创新人才的培养提供科学思路和有益启示。

一、中国科大少年班教育的发展现状及培养成效

少年班是在改革开放之初,国家百废待兴、急需人才的特殊历史时期,中国科大面向尚未完成常规中学教育但智力超常、成绩优异的青少年、自主试行的一种新型高等教育办学模式。经过四十多年的发展,少年班已经由最初21人的一个班级成长为以“少年班”命名的、每届招生300人左右的“少年班学院”。

截至2018年,少年班学院共培育了4140名毕业生,其中少年班毕业1589人,零零班2110人,创新试点班441人。已毕业校友中约80%进入国内外教育科研机构继续深造,远高于普通高校本科生的平均深造率,而获全额奖学金出国(境)留学率也超过40%,深造单位大多数为世界排名前50名院校。中国科大少年班四十年不到5000名毕业生的总数,还不如现在一所普通高校一年毕业的学生数。而据中国科大新创校友基金会的追踪调查发现:这些毕业生绝大多数已经成长为各个领域的佼佼者,成为我国各行各业的中流砥柱①。超过250名少年班毕业生在国内外著名学府、科研机构担任教授。其中,2人当选美国科学院院士,1人当选中国科学院院士,1人当选中国科学院外籍院士,10人当选美国物理学会会士,8人当选美国电子电气工程师学会会士。代表性的学术精英包括:2016年度最具影响力的十大“科技创新人物”、中国科学院院士杜江峰(85级),美国国家科学院院士兼美国艺术与科学学院院士、斯坦福大学生物学教授骆利群(81级),中国科学院外籍院士兼美国国家科学院院士、美国人文和科学院院士、哈佛大学化学、物理学双聘教授庄小威(87级),斯隆研究奖得主、31岁即被哈佛大学聘为教授的尹希(96级),在《自然》杂志上以第一作者身份发表论文的最年轻中国学者、2018年度《自然》杂志影响世界的十大科学人物之一、美国麻省理工学院博士生曹原(10级),2020年《自然》封面成果幕后的少年班后浪、

---

① 中国科学技术大学新创公益基金会. 少年班全球教授调查:最爱国的学术黄埔军校[EB/OL]. (2014-08-13)[2020-05-30]. https://www.ustcif.org/default.php/content/2092.

在氮化硅集成芯片频率梳领域获重要突破的刘骏秋(08级)等。还有两位比较特别的少年班毕业生：2000年即获得美国青年科学家总统奖、2006年入选美国物理学会会士、现中国科学技术大学少年班学院院长卢征天(82级)和38岁即获得国家杰出青年科学基金、现中国科学技术大学少年班学院书记李震宇(95级)。

另有72%的毕业生活跃在IT、金融、制造等行业，其中在世界500强企业任职的约35%。诸如：曾任微软全球副总裁、百度总裁、现清华大学智能科学讲席教授张亚勤(78级)，清华紫光集团副总裁郭元林(78级)，德意志银行中国分行董事、总经理高峰(78级)，历任央视著名女主播、中华网及第九城市网总经理、澳大利亚电讯中国区总裁陈晓薇(83级)，美国汇丰银行高级副总裁骆小春(84级)以及寒武纪科技创始人、同为少年班毕业生陈云霁(97级)、陈天石(01级)兄弟等。四十余年培养出的一批批优秀人才是少年班社会影响力的核心来源，他们用自己的成功证明了少年班的价值与意义。

二、中国科大少年班教育的成功经验

中国科大少年班教育能坚持四十余年并收获如此大的成效，与其始终以国家需求为第一目标密不可分。更深层次的原因在于从超常潜能超常发挥的双超常教育思想出发，在坚持"人人都有超常潜能，人人都需要超常教育"的双超常教育公平效益原则基础上①，遵循超常人才成长本质所体现的矛盾运动的对立统一规律②，充分挖掘每一位学生的超常潜能，因材施教，统筹兼顾，和谐发展，真正实践了又好又快的双超常教育理念③。具体体现在以下四个方面。

(一) 选拔：学业考核和心理测试相结合，兼顾智力和非智力因素

少年班根据超常人才的特点，探索了高考初选与少年班复试相结合的自主招生模式。报考少年班的考生在当地参加全国统一高考，科目与当地高考(理工类)科目相同。成绩达到当地一本录取线以上若干分者为初试合格，然后由中国科大根据考生高考成绩确定复试人选。复试注重创造力、批判思维能力、解决问题能力、社交能力等综合素质的考核，由三个环节组成：一是面试，由面试老师逐一与考生面谈；二是笔试，即"现学现考"环节，由教师讲授"大学物理"和"高等数学"课程，然后组织所授课程的现场考试，重点观察和了解学生的理解接受能力、反应速度和学习潜力；三是非智力因素

① 孟万金，官群．人人都有超常潜能，人人都需要超常教育——再论双超常教育：破解拔尖创新人才培养难题[J]．中国特殊教育，2010(07)：49-53.

② 官群．"双超常教育"刍议[J]．教育研究，2009，30(02)：58-61.

③ 官群．树立和实践又好又快"双超常教育"科学发展观[J]．中国特殊教育，2009(01)：4-7.

测试,重点评估学生的自我管理、社会交际、沟通协作、价值观和情绪稳定性等综合心理素质。

智力因素是智力活动的能力系统,非智力因素构成智力活动的动力系统。智力活动的顺利完成是智力因素和非智力因素共同作用的结果①。少年班的这种选材模式兼顾了智力和非智力因素,有效地规避了学生因自理、自立原因导致的心理问题的发生,确保被录取的学生“做好了上大学的准备”。

（二）培养：通识教育和个性化教育相结合、提倡兴趣导向下的分流培养

少年班创办之初便打破了系的概念,实行宽口径的通识教育机制：首先,将学生的在校学习分为基础和专业学习两个阶段,学生入学两年内学习基础知识而不分专业,两年后再根据个人志趣和特长在全校范围内自主选择学科和专业。学校配备最优秀的教师任教,基础宽、厚、实,以保证最佳教育效果。其次,允许学生自选专业,这在国内高校中开了先河,也是中国科大少年班学院个性化教育的主要体现。每一位少年班学生至少拥有3次选择专业的机会：对于专业意愿十分明确的学生,入学时即可进入相关专业,按照专业培养计划学习；二年级的春季学期可参加由学校统一组织的中期分流,学生根据个人兴趣申请。学生申请自选专业,学校层面不设任何专业、成绩的门槛。这一举措不仅让每一位学生都能选择到最心仪的专业,将“好苗”移栽到更适合的“土壤”里,而且极大地增强了学生内在求知创造的动力。

多年的人才培养成效数据跟踪分析显示,在中国科大数学科学学院前10%的优秀毕业生中,有一半来自转专业的学生；该校物理学院成绩前5%的学生中,由非物理专业转入的同学也占近四成；中国科大最高荣誉“郭沫若奖学金”获得者中,约四分之一为重新选择专业的学生②。2002年开始,少年班自主选择专业的做法开始在中国科大本科生教育中普及,而后被国内多所高校效仿。

（三）管理：广度和深度相结合,鼓励多方位引导下的自主学习

由于少年大学生年龄小、个体差异大、心智尚不成熟,对于专业选择和未来发展的方向往往缺乏深入的认识。为了更加科学地加以引导,中国科大少年班率先在本科阶段实行“导师制”。导师通常由全校教学科研第一线的中青年教授担任,每人负责指导2~3名学生。学业导师实行坐班制,每周一至周五下午4:00—5:30,都会安排一名教授在少年班学院接受学生预约

① 官群.“双超常教育”刍议[J].教育研究,2009,30(02)：58-61.

② 杨凡.“曹原们”是怎样炼成的——解码中国科大科技英才班[N].中国科学报,2020-05-19(6).

咨询。2012 年,学校还成立了学生学业指导中心,旨在因材施教、个性化分类培养。至 2018 年,全校在聘学业指导专家共有 35 名,已有 2700 余人通过面谈或学业指导预约平台获得专家的多方面指导①。

正如少年班前任院长陈旸所说,“少年班学院的学生,毕业时 100 个人应有 100 份不同的成绩单”。首先,中国科大少年班实行弹性学制,允许表现突出的学生提前选课、跳级,提前毕业或报考研究生等。对于部分学习能力强、学有余力的同学,少年班学院与教务处、相关学院创办“华罗庚班”“严济慈班”和“物质科学班”等学科强化计划,学生根据学习能力可以随时调整进出这些计划;其次,开展少年班交叉学科英才班培养计划,鼓励学生选修其他专业,为复合型领军人才脱颖而出提供新的重要支撑。这一系列措施的实施使得学生拥有更为广泛的适应面,可以在符合自己兴趣、特长的方向获得充分的发展,实现“广度”和“深度”的和谐统一。

(四) 教学:加速和充实并重,注重显能和潜能的协调发展

少年班属于典型的加速教育。与之匹配,少年班从一开始便坚持课程教学的“高起点”,采取缩短学时、自学或超前学习等多种加速方式。加速模式将学习课程层次、复杂程度和进度与学生的准备状况和主动性相匹配,可以很好地解决智力超常学生“吃不饱”的问题,避免出现学习动机减退等现象,让他们得到匹配自己智力和认知水平的教育。但是,加速模式由于压缩了儿童情感和社会性正常发展的时期,加之学业压力较大,包括同伴在内的各方面成长环境也比较特殊,很容易导致智力超常儿童在学业和智能上孤立发展,而其他方面的成长受到抑制②。最典型的,也是少年班曾最受诟病的一点——拔苗助长。少年班在实践前期确实也出现了部分学生跟不上课程进度、心理上出现问题的现象,特别是在鉴别不够科学的情况下更是如此。为此,少年班不断探索,在改革鉴别方法的同时,对教学模式作了较大的革新。

现今少年班学院的教学模式,更多强调加速和充实的结合,教学重点也逐渐由过去的知识传授转向学生超常潜能的开发和发展。少年班按照知识结构分层重构了课程体系,有效压缩了必修学时,扩大了选修范围,合理精简了课内学时,增加了实践环节。如采取“自学—精讲”授课法,在精简教学内容的同时引导学生进行思维训练;毕业课程总分由 225 压缩至 160,给予

---

① 中国科学技术大学教务处. 中国科大 2017—2018 学年本科教学质量报告[EB/OL]. (2018-10-11)[2020-05-30]. https://www.teach.ustc.edu.cn/?attachment_id=9136.

② 官群. “双超常教育”刍议[J]. 教育研究,2009,30(02):58-61.

学生充足的时间思考和课外探索；课程设置系列化，通过开设相关的选修课程衔接前后期的基础和专业教育，克服教学与实践的“断线”现象；推行创新教育，将科研实践与教学相结合，允许学生自主加入校内相关老师的科研小组，从事系统的科研活动，并以论文、读书报告、实验报告的形式计入学分等[①]。少年班学生的课程体系设置，还格外重视身体素质、心理素质、人际交往能力和表达沟通能力等“隐形能力”的培养。

总之，加速和充实课程模式的结合，显能和潜能的双兼顾，使得少年班的教学更加丰富和灵活，为每一位少年班学生优势潜能的超常发挥优化了土壤。

三、思考与小结

在过去拔尖学生的教育中，中国一贯重视并实行因材施教，只是成效不太显著。以往因材施教的习惯做法是，在教师主导下让尖子生学得“更早一些，更多一些，更深一些”。学生依然停留在标准答案式的教育模式下，被动地吸收知识，正常潜能没有得到正常发挥，也谈不上超常潜能超常发挥了。中国科大少年班教育的成功之处在于从超常人才的本质出发，充分尊重学生的主体地位，致力于开发超常人才的主体性、能动性、创造性、身心和谐性，注重超常教育的智力与非智力、学业与心理、通识与个性、显能与潜能、加速式与丰富式等关系的协调发展，促进超常人才的健康、和谐与全面发展[②]。而这些恰恰是“双超常”教育思想的核心要义。

近十年来，中国科大少年班超常教育的理论和实践不断向精英教育和大众教育延伸。在少年班办学经验的基础上，目前已有90所国内高校尝试施行与统一高考联动的自主招生计划；多所高校在教学中采用少年班“前期拓宽、加强基础，而后自选专业分流”的培养路径，创建各种类型的强化班、基地班，对促进本科拔尖创新人才培养工作的发展壮大起着“种子”作用[③]。对33所高校的调查显示，45%的高校拔尖创新人才培养平台是依托这些班级的[④]。少年班模式的辐射示范效应，进一步显示出双超常教育“人人都有

① 朱芬，孔燕. 中国科大少年班40年教育实践的演变及其启示[J]. 中国特殊教育，2018(08)：55-60.

② 官群. 树立和实践又好又快“双超常教育”科学发展观[J]. 中国特殊教育，2009(01)：4-7.

③ Kong Y, Zhu F, Huang S, et al. Early college entrance programs in today's China [J]. Asia-Pacific Federation on Giftedness, 2017, 4(01): 79-82.

④ 于海琴，方雨果，李婧. 本科拔尖创新人才“试验区”建设的现状与展望[J]. 江苏高教，2014(01)：79-82.

超常潜能,人人都需要超常教育”思想[①]在破解拔尖创新人才培养难题时的科学性和可行性。

今后,少年班学院还将继续肩负为社会主义现代化强国培养领军人才的重任,持续发挥教育改革“试验田”的重要作用,为推动中国特色世界一流大学建设做出新的努力。而以“以人为本”科学发展观为统领,实施“智力与非智力、左脑与右脑、学业与心理、显能与潜能、加速与加深”和谐发展的“双超常教育”,将是未来我国超常教育发展的可靠,甚至可以说是最佳出路。

① 孟万金,官群.人人都有超常潜能,人人都需要超常教育——再论双超常教育:破解拔尖创新人才培养难题[J].中国特殊教育,2010(07):49-53.

第十章 新时代残障生幸福教育研究

党的十九大报告指出,努力让每个孩子都能享有公平且有质量的教育,办好特殊教育,党的二十大报告提出强化特殊教育普惠发展,充分彰显了党和国家对特殊教育的高度重视。特殊教育是整个国民教育体系现代化进程中必须坚守的公平底线,是幸福民生的天然指标,也是新时代加快建设高质量教育体系不可或缺的重要内容。残障学生是特殊教育的主要对象,主要包括视力残障、听力残障、智力残障、孤独症群体及少量精神残障学生。在全民追求幸福的大背景下,让残障学生活出精彩人生,共享幸福蓝天,已经成为新时代幸福教育的追求。

一、新时代残障生尤需幸福教育

残障(传统上也称残疾)学生的幸福感首先建立在教育的质量与公平基础之上。中华人民共和国成立以来,尤其是改革开放以来,我国特殊教育事业发展翻天覆地,取得了世界瞩目的辉煌成就。进入新时代,党和政府强调支持特殊教育、办好特殊教育和强化特殊教育普惠发展,成为新时代特殊教育迈向优质公平的时代最强音,为残障学生从有学上到上好学提供了坚强保障。目前,特殊教育发展已经由数量规模型向公平质量型迈进。特殊教育事业大发展为残障学生增进现实幸福感和奠基终身幸福发挥了不可替代的作用,残障学生接受特殊教育的获得感、幸福感更是取得了史无前例的提升。

毋庸讳言,在部分地区、部分学校的实践中,相对于普通教育而言,特殊教育还有一定的提升空间,客观上影响了残障学生的幸福感。比如:特殊教育学校、普通学校附设的特殊教育班级的课程、教材、教法和质量监控体系各方面的水准都无法与普通教育同日而语。残障学生随班就读的质量更偏低,缺少适合的课程、教材、教法、教师和质量保障体系,相当多的学生出现"随班就座""随班混读"甚至退学的现象,残障学生义务教育辍学率高出普通儿童。还有,残障学生学前教育条件亟待改善。为残障学生提供学前教育的特殊机构严重匮乏,普通学前教育机构缺少接纳残障学生的师资力量和相应设施。3~6岁残障学生学前教育状况亟待改善,尤其是农村。特殊教育幸福美好未来迫切需要足够的能满足残障学生入学需求的学前特殊教育机构。残障学生中等职业教育亟待发展。残障学生中等职业教育非常薄弱,降低了残障学生就业的可能性。中等职业教育学校与班级较少,接受义务教育的残障学生中仅有部分人能够继续接受职业教育,这就造成了残障学生教育与就业之间的断层,降低了残障学生就业的可能性,进而影响到残障学生终身幸福。

残障学生的幸福感遵循普通学生幸福感一般规律。在国际学生评价项目(PISA)2015年的报告中,学生的幸福感被定义为学生为创造幸福而充实完满的生活所需要的心理的(psychological)、认知的(cognitive)、社会的(social)、身体素质的(physical functioning)能力总和[①]。我们团队建构的中国普通中小学生幸福感五因素结构模型,包括:心理幸福感、学业幸福感、健康幸福感、社会幸福感和道德幸福感。依照PISA四因素模型,与普通学生相比,残障学生最大短板就是"身体素质",由此拉低了其他四个方面。依照我们团队建构的普通学生幸福感五因素模型,残障学生最大短板在健康幸福感(身心健康),其次应该是学业幸福感,由此拉低了其他三方面的幸福感。

残障学生幸福感由自身短板导致其心理与行为表现出一系列特点和规律。客观地讲,残障学生由于生理上的缺陷,会产生许多心理和行为问题,无论是在学习认知、人际适应、行为问题、情绪问题、性格缺陷、自我概念等各个方面以及总体心理健康状况均明显劣于正常儿童。例如,残障学生自控能力差、意识薄弱,容易暴躁、焦虑、胆怯、恐惧、自卑和自暴自弃,且比较任性、多疑、固执、孤僻,等等。再如,在与残障学生长期的相处过程当中,残障学生包括具有智力障碍的学生能够感受得到社会上部分人的好奇、畏惧及歧视心理,这也在很大程度上造成了残障学生产生孤僻、自卑等心理问题[②]。有人概括出残障学生常见的四大心理困扰[③]。

(1)自卑与孤独感。随着自我意识的不断发展,残障学生逐渐认识到自己与其他人的差异。由于身体某部分的功能丧失或障碍使残障学生产生被人瞧不起、笑话和歧视的心理,同时他们在生活和学习中遇到更多自身难以

---

① OECD. PISA 2015 results: Students' well-being(Volume Ⅲ)[EB/OL]. (2017-04-19)[2023-05-07]. http://www.oecd.org/pisa/publications/pisa-2015-results-volume-iii-9789264273856-en.htm.

② 白翠花.针对残障儿童生活行为及心理健康的调查研究[J].考试周刊,2018(26):193.

③ 史宁,何云凤.为残障儿童奠基幸福有成人生——积极心理健康教育理论的实践应用[J].新课程研究(上旬刊),2012,248(02):183-184.

解决的问题,如果他们得不到家庭、学校和社会等各方面的支持和帮助,就会产生自卑心理和无能感。强烈的自卑感和语言、行为等方面的障碍使他们不愿与周围的人交往,久而久之就会产生孤独感,性格变得内向,甚至会出现交往和社会性功能障碍。

(2) 敌对与敏感。残障学生的自卑心理使他们十分在意自己的缺陷,过多地注意别人的语言、行为和态度,对他人的评价也极其敏感。当他们的自尊心受到伤害时会表现得极端愤怒,也常因一点小事或别人无心的一句话就大发脾气,对外界的情绪反映强烈,情绪波动较大,易激动,常与他人产生冲突。

(3) 抱怨心理。当残障学生做事遇到困难或受到嘲笑时就会产生抱怨情绪,抱怨亲人、朋友,抱怨命运的不公平。他们常常认为自己是无能的、多余的,有强烈的无能感和不公平感。

(4) 悲观消极心理。和正常学生相比,残障学生在生活的各个方面都会遇到更多的困难,甚至在他人看来非常简单的问题都没有办法自己解决。他们常对自己失去信心,自暴自弃,产生悲观消极的心理,这种心理很可能会迁延到残障学生对自身各方面的评价,使其对自己失去信心,缺乏意志力,不思进取。

心理是幸福感的调节器,心理问题往往导致行为问题,进而影响到幸福感。党的二十大提出重视心理健康和精神卫生,这对提升新时代残障学生幸福感具有重要指导意义。

二、"人本特教"开辟残障生幸福新视野

残障学生幸福教育的人本诉求集中体现为"人本特教"[①]思想,即"以人为本的大特殊教育",其基本理念是一个都不能少,让每个残障学生都活出精彩人生。具体而言,就是"人人都有特殊需要,人人都需要特殊教育;人人都关心特殊教育,人人都享有特殊教育",这是新时代广义的大特殊需要教育思想。即便正常人,也必须接受一定的特殊教育,懂得尊重、关爱和帮扶残障群体,提高公共道德水平,减少和杜绝社会歧视,提高全社会文明程度。

① 孟万金.人本特教宣言——改革开放30年暨《中国特殊教育》100期纪念[J].中国特殊教育,2008(10):3-6.

（一）“人本特教”内涵

“以人为本”就是从人的本质出发，重视人的价值，肯定人的作用，承认人的力量和能动性。人不仅是自然界和人类社会的根本和主体，而且是人本身的根本和主体，人是人的最高本质。

“以人为本”的“人”是指全体人民，既包含个体又包含群体。因而，我们的特殊教育不应只面向或偏向某一类学生或某一类残障，而应面向全体学生和全体有特殊需要的人。

“以人为本”的“人”是指具有高度心理、生理差异的在具体环境中生活的实体。因而，我们的特殊教育不能只见残障不见“人”；要“承认差异，允许差异，尊重差异”；相信每个学生都是发展的人，有潜能的人，有尊严的人。

“以人为本”的教育，就是要以人的科学的可持续的发展为根本，肯定人的价值，尊重个体，承认差异，维护人们的切身利益，重视满足人们的现实需要，致力于开发人的主体性、能动性、创造性、身心和谐性，提高人的素质，发挥人的潜能，最终实现人的全面发展。

“以人为本”的大特殊教育就是根据人的不同特点，采取个性化手段施以特别的教育，满足所有学生的特殊需要，使全体学生都能得到科学的可持续的发展，进而使人的独立人格完美形成并获得良好发展。对明显残障的学生，在提供最少限制的环境（least restrictive environment，LRE）中安置——尽可能不要把他们从普通班、家庭、社区中隔离，让他们的生活与学习都尽可能在一般情境中进行。使每一个身心障碍者，不论类型、程度，尽可能地与其所属文化中的正常人一起受教育和一起生活，尽可能地融合在一般社会中。

坚持人本特教需要进一步明确“一个中心、两个基本点、三个统筹兼顾、四项基本诉求”，即：以提供适合的教育满足人的特殊需要为中心，积极推进特殊教育由狭义的残疾儿童教育迈向广义的特殊需要教育；以进一步发挥特殊教育学校骨干作用和随班就读（含附设特教班）主体作用为两个基本点，带动特殊教育向教育系统内外纵深发展；以“数量与质量”“公平与效益”“硬件与软件”三个统筹兼顾为指南，科学规划，促进特殊教育事业又好又快地发展；以“人人都有特殊需要，人人都需要特殊教育；人人都关心特殊教育，人人都享有特殊教育”为四项基本诉求，凸显特殊教育发展是一项系统工程，具有广泛的客观基础和强烈的主观愿望，需要全社会的共同努力，最终实现让蓝天下所有人共享教育改革发展和人类文明进步的成果。“人本特教”是“以人为本”在特殊教育改革创新中的具体体现，揭示了特殊教育发展必须尊重特点、尊重差异、因地制宜、因人而异的人本思想精华，是未来努力的方向。

（二）开创人本特教新局面

人本特教概括了改革开放以来中国特殊教育长足发展的经验。日益完善的政策与法律、法规体系为更多残障学生接受教育提供了保障；特殊教育学校教育经费逐渐增加，为更多残障学生接受教育提供了有力的经济基础；不断提高的入学率和就学率标志着残障学生教育公平进程不断加快；特殊学校专任教师学历层次不断提高，为更多残障学生接受教育提供了良好的教师资源。实践证明，"以人为本"是引领中国特殊教育长足发展的灵魂。

"人本特教"肩负着构建和谐社会的特殊使命。我国有 8300 多万残疾人，涉及 2.6 亿家庭人口。平均不到五个家庭中就有一个家庭有残疾人。实现社会公平和谐必须优先考虑残疾人及其家庭，努力开创"以人为本"统领下的特殊教育公平新局面。

1. 发掘中华文化人本思想宝贵遗产

在璀璨的中华文化历史长河中，汇集着众多"人本思想"的源头：

- 天生百物，人为贵；
- 天地之性，人为贵；
- 惟人万物之灵；
- 天之所生，地之所养，人为大矣；
- 天地之精所以生物者，莫贵于人；
- 凡生之物，莫贵于人，人主之所贵，莫重于人；
- 天地之所贵者，人也；
- 万类之中，惟人为贵；
- 夫天地之所贵者生也，万物之所尊者人也。

……

我国春秋时期齐国名相管仲（约公元前 725—前 645 年）将这些宝贵思想概括成"以人为本"，成为中国古代哲学的一个重要特征——不论是儒家的"仁"学，还是墨家的"兼爱"，都是以"人"为核心的；即便老子的"道"也是同"德"相通的，也离不开人的修身养性。"以人为本"的中国传统赋予了"人本特教"中国特色、中国气派。

2. 弘扬传统"人本"教育思想，彰显人本特教中国气派

弘扬孔子"仁"学优良传统，坚持"仁者爱人"，爱一切人和一切人都相互

爱,提倡关怀人、爱护人、维护人的尊严,重视人的价值,反对肆意践踏、歧视人性。

吸收孔子“有教无类”(《论语·卫灵公》)的思想精华,对所有的人敞开教育的大门,对各种各样的学生一视同仁,每个人都有享受特殊教育的权利,保证教育的公平性。

大力落实孔子“因材施教”思想,承认人的身心有差别,人的性格有不同的特点,针对人的不同特点施教,使人的潜能得以充分发挥,使所有人得到最大限度发展。

3. 摒弃西方人本教育思想,突出马克思主义人本立场

吸收西方当代人本主义教育中注重人的内在价值的实现,鼓励发挥人的内在潜能,强调人的自由、平等、尊严、个性、幸福等基本权利中积极、合理的成分,摒弃西方人本主义的抽象人性论和“自我中心”等缺陷,实现对西方人本主义的超越。

人的现实生命活动是教育的前提,特殊教育要植根于人的生活世界,关注社会生活中存在的现实、具体、活生生的人。人本特教的最基本任务是建构人与世界的和谐关系,关注怎样培养人们适应世界、认识世界、改造世界的意识与能力。

人本特教要以人的现实条件为基点,坚持人与教育的互动发展。未来的理想目标是以每个人的全面发展为基本原则,培养具有生活和实践能力的人,造就人的全面发展,使每一个人成为他自己。人本特教要使受教育者在现实生活中能够达到人与自然、人与社会、人与人的和谐发展,在更高层面上体现教育的终极关怀。

人本特教既要满足学生多层次多方面的需要,使每个学生在获得知识、发展技能外,收获到与同学、老师构筑和谐关系的能力与乐趣;又要积极引导学生朝着与社会需要相协调的方向自觉发展。

4. 更新特教观念,扩大特教范围

特殊儿童教育不等于特殊需要教育。特殊儿童教育是指针对特殊儿童(exceptional children)的教育。特殊儿童是指其身心特质显著地低于或高于常模或平均表现水平的儿童,需要提供特殊教育方案及其他相关服务才能符合其需要,才能发挥其潜能。

“人本特教”所主张的特殊需要教育,是指满足所有儿童特殊需要的教育。正如1994年6月10日联合国教科文组织召开的“世界特殊需要教育大会”通过的《萨拉曼卡宣言》中明确指出:“每个儿童都有其独特的特性、志趣、能力和学习需要;教育制度的设计和教育计划的实施应该考虑到这些特性和需要的广泛差异。”因此，人本特教范围关注如下对象。

- 盲、聋、弱智、肢体障碍、多重残疾等严重缺陷儿童，这是人本特教的重中之重。
- 孤独症、身体病弱、严重情绪障碍、阅读障碍、书写障碍、写作障碍、计算障碍等在内的学习障碍、言语障碍、行为困扰、品行问题、交往障碍、心理健康问题、发展迟缓等方面的弱势儿童，以及孤儿、流动留守儿童、单亲祖亲家庭儿童、问题家庭儿童、艾滋病患儿、受虐儿童、女童、受灾儿童等处境不利儿童，这是人本特教关注的广义层面。
- 一般智能优异、学术性向优异、艺术才能优异、创造能力优异、领导才能优异、演讲与口才优异、运动技能优异以及其他特殊才能优异等超常儿童，这是人本特教值得重视的高端。
- 普通人群在特定时期、特定情况下的特殊需要，这是人本特教纵深发展的潜在空间。

人本特教不仅重视补偿性、纠正性教育，更强调建设性、发展性。教育残障儿童或问题儿童固然需要补偿性、纠正性教育，但更需要建设性、发展性教育。要从青年楷模作家——张海迪、以文学思考人生的作家——史铁生、创作性民间艺人——阿炳、中国的保尔——吴运铎、印象派巨匠——凡·高、伟大的理论物理学家——霍金、轮椅上的提琴家——帕尔曼、永远的超人——克里斯托弗、坐轮椅的美国总统——罗斯福、听力失聪的音乐大师——路德维希·凡·贝多芬、不朽的聋人发明家——爱迪生、坚强的小说家——海明威、捷克音乐天才——斯美塔那等众多残障名人成功案例中获得启示，汲取经验，扬长避短。坚信残障人不是包袱，教育得当，一样成为社会的宝贵财富。

天才教育要突破传统智力超常教育的局限，广泛辐射到普通儿童，贯彻多元智能理论，倡导多元超常教育，发现各种天赋，培养各种特长，开发各种创造力，实现超常教育的大众化，促进更高层次的教育公平，为建设人力资源强国做出更大贡献。

5. 转变投入方式，变以物为本为以人为本

转变在硬件上投入大量资金而收效却不佳的以物为本的投入方式，加大以人为本的软件建设的投入。避免隔离性硬件建设使用率低下，以及忽视人的社会适应与交往的基本需要的倾向。

6. 优化课程教学，提高教育质量

特殊需要教育不是放慢了速度的普通教育，要避免把普通教育的课程内容特别是教学方法、教学管理模式简单移植到特殊教育。要走融合之路，有步骤地实施全纳教育,最终通向全民教育。

克服过于强调文化结构的整体性、过于强调书本知识和课堂教学、过于强调对书本知识的考核和考查等以物为本的弊端。坚持以人为本,以全面提高特殊需要学生素质为宗旨,以培养特殊需要学生自尊、自信、自强、自立的精神和社会适应能力为主要目标;根据学生的差异和不同需要设计不同的课程结构和教学内容,提出合理的要求,选择高效的教学手段和科学的教学方法,尤其是运用信息技术,充分发挥学生的主体性和潜能,使不同类别、不同程度的特殊需要学生都得到发展和提高。

7. 加强对教师人本关怀,重视教师专业化发展

以人为本,加强师资队伍建设,改善生活待遇和工作环境,扩大数量,提高质量。人本特教对传统特殊教育和普通教育都提出了新的挑战——不但要改革目前的教育体制,还要改革教育的课程和教学的方式、方法等,而这一系列改革的成效在很大程度上依赖于教师专业化发展的转型和教师专业素质的提高。

教育工作是一门专业(profession),特殊需要教育更是如此。要树立以人为本的大特殊教育专业理念;掌握特殊需要教育教师职业必须具备的知识、学识和才能;具备出色完成职业使命所必需的情趣、情感和情操;遵守特殊需要教育教师基本规则和必须履行的基本守则。

8. 提供多元化教育服务形式,坚持以人为本

人本特教提倡多元化教育形式,从最少限制到最大限制的服务形式,依序为:普通班、设有咨询服务的普通班、特殊教育巡回教师模式、资源教室、诊疗中心——短期在特殊班接受各种评量、医院与居家教学服务——床边教学、自足式特殊班、通学制特殊学校、住宿学校。鼓励开展多种形式、多种特色的人本特教实践形式。

教育服务形式选择要坚持以人为本。全纳教育和多元化教育形式的追求就是实现回归社会的终极人本目标。但在具体实施过程中,要坚持以人为本,因人而异,因地制宜,落实个别化教育方案(IEP)。既要兼顾社会理想目标,有步骤地与国际全纳教育对接;也要兼顾客观条件,符合国情,尊重个体的主观愿望。

9. 构建立体化综合服务网络,提高科学性、针对性、实效性

"社会即学校,生活即教育。"人本特教主张健全"学前-基础-高等-成人"贯穿一生的终生教育体制,构建"学校-社会-家庭"三位一体的教育模式,形成"预防-教育-咨询-康复-职业培训"等综合服务体系。

动员普通教育教师、心理学家、医疗工作者、家长或社区相关人士等,合作咨询、共同辅导,共同承担特殊需要学生的咨询、辅导与康复的责任。整合“天网、地网、人网”资源,发挥信息技术优势,切实提高“人本特教”的合作性、科学性、针对性、实效性。

10. 建立健全制度法规,提供社会支持保障

建议制定特殊教育法,加大执法力度,为人本特教提供法治保障；建立特殊的教育财政投资制度,为人本特教提供财政保障。

人本特教是一个系统工程,需要各方面的合作和社会广泛的参与。教育、民政、残联、康复机构、医疗卫生保健机构、妇联、社会福利机构等部门要通力合作,共同努力,克服困难,把中国的特殊教育办成让人民满意的以人为本的大特殊教育。

11. “人本特教”坚持开放性和动态性

“人本特教”不是孤立的、不影响外界也不受外界影响的封闭系统,而是与环境、与其他系统相互作用的开放系统。因此,大力倡导“百花齐放,百家争鸣”。热诚欢迎各种合理化意见和建议,甚至批评,使之不断深化,以便最大程度反映广大特教人的心声。

“人本特教”不是静止的、僵化的、一成不变的静态系统,而是吐故纳新、不断丰富和发展的动态系统。因此,积极奉行“与时俱进,开拓创新”。衷心希望全社会共同努力,使之不断细化和进一步完善。让“人本特教”光芒照亮中国,照耀世界。

三、积极心理为残障生幸福奠基

党的二十大报告提出“重视心理健康和精神卫生”。心理健康教育是特殊教育的重要内容,加快建设特殊儿童积极心理健康教育体系,对于提高残障学生幸福感至关重要,具有鲜明时代价值。

俗话说“身残志坚”,意思是指虽然身体外表残废了,不如平常人,但是却比那些平常人有志气,有着更宏伟、远大的志向和目标。前面的“身”自然是身体,指生理；后面的“志”与生理对应,可以代表心理,指心理坚强、强大,也就是通常讲的积极心理。这对残障学生幸福教育颇具启示和启发价值。残障学生唯有塑造坚强、强大的积极心理,才能更有效弥补身体残障的不足,身残志不残,焕发生命精彩——这是加快建设残障学生新时代高质量积极心理健康教育体系①的主张和诉求。

① 孟万金. 加快建设高质量特殊儿童积极心理健康教育体系[J]. 中小学心理健康教育,2022,527(36)：12-16+21.

积极心理健康教育扎根于中国优秀传统文化，在继承和整合积极心理健康、积极心理治疗、积极心理学、积极教育诸方面思想和实践的基础上，根据构建社会主义和谐社会的需要而创立的以积极和发展为取向，有目的、有计划地增进学生和国民心理健康的理论和实践体系。它针对以往的心理健康教育把重心放在"诊断和消解痛苦"等问题上，主张以人的向善性为价值取向，运用积极的内容、方法和手段，从正面发展和培养个体的积极心理品质，防治各种心理问题，促进个体身心全面和谐发展。

特殊儿童积极心理健康教育实质就是积极心理健康教育一般原理在上述特殊儿童教育中的创造性运用和创新性发展——既要坚持积极心理健康教育的共性，又要遵循特殊儿童身心发展特异性，强化补偿性、替代性和挖潜性，避免次生伤害。坚持"以残障学生为中心"。中国优秀传统"有教无类"强调学生中心、公平正义；后现代主义视野下，学生的差异是"常态"，是教学的"资源"，来源于"社会建构"。残障是一种"身份差异"而非"人身劣势"，应消除残疾人和非残疾人的本体论区分。这为积极心理健康教育关爱所有学生、消除歧视提供了思想支撑。汲取西方积极心理学主张人类自身存在抵御精神疾患的力量的理念，通过挖掘困境中个体的潜能力量，预防和化解心理问题，不断塑造特殊儿童心理健康和主观幸福新动能新优势。

残障学生积极心理健康教育的基本途径与方法主要包括如下四个方面。

(1) 融合教育。一是将特殊学生安置在普通学校，与普通学生共享平等优质的教育与相关服务，这在促进特殊儿童身心发展和社会融合等方面发挥重要作用，例如，在普通班级就读可促进孤独症儿童的言语、认知和适应性行为发展，但是当前孤独症儿童的社会接纳程度并不高。超常儿童与普通儿童间的融合与接纳也必须改进，应允许为超常儿童提供特殊辅导，给予他们充分发展的空间。二是将积极心理健康教育的元素融合进学校的教育教学活动，这是最有效的心理健康教育方式。

(2) 多元智能。人至少有语言、数理、空间、运动、音乐、人际、内省、自然八项智能，如果每个人都能发挥自己的优势智能，每个人都能取得最佳发展。例如，手指操可以改善视障儿童精细动作，促进注意力的提升；通过即兴演奏和创编音乐，为孤独症儿童提供社会互动情境，还有社交沟通疗法、图片交换沟通系统（PECS）都对孤独症儿童改进"社交""沟通"和"情绪与行为"有积极疗效；个别化教育计划（IEP）、差异教学等能改善学习困难；针对超常儿童采用深度教学，能最大限度提高创造力。

(3) 家校合作。随着积极心理学的盛行，特殊儿童家长逐渐能积极面对儿童残疾、就医、入学等挑战。目前,融合教育正从“物理融合”向“社会融合”转型升级,亟须提高普通教师的融合教育素养,家校协同开展积极心理健康教育也实属必然。

(4) 信息技术。由于特殊儿童具有不同程度的生理或心理缺陷,导致其信息化工作遇到更多困难,有幸的是已初见成效。如特殊教育云服务,虚拟现实技术应用于孤独症儿童干预,情绪认知训练人机交互系统,“互联网+”式的干预;积极心理健康教育方法在信息技术教学中也得到了应用。

针对不同对象细分出具体任务如下。

- 视障儿童。发挥听觉和音乐优势,防治认知发展滞后、学习动机失调、情绪困扰、行为偏差、人际交往不良等问题。
- 听障儿童。发挥对程序性材料记得好、遗忘得慢、视觉敏感、形象思维发达以及因“清静”带来幸福感较强的优势,增强自信心,降低自卑心,提升学校适应水平,减少彼此之间的霸凌行为。
- 智障儿童。开发动作思维、图像加工潜能,弥补认知功能、数理能力及抑制控制能力不足,化解社会适应能力发展困境。
- 孤独症儿童。开发音乐绘画天赋以及阅读、记忆、计算等方面的超常潜能,扩大兴趣范围,克服或减轻个体社会维持缺陷、信息加工异常以及情绪加工问题,缓解重复刻板行为和过分自我为中心。
- 学习困难儿童。开发艺术思维、动作思维、图像加工潜能,克服视觉注意广度缺陷,防治发展性阅读障碍、孤独体验和多动症。
- 超常儿童。充分利用智商高和工作记忆的精确度与广度和专注能力、旺盛的求知欲、敏锐的感知,防治因认知能力超常而其他能力滞后引起的失衡。比如,高智商低情商,高智低德,高创造性低服从性;提高常规教学进度和难度,避免压抑超常儿童心理的正常发展;开展健全人格教育,促进智力与身心全面和谐发展,防治较高的轻生倾向。

四、让残障生与普教生共享幸福蓝天

让残障学生与普通学生共享幸福蓝天是新时代幸福教育的崇高理想,而实现这一崇高理想唯有依靠和大力开展“融合教育”。

1994 年,联合国教科文组织在西班牙召开的“世界特殊教育大会”上发布了《萨拉曼卡宣言》,首次提出“融合教育”(也曾译成“全纳教育”),主张普通学生和残障学生共同在普通学校接受教育,普通学校的教育服务应该满足不同学生的特殊教育需求；2015 年，联合国教科文组织发布的“教育 2030 行动框架”提出“融合教育”作为全球未来教育目标，强调所有人尤其是处境不利的人们，都应该有机会获得全纳、公平、优质教育和终身学习机会。

“融合教育”理念主要汲取了后现代主义差异观思想，认为学生的差异是“常态”，学生的差异是教学的“资源”，学生的差异来源于“社会建构”。通过建构独属于残障群体的“残障文化”，使残障成为一种与种族、性别等类似的“文化身份”，使残障成为一种“身份差异”而非“人身劣势”。由于医学模式和社会模式的残疾本体论在某种程度上会加剧残疾人和非残疾人的二元区分和对立，莎士比亚提出了具身残疾本体论，即把残疾看作是人性的内在和普遍本质，致力于消除残疾人和非残疾人的本体论区分，倡导残障学生与普通学生共同学习、共同生活、共同发展。

在我国，融合教育的具体形态就是“随班就读”，它在提高特殊儿童义务教育入学率、解决广大农村特殊儿童入学难问题以及促进特殊儿童身心发展和社会融合等方面发挥了重要作用。2020 年，我国约有 43.58 万人随班就读学生，在所有在校特殊学生中占比为 49.47%。与此同时，随班就读范围不断扩大，被调查的幼儿园班级中三成多有特殊需要儿童。追求普通学生与特殊学生融合，变学生差异为天然有效教育资源，充分体现了人类命运共同体理念。目前，“融合教育”也正从“物理融合”向“社会融合”转型升级，服务内容也不断深化细化，比如中小学重视特殊儿童游戏权的法律保障，加强对特殊儿童坚毅品质的培养，激励身残志坚，预防和减少霸凌等。

由于“随班就读”的“随”和“就”容易产生“主-从”不公平的标签效应，加之其主要沿用固定行政班级模式和机械教学程序，难以营造平等多元的社会与教育环境。即便是普通班级课堂，学生也无法通过统筹和协调课程课时得到适合自身的五育全面、和谐、充分发展的教育。为此，新时代幸福教育力主从“随班就读”向“走班选读”升级。①

“走班选读”是在汲取“走班制”“分层教学”“抽离式”“资源教室”等实践经验基础上的综合创新。它面向学生全体，以固定行政班为教育教学和管理主体，根据各育学科或教学层次、特点、规律的不同，设置不同类型的班课供学生选择，学生根据自身发展的需要选择适合的班课，流动上课学习。“走班”是人员组织形式的变通，“选读”是学习内容和方式的变通。学什么、跟谁学、到哪学、怎么学、学到什么程度等这一切的主动权和选择权都掌握

---

① 孟万金，张冲，姚茹．“五育并举”视域下“融合教育”的中国智慧——从“有教无类”到“随班就读”再到“走班选读”[J]．教育理论与实践，2023，43(07)：8-12.

在学生手里。充分体现了学生的主体地位，不仅极大提升“因材施教”程度，更为学生德智体美劳全面和谐充分发展提供了有效路径。随班就读的残障学生可以根据自身各学科实际水平，选读更低年级的相关普通班课，尤其要用好资源班，选择适合的干预项目，接受康复训练或学习辅导。

案例

烟台辅读学校：立德树人理念下培智学校幸福教育体系建构①

特殊教育作为中国特色社会主义教育事业的重要组成部分，体现着教育公平的内在要求。烟台市芝罘区辅读学校是一所专门招收智力障碍儿童的培智学校，学校邀请孟万金教授手把手指导幸福教育，以“幸福的教育培养幸福的人”为办学宗旨，努力构建特殊学校立德树人幸福教育新体系。

一、推进课程改革

课程改革是实施素质教育的关键，是师生共历愉悦、健康、激情和美感的通道。2012年，学校开始利用《培智学校义务教育课程标准(初稿)》进行改革，构建了融基础性课程、发展性课程、康复性课程为一体的、个别化的、康教结合的、完善的课程体系。基础性课程包括生活语文、生活数学、生活适应、绘画与手工等，使学生掌握最基本的生活所需知识。低年级课程侧重认知启迪教育及习惯养成；中年级课程侧重生活经验学习积累及生活常识的学习；高年级课程侧重向社区独立生活能力和职业教育方面延伸，注重学生生涯发展及其转衔。已编写完成三个学段六门学科93册教材。发展性课程根据学生的年龄、智力、兴趣爱好，着眼于学生个体潜能开发而设立，包括智趣拼豆、丝网花、环保花瓶等十多门课程，为学生将来走上社会奠定坚实的基础。康复性课程有言语语言康复、行为矫正康复、认知康复、肢体功能康复等。

三类课程从智能、康复需求以及学生未来的生存能力需要方面进行了设计，始终把立德树人、幸福教育贯穿始终。

二、细化学校管理

学校实行教师“包班制”，教室就是办公室，两位老师承包了一个班的所有课程。目的就在于老师能充分了解每一个学生的特点，及时理解、破译这些孩子的语言、动作以及各种需求，因材施教，同时更便于学生尤其是孤独症儿童适应老师，减少他们的不良情绪行为。再如，在餐桌的安排上，每个

---

①　本案例由烟台辅读学校衣文玉校长供稿(选编)(2020年3月)。(孟万金教授多次亲临该校考察指导)。

桌面上都贴有圆形、半圆形或扇形等不同的图案。圆形代表整份饭，半圆形代表半份饭，扇形代表四分之一份饭……餐厅工作人员根据图案就能针对不同食量的孩子提供相应分量的饭菜，从点滴小事中展现出爱的教育。

三、改革教学模式

学校推进信息技术与课堂教学融合，全面开展“智慧课堂”教学改革，借助“康复云”平台，探索实施个性化的教育康复学习模式，实现了对残疾学生进行科学评估诊断。通过主客观评估分析做出可行性分析报告，根据分析报告制定出学生的长短期规划。

训练形式采取“一对一训练、小组教学、集体教学”三种训练模式相结合，优化训练过程，紧密围绕“科学评估-有效训练-疗效监控”三个环节循环往复、层层推进。基础性课程、康复性课程分学科、分康复类别建立相应的资源库，资源共享。

四、做好教师专业阶段发展规划

没有专业发展方向的老师是没有前途和幸福可言的，在辅读学校，每位老师都有自己的发展方向。老师们运用 SWOT 分析法梳理自身发展优劣势，面临机遇和挑战，做好长、短期发展规划；运用 SMART 目标法分层次制定符合学校各方面和自身意愿的发展计划，规划未来三年内自身将要达到的主要目标和发展途径，推动自身专业可持续发展。学校结合教师们的专业发展方向，为教师提供线上学习平台，如云康复平台当中的名家讲堂；为教师提供外出培训机会，如感觉统合训练师培训营、言语语言阶梯培训班、心理咨询师培训，等等，开拓思路，助力老师专业幸福成长路。

五、科研中体验教育幸福

学校以课程为载体，以课堂为途径，以课题为重点，积极实施“科研兴校”战略，有效开展“教学即研究、问题即课题”的课题研究，形成人人做课题研究，人人是课题主持人的局面。几年来老师们组织并参与的国家级课题、省级课题、市级课题不胜枚举。有宽度的思想必然有深度的教育，课题的研究过程是一个教师回归教育本真的过程，让教师感受特教事业的魅力，极大丰富了教师的思想内涵，提升了工作幸福指数。

六、自主择岗体验从教灵活性

学校坚持尽可能让教师选择自己喜爱的工作岗位。每学年结束前，学校把七大学科岗位、四大康复（OT/PT/ST/心理与情绪行为）岗位、正副班主任岗位一一列出，每位教师根据自己的意愿及课时量需求选择执教学科和康复内容，根据自己的意愿选择是否愿意担任班主任。志愿填报相冲突时，学校与教师进行协调沟通。把被动地等待安排教学任务化为主动请缨，老师们的工作态度发生了质的变化，工作积极性和创新性也大大提高，教育的乐趣与教育者的职业紧密结合，工作就变成了一种享受、一种幸福。

七、发挥学生禀赋特长

个性化的 IEP 为每个学生量身打造了适合他们成长的课程。每年，学校都会对学生进行学科本位评估和康复综合评估，全方位、多角度了解每个学生现阶段的水平，为学生做好个别教育计划，做好学期教康计划、月计划、周计划、日方案，结合学生的最近发展，和时间赛跑，抓住学生每一个成长的关键期，使学生得到最大程度的发展。

很多智力低下的孩子拥有异于常人的禀赋，但他们不善言辞，需要伯乐帮助孩子搭建通往幸福的桥梁。每个孩子潜能挖掘的背后，都有一段鲜为人知的故事。

故事一：钢琴小王子成长记

有一个孤独症孩子，他的情绪问题非常严重，触觉超敏，别人不小心碰到他，就会发出刺耳的尖叫，每天早晨到校对于环境的适应要哭闹一小时，他从不和老师、同学主动打招呼，哭闹就是他的表达方式，上厕所要哭闹，饿了渴了要哭闹，字不会写、题不会算还要哭闹，老师要结合时间段细细揣摩他的需求。有一天早晨教室里播放着音乐，他一如既往地尖叫着进了教室，但随之他便停止了哭闹，走到电脑旁耳朵贴着音响，变得很安静，第二天、第三天……之后迎接他新一天开始的就是老师精心挑选的音乐，老师期待着孩子这一天能有美好的生命体验。一次课间，别的同学碰到了他，他立刻哭喊起来，讲道理他根本不听，后来老师打开国歌伴奏准备队会活动，发现他突然停止了哭闹，还随着音乐唱起了谱子……老师像发现了新大陆一样看着他还在流泪的小脸哭笑不得。从那以后他学会了弹口风琴、钢琴、铝板琴等。在日复一日的练习中他的双手指尖磨出了茧子，他的意志力增强了，耐挫力提高了，遇到事情哭闹的次数减少了，他还克服了触觉超敏，愿意和父母、伙伴拥抱表达友好，现在他可以走上舞台尽情地演奏。

故事二：数字小天才

有一个脑瘫的孩子，他的手脚尤其不灵活，但学校师生都称他为“活日历”“小手表”。无须钟表，他能随时告诉你现在几点；无论过去还是将来，随便说出一个日期，他能准确地说出当天是星期几。过去随便的哪一天班级哪个孩子缺课请假，他都能正确无误地说出来。每当这时，他的脸上总是充满着自信、快乐！这也促使他不断地克服困难，在走路、写字等方面手脚越来越灵活。

同样，学校还发现和培养了小小作曲家、小小歌唱家……

八、搭建家校幸福链

学校通过五步法链接学校教育与家庭教育的通道，搭建学生成长的幸福链，一是定期邀请专家给家长授课，对家长进行技能培训和心灵疏导；二是利用每天放学时段有重点地与家长进行交流，让家长充分了解孩子一天的教育康复和生活情况，在家庭中延续学校的做法，如学习了“我会乘车”这一课后，让家长有意识地锻炼孩子，观察孩子的乘车情况，及时反馈给老师，利于老师带着目标去施教；三是每学期举办一次家长开放周活动，让家长了解老师的课堂，了解学生的康复情况，了解学生的课间活动，以及学校的食堂等；四是每学期末每位教师都要与家长进行个别访谈，由教师将每个学生一学期的学习、康复、生活的内容、过程与效果向家长进行详细汇报，同时与家长面对面制订下一学期的个别化学习、康复计划；五是不定期邀请家长到学校，为他们讲解国家有关残疾人的优惠政策，将全社会的关爱及时传递给家长。

学校毕业的学生有的成为交警队的巡逻员，有的成为超市收银员或理货员，有的是加工厂的员工，有的是停车场工作人员、宾馆服务员、社区保洁工等，可以说，幸福的教育改变了一个家庭的生活轨迹。

第十一章　新时代大学生幸福教育研究

党的二十大报告提出：加快建设中国特色、世界一流大学和优势学科；着力造就拔尖创新人才。这对高校在中国式现代化建设中寄托了崇高使命；也为开展和深化新时代大学生幸福教育，进一步提升新时代大学生使命感、幸福感，成为堪当民族复兴大任的时代新人指明了方向，提供了根本遵循。

一、新时代大学生亟须幸福教育

建成教育强国、科技强国、人才强国、文化强国、体育强国、健康中国，大学生肩负神圣使命。新时代大学生幸福的灵魂是将自身发展和命运与国家的发展和命运紧密结合起来，将自身的生活和幸福与“人民生活更加幸福美好”有机结合起来。这也是新时代大学生幸福教育的价值追求。

幸福感作为高层次的情感，需要通过价值的自我实现来创造。新时代的大学生不再仅仅追求物质的享受，而是更多关注精神和理想价值的实现，物质享受无法创造持续性的幸福感。他们的幸福感建立在对幸福本质理解和价值的高层次追求上，他们的价值实现，也更加体现在对人民、社会的幸福认知和追求上。

我国大学生幸福感的研究开始于 20 世纪 90 年代中后期，多偏重“大学生主观幸福感”。主观幸福感（subjective well-being，SWB）是指个体依据自定的标准对其生活质量的整体的评价。这是 Diener（1984）提出来的在心理学界得到公认的概念，它包括生活满意度和情绪体验两个基本成分，前者是个体对生活总体质量的认知评价，即在总体上对个人生活做出满意判断的程度；后者是指个体生活中的情绪体验，包括积极情绪（愉快、轻松等）和消极情绪（抑郁、焦虑、紧张等）两方面[①]。主观幸福感具有主观性、稳定性、整体性三个基本特点。

---

① Diener E. Subjective well—being[J]. Psychological Bulletin，1984，95(03)：542-575.

近年来我国学者对大学生主观幸福感的研究的主要内容有：①对大学生主观幸福感的影响因素方面的研究，这类研究分为两个方面，其一是从主观与客观因素影响大学生主观幸福感的形成的角度进行研究；其二是对大学生主观幸福感与人格关系的角度进行研究；②对大学主观幸福感的状态进行研究，这类研究有对我国大学生的整体研究，也有对我国具体区域或某个民族或某个学校的大学生的研究；③对大学生主观幸福感与其他人群对比或进行跨文化的比较研究。

严标宾等在2003年曾做过我国内地、我国香港和美国大学生主观幸福感比较研究，这是我国学者独立进行大学生主观幸福感方面的跨文化研究。结果发现，在总体SWB水平上，三方没有表现出显著差异，但在积极情感和生活满意度维度上表现出差异。

由于西方主观幸福感价值取向个人，而我国文化背景下的幸福观则是集体主义主导取向，因此，采用或修订西方主观幸福感量表测评我国大学生并与美国对比，得出我国大学生比美国大学生幸福感低的结论，显然不具有科学性。可见，加快建设新时代符合中国国情、独具中国文化特色又兼具世界视野的大学生幸福教育体系及其幸福测评体系是多么重要且极具迫切性。

二、积极心理增进大学生幸福感

大学生幸福感基础在心理，关键在积极。新时代大学生幸福教育重在塑造积极心理品质，这是高校积极心理健康教育的重心。近年来，大学生心理问题越来越引起全社会的高度关注，尤其是一些恶性事件屡禁不止，更是给高校心理健康教育敲响了警钟。传统病理式和问题式心理健康教育不能从根本上预防大学生的心理问题，所使用的传统测评工具也只能测量大学生各种各样的心理问题，并不能揭示出大学生积极心理品质的发展状况，导致高校心理健康教育停留在补救的被动水平，治标难治本，严重影响大学生幸福感。

（一）积极心理健康教育迈向幸福高端

积极心理健康教育主张一切从“积极”出发，用积极的视角发现和解读各种现象，用积极的内容和途径培养积极向上的心态，用积极的过程诱发积极的情感体验,用积极的反馈强化积极的效果,用积极的态度塑造积极的人生,从而为幸福人生和幸福社会奠定积极的心理基础,营造和谐向上的精神状态。

积极心理健康教育重心是塑造积极心理品质,目标是奠基幸福人生。积极心理品质是维系和支撑积极心态、为个体健康快乐成长和社会和谐发展提供正能量的心理特质及其总和,它汇集并表现出一种持续的状态,即通常所说的积极心态。有学者指出[①],"积极心理品质"这一术语最先由孟万金等明确提出,它是指与消极心理相反的、与积极行为有关的心理过程,包括幸福感、满意感、最佳状态、专注与投入、乐观与希望、感恩与宽容等认知和情感,是人类的高级潜能,需要不断练习才能学会并巩固。积极心理品质可以通过合理的归因、良性的人际关系、正确的应对方式及主观幸福感等各方面影响心理健康。不仅如此,积极心理品质还影响或决定着个体思想、情感和行为方式的积极取向,继而为个体拥有幸福的人生奠定基础。

传统心理健康教育的最大特点就是病理式、问题导向,主要流程也是发现问题、提出对策、化解问题。集中体现在两大方面,一是心理咨询室(辅导室)的服务几乎全是针对问题、化解问题的服务,很难想象没有问题的学生或教师需要去心理咨询室接受心理辅导;二是传统心理课,基本上都是由问题案例入手,展示生活中遇到的典型问题,引发学生对问题的关注和联想,分析问题产生的根源,认识问题的危害,提出化解问题的重要性和意义,继而提出化解问题的对策建议,最后要求付诸实践,获得化解问题的体验。这尽管在一定程度上缓解或化解了问题,但是远远不是积极心理健康教育的高要求。积极心理健康教育认为,没有心理问题≠心理健康,没有痛苦≠幸福。没有心理问题、没有痛苦只是积极心理健康教育底线,幸福起来才是积极心理健康教育的真谛。如同没有疾病不等于身体强壮一样,没有心理问题也不等于心理强大。因此,传统病理式、问题式心理健康教育主要是把负性心理提高到零点水平,而积极心理健康教育是从零点水平迈向正性心理。尤其难能可贵的是,积极心理健康教育推出幸福学校、幸福班级、幸福课堂等一系列基本标准与核心评价指标,力主通过正性心理预防和化解负性心理,即中医倡导的扶正祛邪。犹如通过健身防病治病一样,既预防和化解了问题,又提高了幸福感。提升幸福感成为积极心理健康教育预防和化解问

① 王娟娟. 家庭教育中青少年积极心理品质培养[EB/OL].(2022-09-17)[2023-10-10]. https://www.wenmi.com/article/pxycdm056yud.html.

题的重心和支点，而传统心理健康教育的重心也只能落在化解问题上。每堂课让学生幸福起来，学生在校每天都会幸福起来，每天都幸福，那么，一周、一月、一年学生都会感到和体验到在校的幸福。

由此不难发现，在积极心理健康教育先进理念引领下，我国心理健康教育实践正从聚焦问题迈向关注幸福，从咨询矫治迈向激扬生命。

（二）中国大学生积极心理品质量表研发①

目前，国外除 VIA-Youth 外，还有 Park 和 Peterson 等②编制的成人版积极人格特质问卷（VIA-Adult）。该问卷是自陈式的，涵盖 24 个积极心理特征，共有 240 道题目，每个心理特征包括 7~13 个题项。虽然 VIA-Adult 用于积极人格特质的测量比较可靠，但是用于中国对象的测量时存在语言和文化适用性的问题。同时，240 道题目组成的超长问卷，即便原研发者也认为，存在问卷过长的问题，这也将影响测验的信效度。另外，大学生作为一个特殊阶段的群体，直接用成人版问卷测量可能也存在一定偏差。基于以上认识，本研究在借鉴中国中小学生积极心理品质量表成功开发经验的基础上，编制一套中国大学生积极心理品质量表（同样适用研究生），以满足我国高校积极心理健康教育的迫切需求。

题项编制与施测过程如下。

1. 量表题项的编制

本研究的量表测试题的来源如下三个途径：一是直接选自国内外优秀的相关的测验（如 VIA Adult）；二是修改前人测验中的有关测试题；三是自己编写。

2. 初测量表的内容

初测量表由三部分内容组成。第一部分是指导语，介绍测验内容、目的、作答方式和注意事项。作答方式采用的是李克特式五点量表，要求被测者根据各题项中的陈述与自己的符合程度选择相应数字。“1”表示非常不像我，“5”表示非常像我。第二部分是个人信息采集。第三部分是量表主体，共有 240 个题项，涵盖所有 24 个积极心理品质特征，每个特征上包括 7~

---

① 孟万金，官群. 中国大学生积极心理品质量表编制报告[J]. 中国特殊教育，2009(08)：71-77.

② Park N，Peterson C. Moral competence and character strengths among adolescents：the development and validation of the values in action inventory of strengths for youth[J]. Journal of Adolescence，2006(29)：891-910.

13道题目。每个特征上的题目编排都经过了非系统化随机处理。

3. 施测过程

采取整群抽样的方法,从北京、上海、福建、江苏、安徽、山东、黑龙江等省市选取在校大学生为施测对象,共发放问卷1300份,收回1145份,回收率88.1%。回收问卷中有效数据1029份,有效率89.9%(见表11-1)。

表11-1　被试的人口统计学变量

年级	人数(比例)	性别	人数(比例)	科别	人数(比例)	生源地	人数(比例)
大一	320(31.1%)	男	426(41.4%)	文科	451(43.8%)	农村	632(61.4%)
大二	312(30.3%)						
大三	237(23.0%)	女	603(58.6%)	理科	578(56.2%)	城市	397(38.6%)
大四	160(15.6%)						
总计	1029(100%)	总计	1029(100%)	总计	1029(100%)	总计	1029(100%)

4. 数据处理

用Excel进行初步的数据录入和管理。采用SPSS 16.0进行描述统计、项目分析、探索性因素分析(EFA)和信度检验。采用AMOS 7.0进行验证性因素分析(CFA)。第一步,数据准备。为确认数据录入的准确性,对录入数据进行随机抽检,对出现异常值的数据行进行原数据比对复核。并对采用系统均值对缺失值进行了填补。第二步,项目分析。将数据库按总分前27%和后27%的标准进行高低分组,然后对两组进行独立样本的t检验。将差异不显著的项目删除。第三步,将数据库随机分成两部分。第一部分为包含728人的"数据库1",用于EFA;第二部分为包含301人"数据库2",用于CFA。第四步,探索性因素分析。根据积极心理品质的构念,按照六大维度力量的划分,将"数据库1"分为认知、情感、人际、公民性、节制和超越六个分量表数据库,然后分别进行探索性因素分析。探索性因素分析包括模型设定和模型修正两个步骤。模型设定中采用主成分分析法进行因子抽取;采用最大变异法进行转轴;在因子数量的确定上,使用特征值(elgenvalue)作为因子数量确定标准,保留特征值大于1的因子。模型修正过程中删除题项的依据包括三项:在任何一个因子上的载荷量都小于0.30,在多个因子上的载荷量大于0.30,与构念中题项设计归类极不相符的以及多个题项属于同义重复的只保留其一,采用删除一题就重新探索性因素分析一次的方式,逐步探索出稳定的分量表因子结构。第五步,验证性因素分析。利用"数据库2"对探索性因素分析之后的六个分量表进行结构效度检验。验证性因素分析的结构,即潜变量与观测变量的对应关系参照探索性因素分析的结果。

模型的拟合采用最大似然法(ML)。参考修正指数(MI)和题项的因子载荷修正模型,最终确定拟合指标符合统计要求的最终模型。第六步,信度检验分别考查了六个分量表以及合并以后的整个量表的克隆巴赫α系数。

(三) 结果与分析

1. 探索性因素分析结果

(1) 分量表一：智慧和知识维度——认知的力量

KMO 和 Bartlett 检验结果是 KMO 为 0.819,Bartlett 球形检验 $p<0.001$,说明数据适合进行探索性因素分析。模型拟合经过 5 次迭代达到收敛,抽取因子 4 个。旋转后 4 个因子累计方差解释率为 61.000%。4 个因子共包含 12 个题项(具体见表 11-2)。EFA 结果表明,分量表一中提取出 4 个因子,因子一对应 24 种积极人格特质中的“创造力”,因子二对应“好奇心”,因子三对应“热爱学习”,而因子四体现“开放思维”和“洞察力”两个特质。基于其含义,分别命名为“创造力”“好奇心”“热爱学习”“思维与观察力”。

表 11-2　分量表一、二、三的因子命名及模型

分量表一					分量表二				分量表三			
题项	创造力	好奇心	热爱学习	思维与观察力	题项	真诚	勇敢坚持	热情	题项	感受爱	爱与友善	社交智慧
T124	0.852				T9	0.817			T35	0.888		
T148	0.755				T13	0.671			T59	0.460		
T127	0.645				T105	0.689			T131	0.569		
T26		0.660			T7		0.650		T234	0.515		
T50		0.731			T55		0.877		T107		0.713	
T73		0.765			T80		0.329		T227		0.738	
T2			0.622		T49			0.696	T58		0.487	
T74			0.669		T97			0.638	T29			0.552
T98			0.836		T169			0.799	T101			0.810
T6				0.807					T149			0.765
T27				0.787								
T150				0.636								

(2) 分量表二：勇气维度——情感的力量

KMO 和 Bartlett 检验结果是 KMO 为 0.724,Bartlett 球形检验 $p<0.001$,说明数据适合进行探索性因素分析。模型拟合经过 5 次迭代达到收敛,抽取因子 3 个。旋转后 3 个因子累计方差解释率为 53.927%。3 个因子共包含 9 个题项(见表 11-2)。EFA 结果表明,分量表二中提取出 3 个因子,因子一对

应24种积极人格特质中的“真诚”,因子二体现“勇敢”和“坚持”,因子三对应“热情”特质。基于其含义,分别命名为“真诚”“勇敢坚持”和“热情”。

(3) 分量表三:人性(情)维度——人际的力量

KMO和Bartlett检验结果是KMO为0.780,Bartlett球形检验$p<0.001$,说明数据适合进行探索性因素分析。模型拟合经过5次迭代达到收敛,抽取因子3个。旋转后3个因子累计方差解释率为50.131%。3个因子共包含10个题项(见表11-2)。EFA结果表明,分量表三中提取出3个因子,因子一对应24种积极人格特质中“爱与被爱”的一部分“感受爱的能力”,因子二体现“爱的能力”和“善良”两种特质,因子三体现“社会智力”的特质。基于其含义,分别命名为“感受爱”“爱与友善”“社交智慧”。

(4) 分量表四:公正维度——公民性力量

KMO和Bartlett检验结果是KMO为0.777,Bartlett球形检验$p<0.001$,说明数据适合进行探索性因素分析。模型拟合经过5次迭代达到收敛,抽取因子3个。旋转后3个因子累计方差解释率为54.543%。3个因子共包含10个题项(见表11-3)。EFA结果表明,分量表四中提取出3个因子,分别体现24种积极人格特质中的“团队精神”“公平”和“领导能力”。基于其含义,分别命名为“团队精神”“正直公平”和“领导能力”。

表11-3　分量表四、五、六的因子命名与模型

分量表四				分量表五					分量表六			
题项	团队精神	正直公平	领导能力	题项	宽容	谦虚	审慎	自制	题项	心灵触动	希望与信念	幽默风趣
T36	0.682			T96	0.639				T42	0.806		
T132	0.609			T144	0.597				T65	0.611		
T180	0.631			T240	0.833				T41	0.628		
T204	0.718			T93		0.595			T186	0.504		
T33		0.775		T189		0.626			T67		0.585	
T61		0.731		T213		0.874			T91		0.778	
T219		0.568		T136			0.796		T163		0.644	
T62			0.695	T147			0.799		T56		0.700	
T86			0.866	T184			0.721		T92		0.804	
T158			0.672	T66				0.837	T127		0.643	
				T116				0.871	T140		0.666	
									T118			0.711
									T142			0.730
									T238			0.877
									T239			0.833

（5）分量表五：节制维度——避免极端的力量

KMO 和 Bartlett 检验结果是 KMO 为 0.748，Bartlett 球形检验 $p<0.001$，说明数据适合进行探索性因素分析。模型拟合经过 5 次迭代达到收敛，抽取因子 4 个。旋转后 4 个因子累计方差解释率为 60.846%。4 个因子共包含 11 个题项（见表 11-3）。EFA 结果表明，分量表五中提取出 4 个因子，分别体现 24 种积极人格特质中的“宽容”“谦虚”“审慎”和“自制”四种特质。基于其含义，分别命名为“宽容”“谦虚”“审慎”和“自制”。

（6）分量表六：超越维度——精神信念的力量

KMO 和 Bartlett 检验结果是 KMO 为 0.828，Bartlett 球形检验 $p<0.001$，说明数据适合进行探索性因素分析。模型拟合经过 4 次迭代达到收敛，抽取因子 3 个。旋转后 3 个因子累计方差解释率为 52.885%。3 个因子共包含 15 个题项（见表 11-3）。EFA 结果表明，分量表四中提取出 3 个因子，因子一体现 24 种积极人格特质中的“感恩”和“审美”两个特质，因子二体现原有的“幽默”，因子三体现“精神信念”和“希望”两种品质。基于其含义，分别命名为“心灵触动”“希望与信念”和“幽默风趣”。

2. 验证性因素分析结果

（1）分量表一：智慧和知识维度——认知的力量

模型设定：比照探索性因素分析所获得的分量表一的因子结构设置验证性因素分析的结构。每个观测变量仅与 1 个潜变量有路径关联。4 个潜变量之间设定为两两相关。12 个测量变量的残差之间设定为相互独立。然后读取“数据库 2”的数据进行模型拟合计算。模型确定：对初始模型进行拟合，结果经 8 次迭代达到收敛判据，并且无须修正。由表 11-4 可见，模型的 RMSEA<0.050，CMINDF<2.00，GFI、NFI、IFI、TLI、CFI 均大于 0.90。模型拟合良好，符合统计学要求，可以接受为最终模型。同时，各题项的标准化因子载荷为 0.396~0.848，显著性检验表明，所有保留的 12 个题项的因子载荷都是显著的，$p<0.001$。

表 11-4　六个分量表初始模型的拟合指标

分量表	CMIN	DF	CMIN/DF	GFI	NFT	IFI	TLI	CFI	RMSEA
分量表一	56.857	46	1.236	0.970	0.937	0.987	0.981	0.987	0.028
分量表二	25.768	17	1.516	0.979	0.923	0.972	0.953	0.971	0.041
分量表三	42.064	32	1.314	0.972	0.890	0.971	0.958	0.970	0.032
分量表四	34.710	24	1.446	0.977	0.922	0.975	0.961	0.974	0.039
分量表五	54.149	38	1.425	0.969	0.910	0.971	0.957	0.970	0.038
分量表六	72.826	51	1.428	0.962	0.927	0.977	0.970	0.977	0.038

(2) 分量表二：勇气维度——情感的力量

模型设定：比照探索性因素分析所获得的分量表二的因子结构设置验证性因素分析的结构。基本方法同前。3个潜变量之间设定为两两相关。9个测量变量的残差之间设定为相互独立。模型修正：对初始模型进行拟合，考查修正指数(MI)和因子载荷发现，T55的因子载荷较低(0.273)，拟合指数中NFI、TLI<0.90。于是将T55删除，然后重新进行验证性因素分析。模型确定：对修正后的模型进行拟合，结果经8次迭代达到收敛判据。由表11-4可见，模型拟合良好，符合统计学要求，因此可接受为最终模型。同时，各题项的标准化因子载荷为0.428~0.795。显著性检验表明，所有题项的因子载荷都是显著的，$p<0.001$。

(3) 分量表三：人性(情)维度——人际的力量

模型设定：比照探索性因素分析所获得的分量表三的因子结构设置验证性因素分析的结构。基本方法同前。3个潜变量之间设定为两两相关。10个测量变量的残差之间设定为相互独立。模型确定：对初始模型进行拟合，结果经9次迭代达到收敛判据，并且无须修正。由表11-4可见，模型拟合良好，符合统计学要求，因此可接受为最终模型。同时，各题项的标准化因子载荷为0.405~0.669。显著性检验表明，所有保留题项的因子载荷都是显著的，$p<0.001$。

(4) 分量表四：公正维度——公民性力量

模型设定：比照探索性因素分析所获得的分量表四的因子结构设置验证性因素分析的结构。基本方法同前。3个潜变量之间设定为两两相关。10个测量变量的残差之间设定为相互独立。

模型修正：对初始模型进行拟合，考查修正指数(MI)和因子载荷发现，修正指数较高的路径(10.919~17.435)都与T36有关。于是将T36删除，然后重新进行验证性因素分析。

模型确定：对修正模型进行拟合，结果经8次迭代达到收敛判据。

由表11-4可见，模型拟合良好，符合统计学要求，因此可接受为最终模型。同时，各题项的标准化因子载荷为0.462~0.747。显著性检验表明，所有题项的因子载荷都是显著的，$p<0.001$。

(5) 分量表五：节制维度——避免极端的力量

模型设定：比照探索性因素分析所获得的分量表五的因子结构设置验证性因素分析的结构。基本方法同前。4个潜变量之间设定为两两相关。11个测量变量的残差之间设定为相互独立。模型确定：对初始模型进行拟合，结果经8次迭代达到收敛判据。

由表 11-4 可见,模型拟合良好,符合统计学要求,因此可接受为最终模型。同时,各题项的标准化因子载荷为 0.466~0.764。显著性检验表明,所有题项的因子载荷都均达到显著水平。

(6) 分量表六:超越维度——精神信念的力量

模型设定:比照探索性因素分析所获得的分量表六的因子结构设置验证性因素分析的结构。基本方法同前。3 个潜变量之间设定为两两相关。15 个测量变量的残差之间设定为相互独立。模型修正:对初始模型进行拟合,考查修正指数(MI)和因子载荷发现,T91、T92 和 T118 的残差高度相关(7.008~10.031)。于是将此三个题项删除,然后重新进行验证性因素分析。模型确定:对修正模型进行拟合,结果经 9 次迭代达到收敛判据。

由表 11-4 可见,模型拟合良好,符合统计学要求,因此可接受为最终模型。同时,各题项的标准化因子载荷为 0.437~0.925。显著性检验表明,所有保留的题项因子载荷都是显著的,$p<0.001$。

(7) 总量表的结构

经过删减,最终在 20 个因子上共保留 62 个题项。求每个分量表中各因子总分,以 20 个因子总分为测量变量,以六个分量表为潜变量,进行验证性因素分析。基本方法同前。模型确定:对初始模型进行拟合,结果发现部分因子残差存在相关,根据修正指数进行相应路径的添加后,经 12 次迭代达到收敛判据。

由表 11-5 可见,模型拟合良好,符合统计学要求,因此可接受为最终模型。同时,各题项的标准化因子载荷为 0.367~0.693。显著性检验表明,所有因子的维度载荷都是显著的,$p<0.001$。

表 11-5　总量表初始模型的拟合指标

CMIN	DF	CMIN/DF	GFI	NFI	IFI	TLI	CFI	RMSEA
218.380	126	1.733	0.935	0.896	0.953	0.927	0.952	0.049

3. 量表的信度指标

验证性因素分析(见表 11-6)表明,六个分量表和总量表的 Cronbech's α 均在 0.65 以上。吴明隆(2003)[①]综合各家观点指出,总量表的信度系数最好在 0.80 以上,分量表的信度系数最好在 0.70 以上,如果为 0.60~0.70,还是可以接受使用的。基于此,认为本研究的量表信度基本良好。

① 吴明隆.SPSS 统计应用实务:问卷分析与应用统计[M].北京:科学出版社,2003:109.

表 11-6　各分量表和总量表的内部一致性信度

系数	分量表一	分量表二	分量表三	分量表四	分量表五	分量表六	总量表
α 系数	0.800	0.652	0.686	0.706	0.704	0.744	0.922

（四）结论

第一，六大维度 20 个积极心理品质具有比较稳定的心理结构。

第二，62 个题项组成的中国大学生积极心理品质量表具有较好的信度和效度。

第三，62 个题项为基础的中国大学生积极心理品质量表可以作为大面积测评和相关研究的初步测量工具。

（五）大学生积极心理品质现状与教育对策

有研究采用孟万金和官群（2009）研制的中国大学生积极心理品质量表对山东、北京、上海、安徽、黑龙江、福建、江苏等省市的大学生进行测量①。结果表明，在六大维度上，我国当代大学生自评积极心理品质维度从高到低的水平依次为：人际、超越、情感、公正、节制、认知。这与李自维的词汇调查结果基本一致。

就 20 项积极心理品质而言，当代大学生发展水平较高的前五位积极心理品质从高到低为：心灵触动、团队精神、勇敢坚持、感受爱、爱与友善，排在后五位的积极心理品质从低到高依次为：自制、思维力（开放思维与洞察力）、领导能力、幽默风趣、创造力。其中部分与李自维的研究结论一致。由于这一研究结论采用的是符合日常生活情景的陈述句进行的自评，并且所涉及品质皆为人类文化中公认的正向心理特质，因此自评积极心理品质的结果，对于心理健康教育课程内容设计具有更大的启发意义。

开展积极心理健康教育，培养大学生积极心理品质，引导他们积极向上的人生态度和执着坚定的信念是当今高校心理健康教育的核心要务。由于大学生积极心理品质有六大维度 20 项之多，如果不加区分地全部纳入课程或其他培养形式中，既不现实也没有必要。因此，非常有必要根据大学生心理发展的关键期有针对性地设计培养方案。积极心理健康教育首先强调“发展性”，即要在重要品质发展的关键期，力促该品质得到充分发展；其次强调“预防性”，即通过某些品质的培养，预防本阶段极易发生的心理与行为问题。因此，在培养时可以把积极心理品质分“关键期品质”和“控制性品

① 王新波．大学生积极心理品质培养研究［J］．中国特殊教育，2010，125（11）：40-45．

质”两种(见表11-7)。

表 11-7　大学各年级需要重点培养的积极心理品质

年级	两大主线	重点品质	除全国调查结果以外的其他依据列举
大一	关键期品质	1. 创造力 2. 思堆力(1)	大学生抽象思维能力得到迅速发展(郭斯平等2008) 流体智力25岁达到顶峰(卡特尔) 思堆从二元论—相对论—约定论过渡(帕墙)
	控制性品质	1. 自制力(1) 2. 社交智量 3. 希望信念(1)	大学新生面临的三大问题：学业与生活压力人际交往和网络依赖(陈少华,2008；许淑莲,申继亮,2006)
大二	关键期品质	1. 感受爱与爱 2. 领导能力 3. 思维力(2)	埃里克森八阶段说：获得亲密感,避免孤独感,良好的人格特征是爱的品质(埃里克森) 自我意识日趋成熟与完善,需求复杂,情感丰富,性意识日趋成熟(郭斯平等,2008) 晶体智力进入大发展阶段(卡特尔)
	控制性品质	1. 自制力(2) 2. 勇敢坚持 3. 谦虚	情感迷失、性因惑,网络依赖、抑郁、焦虑为大学生常见心理问题(郭斯平等,2008)、“90后”大学生的新特点(张宝君,2010)
大三	关键期品质	1. 希望信念(2) 2. 团队精神	人生观和价值观确立(邱炳武,2005) 生涯发展与规划(冯江平,2004)
	控制性品质	1. 宽容 2. 风趣幽默 3. 审慎	人格表现得越来越成熟,大五人格中的神经质和外倾性下降,宜人性和责任性上升(邱炳武,2005)
大四	关键期品质	1. 领导能力 2. 社交智慧 3. 真诚	为人职做准备(邱炳武,2005) 诚信是自评、他评都强调的重点品质(李自维,2009)
	控制性品质	1. 心灵触动 2. 希望信念(3) 3. 宽容	就业压力、完美主义、敌对(张向葵,2004)

注：品质后标注的(1)、(2)、(3)是要说明同一个心理品质在不同年龄段的培养侧重点不同。

三、兜起高校学困生幸福底线

高校影响学生幸福感的主要因素离不开学习,学习困难必然影响到学生的许多方面,这在国外受到高度重视,并有一系列对应措施[①],值得我们借

① 张冲,孟万金. 国外对学习困难大学生的教育和关注及启示[J]. 大学(学术版),2011(08):23-28.

鉴。这是大学生幸福教育的底线,必须兜住。

(一)高校学生学习困难影响幸福感

1. 学习困难引发的学习问题

对高校学生学习困难的早期研究主要集中于学业成绩、学习策略、学校提供的特殊教育帮助等方面。研究发现,无论是学业倾向测验得分和班级的学习成绩排名情况,高校学困生都要比普通学生更低。随着研究的深入,更多研究开始关注高校学困生的学习成绩与其他因素之间的关系。有研究者使用结构方程模型和多组比较的方法,研究高校学困生和非学困生的自我管理学习策略和年级平均分之间的关系,结果发现,高校学困生与非学困生在学习动机、自我管理学习策略和补偿策略之间的关系上存在差异,这提示要对高校学困生进行有针对性的教育辅导和干预。近年来,随着高校学困生人数的增加,学校和研究者都开始关注这一群体的特殊教育需要,并为其提供特殊教育帮助。有研究者检验了高校学困生和普通大学生在加速认知、学业测验和延长考试时间的需要之间的关系,发现两组群体在加速认知测验、阅读、学业测验方面存在显著差异,而且 *Woodcock-Johnson* 第 3 版成就测验中的阅读流畅性测验和学业流畅性测验,能够很好地预测高校学困生在做阅读理解多项选择题时是否需要学校提供延长时间的服务。研究表明,学校为高校学困生所提供的帮助能够有效地提高学生的学业成绩。

2. 学习困难引发的情绪问题

根据导致“社会情绪问题”的原因进行分类,这些原因包括低自我认知、孤立、不能建立与同龄人的关系和学业失败。由于缺少适当的教育安置而导致学业失败,这可能会造成学生抑郁。多年的羞愧感、内化“无能”的标签,依赖、害怕、忧虑或无助等经历都会削弱自尊。学困生也会因为失败、遭排斥而感到挫折、生气和压力。焦虑和压力——伴随着诸如轻微的身体病痛、睡眠紊乱和担忧等症状;有证据证明学困生的轻生风险正在增加。研究表明高校学困生在学业、职业和情绪上的影响是持续和不断增加的。C. Hoy 等提出“有学习困难的成年人可以通过提升自尊心降低焦虑水平,然而这种干预必须是个别化的”。针对这些人的抑郁症的干预治疗,必须对他们的学习困难给予应有的关注。

3. 由被“排斥”引发的问题

“排斥”的概念与一般的社会不平等程度不同,因为它反映了各种群体的社会整合。在治疗社会排斥问题上,Commins 和 Berghman 提出了诊断依据,即以下任一方面遭遇失败:一是促进公民融合的民主和法治教育;二是促进经济一体化的劳动力市场；三是促进社会整合的福利体制；四是促进人际融合的家庭和社区系统。世界各地有学习困难的学生都经历过至少上述一项失败。许多国家没有详细的法律规定和保护学困生的权利。即使在美国和英国，尽管有这方面的立法，但是这些法律也得不到有效执行，主要原因可能是缺乏资金及相关意识。教育机构中学困生的辍学率升高是因为缺少满足他们特殊需要的条件以及没有足够的支持导致学习成绩下降。因此，很少有学困生会为了获得高学术或经济地位竞争。在家庭和社区层面，学困生往往遭到排斥，因而各种社会参与活动极其有限。学困生表现出低水平的从属关系和认同感，与社会中的非学习困难成员有不同的感受，并且其自尊水平会降低。这可能会导致高校学困生的社会孤立以及 Geisthardt 和 Munsch 提到的社会支持系统的缺乏。与没有学习困难的学生对比发现，有学习困难的学生很少会建立社会支持系统（如同龄人的支持）来应对压力。Gregg 等提供了实证证据，有学习困难的成年人低劣的社交技巧是由于社会疏远和排斥引起的薄弱的自我概念，而不是由障碍本身引起的认知过程的缺失。

（二）帮助高校学困生摆脱困苦

1. 国外高校对学困生提供的服务

有研究小组对欧洲、北美、加拿大和澳大利亚关于为学困生提供的大学基本服务的信息进行了调查，并在网站上公布了研究结果。根据这些信息，为学困生提供的服务主要包括以下五类。

第一，绝大多数学校为学困生提供短期咨询。咨询的目的是回顾之前的诊断评价，对学困的本质进行界定，探索可得到的服务并在大学中提供关于法律权利和服务的信息。

第二，在很多大学里，入学前没有经过测评的学生被推荐接受一种测评，该测评可以解释说明学困的本质，并识别他们的优缺点。

第三，所有的大学都对他们为学困生提供的服务做广告，说他们可以为满足学生的需求提供各种便利。从技术含量不高的设备（如录音机）到高科技设备（如声音输入/输出设备），所有这些都是为了增加学习困难群体的独立性设计的。

第四，很多学困生有基本的母语语言障碍或上外语课有困难。有些大学在这方面会提供特殊的帮助，有些则允许学困生用课程替代法替代外语的学习要求。

第五，有 25%的大学通过心理或医疗服务向学困生提供心理援助或咨询，咨询的目的在于促进学习和组织能力和/或解决社会情绪问题。这些由大学提供的服务，说明有学习困难的学生被看作是这些服务的消费者，这些服务大多由服务或项目主管提供并管理。服务可分为两类：一类是为改善学习条件提供的服务（如考试准备等）；另一类是为解决社会情绪问题提供的咨询和治疗。

2. 新时代幸福教育应积极应对高校学困生

第一，中国大学生数量世界第一，其中学困生数量是一个庞大群体，这是时代必须面对的重大教育问题和社会问题。国外有研究表明，2001 年为高校学困生提供的特殊教育帮助的数量比 2000 年增长了 162%[①]，从某种程度上说明高校学困生人数和特殊教育需要量急剧增长。近几年随着大学扩招，国内大学生的人数逐年递增，由于环境变化、学习方式转变、人际关系问题、专业兴趣不浓等原因导致的高校学困生的数量也不在少数。大学生在校的学习和实践直接决定了日后就业质量高低，因此必须慎重对待。

第二，提高高等教育质量，追求教育公平，高校学困生群体应该得到社会和高校以及研究界的应有关注。通过上述介绍可知，高校学困生得到国外研究者的极大关注，高校和社会也给予了大力支持和保障。《国家中长期教育改革和发展规划纲要（2010—2020 年）》提出“全面提高高等教育质量”“提高人才培养质量”。高校学困生是大学生群体的一部分，重视这一群体的特点，为他们提供适当的帮助，满足其特殊教育需要，从而适应学校生活，获得良好发展，这正是提高高等教育质量、体现教育公平的重要内容。因此，社会、高校和研究界要重视该群体的现状和发展，应为其提供合适的教育帮助与支持（如延长考试时间、学习策略干预、时间管理能力培训、帮助记笔记、独立的考试地点等），健全教学质量保障体系，提供有质量的教育，促进高校学困生更好地适应学校生活。

第三，应积极建立、完善相关的教育条例或法律，保证高校学困生群体应有的合法权益，满足他们的特殊需要。从国外经验可以看出，他们大都通过立法保障高校学困生享有合法权益，规范相应程序，因此我国也应建立并完善高校学困生的相关教育条例或法律，高校可以根据实际情况制定配套的制度和方案，使高校和社会机构在对高校学困生的诊断、干预和服务支持方面有法可依。

---

① Nicole Ofiesh, Nancy Mather, Andrea Russell. Using speeded cognitive, reading, and academic measures to determine the need for extended test time among university students with learning disabilities [J]. Journal of Psychoeducational Assessment, 2005(23): 35-52.

第四，动员社会机构扩大对高校学困生群体的关注和服务。通过对国外的介绍可以发现，由家长、社会工作者和专业人士组建的一些非政府机构成为为高校学困生提供诊断、干预和服务的重要力量，而且其中不乏公益机构和组织。此外，大学的研究中心也以浓厚的科研实力、规范的程序和以项目运作的方式，吸引了众多志愿者和研究者。这提示我们，可以建立合理机制，调动那些对学习困难研究和服务感兴趣的社会人士和机构，发挥其热情和积极性，为高校学困生的学习和适应发挥作用。

第五，研究制定为高校学困生提供服务的行业标准和规范，确保科学性、针对性和实效性。要规范高校学困生的建档、诊断、教育、干预、安置和评估等一系列程序，要有科学的工具和测评程序，要充分吸纳教师、家长、学生、社会工作者等人员参与干预方案的制定和实施。有研究者指出，一个有效的高校学困生的干预方案一定是个别化的教育方案[①]，因此在制订干预方案时一定要遵循个别化教育原则，确保科学性、针对性和实效性。

四、迈向拔尖创新人才幸福高端

新时代高校学生幸福教育，不仅要兜住学困生的幸福底线，尽可能减少或杜绝极端事件、恶性事件的发生，更多的还是要激励和引导大学生努力攀登拔尖创新人才幸福高峰。

（一）科技创新驱动幸福发展

在科技迅猛发展的大背景下，大学生尤其是研究生作为时代的精英、科技的弄潮儿，科技创新能力是成为拔尖创新人才必需的核心要素，也是驱动大学生创新创业和获得幸福、体验幸福的动力支撑。加强科技创造力教育[②]值得作为大学生幸福教育的硬核加以研修。

1. 关于科技创造程序及其机制

科技创造是在科学结构的中介下物质世界与精神世界的不断激荡、整合，从而产生新产品（物质和精神）的过程。所谓科学结构，是指物化了的科学技术知识，是社会知识的一种存在形式，是物质和精神的复合体，具有物质和精神的双重特性，由此决定了它只能是联系物质世界和精神世界的“中

① Hoy C, Gregg N, Wisen baker J, et al. Depression and anxiety in two groups of adults with learning disabilities[J]. Learning Disability Quarterly, 1997(20): 280-291.

② 孟万金. 教改的战略重心：加强科技创造力教育——关于开发科技创造力的若干思考[J]. 教育理论与实践, 1993(01): 7-12.

介世界”。

物质世界和精神世界在中介世界的包围及双向协调作用下,像真空管的两极那样,不断地放电,不断地相互作用,迸发出真理的火花来。这些“火花”要经过归纳、演绎思维操作程序(见图 11-1、图 11-2)后才成为创造的结晶。

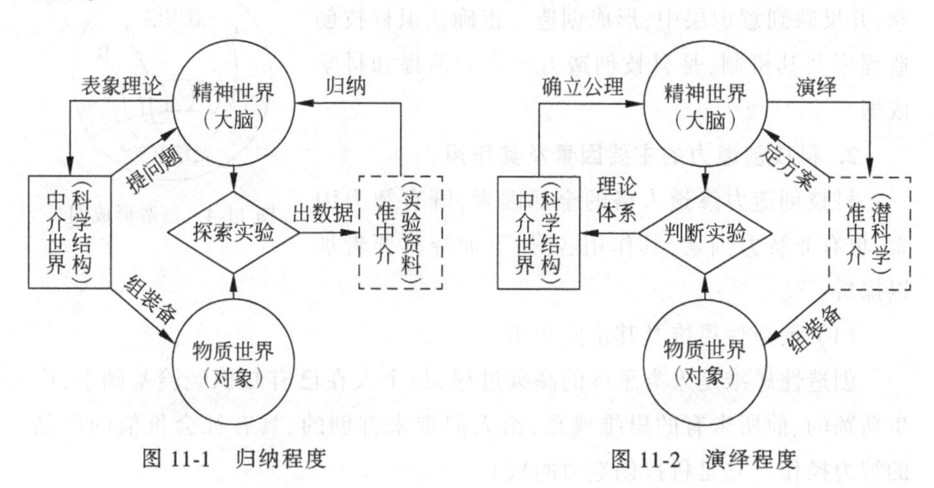

图 11-1　归纳程度　　　　图 11-2　演绎程度

所谓归纳是指科技创造由科学结构这种“中介世界”出发,程序是:提出问题—实验探索—收集数据—归纳公式—表象理论,最后,又回到科学结构这种“中介世界”。所谓演绎,是指科技创造沿归纳的逆向而行,也是由科学结构这种“中介世界”出发,程序是:确立公理—推理演绎—提出假说—实验判断—建立体系,最后,又回到科学结构这种“中介世界”。

可见,归纳和演绎是创造的两条基本途径。其各自内部的操作程序自然也构成了创造的一般性程序。如何解释创造的内在机制呢?脑神经生理学家认为,创造机制在于人脑神经细胞突触直线的运动特性。如图 11-3 所示,当大脑受到外界刺激信号 A、B 的作用时,脑神经细胞突触的阻碍作用变

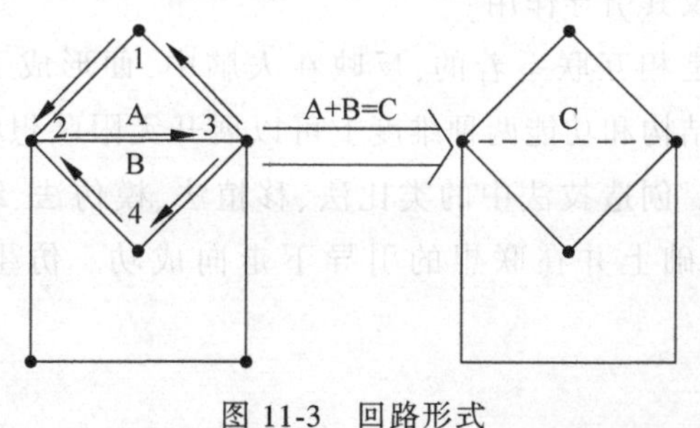

图 11-3　回路形式

小，A、B各自沿着1→2→3与2→3→4的回路形式被记忆下来。但随着时间的递进，脑神经细胞突触的阻碍作用突然产生非直线的变化，信号A、B因之而获得1→2→3→4的回路形式，这就创造了新的思考类型C。

心理学家认为，创造机制在于无意识的激活。如图11-4所示，当概念、注入大脑后，两者在无意识层中被融合，产生新的概念，并反映到意识层中，形成创造。正确认识科技创造程序及其机制，是科技创造力开发的前提和科学依据。

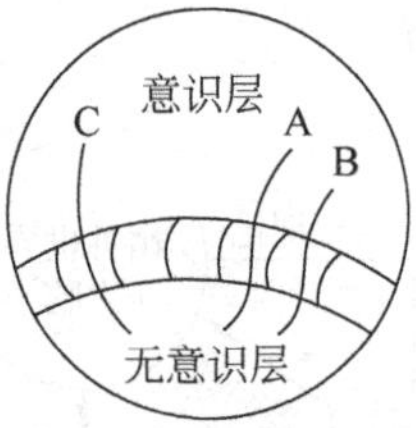

意识层
C
A
B
无意识层

图11-4　创造形成图

2. 科技创造力的主要因素及其作用

科技创造力渗透人格的全部因素，既有智力因素，也有非智力因素，其作用各异，下面择其要者加以探析。

(1) 创造性思维及其定向作用

创造性思维是人类思维的高级过程，是个人在已有知识经验基础上，产生新颖的、前所未有的思维成果，给人们带来首创的、具有社会价值的产品的智力操作。它是科技创造力的核心。

创造性思维的本质是求异思维与求同思维的协调，逻辑思维与直觉思维（非逻辑思维）的统一。求异思维促进智力活动的发散，求同思维保证智力活动的聚焦。逻辑思维的中断通常伴随着直觉和灵感，而直觉和灵感所产生的成果又总是经过逻辑思维来证实或证伪。可见，创造性思维为科技创造肩负着开辟蹊径、走向成功的定向作用。

(2) 想象力及其启动作用

创造起源于想象已得到心理学界的共认。加利福尼亚大学教授罗伯特·奥斯汀对大脑两半球功能的研究及对大批创造发明家的调查提供了进一步有力的证据。[①] 举例来说，爱因斯坦发现相对论就是想象力把他带进问题情境的，瓦特提出蒸汽动力说，也是想象的产物……

(3) 联想力及其引导作用

客观事物总是相互联系着的，反映在人脑中，便形成了各种联想的基础。任何事物在结构和功能两种维度上可以展开无限联想将人的智力活动引向创造的境界。创造技法中的类比法、移植法、模仿法、综摄法……大多建立在联想的基础上并在联想的引导下走向成功。仿生学便是典型的适例。

① 汤尼·布仁. 怎样使你的大脑更灵敏[M]. 刘云鹤，译. 北京：知识出版社，1985：8-12.

(4) 推理力及其促成作用

任何事物、任何联系都蕴含着深层的内在机理，留心观察，善于分析，抓住线索逻辑推导，可以从平凡或常规中产生新的发现，促成创造设想成为现实。如哥伦布发现新大陆，就是在“日心说”“地球是圆的”推理作用下而促成的。故有逻辑推理创造技法。

(5) 概括力及其关联作用

当一项创造发明成功之后，或一种重要的新理论提出后，概括力达到了一个新的高度，这时来观察事物间的各种联系，往往会有相关的创造和理论产生。牛顿三定律的接连提出，爱迪生由发明电灯泡导致的千余种电器的发明，均有力地说明了在创造过程中概括力及其关联作用的重要。

(6) 记忆力及其转化作用

任何科技创造都是“从一定知识财富基础上的试飞”，记忆是联结新旧的纽带、是信息储存的仓库，其作用不仅在于保存旧的信息，更重要的是起转化作用，重组经验，改旧换新，既可与他种信息合并而扩充，也可简化提要而缩小，还可重新排列组合发现或创造出新的“结构-功能”。著名的“加一加，减一减，扩一扩，缩一缩，变一变，改一改，联一联，学一学，代一代，搬一搬，反一反，定一定”十二项“聪明的办法”，就深刻反映出在既有记忆基础上加强转化的作用。

(二) 加强高校幸福教育中“科技创造力”内涵

科技创造力是新时代高校培养拔尖创新人才的重要内容，自然也是大学生攀登人生幸福高峰的阶梯。开发科技创造力也是一项系统工程，必须坚持系统论观点，主要抓好如下几个方面。

1. 遵循科技创造原理和规律，以科技创造的哲学认识论作指导，树立正确的科技创造教育观

科技创造机制及程序揭开了科技创造的奥秘与神秘，指出了归纳与演绎、意识与无意识是科技创造的基本心智手段和运作形式。特别是科学结构作为“中介世界”的划分，为科技创造的进步和高效提供了跳板。因而，归纳、演绎、意识与无意识、左脑与右脑的训练，尤其是科学结构的有效、合理利用应当列为“开发科技创造力”教育的战略重心。

2. 发扬直觉思维、求同思维的优良传统，加强逻辑思维、求异思维，构建最佳创造性思维模式

意识与无意识、归纳与演绎分别跟逻辑思维与直觉思维、求同思维与求异思维相对应，完美的科技创造力体现在这几个方面的协调发展上。从历

史来看，对中国学生来说，迫切需要的是迅速培养和提高逻辑思维力与求异思维力。

3. 理顺和构建科学创造的核心心理结构，依据功能分别给予定向培养

“开发科技创造力”教育重在构建科技创造的心理结构。尽管教育界乃至全社会早已提出开发智力、提高能力的口号，但并不明确在新技术革命时代，智力能力的核心乃是科技创造力。至于开发智能的实践多集中在美术、音乐启蒙上，无法从根本上见效。因而，必须提出以创造性思维及其定向性为核心，又兼顾想象力及其启动性、联想力及其引导性、推理力及其促成性、概括力及其关联性、记忆力及其转化性等各有侧重的综合训练的指导思想。

4. 清除妨碍科技创造力开发的教育因素，确立创造教育和创造学习模式

创造教育强调个体身心的全面发展，在个性充分发展的基础上实现教育的外在价值，它不满足于学生被动地接受，而鼓励学生勇于探索、创新，主张教学内容不断更新，跟上科技进步的节奏，在注重“双基”的同时，突出综合运用和灵活变通能力，切实发挥教师主导、学生主体作用，善于发现不守常规里所显示的创造性苗头，从知、情、意、行多维度进行立体化培养，融知识、能力与创造精神于一体。在加强专业学科方面创造性开发的同时，有必要开设创造技法课程，其效果已得到国内外实践的广泛证明[①]，那种认为“用不着另外开设形式训练的课程”[②]的观点是缺乏根据的，必须加以纠正。此外，学校教育还要进行一系列的改革，只有进行系统改革，全面部署，加强“开发科技创造力”教育才能落到实处，抓出成效，从而为迎接新技术革命的挑战培养出大批具有高水平科技创造性的生力军。

案例

北京航空航天大学：高校积极心理健康教育模式探索[③]

积极心理健康教育是中国教育科学研究院心理与特殊教育研究所孟万金教授在继承中国优秀传统文化和整合借鉴西方积极心理健康、积极心理治疗、积极心理学、积极教育诸方面思想和实践的基础上提出的面向全体，以积极预防和发展为取向，有目的、有计划地培养师生和全民积极向上心态、奠基幸福人生的新理念。

---

① 袁伯伟. 创造与创造技法[M]. 武汉：湖北教育出版社，1990：31-38.

② 张德秀. 创造性思维的发展与教学[M]. 长沙：湖南师范大学出版社，1990：224.

③ 马喜亭. 高校积极心理健康教育模式探索[J]. 北京教育(德育)，2011(Z1)：12-14.（该校为孟万金教授积极心理健康教育课题在高校系统的典型代表，得到了孟万金教授的悉心指导）。

一、积极心理健康教育的本质特征

积极心理健康教育是对过去心理健康教育的继续、丰富、发展和完善。积极心理健康教育相对于过去的心理健康教育，具有如下本质特征：一是从教育对象看，面向全体学生。过去的心理健康教育主要关注有心理健康问题的学生，涉及面较小。积极心理健康教育面向全体学生，涉及面广，促进所有学生的发展。二是从教育内容看，关注学生积极性。过去心理健康教育主要关注学生消极的一面，重视如何消除或解决学生消极的、不健康的心理。积极心理健康教育强调激发、调动全体学生积极的一面，提升大学生的心理健康水平。三是从教育目标看，激发潜能拥有幸福生活。过去心理健康教育的目的主要是减少或消除学生的心理问题。积极心理健康教育是为了激发天赋的潜能和培养优秀的心理素质品质，让学生在原有的基础上朝积极方向发展，具有发展性特点。心理问题的解决不等于心理就健康，仍然需要进行积极心理健康教育，促进自身成长，以求标本兼治。四是从教育过程看，强调正向过程。过去心理健康教育强调从"问题"入手，探究"问题"的根源，寻找解决"问题"的对策。积极心理健康教育从正面入手，开发学生潜能，调动学生自身的积极因素，有效化解成长课题，通过培养学生的信心和成功经验来达到预防和解决问题的目标，使学生创造力得到极大的开发，使学生的智商和情商得到均衡发展。五是从教育方法看，强调情境参与和体验性。过去心理健康教育多进行课堂教学中的知识传授，形式单一，学生参与有限。积极心理健康教育十分重视心理健康教育的情景性、参与性、互动性和体验性。

二、积极心理健康教育的重要意义

（一）回归了大学生心理健康教育的本义

教育是一种有目的、促进人的身心发展、培养人的社会活动。积极心理健康教育主张通过发展来化解问题，体现教育的发展性、预防性功能。大学生积极心理健康教育帮助所有大学生树立心理健康意识，优化心理品质，增强心理调适能力和社会生活的适应能力，科学有效地学习，顺利完成学业，预防和缓解心理问题，完善人格，开发潜能，感受快乐和幸福，成为一个人格健全的人。

（二）丰富了大学生心理健康教育的内容

孟万金教授根据我国国情和学校心理健康教育实际情况，综合考虑时间指向（过去、现在、未来）、活动类型（生活、学习、工作、社交）、关系维度（对人、对事、对己）等，提出了14项学校积极心理健康教育的核心内容：增进主观幸福感、提高生活满意度、开发心理潜能、发挥智能优势、改善学习力、提升自我效能感、增加沉浸体验、培养创新能力、优化情绪智力、健全和谐关系、学会积极应对、充满乐观希望、树立自尊自信、完善积极人格。

（三）拓宽了大学生心理健康教育的途径

积极心理健康教育提倡全方位、全过程、全面渗透、全员参与，形成以学校分管领导为统领，以专业心理健康教师为核心，以辅导员、班主任为骨干，以学科教师为生力军，以家长为后援，以正向校园文化、社会环境和媒体宣传为积极氛围的积极心理健康教育立体网络。在课堂教学、心理咨询和团体辅导、情景体验渗透、心理素质拓展活动中贯穿积极心理健康教育的因素，不仅强调知识和认知的接受与改变，而且更加强调情景性、参与性、互动性和体验性。

（四）重新解读了大学生所遇“问题”的意义

积极心理健康教育提倡对个体或社会具有的问题做出积极的解释，并使个体或社会能从中获得积极的意义。积极心理健康教育主张针对大学生在成长过程中所遇的“问题”，应从三个方面来寻求其积极意义：一是从多方面探寻问题产生的原因；二是从问题本身去获得积极的体验；三是问题对个人发展的有利因素或启示。

三、高校积极心理健康教育的途径和方法

（一）建立大学生积极心理健康教育的课程体系

充分发挥课堂教学在大学生心理健康教育中的主渠道作用，根据需要建立或完善大学生心理积极健康教育的相应课程体系。在课程体系建设中，除了开设必修课之外，还要开设系列选修课，要坚持“少而精”且管用的原则，压缩有关课程内容。因此，在大学生积极心理健康教育的新课程体系中，要注重理论联系实际，增加贴近学生身心成长的内容，帮助学生解决当下问题并感受到课堂学习的快乐。如首都师范大学开设的大学生心理健康国家级精品课程、中国人民大学开设的心理健康教育通识课程等。开设大学生心理健康教育课程，一是要转变观念，将心理健康教育课程的关注重点放在学生心理的积极层面，包括积极心理品质培养和潜能开发，如心理健康概述、积极适应、良好的自我意识、情商与快乐之源、积极的人际交往、生涯规划等。二是心理健康教育课程应着重增加学生的主观幸福感体验而不是心理疾病或心理问题的发现与预防上。教师在课堂上尝试通过创造预防问题行为发生的有效环境，运用更合适的行为原则，充分利用积极策略去吸引

学生的注意力，让学生在课堂上体验快乐，从过去只关注问题向积极的自我概念、希望和生活满意度的层面转移，从而帮助学生树立理性平和、积极向上的心理品质，具有自我潜能开展的意识和能力。因此，许多高校心理健康教育的课程成为深受学生欢迎的课程之一。

（二）开展大学生积极心理健康教育的日常宣传活动

大学生心理健康教育日常宣传活动作为教育的重要环节，可以更多地结合积极心理健康教育的新观念进行宣传，营造促使学生积极发展的环境，促进更多的人参加到积极心理健康教育中来，通过社会、家庭、校园、院系、班级、宿舍的氛围和组织来尽可能影响所有在校学生。一是明确积极性质的活动主题，贴近时代和学生生活及年龄特征，呈现积极心理健康教育的主旨，使大学生从活动主题中就能感受到快乐和幸福。以首都高校大学生心理健康节为例，自2007年以来举办的五届活动都呈现了这样一个特点。如2007年是“自信、关爱、和谐”；2008年是“微笑互助，同行奥运”，由于5月12日突发的四川汶川地震，活动根据形势的变化，后调整为“微笑互助，关爱生命”；2009年是“直面压力、放飞理想”；2010年是“我爱·爱我·成长”；2011年是“亲近你我，给力幸福”。二是根据活动主题，设计丰富多彩的活动内容，吸引大学生积极参与。五年来，首都高校大学生心理健康节活动，设计了如“五环奥运，七彩人生”首都高校百万大学生阳光心语传递活动，“播撒心灵阳光、规划美好前程”高校心理健康系列讲座活动，“笑对压力，助人助己”大学生心理健康论坛，“感动、感激、感悟”大学生主题征文，大学生心理健康知识竞赛，大学生心理委员素质拓展训练，大学生心理情景剧展演等一系列活动，使首都高校的多数大学生参与到活动中。从实际效果来看，一些活动内容和形式已经固化为部分高校心理健康教育日常宣传的活动品牌，如北京交通大学、北京石油化工学院等展演的大学生心理情景剧，北京航空航天大学承办的大学生心理骨干成员心理拓展训练等。

（三）强化大学生发展性心理咨询

心理咨询是帮助学生自我成长的重要手段之一。在心理咨询过程中，将人本主义心理学、积极心理学等理论与技术运用到个体心理咨询中，有意识地以积极心理健康教育为导引，在心理咨询与心理治疗过程中，建立积极的咨访关系，对来访者进行积极的心理干预，使学生在咨询中发挥自身的优势和潜能。当然，对在咨询中发现的不适应咨询的危机个案，应及时转介到精神专科医院，减少误诊和误治的时间，为大学生发展性咨询和障碍性治疗赢得最佳时间。

（四）开展不同主题的大学生团体心理辅导

开展团体心理辅导，可以在更广泛的层面上讨论和解决大学生成长中所面临的问题，同时帮助大学生认识到问题具有一定的共性，并且意识到问题是成长中必然的课题。从高校实际开展的团体心理辅导来看，是非常受学生欢迎的一种积极心理健康教育方式，可以对大学生宿舍人际关系、学习压力、情绪管理、恋爱婚姻、自我成长等内容进行培训，使学生既是参与者也是影响者，增加学生个体的安全感、喜悦感、归属感、认同感、价值感，提高自尊心、自信心，在团体辅导过程中找出新的解决办法，发挥学生个人解决问题的潜能。

（五）开创大学生心理拓展体验训练

心理拓展训练是体验式学习的一种，它是借助于教育学、心理学、组织行为学等相关学科成果，针对社会的需求和学生身心特点设计出来的一种体验式的培训活动方案，旨在通过模拟或自然的环境，让学生体验经过设计的活动项目，接受个人潜力激发和团队凝聚力的挑战，然后经过回顾反思和交流分享，加深对自我和团队合作的认识与领悟，并将活动中的认知和积极体验迁移到生活中去。心理拓展训练正是把人身心能力中最卓越、最出色的部分升华到可能达到的巅峰，使学生能够体验感受到并进一步增强自信心，树立明确的生涯目标，敢于挑战自我极限，提升克服困难的勇气和毅力，培养健康的心理素质和积极进取的人生态度，强化学生的团队合作与竞争意识，增进团队参与意识和责任心，改善人际关系，营造良好氛围，顺利地完成大学学业，为大学生未来的幸福人生奠定基础。因此，心理拓展训练成为当下高校积极心理健康教育的重要途径，深受大学生的欢迎。

（六）营造人人关注美好心灵的校园文化氛围

建设美好的校园积极文化，可以使全体师生在风景如画的校园中感受美、体验美，从而以积极渗透方式净化校园中每名师生的心灵，使师生看到自己身上的优秀品质和美德，以积极的美好心灵看待他人和周围的生活，使个人沉浸在幸福的校园文化中，快乐着、生活着、学习着、工作着。积极心理健康教育模式成为心理健康教育发展的里程碑，为高校心理健康教育的实践探索提供了理论指导，使目标更清晰、内容更丰富、形式更多样，效果更显著，积极心理健康教育将会成为高校心理健康教育发展的主流和方向，使教育者和学生都能从积极的角度看待成长中的学生个体，为国家创新型人才的培养做出新的贡献。

链接

北京航空航天大学：举办首届高校积极心理健康教育高峰论坛①

北航新闻网11月30日电(通讯员 冯蓉/文 记者 邸白鹭 王震/摄影)　为进一步学习宣传贯彻全国教育大会精神和全国高校思想政治工作会精神，11月30日，我校以心理咨询中心成立30周年为契机，举办首届高校积极心理健康教育高峰论坛。教育部思政司副司长张文斌，工信部人教司副司长闫为革，中国心理卫生协会大学生心理咨询专业委员会主任李焰，威爱教育副总裁孙文博，校党委副书记李军锋及学校相关职能部处负责同志出席论坛。论坛由学校积极心理体验中心和学业与发展支持中心共同承办。

论坛上，我校牵头联合三十余所兄弟高校成立“高校积极心理健康教育联盟”，将共同围绕积极心理健康教育工作，在搭建平台、共享资源、联合攻关等方面开展深入交流合作。武汉大学心理咨询中心主任赖海雄、哈尔滨工业大学心理咨询中心主任王倩共同为联盟成立揭牌。

---

① 冯蓉.我校举办首届高校积极心理健康教育高峰论坛[EB/OL].(2018-11-30)[2023-05-07].https://news.buaa.edu.cn/info/1002/46671.htm.

第十二章　新时代职教生幸福教育研究

职业学校教育(简称职教)分为中等职业学校教育和高等职业学校教育。《中华人民共和国职业教育法》(2022年修订)明确规定:“职业教育是与普通教育具有同等重要地位的教育类型,是国民教育体系和人力资源开发的重要组成部分,是培养多样化人才、传承技术技能、促进就业创业的重要途径。”党的二十大报告提出:统筹职业教育;优化职业教育类型定位;培养造就更多卓越工程师、大国工匠、高技能人才。为促进新时代职业教育发展指明了方向,提出了要求。目前,我国已经建成了世界上规模最大的职业教育体系,累计培训各类从业人员2亿多人次①。如此庞大的职业教育规模,提高职教生的认同感、获得感和幸福感,优化职教生学习生态,对加快建设高质量教育体系,促进教育公平,建设人力资源强国,具有十分重要的现实意义和深远历史意义。

一、积极心理另辟职教生幸福蹊径

职教生一般是在普通学校升学无望,被分流到职业教育序列的学生。普通教育升学无望,并不代表这些学生缺乏能力和潜能,恰恰相反,他们虽然在文化课学习上失利,却在动手和实践能力方面具有较大潜能,因此,找回这些学生的自信心和幸福感,必须另辟蹊径,重新树立积极心态,发现、发掘他们的优势潜能,为他们提供适合的教育,唤醒他们职业潜能和优势,从而走上职业发展的幸福大道。

(一) 职教生幸福感研究述要

关于职教生幸福感的研究与当前庞大的职业教育规模并不相称。尽管如此,在为数不多的研究中,还是有管窥一斑的研究发现的。比如,臧丹丹

---

① 张德江向全国人大常委会作报告时指出:社会对职业教育仍存有偏见[EB/OL].(2015-06-30)[2020-05-21].http://cpc.people.com.cn/n/2015/0630/c64094-27227592.html.

等对比研究了中职学生与普高生幸福感后发现[①]：中职学生和普高生主观幸福感处于中等偏上水平，其中积极情感处于中等偏上水平，消极情感处于中等偏下水平，且普高生对生活满意度显著高于中职学生。之前的数据中也反映出中职学生在生活满意度、家庭和自我满意度的评价要低于普高生。普高生的生活满意度显著高于中职学生；中职学生与普高生在家庭、友谊、信仰、学校以及正面情绪、负面情绪上存在显著性差异，表现为普高生优于中职学生。

有人对高职学生幸福感调查发现：参与调查的学生中，有34.84%的学生认为自己非常幸福，对现在的状态非常满意；52.94%的学生感觉自己比较幸福，对现在状态比较满意；9.05%的学生认为自己不幸福，对现在的状态不满意，这些学生对幸福的感知模糊；而3.17%的学生认为自己非常不幸福，对现在的状态非常不满意，这类学生缺乏进取心，平时待人待物内心充满焦虑、烦恼、自卑、痛苦，对自我和生活没有自信心。在对目前自己幸福感打分时，有85.23%学生的主观幸福感和自我满意度还是比较强的[②]。尽管只有15%的比例并不理想，但是如果放到整体庞大数据中考量，其总数还是不容小觑的。

相对而言，中职学生幸福感可能低于高职院校，除了中职学生不具备高职院学生有成功升入高校带来的自豪、喜悦、自信、憧憬而导致更多幸福感以外，中职学生幸福感缺失的原因主要是职教生面临由普通教育向职业教育的转变，发展方向由升学为主转变为就业为主，文化课学习的失利与面临职业选择、就业压力的挑战混合在一起，严重降低了职教生的幸福感。陈春燕等指出如下几方面因素不可忽视[③]。

一是幸福感缺失的认知因素。①幸福观有误区。众多中职学生对幸福理解存在误区，如以崇尚物质幸福标榜自身所有。②幸福感知能力有偏差。部分中职学生对幸福的体验，容易向同伴看齐而忽略自我感受，当别人因优势而获取成果，比对自己劣势明显，就会产生一些困惑和不满。

二是幸福感缺失的人格因素。①缺乏自我定位、自我接纳。更多的中职学生很难全面分析和评估自己，容易在别人的言论中迷失自我，会产生很

---

① 臧丹丹，赵华丹，俞菲菲．中职生和普高生主观幸福感的比较研究[J]．江苏技术师范学院学报，2012，18(01)：72-77.

② 邓丽君，阳卫文．高职学生幸福观教育现状及其对策研究[J]．经济师，2022，404(10)：212-213+215.

③ 陈春燕，李金广．中职学生心理幸福感简述[J]．当代教育实践与教学研究，2019(16)：196-197.

糟糕的社会适应感，陷入混乱和迷茫中。②信心缺失、目标缺乏。中职学生经历了考试的失败，看轻自己，觉得低人一等，在职业学校带着很明显的情绪，难以找到自己的优势。

三是幸福感缺失的环境因素。①学历歧视。职校应社会要求而扩大，学生却不被社会重视，这种歧视性的不被认可，降低了整个学生层次的心理幸福感。②家庭否定。当学生以考试“失败者”进入职业学校，普通家庭经历了对子女的失望后，继续忙于生计，缺乏沟通和理解，容易导致中职学生感情流失。③学校失管。学校的慢生活节奏和学生的快餐文化形成对比，学校的管理现状不能满足学生自我实现和成功的获取。

（二）以积极心理唤醒职教生幸福感

积极心理、阳光心态决定着人的幸福指数。职校学生幸福感主要取决于自己内心的感受。新时代幸福教育认为，职教生一般动手能力相对较强，具有职业潜能优势。如果实施积极心理健康教育，唤醒职教生的职业潜能，也就很大程度上唤醒了他们的职业幸福感。据此，韩香云提出的提升高职学生幸福感方法[①]，同样适用中职学生。

（1）确立职业理想中树立幸福感。在帮助高职学生确立职业理想中让他们找到幸福的三个主要路径。一是用马克思主义人才观教育学生；二是用社会主义劳动观引导学生；三是用先进的专业文化熏陶学生。

（2）提升职业道德中体验幸福感。在提升高职学生职业道德中让他们体验到幸福感的三个主要路径。一是在乐业中感受幸福；二是在乐群中感悟幸福；三是在乐职中感知幸福。

（3）培育职业精神中品味幸福感。一是着力培养学生“巧不可阶”的创造精神；二是着力培养学生“精益求精”的工作态度；三是着力培养学生“技道并进”的职业追求。

（4）学习职业技能中创造幸福感。在为高职学生传授职业技能中让他们学会创造幸福的三个主要路径。一是改变教学内容；二是改革教学模式；三是改进评价方式。

总之，从了解和培养职教生积极心理品质入手，引导学生学会职业生涯规划，让职教生得到平衡和充分发展，是新时代职教生幸福教育的重中之重。

---

① 韩香云. 提升高职学生幸福感方法探究[J]. 学校党建与思想教育，2017，567(24)：48-49.

二、中职学生积极心理现状与培养

新时代中职学生的幸福教育要从“心”入手,大力开展积极心理健康教育,培养中职学生的积极心理品质,用积极心理唤醒他们的幸福感。

(一)中职学生积极心理品质研究述要

《国家中长期教育改革和发展规划纲要(2010—2020年)》(以下简称《教育规划纲要》)提到,“要大力发展职业教育。职业教育要面向人人、面向社会,着力培养学生的职业道德、职业技能和就业创业能力”。同时,《教育规划纲要》还提出要“加强心理健康教育”。良好的心理素质能够为学生职业道德、职业技能和就业创业能力等综合素质和能力的培养奠定坚实基础,为国家和社会培养优秀的高技能人才提供心理支撑。因此,中职学生的心理健康教育不容忽视。

中职学生具有怎样的心理特点呢?由于各种因素的影响导致学习成绩欠佳、中考失意,中职学生普遍存在自卑心理、厌学现象严重、人际交往困惑、自我效能感水平偏低等问题[①②③]。而且,进入职校后,由于对专业学习的不适应,对社会缺乏认识,特别是对未来的人才市场竞争和求职择业缺少认识和客观判断,他们对未来还存在一定的恐惧心理和不良情绪。此外,职业学校的心理健康教育也存在诸多不足,比如对于学生心理健康教育重要性认识不足,过分关注学生的消极心理和问题,忽视了预防性和发展性工作;教育者与教育对象之间关系欠和谐,影响了心理健康教育的功效;心理健康教育与各学科教育工作割裂,心理健康教育支持系统欠完善[④]。这些问题使得职业学校的心理健康工作陷于被动和片面,难以有效展开。

通过综述相关研究发现,以往的学校心理健康教育工作和研究往往侧重于学生的问题和心理疾病的治疗,所使用的研究工具也多在于发现学生的心理健康问题和严重程度,偏离了心理健康教育应面向全体学生、侧重于预防性和发展性的轨道。有学者指出,心理健康分为正负两个方面,它不仅

---

① 喻正宾. 职业学校新生入学心理初探及对策[J]. 考试周刊,2008(19):197.

② 成秀梅. 高职生心理健康问题及对策[J]. 卫生职业教育,2004(02):21-22.

③ 李广乾. 职教生的自我效能感现状及提高对策[J]. 职教论坛,2005(12):40.

④ 文书峰. 积极心理学视野下的中职学生心理健康教育[J]. 中国职业技术教育,2007(12):9-11.

仅是消极情绪、情感的减少，同时也是积极情绪、情感的增多[①]。针对传统心理健康教育研究和实践的不足，积极心理健康教育将研究和教育重心确立为人和社会的积极因素方面，侧重于预防性、发展性和促进性，将重点放在培养学生内在积极心理和开发心理潜能上[②]。

但到目前为止，从积极视角研究中职学生心理健康的文章很少。已有研究要么处于理论介绍或者探讨阶段[③]，要么是对某项心理品质培养的零散介绍[④]，不够系统。在中等职业学校进行积极心理健康教育的研究更是寥寥无几[⑤⑥⑦]。由于缺乏有效的测量工具，不清楚学生积极心理品质发展现状和特点，因此研究者均是从宏观角度提出积极心理健康教育建议，缺少针对性、可操作性和具体实例的支持，所以中职学生积极心理品质的培养也无从入手。

综上所述，要走出当前中等职业学校心理健康教育的误区、有效化解中职学生的各种心理问题，描绘中职学生的心理健康发展全貌，必须摸清学生积极心理品质发展现状，为职业学校有效开展心理健康教育和教育决策提供实证依据。

（二）调查研究设计[⑧]

1. 被试

采取整群抽样的方法，共抽取了吉林省舒兰市、山东省淄博市、浙江省宁波市三所中等职业技术学校，共发放问卷2000份，剔除无效问卷后收回有效问卷1924份，有效回收率为96.2%。被试的人口统计学信息见表12-1。

表12-1　被试的人口统计学信息

参数	年级			性别		经济发展水平		
	高一	高二	高三	男	女	落后	一般	发达
人数	1145	467	304	787	1137	330	570	1024
占比/%	59.5	24.3	15.8	40.9	59.1	17.2	29.6	53.2

① 林崇德，李虹，冯瑞琴．科学地理解心理健康与心理健康教育[J]．陕西师范大学学报，2003(05)：110-116.

② 孟万金．论积极心理健康教育[J]．教育研究，2008(05)：19-23.

③ 文书峰．积极心理学视野下的中职学生心理健康教育[J]．中国职业技术教育，2007(12)：9-11.

④ 尤建国．培养中职学生的创业心理品质[J]．中国职业技术教育，2002(01)：42-43.

⑤ 崔志武．唤醒教育：职高学生成才的新起点[J]．中国特殊教育，2007(11)：93-96.

⑥ 李萌，张冲．积极心理健康教育在职业教育中的应用[J]．中国特殊教育，2008(07)：93-96.

⑦ 崔志武，赵凤英．实施“唤醒教育”塑造学生积极心态——孟万金积极心理健康教育在职教创新中的运用[J]．中国特殊教育，2010(11)：66-68.

⑧ 张冲，孟万金，王新波．中职学生积极心理品质现状调查和教育对策[J]．中国特殊教育，2012(03)：80-85.

2. 研究工具

采用官群、孟万金等2009年编制的中国中小学生积极心理品质量表,该量表包括六个分量表,15项积极心理品质,共61个题。认知分量表包括创造力、求知力、思维和洞察力品质,情感分量表包括真诚和执着品质;人际分量表包括爱和友善品质;公正分量表包括领导力和合作力品质;节制分量表包括宽容、谦虚和持重品质;超越分量表包括心灵触动、幽默风趣、信念和希望品质。问卷采用5点评分,1表示非常不符合,5表示非常符合。量表具有良好的信效度①。

3. 研究程序

以班级为单位进行团体测试,每个班级由两名经过培训的心理学专业研究生共同进行。所有数据采用SPSS 11.0进行统计分析。

(三) 研究结果

1. 中职学生积极心理品质发展的总体状况

从表12-2可以看出,认知、情感、人际、公正、节制、超越六大维度均分为3.2~3.8,单样本 t 检验显著高于中数3,这说明中职学生的积极心理品质发展状况良好。描述统计结果表明,中职学生积极心理品质六大维度得分从高到低依次为人际维度、超越维度、节制维度、情感维度、公正维度、认知维度。其中人际维度均分最高,认知维度均分最低。对六大维度的15项积极心理品质的描述统计结果表明,中职学生发展最好的三项品质为爱、心灵触动和信念希望,发展最差的三项品质为真诚、创造力和领导力(见图12-1)。

表12-2 中职学生积极心理品质六大维度平均分和标准差的单样本 t 检验($M±S_D$)

六大维度	$M±S_D$	t
认知维度	3.28±0.52	23.25***
情感维度	3.33±0.46	31.03***
人际维度	3.73±0.63	50.08***
公正维度	3.29±0.52	24.22***
节制维度	3.46±0.50	39.47***
超越维度	3.66±0.53	54.61***

注:* 表示 $p<0.05$,** 表示 $p<0.01$,*** 表示 $p<0.001$,下同。

2. 不同经济发展水平地区的中职学生积极心理品质的发展差异

对不同经济发展水平地区的中职学生积极心理品质的六大维度进行单

① 官群,孟万金,John Keller.中国中小学生积极心理品质量表编制报告[J].中国特殊教育,2009(04):70-76.

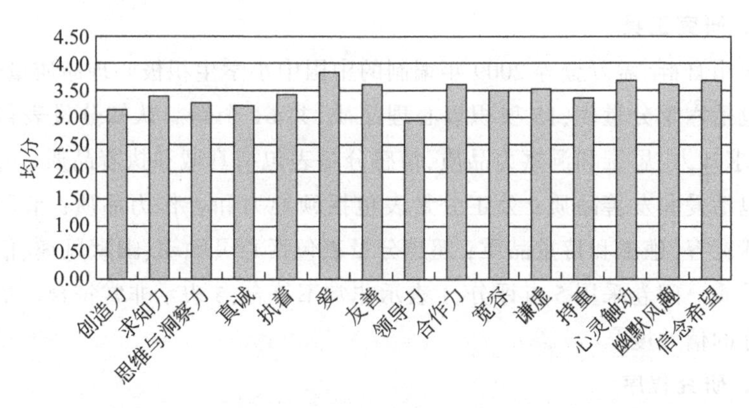

图 12-1 中职学生 15 项积极心理品质发展现状

因素方差分析，结果表明，六大维度之间存在显著的经济发展水平差异（见表 12-3）。Tukey 事后检验发现，在认知和节制维度上，经济发达地区中职学生得分显著高于经济一般和经济落后地区（$S_D=0.23, p=0.000$；$S_D=0.11, p=0.032$；$S_D=0.26, p=0.026$；$S_D=0.29, p=0.031$）；而对于人际和公正维度而言，经济发达地区中职学生得分显著低于经济一般和经济落后地区（$S_D=-0.08, p=0.033$；$S_D=0.12, p=0.040$；$S_D=-0.06, p=0.027$；$S_D=-0.11, p=0.033$）；在情感和超越维度上，经济一般地区中职学生得分显著低于经济发达地区和经济落后地区（$S_D=0.06, p=0.024$；$S_D=-0.09, p=0.032$；$S_D=0.11, p=0.028$；$S_D=-0.07, p=0.037$）。

表 12-3 不同经济发展水平地区中职学生积极心理品质六大维度平均分和标准差的差异比较（$M±S_D$）

六大维度	$M±S_D$	F
认知维度	3.28±0.52	37.72***
情感维度	3.33±0.46	4.50***
人际维度	3.73±0.63	5.60***
公正维度	3.29±0.52	6.26***
节制维度	3.46±0.50	74.07***
超越维度	3.66±0.53	7.85***

3. 中职学生积极心理品质发展的年级、性别差异

对积极心理品质的六大维度进行年级和性别的多元方差分析，结果表明：年级的主效应显著，$F(12,3570)=5.24, p=0.000$；性别的主效应显著，$F(6,1784)=4.28, p=0.000$；年级与性别的交互作用不显著。各年级男女生在积极心理品质六大维度上的平均分与标准差见表 12-4。

表 12-4 不同年级不同性别中职学生积极心理品质六大维度平均分和标准差的差异比较($M±S_D$)

学生		认知维度	情感维度	人际维度	公正维度	节制维度	超越维度
高一	男生	3.23±0.49	3.31±0.47	3.70±0.58	3.32±0.52	3.40±0.45	3.63±0.49
	女生	3.23±0.49	3.30±0.44	3.71±0.50	3.27±0.47	3.40±0.45	3.64±0.46
高二	男生	3.34±0.54	3.33±0.44	3.72±0.61	3.34±0.58	3.57±0.59	3.69±0.58
	女生	3.23±0.59	3.39±0.48	3.71±0.55	3.25±0.50	3.53±0.53	3.69±0.51
高三	男生	3.46±0.61	3.33±0.45	3.71±0.60	3.37±0.61	3.48±0.52	3.70±0.60
	女生	3.31±0.46	3.38±0.50	3.88±0.80	3.28±0.51	3.50±0.45	3.76±0.55

进一步的单变量方差分析表明，在认知、情感、人际、节制、超越五个维度上，存在显著的年级差异[$F(2,1882)=11.15$，$p=0.000$，$F(2,1870)=3.78$，$p=0.023$，$F(2,1888)=5.38$，$p=0.005$，$F(2,1889)=12.24$，$p=0.000$，$F(2,1893)=6.97$，$p=0.001$]，公正维度年级差异不显著。Tukey 事后检验表明，在认知、情感和节制维度，高一学生得分显著低于高二和高三学生($S_D=-0.10$，$p=0.029$；$S_D=-0.13$，$p=0.034$；$S_D=-0.06$，$p=0.026$；$S_D=-0.06$，$p=0.030$；$S_D=-0.13$，$p=0.028$；$S_D=-0.09$，$p=0.032$)，而高二和高三学生间不存在显著差异；在超越维度，高一、高二和高三学生得分两两之间均存在显著差异($S_D=0.05$，$p=0.029$；$S_D=0.07$，$p=0.039$；$S_D=0.12$，$p=0.034$)，高年级学生得分显著高于低年级学生。在人际维度，高三学生得分显著高于高一和高二学生($S_D=0.13$，$p=0.001$；$S_D=0.13$，$p=0.007$)，高一学生和高二学生间不存在显著差异。总体而言，除公正维度外，在积极心理品质的五个维度上，中职学生得分随年级的升高而提高。

进一步的单变量方差分析表明，在积极心理品质的六大维度上，只有公正维度存在显著的性别差异[$F(1,1789)=6.72$，$p=0.01$]。t 检验表明，男生在公正维度上得分显著高于女生[$t(1901)=2.37$，$p=0.02$]。

4. 中职学生与全国高中生常模在积极心理品质上的发展差异

(1) 积极心理品质六大维度的差异比较

Z 检验表明，中职学生与全国高中生在积极心理品质的六大维度上均存在显著差异。除节制维度中职学生得分显著高于全国高中生外，在认知、情感、人际、公正和超越维度，中职学生得分均显著低于全国高中生(见表 12-5)。

表 12-5 中职学生与全国高中生在积极心理品质六大维度平均分和标准差的差异比较($M±S_D$)

六大维度	中职学生均值	全国高中生常模	Z
认知维度	3.28±0.52	3.31±0.38	−2.22*
情感维度	3.33±0.46	3.40±0.45	−4.22***

续表

六大维度	中职学生均值	全国高中生常模	Z
人际维度	3.73±0.63	3.87±0.42	−7.89***
公正维度	3.29±0.52	3.40±0.45	−6.81***
节制维度	3.46±0.50	3.39±0.34	4.46***
超越维度	3.66±0.53	3.74±0.45	−4.72***

(2) 积极心理品质15项品质的差异比较

Z 检验表明,除求知力、思维与洞察力品质差异不显著外,中职学生与全国高中生在13项积极心理品质上均存在显著差异。具体表现为,在宽容、持重和心灵触动品质上,中职学生得分显著高于全国高中生;在创造力、真诚、执着、爱、友善、领导力、合作力、谦虚、幽默风趣和信念希望10项品质上,中职学生得分显著低于全国高中生(见表12-6)。

表12-6 中职学生与全国高中生在15项积极心理品质平均分和标准差的差异比较($M±S_D$)

品质	中职学生均值	全国高中生常模	Z
创造力	3.14±0.67	3.22±0.61	−3.244**
求知力	3.40±0.64	3.42±0.44	−0.793
思维与洞察力	3.28±0.74	3.30±0.51	−0.868
真诚	3.23±0.70	3.28±0.63	−2.239*
执着	3.44±0.56	3.52±0.48	−4.397***
爱	3.83±0.92	3.96±0.50	−5.297***
友善	3.62±0.63	3.77±0.46	−8.371***
领导力	2.93±0.68	3.05±0.65	−4.997***
合作力	3.04±0.58	3.75±0.47	−6.308***
宽容	3.50±0.71	3.40±0.64	4.368***
谦虚	3.52±0.74	3.57±0.52	−2.229*
持重	3.35±0.61	3.21±0.50	7.756***
心灵触动	3.70±0.78	3.64±0.49	2.62***
幽默风趣	3.61±0.84	3.75±0.81	−4.982***
信念希望	3.68±0.64	3.83±0.51	−7.752***

(四) 分析讨论

1. 中职学生的积极心理品质整体发展状况

由于传统心理健康教育测评是问题取向,经常发现中职学生心理问题较多①,

① 赵建平. 对中职学校学生心理健康现状的调查[J]. 职教论坛,2011(35): 135-138.

给中职学生心理发展蒙上阴影。本研究使用积极心理品质量表测评发现，中职学生心理也有其积极的一面，并且整体状况良好，积极心理品质六大维度得分随着年级升高而提高，说明当前中职学校心理健康教育工作的成绩是值得肯定的，中职学生心理在不断成长和成熟，呈现积极向上的趋势，中职学生也是值得信赖和有希望的学生群体。

2. 中职学生与高中生常模的差异

本研究发现，除节制维度中职学生得分显著高于全国高中生外，在认知、情感、人际、公正和超越维度，中职学生得分均显著低于全国高中生。这主要因为，中职学生整体是从普通教育分流出来的，在普通教育中，他们处于劣势，得不到应有的适合的教育，有的甚至是落伍者或被淘汰者，导致心理上整体落后于普通高中生。但是，在职业学校，一旦得到了适合的教育，找到了正确的发展方向，多数学生的积极心理会很快得到发展。有研究表明，高职学生绝大多数积极心理品质高于普通高校学生就说明了这一点①。

3. 不同经济发展水平地区的中职学生积极心理品质的差异

有研究表明，经济发展水平是影响学生心理健康水平的一个重要因素②，经济发展水平对积极心理品质的六大维度有什么影响呢？本调查发现，在认知和节制维度上，经济发达地区中职学生得分显著高于经济一般和经济落后地区。说明经济发达地区能够提供给学生更多的信息和更先进的科技，更重视学生创造力、求知力和思维品质的训练，因此学生在这些品质上的发展也更好；学生经常接触丰富的多元文化，了解的信息和知识越多，就越能够培养谦虚和持重的品质，对人对事也越能够宽容，也越能够接受和包容新异观点和事物。与之相对，另一个有趣的结果是对于人际和公正维度而言，经济发达地区中职学生得分显著低于经济一般和经济落后地区。这说明经济发达地区的中职学生生活节奏更快，竞争压力更大，相对疏于人际间的交流和沟通，也不太关注人际合作和互助。在情感和超越维度上，经济一般地区中职学生得分显著低于经济发达地区和经济落后地区。很可能是因为，经济落后地区受传统价值观影响更多，受外界复杂信息和多元文化价值观的影响较小，更有利于培养真诚、执着、心灵触动、信念希望等品质，这些也是传统文化所强调的优秀品质；而经济发达地区的学生具有先进理念和科技优势，掌握大量信息，对自己的认知、对未来目标更清晰执着，对未

① 林士俊，周梅华. 高职学生积极心理品质状况调查及对策研究[J]. 中国特殊教育，2012(02)：89-93.

② 冯夏婷，刘艳芝. 经济发达地区高校贫困生心理健康状态调查——以广东省为例[J]. 华南理工大学学报(社会科学版)，2010(06)：100-105.

来更抱有希望,同时也更关心精神层面的追求,更关注自我成熟和成长。因此,这两个地区学生的情感维度和超越维度发展得更好。

4. 中职学生积极心理品质发展的年级和性别差异

本研究发现,在认知、情感、人际、节制、超越五个维度上,存在显著的年级差异。在认知、情感和节制维度,高一学生得分显著低于高二和高三学生。在超越维度,高年级学生得分显著高于低年级学生。在人际维度,高三学生得分显著高于高一和高二学生。总体而言,除公正维度外,在积极心理品质的五个维度上,中职学生得分随年级的升高而提高。这说明,低年级学生得分低很可能是因为新生刚入学需要一段时间的适应和调整。随着年级升高,中职学生的学习和生活逐渐走向正轨,找到了正确发展方向,从而积极心理品质得分也不断提高。在积极心理品质的六大维度上,只有公正维度存在显著的性别差异,t 检验表明,男生在公正维度上得分显著高于女生。这可能是由于传统的性别角色要求形成的。在传统的性别角色概念中,男性情绪稳定、成熟、敢作敢为、领导能力强[①],因此男生在公正维度上得分更高。

(五)教育建议

1. 切实把教育重点转向积极心理健康教育

传统学校心理健康教育工作的不足之处在于过分关注少数学生的心理问题,造成心理健康教育工作陷于被动,难以有效开展。积极心理健康教育认为人人都有积极的潜能,都有自我向上的成长能力,它最大特色就是强调一切从“积极”出发,将重点放在培养学生内在积极心理和开发心理潜能上。尽管中职学生存在很多心理和学习问题,但同时他们也拥有很多优点,比如能吃苦、勤劳、勇敢。本研究发现,在积极心理品质的五个维度上,中职学生得分均显著低于全国高中生常模,但在节制维度上中职学生要高于高中生常模。因此,要高度重视中职学生心理健康教育工作,同时职业学校的心理健康教育要向积极心理健康教育转向,面向全体学生,以学生的优点和长处为出发点,注重心理健康教育的预防性、发展性和促进性。在日常学习和生活中,通过多种途径和方式培养学生形成积极的思维品质、积极情绪情感体验、积极习惯和人格,磨炼积极意志品质,并学会建立积极组织与关系。

2. 提高教师积极心理健康教育意识和能力

教师对学生的身心成长和发展起着重要作用,其心理健康水平直接影

---

① 李少梅.大学生双性化性别特质与人格特征的相关研究[J].陕西师范大学学报(哲学社科版),1998,27(04):148-152.

响学生的心理健康水平。要培养学生积极心理品质,教师首先要拥有积极心态和乐观的精神面貌,具有进行积极心理健康教育的意识,这一点至关重要。而且,根据勒温的心理场理论,在师生的交往和互动中,学生的行为及蕴含其中的理念、情感等,以教师心理场中的一种心理张力的形式,潜在地影响教师心理活动①。也就是说,教师对学生的影响不是单向的,双方是相互影响的。因此,为了能有一个积极的良性互动和循环,教师要率先拥有"积极"意识。其次还要具备进行积极心理健康教育的能力和技巧。学校要通过多种途径和方式培训教师,包括以"请进来"和"送出去"的方式培训教师,也可以通过心理健康教师对其他各科教师进行定期培训和辅导,帮助教师提高积极心理健康教育能力。

3. 有针对性地加强学生积极心理品质培养

本研究发现,中职学生的人际维度发展最好,认知维度发展最差。15项品质中,中职学生发展最好的3项品质为爱、心灵触动和信念希望,发展最差的3项品质为真诚、创造力和领导力,女生的公正维度(领导力和合作力品质)得分要低于男生。因此,教师应该注意培养学生相对落后的品质。教师可以根据学生的年龄特点,在课堂教学、文体活动、技能大赛、社会实践和见习中选择最佳切入点,为学生积极创造各种机会,运用有效的教学策略,利用并开发学生优势品质,并以优势品质带动弱势品质,让学生充满自信地快乐学习,进而获得全面发展。同时,要打破传统性别角色的刻板印象,多为女生创造机会,培养女生的领导力和合作力。从不同角度发现和肯定学生的成就和优势,不仅能重新唤醒他们的自尊、自爱、自信、自强、自立、自治,而且能激励他们的做人勇气,引领他们健康成长,成为社会有用的人才。

4. 构建积极心理品质培养的全面支持体系

积极心理健康教育要想取得实效,必须建立全面系统的支持体系。因此,可以建立一个以学生为主体,学校为主导,师生家长全员参与,学校、家庭和社会齐抓共管,全面提高学生心理素质,充分开发潜能的支持体系。要通过多种途径培养学生的积极心理品质,包括学科渗透、心理活动课、心理咨询和辅导、网络支持系统以及班会、团会和队会活动。同时,还应该鼓励一些非正式群体的发展,如鼓励成立业余爱好小组,以班会、团会和队会等正式群体的积极优势和主导作用引导和影响非正式群体的发展方向。无论是课堂教学还是课外活动,都应该争取内容丰富多彩、形式灵活多样,符合学生的年龄特征和兴趣爱好。

---

① 郑美娟. 论学生对教师心理健康的影响及对策[J]. 社会心理科学,2009(04):106-109.

三、高职学生积极心理现状与培养

高职学生尽管年龄和学历比中职学生高，但是新时代对他们开展幸福教育，从积极心理入手依旧是提高他们幸福感的关键，也就是要用积极心理唤醒高职学生的幸福感。这同样需要了解高职学生积极心理品质现状，进而有针对性地提出教育建议，对此，我们团队的合作人员以及其他学者做了专门探索。

（一）高职学生积极心理品质现状

林士俊、周梅华（2012）采用中国教育科学研究院“积极心理健康教育课题组”孟万金、官群编制的中国大学生积极心理品质量表，以某职业学院和某大学的学生为样本，对高职学生积极心理品质发展现状进行测查[①]。结果表明：高职学生的积极心理品质总体状况良好；六大维度的得分均显著高于全国大学生，并与普通大学生相比无显著差异。在20项积极心理品质中，高职学生发展最好的五项品质为心灵触动、团队精神、感受爱、真诚、爱与善良；最差的五项品质为创造力、勇敢坚持、热爱学习、自制、领导能力。高职学生在社交智慧上得分显著高于普通大学生。但在好奇心、宽容和心灵触动上得分却显著低于普通大学生。

积极心理健康教育强调营造积极健康心理氛围的重要性。为此作者提出学校、家庭、社会三方合力，形成立体的教育体系，共同打造积极心理健康教育的育人环境，充分发挥三方各自具有的情感和资源优势。同时在高职学院广泛开展课外文体活动和校外实践活动。丰富的课外文体活动能够陶冶高职学生高尚的情操，增强高职学生的积极体验与积极情绪，进而培养积极品质，达到文体育人和集体成长的效果；而校外实践活动可以让高职学生认识到“我不差、我能行、我真棒”，树立起强有力的自尊心和自信心。

与普通大学生相比，在20项积极心理品质中，高职学生在社交智慧上得分显著较高。抓住此优势，积极开展团队合作主题的团体心理辅导，可以在更广泛的层面上讨论和解决高职学生成长中所面临的问题，同时帮助高职学生认识到问题具有一定的共性，并且意识到问题是成长中必然的课题。

---

① 林士俊，周梅华. 高职学生积极心理品质状况调查及对策研究[J]. 中国特殊教育，2012(02)：89-93.

通过心理拓展体验训练等方式进行体验式学习，融趣味性与知识性于一体，能够使高职学生在挑战各种困难中提高自身的素质。

（二）高职学生积极心理品质培养对策

培养高职学生积极心理品质重在开展积极心理健康教育。许多高职院校取得了很好的经验，值得借鉴推广。比如，天津电子信息职业技术学院根据高职学生特点，确定了以第二课堂为主要载体，全员参与、多元化实施积极心理健康教育的模式①。具体实施方法如下。

（1）全员参与积极心理健康教育。让教师成为积极心理健康教育的重要力量，院系辅导员、学生干部、班级心理干事作为积极心理健康教育的骨干，在学生中普及积极心理学知识。

（2）多元化开展心理健康教育。利用教学环节开展积极心理健康教育，依托学院心理健康教育与咨询中心开展积极心理健康教育，依托院校团委、学生会、学生团体、学生兴趣小组等开展积极心理健康教育，依托校企合作平台在第二课堂活动中进行积极心理健康教育，利用各级教育部门组织的各类学生活动进行积极心理健康教育。

（3）完善组织机构。该校近年来逐步整合心理健康教育工作领导小组、心理健康教育中心和心理健康社团、系部学生会心理健康部、班级心理委员等心理健康教育和辅导资源，搭建了“心理健康教育院级—系级—班级”的三级树状网络，并进一步完善统合了各自职能。

北京电子科技职业学院通过五条渠道开展积极心理健康教育：①建立积极的支持体系，重视校园文化建设；②确立阳光教育理念，如通过大学生志愿者活动，大学生“5・25”活动等形式，促进学生健康的社会化过程；运用团体辅导的形式，组建学生社团，培养学生自律、兴趣和奉献精神等；③形成差异化教育目标，对不同群体进行有针对性的指导帮助；④培养积极人格特质，在各种活动中进行隐性教育，用非说教的方式引导学生抒发积极幸福感；⑤运用积极的教育技术，顺应学生的内在需要，启发学生的自我反省能力②。

---

① 刘江，周桂霞. 积极心理健康教育在高职院校第二课堂中的探索与实践[J]. 天津职业院校联合学报，2014(12)：112-114.

② 陆宁. 高职院校积极心理健康教育探究——以北京电子科技职业学院为例[J]. 北京教育・德育，2011(Z1)：18-19.

四、职业规划唤醒职教生幸福感

职业规划会帮一个人更好地定位何种工作给自己带来满足、幸福、成功。作为职教生，如果不知道自己的职业目标是什么，将找不到真正的幸福和工作的满足感。不论是中职学生还是高职学生，职业规划都是唤醒幸福感的重要手段。

良好的职业规划，首先必须确立自己的职业价值观。表 12-7 列出了六大类职业价值观供参考。

表 12-7　职业价值观与职业类型

职业价值观	个 性 特 点	相应职业类型
自由型（非工资生活者型）	不受别人指使，凭自己的能力拥有自己的小“城堡”，不愿受人干涉，想充分施展本领	室内装饰专家，图书管理专家、摄影师、音乐教师、作家、演员、记者、诗人、作曲家、编剧、雕刻家、漫画家等艺术性职业
小康型	追求虚荣，优越感很强。很渴望能有社会地位和名誉，希望常常受到众人尊敬。欲望得不到满足时，由于过分强烈的自我意识，有时反而很自卑	记账员、会计、银行出纳、法庭速记员、成本估算员、税务员、核算员、打字员、办公室职员、计算机操作员、统计员、秘书等
支配型（独断专行型）	想当上组织的一把手，飞扬跋扈，无视他人的想法，为所欲为，且视此为无比快乐	推销员、进货员、商品批发员、旅馆经理、饭店经理、广告宣传员、调度员、律师、政治家、零售商等
自我实现型	不关心平常的幸福，一心一意想发挥个性，追求真理，不考虑收入、地位及他人对自己的看法，尽力挖掘自己的潜力，施展自己的本领，并视此为有意义的生活	气象学家、生物学家、天文学家、药剂师、动物学者、化学家、科学报刊编辑、地质学者、植物学者、物理学者、数学家、实验员、科研人员、科技工作者等
志愿型	富于同情心，把他人的痛苦视为自己的痛苦，不愿干表面上哗众取宠的事，把默默地帮助不幸的人视为无比快乐	社会学家、福利机构工作者、导游、咨询人员、社会工作者、社会科学教师、护士等
技术型	认为立足社会的根本在于一技之长，因此钻研一门技术，认为靠本事吃饭既可靠，又稳当	木匠、农民、工程师、飞机机械师、自动化技师、野生动物专家、机械工、电工、司机、机械制图等

当然，表中所列出的各类代表职业并非是绝对的，有些职业已退出了今天的社会生活，或者职业本身的社会声望、实际收入水平、工作环境背景等

发生了变化。因而,表12-7只是作为一个参考,只能帮助职教生判断自己的职业价值观类型而并不能确定具体的职业。要想确定职业选择,还要继续综合考虑自己的个性、兴趣、能力以及社会组织环境等因素。

总之,科学合理的职业价值观会激发积极心态。心态决定人生成败。学会职业生涯规划,并不断发展创新,与时俱进,将会伴随终身幸福。因此,提振职教生幸福感要从"唤醒"积极心态入手,发现、发掘个体潜能优势,另辟成功成才新赛道。我们的实验校吉林舒兰市职业高中开展的"唤醒教育"取得了不菲的成绩,值得学习借鉴。

案例

吉林省舒兰市职业高中:"唤醒教育"的实施与成效①

众所周知,农村中等职业学校大多数学生来自农村,基本是初中没学好,普高念不了,甚至有的学生是小学就没学好,初中念不下来的辍学生、"双困生""问题生"。面对学校目前的生源素质和在教育教学管理中的实际情况,我们充分认识到:创新教育理念、研究有效的学生管理办法、大力开展积极心理健康教育、塑造学生的积极心态,是我们办学的首要任务。同时也是我们树立职业高中新形象、打造新品牌的突破口。为此,按照舒兰市教育局"两抓一确保"的总思路,根据积极心理健康思想,我们提出了"唤醒教育"的校本教研课题,于2007年11月被列入全国教育科学"十一五"规划课题"中国学校积极心理健康教育实验与推广"的子课题,学校被批准为中央教科所科研教改实验基地和"唤醒教育"实验学校。几年来,在总课题组的指导下,我们不断地完善"唤醒教育"的教育教学理念,并在实践中收到了较好的效果。

一、积极心理健康教育理念下的"唤醒教育"

中国教育科学研究院心理与特殊教育研究所所长孟万金教授创立的积极心理健康教育认为,积极心理健康教育就是从积极的视角,以积极的价值取向,用积极的内容和方式塑造洋溢着积极精神、充满希望和散发着春天活力的健康心灵。从积极心理健康教育视角来看职业高中的学生,他们拥有大量的应试教育视野以外的优点和潜能值得唤醒,这些优点和潜能将是他们人生的支撑点和增长点。

---

① 崔志武. 唤醒学生 引领成长——舒兰市职业高中"唤醒教育"校本教研的实施与成效[J]. 吉林教育,2011(03):38-40.(个别字词有调整)(该校为孟万金教授积极心理健康教育课题在职教系统的典型代表,得到了孟万金教授的悉心指导)。

唤醒教育是指针对学生被压抑的生机、个性、创造性和潜能，通过兴趣引导等各种手段，发现和发扬学生的优势，为其提供“人本化”的教育环境、符合个性特长的成才通道和多元化评价标准，全面开发潜能，重新唤醒学生的自尊、自爱、自信、自强、自立、自治，唤醒其他的智能和潜能，激励做人的勇气，坚定学习信心，把学生引向健康发展的教育轨道，引领学生健康成长，成为社会有用的人才。

在唤醒教育理念指导下，我校提出了“自我约束、情感拉动、典型引导、激励改正、设计目标”二十字方针。自我约束就是激发内在的积极品质，使潜能得到最大限度的发挥，让学生形成良好的心理习惯，保持生命的最佳状态；情感拉动就是通过情感交流，唤醒学生感恩的意识，唤起学生积极的情绪，建立和谐的人际关系；典型引导，通过树立典型，给学生提供与其有相似性的榜样，这种信息促使学生增强自我效能感；激励改正就是坚持孟子的性善说，揭示人向善的内在可能性，用积极心理健康教育激励学生，改正自我行为的缺失，从而唤醒自我的良知和良能；设计目标，就是让不同志向、不同层次的学生制定不同的目标，目标有近期、中期和远期之分。目标是否树立或树立得正确与否，决定着个体学习行为的方向，影响着学生的学习质量。

职教生在应试教育下，生长发展的空间很小。但实际上，他们的潜能很大，从普通教育转到职业教育要考虑如何让他们成才，怎样换个角度发展他们的优点，唤醒教育解决了这个实际问题。学生把心态调整好，找到自己的发展方向，找到自己的长处，找到自己人生的生长点和支撑点以后，就看到了未来，看到了希望。被唤醒以后，他们才有动力，才能发挥潜能。潜能发挥出来，这些学生并不比普通学校学生差。正如孟教授所说，“唤醒教育”的根在舒兰职业高中，但是它的规律总结出来以后，就不再是只适用于职业学校了，具有普遍性、一般性，甚至于普通学校里面的后进生、掉队生都适用。

二、唤醒教育的实施

“唤醒教育”是一个新的概念，要让人了解、信服、运用它，是需要有一个过程的。几年来，我校在实践中做了有效的尝试。

（一）营造实施“唤醒教育”环境，让“唤醒教育”理念根植于师生的内心

1. 强化宣传“唤醒教育”

我校于2007年暑假期间历时三天举办了“实施唤醒教育，推进职业高中快速发展”的大讨论，第一次提出实施“唤醒教育”的口号。同年12月，在中央教科所孟万金教授的指导下，我校召开了“唤醒教育”开题报告会。孟

万金教授参加开题会并对唤醒教育理念给予了“高、大、全、精、细、深、实”的七字评价。三年来，市电视台每年都跟踪制作一部“唤醒教育”专题宣传片。2008 年片名是《实施“唤醒教育”　推进职业高中快速发展》；2009 年片名是《唤醒教育让沉睡的翅膀重新飞翔》；2010 年片名是《风景这边独好》。每次播出后，在校内外都能引起强烈的反响。

2. 打造校园特色文化，烘托“唤醒教育”氛围

校园是师生生活、学习的场所，更是我们宣传“唤醒教育”的主阵地。在我校教学大楼内外明显处都挂有“唤醒教育”方面的大幅永久性宣传标语。“自我约束、情感拉动、典型引导、激励改正、设计目标”唤醒教育二十字方针统一规格挂在大厅、各班级教室里。有的班级结合班情，还选择唤醒教育的某一方面，或某一侧面为突破口，规定目标，分层递进，深化细化教育要求。如有的班级以“情感拉动”为主题，创建和谐的班级，培养学生的爱和责任意识，塑造了学生的积极心理品质，完善了人格形象，收到了良好效果。

3. 建立有效机制，保障“唤醒教育”的顺利实施

我校遵循教育规律，依据唤醒教育的理念，建立健全各种规章制度。严肃纪律，奖惩分明，形成了自我激励、自我约束、自我管理的制度环境。同时建立了一个完善的管理网络，成立了由责任校长任组长，领导班子全员参与的唤醒教育领导小组。分两条线，即德育副校长牵头的德育管理线，党、团、政教、班主任参加，负责学校“唤醒教育”系列活动的组织策划。业务副校长牵头的教学管理线，教务、专业组、科任参加，负责学校“唤醒教育”课程改革策划和“兴趣教学”活动。学校领导分四组轮流值班，24 小时在校与学生同吃同住，学校领导和党员都有包保班级和包保问题学生的任务。全方位贯彻落实唤醒教育理念及有关制度，促进了我校学生心理的健康发展。

（二）把握“唤醒教育”与具体工作的结合点，绽放“唤醒教育”爱的火焰

“唤醒教育”二十字方针，来自于实践，是我校活动的记录、工作的结晶、办学成果的体现。在具体工作中，我们坚持了“五个结合”。

1. 坚持与自我教育相结合，培养良好习惯

我校不断完善自我约束机制，推行“变被动要求为主动接受”的自我教育模式。用发展性评价看待学生的进步——只要努力就是好学生。对学生的管理制度的制定，充分发扬民主，让学生讨论签字后再执行。各班可根据学生存在的不同情况，制定出不同层次的遵守条款，然后逐步完善提高。同时，学校充分发挥学生会的作用，通过学生会监管制度的执行，实行学生自我管理，有效地规范了学生行为，促进了良好习惯的养成。鼓励学生实现自我约束、自我管理，自我教育已成为我校学生管理工作的一大特色。

2. 坚持与防流控辍相结合,增强感恩意识

职业高中的生源比较复杂,层次各不相同。一是在我校明确提出“职业高中无差生”“没有教不好的学生,只有工作不到位的老师和校长”的教育理念。形成基本共识——“凡是来职业高中的学生都有良好的愿望,一个都不能被冷淡。”“进入班级课堂的学生,只能管好了,教乐了,不能管跑了,逼走了。”二是我们定期组织教师进行培训,座谈交流经验,共同剖析案例,深入细致地研究探讨学生思想教育工作。班主任都成为“朋友式”的班主任,教师都成为心理咨询师。学生有了困难,都会找到求助、倾诉的对象。师生间、学生间,和谐融洽,这种真诚的态度深深地影响着学生,学生也以积极的表现、优异的成绩来回报老师和学校。

3. 坚持与文体活动相结合,注入优秀品质

主要是通过开展系列活动,为学生搭建展示个性的平台,发现优秀的典型,及时总结推广,用典型说话。我们把开展系列活动作为学校教育教学管理中的重要内容,在安排上打破常规。有些活动可以进入课堂,目的是在于加大寓教于乐的氛围,做到先乐后学。现在每班每天都有不同内容不同形式的活动,每周学校都有小活动,每月至少开展一次的大型活动,并且对每次、每项活动都进行认真总结,大力表扬在活动中涌现出来的优秀学生,有1/3 的学生已成为各方面的优秀典型。鼓励每名学生追求优秀,努力成为优秀,之后习惯优秀,最终成为优秀的人。

4. 坚持与学生管理相结合,促进学生成人成才

我校学生的管理实行品行分记录制度,用品行积分激励学生改掉不良习惯。我校把这步措施作为学生管理工作的关键,因为我们管理工作的目的就是让其改正。对学生的品行进行记录,政教处从早到晚,从课堂到课间及就餐、就寝、起床都安排专人监督记载。大部分工作都由学生会值周干部负责,课堂中由科任老师填写记载,每晚汇总后交政教处。周周进行认真总结,对品行较差学生,政教处要给予其警告处分。对品行表现突出的、积分较高的,学校通报表扬。同时,学校允许用品行突出的积分来冲减表现较差的积分,这样大大缓解和防止了一些矛盾的激化,给许多想悬崖勒马的学生留有了机会,很好地挽救了一些“边缘”学生。减轻了社会的压力,促进学生成人成才。

5. 坚持与职业规划相结合,奠基学生美好未来

依据学生不同层次的要求,根据学生自身的特点,帮助学生谋划未来,进行职业生涯规划,为不同志向的学生寻找一条适合自己发展的出路,从而实现他们的人生理想。学校本着用好用足对口升学政策的原则,为对口升

学班配备了精干的教师队伍，严格要求，强化教学管理，快速提高了学生的学习成绩，使那些参加对口升学的学生都以良好的成绩升入大学。同时广开渠道，与北京中新企业管理学院等部分院校和企业开展联合办学和订单培训，让学生高起点就业，为想尽早参加工作的学生搭建了“就业金桥”。据统计，近年来有900余名学生对口升入上级高等院校，800多名技工学生到省内外就业，其中有200多名学生进入北京中关村高科技企业就业，使我校的“升学有保障，就业高起点”的现实承诺成为学生奋斗的目标。

三、实施唤醒教育的初步成效

“唤醒教育”的精髓来源于积极心理健康教育，初步实践于舒兰职业高中，目前受益最多的是舒兰职业高中及全体师生，使学校面貌发生了明显的变化。

第一，唤醒教育的实施树立了大批学生的自信心，克服了自卑心理和厌学行为，激发了他们“重新再来”的勇气和学习兴趣。现在积极上进的学生多了，调皮捣乱的少了；爱学习、会学习的学生多了，无目标、“学混子”少了。有80多名学生向党组织提出申请，大多数学生踊跃参加义务劳动，积极争取品行高积分。2010年高考，我校对口升学的110名考生，有90名学生被高等院校正式录取。财经、种植、养殖专业地区第一名都是我校学生。

第二，唤醒教育的实施增强了“爱和责任”意识。老师爱学生胜于子女，学生敬老师胜于父母。我校分管学生的刁校长和几名班主任的孩子分别在高中、初中毕业班，他们无时间陪伴、关心自己的孩子，周六、周日学生不休息，他们都得在校值班，也从不请假，学生非常敬佩。今年新入学的杨同学和2008年毕业的孟同学来我校前在初中都是打闹、逃学出名的学生，其父母分别是乡镇机关和市局机关领导，对父母的教育不顺心顶撞是常事，可对老师潜移默化的教育是认真对待的。杨同学在今年10月统一组织的军训中，坚持到最后，表现良好。孟同学，考入省交通职业学院。家长非常感谢学校及其唤醒教育，说：“‘唤醒教育’法很适合我的孩子。孩子找回了自信，学会了做人，找到了人生价值，并给予孩子一生的财富。”

第三，唤醒教育的实施消除了社会上对职业高中的疑虑。我们2005年迁到舒兰市区的一个中学时，要调该校几名教师充实力量，他们谁都不肯留下，周围百姓也都担心我校是否会成为社区的不安定因素。事实上，在这五年多时间里，学校没有出现一起聚众斗殴事件和其他安全事故，多次得到上级领导的表扬。师生经常到附近养老院做好事，到社区参与一些文艺活动。由害怕疏远到亲近合作，树立了学校的良好形象，增强了职业高中的吸引力。2010年招生380人，目前在校生达到1109人。当地有名的企业家盛雅杰和交通局、审计局、邮政局一些领导的孩子也送入我校就读。2009年住上政府新建的一万平方米教学大楼，学校从农村乡镇全部迁入市区，多名教职工随迁市内正式编制教师，享受市内教师待遇，改变了社会上一度“冷眼”看职校的局面。学校被评估为省级重点中等职业学校、吉林市德育模式改革先进学校、党建先进单位、安全管理先进单位、百姓口碑最佳单位，连续两年综合评比为舒兰市五星级学校。

唤醒教育科研课题经过三年的研究、实践，已取得了一些成绩。今后我们将在积极心理健康教育总课题组的指导下，继续提炼、升华，将唤醒教育最大限度地用于指导实践。同时积极争取当地教育行政部门的支持，将这一科研成果在周围学校进行推广实验，辐射带动更多的教师投入积极心理健康教育研究中来，影响更多的学生，使他们拥有积极健康的心理状态。我们将在课程上、在活动中、在家庭教育中大幅度渗透唤醒教育理念，向社会各界广泛宣传唤醒教育，共同为开展积极心理健康教育活动营造出一个良好的发展环境，为创设积极向上、和谐发展的社会贡献我们微薄的力量。

下篇　组织实施

第十三章　新时代幸福教育区域建设研究

幸福教育是系统工程,涉及个人、学校、家庭、社会等各个方面。新时代的幸福教育追求平衡和充分发展,这就必须区域统筹协调,整体推进,实现各个系统的协同育人。党的二十大报告提出:促进区域协调发展。这为新时代区域教育高质量发展指明了方向。目前,地方政府与教育行政领导具有较强的协调关系、分配资源、制定政策的能力。因此,区域教育综合改革的关键推动力量在于以县为主的地方政府与教育行政领导。新时代幸福教育高质量规模化发展必须发挥县域综合优势。

一、构建新时代幸福教育区域生态系统

在追求平衡充分发展的新时代背景下,加强全区教育资源配置优化和协调,既追求全区教育质量优质均衡整体提高,又增强各校办学活力,凸显办学特色,需要构建幸福教育区域生态系统。

(一) 新时代区域教育生态系统核心要义

范国睿在《教育生态学》一书中提出,自然生态系统和社会生态系统均遵循一些共同的生态学原理,如胜汰原理、循环原理、多样性和主导性原理、生态发展原理[①]。从根本上讲,贯穿于这些原理之中的基本生态学思想在于生态的系统性和平衡性。教育生态学的方法就是“把各种教育机构与结构置于彼此联系以及与维持它们并受它们影响的更广泛的社会之间的联系中,加以审视”。坚持全面地思考、联系地思考、公开地思考这三种思考方式。据此,区域教育生态系统就是为了整体提高区域教育质量,结合本区特色和优势,创造性地运用生态系统理论,系统性整合与优化全区教育资源及功能,以促进区域教育整体均衡优质发展。

---

① 范国睿. 教育生态学[M]. 北京：人民教育出版社,2000：26-27.

生态学原则是尊重多样性,珍惜独特性,重视关系性,追求和谐性,生态文明强调经济发展的可持续性、强调人自然社会的和谐性、强调社会的公平发展。布朗芬布伦纳(Bronfenbrenner)提出的个体发展生态系统模型(见图 13-1),对构建区域教育生态系统具有指导和借鉴意义。

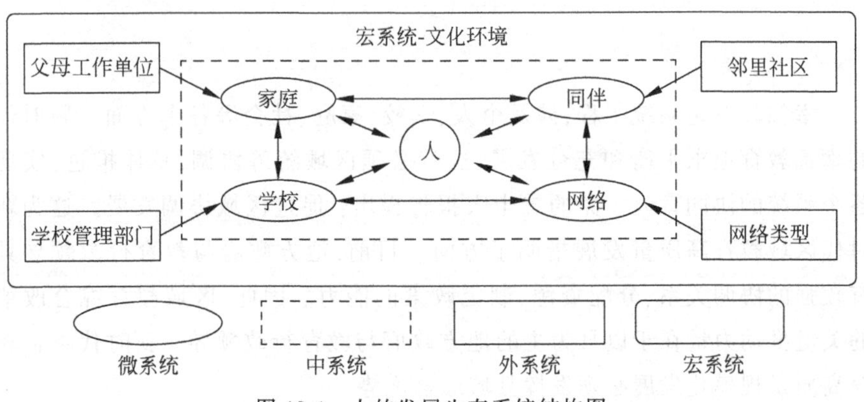

图 13-1　人的发展生态系统结构图

从生态系统论来看,区域教育综合改革模式是一个开放的发展性系统,体现的是教育的现代整体性功能,强调教育符合区域经济社会生态发展的实际,并随其发展需要持续地调整着力点。

就运行结构而言,刘贵华教授①认为综合改革特色理论与综合改革实验操作构成了区域教育综合改革模式运行中的两大主体。综合改革模式的运行,既吸收了项目合作模式中科研主导的理念特色,也利用了规划发展模式中政府推动区域教育改革的主导动力功能,同时又结合了特色示范模式中以点带线(面)的突破式运行功能,即以特色带动整体均衡发展的思路。综合改革模式以紧密结合区域实际的综合改革特色理论与实验操作为区域实践提供政策指导、制度支持与发展导向。综合改革特色理论为实验操作提供科研引领与理论指导;实验操作则为综合改革特色理论提供实践支持和生态环境。综合改革特色理论与实验操作又同时为区域教育改革提供科学决策的依据与理论支持,最终推动实验区的整体发展,并以区际吸引与辐射功能向其他区域提供完整的实验样本与典型个案(见图 13-2)。

区域教育综合改革模式实践运行的关键是区域改革要素禀赋的统整协调(见图 13-3),全面提升区域统筹、协调管理、优质均衡和各校办学活力。

---

① 刘贵华,王小飞,祝新宇.论区域教育综合改革模式[J].教育研究,2009,30(12):69-74.

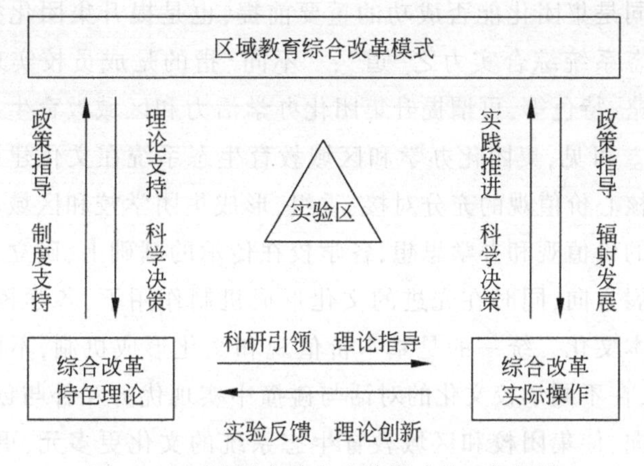

图 13-2　区域教育综合改革模式的运行结构

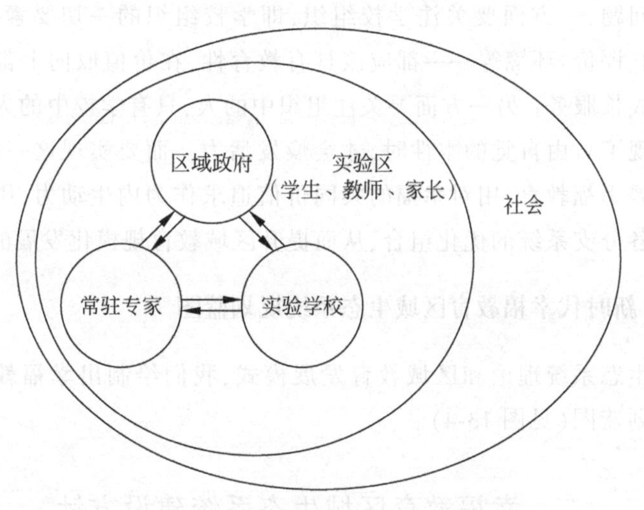

图 13-3　区域教育综合改革实验体系

(二)新时代区域教育生态系统的幸福活力

构建区域教育生态系统总目标都是为了共享资源、提升质量、促进公平,基本路径都是以强带弱、以优育优、复制名校,取得了显著办学成效。集团化办学在教育公平、资源共享、质量提升方面都取得了可喜的成绩。经过一段时间探索,普遍感到提升集团化办学活力,促进区域教育生态系统进一步优化,需要幸福的价值驱动和提升幸福感的目标引领。

新时代区域教育生态系统的典型特征一般是通过集团化办学带领全区教育优质均衡发展。"和而不同"是集团化办学和区域教育生态的价值追求和文化创生的共识,"和"指的是用共同的方向、目标、理念、价值统一人心。

文化上的认同是集团化能否成功的重要前提,也是提升集团化办学活力和区域教育生态系统综合实力之“道”;“不同”指的是成员校实现目标的样态、路径、策略、特色等,可谓提升集团化办学活力和区域教育生态系统综合实力之“术”。可见,集团化办学和区域教育生态系统在文化建设上应重点突出各学校核心价值观的充分对接、重组,形成集团学校和区域教育生态系统共同认同的价值观和办学思想,各学校在传承的基础上,确立自己学校文化特色及发展方向,同时在先进的文化形成机制作用下,各学校自主建设,创新发展校本文化。统一的是基本价值观和文化形成机制,不同的是文化特质与优势,在不同学校文化的对话与碰撞中实现优势互补与创新,以避免同质化的趋向,使集团校和区域教育生态系统的文化更多元,更有层次,更容易激发文化的内在生命力。正如著名学者石中英教授指出,探讨学校活力的源泉问题,一方面要关注学校组织,即学校组织的一切要素——理念、制度、活动、评价、环境等——都应该具有教育性,在价值取向上都应该为学生的健康成长服务;另一方面要关注组织中的人,只有学校中的人在自己的活动中表现了自由自觉的本性时,才会焕发活力。而要实现这一切,重中之重就是开展幸福教育,用对幸福的共同价值追求作为内生动力,用对幸福的目标引领各分支系统的优化组合,从而提升区域教育规模化发展的活力。

(三) 新时代幸福教育区域生态系统规划蓝图

根据生态系统理论和区域教育发展模式,我们绘制出幸福教育区域生态系统规划蓝图(见图 13-4)。

二、幸福教育区域生态系统建设方针

幸福教育规模化发展主要依靠区域大面积整体推进,可以整合资源,优势互补,节约成本,取得规模化效益。如何搞好幸福教育区域生态系统建设呢?我们提出了以学生满意度为重心,坚持 40 字工作方针,实践证明非常实效。

(一) 聚焦学生的满意度

办好人民满意的教育,归根结底是学生的满意度。满意度是主观幸福感的重要指标。区域幸福教育各系统的交叉中心,也就是重心,就是学生对教育的满意度。

满意度测评起源于经济领域,更确切地说是市场营销领域。随着“重塑

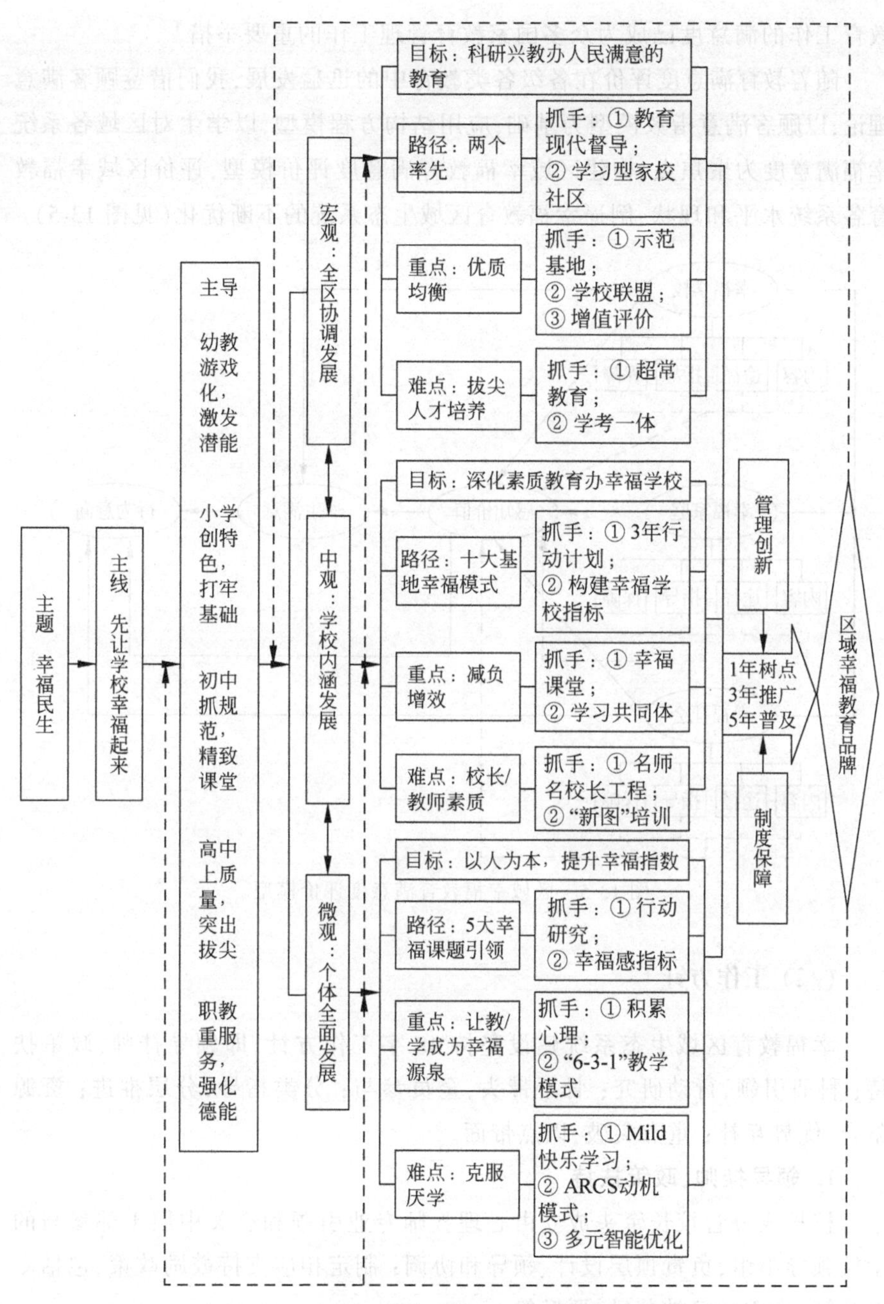

图 13-4　区域"幸福教育"生态系统规划蓝图

政府""再造公共部门"为目标的"新公共管理运动"的兴起和发展，在强调政府和社会公共组织应以"顾客满意"为宗旨，倡导行政就是服务、公众就是顾客的思想的影响下，满意度测评逐渐向政府和社会领域拓展。教育作为一种服务的观念越来越普遍，从满足学生、家长社会用户期望的角度，测评教育工作的满意度已成为众多国家教育管理工作的重要举措①。

随着教育满意度评价在各级各类教育中的迅猛发展，我们借鉴顾客满意理论，以顾客满意指数模型为基础，应用结构方程模型，以学生对区域各系统幸福满意度为聚焦点，构建区域幸福教育满意度评价模型，评价区域幸福教育各系统水平和现状，倒逼幸福教育区域生态系统的不断优化（见图 13-5）。

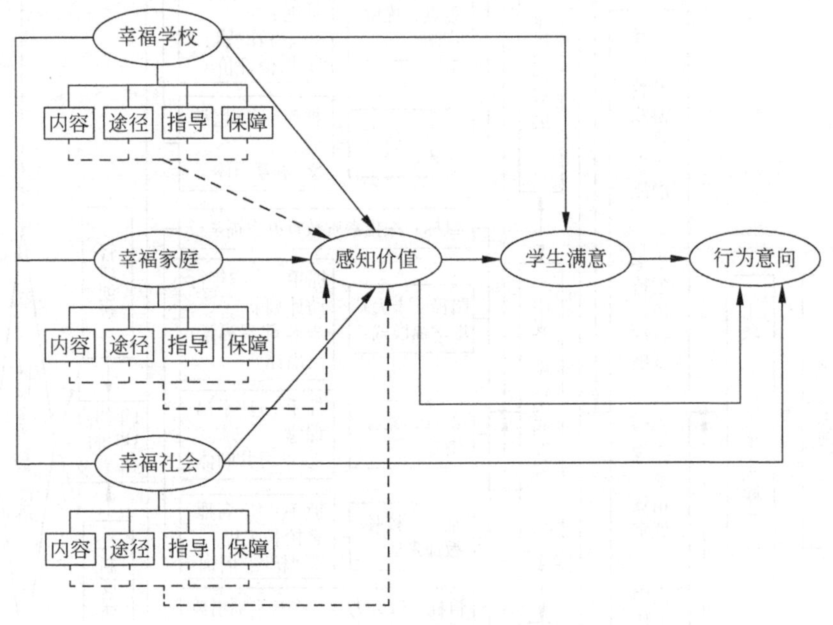

图 13-5　区域幸福教育满意度评价模型

（二）工作方针

幸福教育区域生态系统建设坚持 48 字工作方针，即领导挂帅，政策扶持；科研引领，行动研究；骨干带头，全员参与；分类指导，分层推进；资源整合，优势互补；重点突破，以点带面。

1. 领导挂帅，政策扶持

校长或分管校长牵头成立由心理教师专业引领和有关中层干部参与的学校领导小组，负责顶层设计、领导和协调；制定相应支持鼓励政策，包括专款预算、物质和精神奖励、晋升等。

2. 科研引领，行动研究

设立或申请课题，设立区级各类课题，形成校校有课题，师师有项目，以

① 张男星，黄海军．全国高等教育满意度调查：理论模型、工具方法与假设验证[J]．大学(研究版)，2017(09)：59-71+58.

课题为抓手、科研兴校的大好局面；所有教师既是研究者也是执行者，在实际行动中开展研究，在研究中融进工作，提倡边推进、边反思、边积累、边改进、边总结、边提高。

3. 骨干带头，全员参与

发现和培养先进教师，充分发挥积极分子先行先试的骨干带头作用，并由各年级骨干教师牵头组建各种学习型组织或特色项目小组；号召和动员全体教职员工投入该项目中来，将幸福教育精神实质和内涵渗透到校园的各个环节、各种场合、各个课堂和课外活动。

4. 分类指导，分层推进

聘请专家对不同类型的学校、不同类型的学生、不同类型的内容和不同类型的活动形式分别予以指导，彰显校本、班本和生本特色；根据各年级特点设计活动形式和内容。分步实施——先行先试，先易后难，循序渐进，逐步推进。

5. 资源整合，优势互补

将学校、家庭、社会各系统资源整合，形成育人合力，全方位促进学生对幸福教育的获得感、满意感；充分发掘和运用家庭、学校和社会的优势，相互借鉴，优势互补，确保整体大于部分之和的效果。

6. 重点突破，以点带面

集中精力在某点上取得突破性进展，摸索经验，提供示范；通过重点突破积累和总结经验，进而推广到面上，获得更大规模效益。

三、幸福教育区域生态系统落实机制

幸福教育区域生态系统既要设计好，更要落实好。下面以我们团队领导的浙江宁波鄞州幸福教育实验区规划①为例，谈谈幸福教育区域生态系统落实机制。

总目标：以幸福为共同目标，以优质均衡为核心，以教师专业发展为支柱，打造全国城市化进程中区域教育新样板。

具体目标：幼教优质化，激发潜能；小学创特色，打牢基础；初中抓规范，精致课堂；高中上质量，拔尖创新；职教成教重服务，能力为本。最终形成“先让学校幸福起来”的鄞州区域教育品牌。

战略步骤：一年试点、三年推广、五年普及的三步走战略。带动全区幸福教育领跑浙江、走向全国。

---

①　俞鹏年，王新波，孟万金．聚焦幸福，高位提升，惠及全民——鄞州实验区教育综合改革近中长期规划（2011—2015）草案[J]．中国特殊教育，2011(09)：16-20.

五大攻坚课题：①幸福校长办出幸福学校；②幸福教师开出幸福课堂；③幸福班主任带出幸福班级；④幸福学生收获幸福学业；⑤幸福家长实施幸福家教。

四个序列梯队建设：为将五大攻坚课题落到实处，需要组织起骨干科研、骨干校长、骨干班主任教师、骨干心理教师四个序列的第一梯队，成为五大攻坚课题的中坚力量，同时对全区科研、管理、教师和心理健康教育队伍起到带头示范、榜样引领的作用。

基于上述考虑，初步确立首批“特色幸福学校示范基地”十大模式。

1. 基于多元智能的幸福早教学前示范基地

基地的内涵与功能：针对学前教育改革，在学前教育投入突破亿元和三年提升计划如火如荼推进的跨越式发展背景下，引入国际先进理念——多元智能理论为指导，以健全人格和国际化素质标准为培养参照，以科学测评和配套课程设计为依据，努力提高学前教育软实力，瞄准未来二十至三十年经济社会发展对国际化人才的需要，探索培养国际化人才幼苗的经验和模式。

基地的核心引领理念：实施幸福早教计划学前试点。美国著名心理学家加德纳教授研究表明，幼儿身上至少有八种潜在智能，包括语言智能、数学逻辑智能、视觉空间智能、音乐智能、身体运动智能、人际智能、自我认知智能、自然认知智能。

多元智能理论认为，每个幼儿都至少有一种优势潜能，都至少可以在某一个方面获得成功。教育的目的就是发现、挖掘并培养优势潜能，并且可以借助其优势潜能促进个体全面成长，即为了多元智能而教，通过多元智能而教。

2. Mild(multi-intervention LD，多元干预突破学困)温情学习训练营基地

基地的内涵与功能：针对中小学中的学习困难群体，探索不让一个孩子掉队的经验和模式。因为导致学生单科或多科学业成绩不良的原因有很多，除智力因素以外，学习习惯、学习策略、注意品质、思维品质、心态与技巧等都是影响学业成绩的重要因素。本基地主要针对这一类学生，采用多种干预手段力图突破学困，让每个孩子都能快乐学习，收获幸福的学业。

基地的核心引领理念：多元干预突破学困(multi-intervention for learning disability)的理念和技术来自美国著名的学习心理研究中心，有着成熟的方法和成套的教学设备。中央教育科学研究所专家团队借鉴美国以及本团队的研究成果，可以通过注意力、学习方法与策略、心态与技巧的调整提高学困生学习效率与效果,让学困生能够学会学习、树立信心、产生兴趣、激发动机,最终脱离学困,享受更深层意义上的教育均衡与公平。

3. 幸福课堂“6-3-1”教学法示范基地

基地的内涵与功能:针对各级各类学校(小、初、高、职),特别是中学阶段学习负担过重、教学观念陈旧、教学方法落后等问题,聚焦课堂教学,以“6-3-1”原则为核心,切实革新课堂教学的模式,探索轻负高质幸福课堂的新经验和新模式。当前对鄞州而言,一个迫切课题是:探索具有科学性、针对性和实效性的课堂教学新模式,并引导各学校以示范基地为模板,通过适合自己学校特点的改造,创造出一系列轻负高质的课堂教学新途径。

基地的核心引领理念:“6-3-1”是课堂教学组织形式体现的宗旨,即课堂学习任务的60%由学生合作学习完成,30%由学生自主完成,10%由教师释疑。一般而言,教材知识点安排和考试难度梯级都明显具有“6-3-1”特点和规律,即学习内容的60%基本上是学生整体可以解决的问题,对应地,60%的考试内容也是属于学生必会的“送分”题目;学习内容的30%是通过个性化努力才可以解决的问题,对应地,30%的考试内容也是属于学生必须通过一定努力才有可能“得分”的题目;还有学习内容的10%是学生依靠自学和合作学习也难以解决的问题,对应地,10%的考试内容也是属于高难度、即便学生努力也容易“失分”的题目。据此,科学组织教学,让学生当课堂主人,把时间还给学生,是优秀教师会教的重要表现。其次,课堂学习模式落实“5+2”环节,即学生主动自觉并高效执行“前测摸底—启发探究—展示模仿—练习迁移—后测强化”五个环节,同时,精通课前预习和课后拓展两个环节,确保课前、课中和课后一条龙效应最大化。

4. 幸福学校示范基地

基地的内涵与功能:针对当前全国学校(小、初、高、职)中较为严重的学生厌学和教师职业倦怠现象,根据《教育规划纲要》和当代中国时代精神的要求,创造性地开展五育融合育人,注重学生能力培养和全面发展,切实做到减负增效,关注教师的生涯规划和培训引领,使教学任务轻负高质,全面提高师生的幸福指数,探索把学校建设成师生精神乐园的经验和模式。

基地的核心引领理念:在建设幸福中国、幸福鄞州的时代背景下,创建幸福校园成为理论和实践研究的最热话题。《中国教育报》和《中国德育》等报刊都对幸福学校建设进行了倡导,幸福学校理论和实践体系已经初步构建。

5. 新融合教育(new inclusive education)示范基地

基地的内涵与功能:针对家庭、学校、社会教育脱节和新增随迁子女入学等问题,在教育资源整合和不同教育对象融合等方面进行研究与探索。具体而言,根据鄞州当地实际,着重探讨三个方面的经验和模式:学校-家庭-社区一体化教育(形成合力教育模式)、普通学校对特殊学生的融合教育(切实做好随班就读工作)以及当地学生与外来务工人员子女之间优势互补的大融合教育(真正实现共享同一片教育蓝天),形成新融合教育模式。

基地的核心引领理念:教育系统论、全纳教育理论、人本特教和教育均衡与公平理论指导之下,"人格健全+学业有成"的积极心理健康教育人才观。

6. 农村小班化"阿克斯"(ARCS)教育示范基地

基地的内涵与功能:针对中小学实施素质教育、提高教育质量的要求,以及学龄人口数总体下降的客观趋势,小班化教育成为教育改革的方向之一,尤其是对于城市化进程中的农村教育而言。本基地的建设旨在探讨高效的农村中小学小班化教育的具体模式,凸显小班化与传统课堂的本质区别,彰显小班化的优势,探索农村小班化领跑城市小班化教育、促进城乡均衡的经验和模式。

基地的核心引领理念:美国著名教育心理学家凯勒教授提出的 ARCS 动机理论。该理论指出,课堂教学在备课和授课过程中,要在"注意(A: attention)、相关(R: relevance)、信心(C: confidence)、满意(S: satisfaction)"四个环节上下功夫,提高学习积极性和效率。在引入 ARCS 动机理论到小班化课堂的同时,彰显小班化课堂教学的优势,要遵循孟万金教授提出的"短平快、高精尖"的六字指导方针,即在"短(短距离、短时间)、平(平等对话、平等交流)、快(快节奏、快进程)、高(高效率、高质量)、精(精细教学、精品意识)、尖(尖子学生、拔尖人才)"下功夫,出成果。

7. 双超常教育示范基地

基地的内涵与功能:针对初高中,特别是普高的应试压力,通过科学的心理测评和个体化提升方案的制定,科学发现、发掘和发挥每个学生身上的潜能,特别是对具有拔尖创新人才潜质的学生进行高效培养,探索"赢得考试更赢得人生"的拔尖创新预备人才培养的经验和模式,提高鄞州学生接受高水平高等教育的比率。

基地的核心引领理念:如果用简短的话概括双超常教育的要义,那就是人人都有超常潜能,人人都需要超常教育。双超常教育就是面向全体儿童,为超常潜能得到超常发挥而提供的适合的教育,包含"智力与非智力、左脑与右脑、学业与心理、显能与潜能、加速与加深”等各维度的双兼顾。它有四层含义：一是指“又好又快”双重含义的超常教育，强调质与量的统一，这是未来超常教育发展的指导方针；二是指“天才”(gifted)与“专才”(talented)兼顾的超常教育，强调先天禀赋与后天努力的统一，这是未来超常教育发展的基本方向；三是指“人格健全与才能杰出”同步的超常教育，强调心理品德高尚与行为能力杰出的统一，这是未来超常教育坚持的基本原则；四是指超常潜能与超常发挥并举，强调发现潜能与开发潜能的统一，这是未来超常教育创新的着力点。

8. 培养幸福学生示范基地

基地的内涵与功能：针对各级各类学校中普遍存在的“苦学”“厌学”问题，将研究和教育重心确立为“阳光心态，快乐学习，幸福生活”，牢牢把握弘扬浩然正气的大方向，主张开发潜能、减负增效，通过全方位、全过程、全面渗透、全员参与、全程跟踪的途径，重点培养积极心理品质和开发心理潜能，为幸福人生奠基，探索面向全体的发展式和预防极端事件的积极心理健康教育经验和模式。

基地的核心引领理念：积极心理健康教育对人性坚持积极的评价取向，重视人自身的积极因素和潜能的开发，以人固有的、实际的、潜在的和具有建设性的力量、美德和善端为出发点，用积极的心态对人的心理现象(包括心理问题)进行解读，从而激发人自身内在的积极品质，让每个人学会创造幸福、分享快乐，保持生命生活最佳状态，从而提高心理免疫力和抵抗力；塑造洋溢着积极精神、充满乐观希望和散发青春活力的心灵。简言之，就是一切从“积极”出发，用积极的视角发现和解读各种现象，用积极的内容和途径培养积极向上的心态，用积极的过程诱发积极的情感体验，用积极的反馈强化积极的效果，用积极的态度塑造积极的人生，从而为和谐社会奠定积极的心理基础，营造和谐的精神状态。该理念和举措不仅具有补救性功能，更强调发展性功能、预防性功能，使人具有积极的理想追求、较好的社会适应能力、高效的学习和工作状态、建设性的人际关系、健全的人格和幸福的精神生活等。具体有四大优势：能引领心理健康教育从消极、被动、补救，向积极、主动和发展的方向转型；能从面向问题学生和学生的问题，向面向全体学生和全面开发心理潜能、提高综合心理素质方向转型；能从专职教师的专门服务，向全员参与、学科渗透、全方位服务方向转型；能从化解问题、缓解痛苦，向提高免疫力、提高幸福指数方向转型。

9. 人本特教示范基地

基地的内涵与功能：针对特殊教育，突破传统“小特教”概念，树立“人人都有特殊需要，人人都需要特殊教育，人人都关心特殊教育，人人都享有特殊教育"的人本特教观，探索"大特教"理念指导下搞好特殊教育的经验和模式。

基地的核心引领理念：确立"以人为本"的教育理念，即教育应该以学生的需要为本，而不是以教育者代入的需要为本。只有符合孩子特殊需要的教育，才是真正的特殊教育。要以传统的特殊教育为核心，辐射全民。特殊教育，应该是面向全体有特殊需求人群的教育，不应该只局限于聋、盲、智障这三个群体，还要关注学习困难儿童、孤独症儿童，以及其他处于特殊时期、特殊背景、特殊阶段的有特殊需要的儿童等。由此出发，可以把各个学校资源教室建设成各有重点、又互相配合的分中心。在"人本特教"新理念指导下，特殊教育研究不断向普通学校延伸，越来越多关注普通学校的融合教育、分层教学、小班化教学、个别化教育、超常教育、特色特长教育、问题学生教育、流动留守儿童教育、单亲家庭儿童教育、网瘾干预教育、早恋干预教育、青春期教育、学困生教育、心理健康教育，等等，为深化素质教育增添学术交流的空间。

10. 幸福教师培训新图（NUMAP）模式示范基地

基地的内涵与功能：在 NUMAP 理论指导下，探索各级各类教师和校长专业发展的经验和模式。通过一年的重点突破，为带动区域教育整体改革树立支柱，奠定基础，积累经验，提供借鉴。

基地的核心引领理念：NUMAP 五步教学法：对话-预习（N：negotiation-prevision）、合作-探究（U：unification-exploration）、掌握-展示（M：master-demonstration）、活动-运用（A：activity-application）、熟练-检测（P：proficiency-check）五个步骤。这是当前参与式教师培训的幸福模式。

当然，区域教育生态系统还应包含幸福班级、幸福课程、幸福课外活动以及幸福家庭等各系统的优化，此不赘述。

案例

山东省庆云县：建幸福小镇　促立德树人[①]

山东省庆云县紧跟教育发展大潮，践行"教育优先发展"战略，喊出"小县办大教育，弱县办强教育"的口号，通过教育事业的发展提高社会幸福指

① 庆云教育. 围观 2018 庆云教育九大看点，一起见证这些精彩时刻！［EB/OL］.（2018-12-29）［2023-10-10］. https://www.sohu.com/a/285606748_711562.（山东省庆云县作为中国教育科学研究院教育综合改革实验区，孟万金教授作为中国教育科学研究院指导该区的首席专家，亲自领导和策划了该区的幸福教育，并在全国建起首个幸福教育小镇）。

数，蹚出了一条具有庆云特色的区域幸福教育新生态建设之路。

教育关乎家家户户，关乎人民群众的切身利益，关乎国家和民族的前途。在脱贫攻坚决战决胜阶段，教育作为重要民生工程具有至关重要的作用。庆云县委、县政府坚持“教育优先发展”战略，让教育先幸福起来，让学校先幸福起来，通过教育奠基幸福人生和幸福社区、幸福社会，进而带动全县人民群众幸福感、获得感的提升。

2018年，国家义务教育城乡均衡化发展验收进一步促使学校硬件建设提档升级，庆云教育进入内涵发展新阶段，提升教师、学生的幸福指数成为新需求。庆云县积极申请成为中国教育科学研究院幸福教育综合改革实验区，确定了改革发展方向：积极开展幸福教育，坚决走一条富有庆云特色、充满改革创新活力的教育综合改革之路。

针对“立德树人”这一教育根本任务，庆云县在幸福教育大旗下，进一步明确了“文武兼修、知行合一”的核心素养观和“武通八极，文化四方”的发展路径。庆云县是武术之乡，自古倡导习武之风，八极拳创始人吴钟为庆云县严务乡后庄科村人，享誉国内外。庆云县充分挖掘利用这一文化优势，从小学开始普及八极拳，既弘扬非物质文化遗产，又锤炼学生的健康体魄，让学生既能文又能武，知行合一。

幸福教育小镇在北京幸福教育国际论坛首轮专题发布，即受到国内外专家一致首肯。全新的幸福教育小镇体验经济综合体，将文化教育产业、大众文化产业、幸福教育产业、亲子基地产业等产业模块相结合，探索出一条教育产业与其他产业协调发展的崭新道路，实现了“一城文化半城花，四书八极孕奇葩，幸福小镇育新人，文韬武略报天下”的美好愿景。

以县城幸福教育小镇带动乡村幸福教育发展共同体建设。庆云县教体局倡议发起并牵头成立“庆云县乡村幸福教育发展共同体”。共同体由21所农村小学校长及教师组成，制定了乡村幸福教育发展共同体的章程、目标、研究项目。共同体成员开展集体备课、集体研讨，将合作成果分享到所在单位，引导全县范围内的乡镇小学推进实施幸福教育。

截至目前，共同体组织了多次幸福教育建设方面的活动，收获颇丰。组织了两期幸福教育校长培训，完成了“幸福教育校长培养”“幸福学校建设”两个论坛专题。2019年6月底，庆云县在中丁中学召开“幸福教育”现场会，出席现场会的德州市教育局领导给予了高度评价。7月底，《庆云县中小学幸福教育案例集》编辑成册，为乡村幸福教育发展共同体提供了很多现实素材及案例。

打破区域成立五大教育集团。依托县域内优质教育资源，打破校际间

"资源墙",启动"集团化"办学模式,作为幸福教育小镇和乡村教育发展共同体的有力补充和弥补。通过管理共融、师资共通、课程共建、资源共享,以强带弱、以老促新。紧密型模式,使新建学校办一所成一所;协作型模式,让薄弱学校改一所强一所,乡镇学校抓一点带一片;直管型模式,让民办学校抱团发展,成为公办学校强力补充。

幸福教育使师生幸福指数越来越高。一是教师职业地位和职业幸福感明显提升。师生矛盾、家校矛盾越来越少,优秀的教师越来越多。2018年以来,有3名教师被评为"德州最美教师",6名教师获"德州教书育人楷模"荣誉称号,教师队伍整体干事创业的氛围越来越好,教师职业幸福感明显提升。二是涌现出越来越多的名校长、好校长。渤海中学校长程元辉2018年被评为"德州市劳动模范"并获"德州市青年科技奖",2019年又被评为"德州市教育科研先进个人",所主持课题获"山东省省级教学成果二等奖";中丁中学副校长武仁文参加工作仅7年就大大小小获得了荣誉十余项,其中6次获市级荣誉,入选了"山东省优秀青年教师培养奖励计划",获"山东省省级教学成果奖二等奖",获得了中国教育科学研究院颁发的"中国教育科学研究院教学改革创新一等奖"。三是学生的综合素质越来越高。庆云县中考成绩连续九年位居全市第一,实现"九连冠";2019年春季高考参考人数120人,本科上线62人,夏季高考参考人数2642人,本科上线1817人,同比增长42.4%,重点上线623人,同比增长10.9%,高考成绩连续多年进入全市第一方阵。全县78所学校均开设了八极拳相关课程及社团,50000余名学生参与到八极拳的习练中;由教体局组织排练的八极拳节目亮相"海峡两岸八极拳交流大会"开幕式,并登上中央电视台的舞台。庆云二中、金书小学被评为"全国足球特色学校",第一幼儿园、云天幼儿园获"全国足球特色幼儿园"。在2019年中国小篮球联赛德州赛区比赛中,庆云县派出4支代表队参加,其中U8组实验篮球队在全市60余支球队中脱颖而出,跻身全市第二名。

庆云县凝心聚力、上下一心,建设幸福教育小镇,打造渤海教育名城,走出了一条庆云教育发展的特色之路;推动教育改革,激发教育发展活力,蹚出了一条教育改革的创新之路。"长风破浪会有时,直挂云帆济沧海",庆云教育定会朝着高质量发展之路越走越宽,越走越远!

第十四章　新时代幸福教育学校建设研究

学校及学校教育在整个国民教育体系中发挥着不可替代的骨干和主导作用。对个体,学校肩负着塑造幸福人生的天职;对社会,学校承载着给幸福中国培养有用人才、幸福人才的使命。因此,创建幸福学校具有重要时代价值和深远历史意义,新时代幸福教育要把学校建设成幸福高地。

一、新时代需要创建幸福学校

创建幸福学校,可以培养人们创造幸福的能力和分享幸福的胸怀,促进儿童健康快乐成长、家校和谐协调、员工心情舒畅、公众称心如意;可以增进全员幸福感,提高工作和学习热情及效能,激发创造潜能,增进亲情和友谊,提高生活乐趣和质量,促进身心健康,提高师生乃至家长的幸福指数。《中国教育报》(2011 年 5 月 3 日)发表了《办一所幸福的学校——访中央教科所教授、积极心理健康教育创始人孟万金》①,拉开了全国幸福学校建设的序幕。

第一,幸福学校应该是学生健康快乐成长、积极向上的精神乐园。健康包括身心两个方面。身体健康是幸福的本钱,心理健康是幸福的支点。心理健康是指个体的心理活动处于正常状态,即认知正常、情感协调、意志健全、个性完整和适应良好,能够充分发挥自身的最大潜能,以适应生活、学习、工作和社会环境的发展与变化的需要。早在新文化运动时期,鲁迅就指出医治精神的麻木更急于医治肉体的病弱。培养个体和民族积极向上的心态是积极心理健康教育的核心任务,也是幸福学校的使命。

第二,幸福学校应该坚持物质与精神、生理与心理、个体与集体有机统一。真正的幸福是物质幸福与精神幸福的完美结合,是个人幸福与社会幸福的有机统一。个人幸福只有为社会谋求幸福,才是最高意义的幸福。马斯洛需求层次理论认为,人的需求的满足是有层次的,因而人的幸福也是有层

---

① 徐启建.办一所幸福的学校——访中央教科所教授、积极心理健康教育创始人孟万金[N].中国教育报,2011-05-03.

次的或者说是多样化的。每一层次和每一维度的需要得以满足都代表着某种幸福的相对实现。因而,不同的人由于不同的需要,对幸福的理解和追求也不一样。但整体上而言,人类幸福发展的基本规律是由低级向高级发展,即由满足物质需要向满足精神需要发展,由满足生理需要向满足心理需要发展,由满足享乐需要向满足奉献需要发展,由满足感官愉悦需要向满足心灵欣慰需要发展。幸福的多元特点和发展规律得到理解和尊重,并能得到促进,学校的总体幸福感水平就会得到提升。

第三,幸福学校应该坚持改革创新,重视公平与质量,不断深化素质教育。创新是幸福的动力,公平是幸福的前提,质量是幸福的保障,使每个学生享有公平优质教育,以创新为纲,德智体美劳全面发展,是创建幸福学校的根本。

第四,建设幸福学校重在营造幸福文化。这体现在:一是办学理念,坚持为学生的幸福人生奠基,把学校办成学生身心健康和教师发展的精神乐园;二是行动计划,重点是近几年的行动纲领、共同愿景和科研引领;三是组织管理,强化人文关怀、合作分享和公正公平;四是满意度,体现学生、教师、家长和社会对学校的综合满意程度。

第五,减负增效是创建幸福学校的重中之重。长期以来,应试教育远离了教育的人文本性,其教育过程与人性和生命严重脱节,灌输式、填鸭式、题海战术把学生训练成考试的机器,把教师变成燃烧殆尽的蜡烛,直接导致学生厌学、教师厌教。只有充分发挥教师的主导作用和学生的主体作用,让学生做学习的主人,通过自主学习、探究学习、合作学习、网络学习以及多元智能学习,发现潜能、发挥潜能,才能最大限度提高学与教的兴趣和效率,提高考试成绩,提高升学率,从根本上减负增效。

第六,倡导自主劳动。如果人在劳动创造中身心得到充分发展,内在的潜能得到发掘,自己的力量得到实现,自己的存在得到体验,这样的劳动就不再是奴役人的手段,而成为解放人的手段,劳动就会从负担变成快乐,成为自由的生命表现。因此,重新定位教育教学的主体作用,让学生真正成为学习的主人,让教师真正成为学校的主人,才能从根本上实现教师爱教、学生乐学。从“要我学”变成“我要学”①。

① 徐启建.办一所幸福的学校——访中央教科所教授、积极心理健康教育创始人孟万金[N].中国教育报,2011-05-03.

二、新时代幸福学校的基本标准

幸福学校内涵高度概括起来主要包括幸福文化、幸福课堂和幸福课外三大方面。由此衍生出幸福学校的六条基本标准,即以人为本、积极向上、爱教爱学、会教会学、教会学会、满足特需(见表14-1)①。

表14-1　幸福学校基本标准及核心指标

一级指标	二级指标	三级指标	四级指标	内　涵
幸福文化	以人为本	办学理念	精神乐园	在幸福中开展教育,在教育中分享幸福;在幸福中创新教育,在教育中创造幸福
		行动计划	办学目标	民主决策,目标明确,规划明晰
			科研引领	科研意识,行动研究,科研效果
		组织管理	人文关怀	建立学习型组织,尊重教师需要层次,关注教师专业发展和心理成长
			合作分享	合作备课,资源共享,共同成长
			公正公平	公道正义,物质、精神激励合情合理
		满意度	学生满意度	学生对学校的综合满意度
			教师满意度	教师对学校的综合满意度
			家长满意度	家长对学校的综合满意度
			社会满意度	社会对学校的综合满意度
	积极向上	心态	认知	兴趣、创造力、热爱学习、多角度看问题、洞察力
			情感	热情活力、勇敢、坚持、诚实
			人际	爱和被爱、友善、社交智力
			乐群	领导能力、团队精神、公平
			节制	谦虚、自制、宽容、审慎
			卓越	信念、希望、幽默风趣、感恩、审美
		环境	校园环境/校园文化	标志催人向上,气氛温馨和谐
			社会环境	家校合作默契,特色办学获社会赞许,人民满意

① 孟万金,官群,张冲,等.幸福学校基本标准与评价核心指标[J].中小学校长,2012(04):44-47.

续表

一级指标	二级指标	三级指标	四级指标	内　　涵
幸福课堂	爱教爱学	以生为本	学生中心	学生唱主角,教师当导演,学生当学习主人
			激活右脑	多媒体,艺术性,整体性,创新性
			赏识主导	高激励,低威胁,挑战性,可控性,放松警觉状态
			寓教于乐	情景互动,游戏途径,言行幽默
		动机维持	注意集中	全神贯注,持续不分心
			内容相关	内容贴近学生,与未来目标关系密切
			成功自信	最近发展区,体验成功,增强自信
			效果满意	即时反馈强化,激励欣赏,感激感恩
	会教会学	"6-3-1"组织教学	60%的自主学习量	教师主导下自主探究,发现问题和尽力自求解决问题
			30%的合作学习量	教师主导下对学群学,咨询释疑,讨论分享,化解问题
			10%的教师释疑量	聚焦难点,点拨答疑,化解疑难
		"5+2"学习模式	善于运用课堂5个学习环节	前测摸底—启发探究—展示模仿—练习迁移—后测强化
			善于运用课前课后2个学习环节	课前预习和课后拓展
	教会学会	高能	学以致用,举一反三	能够将所学东西运用到不同情境,一题多解
		高分	学考一体,超常发挥	当堂达标,测试获得好成绩
幸福课外	满足特需	学科延伸	提高	质优生弥补课堂吃不饱
			补习	后进生解决课堂消化不良
		兴趣特长	多元智能活动	充分张扬学生天赋优势,激发潜能,满足个人爱好

三、教师版幸福学校量表研发

联合国教科文组织亚太局在2014年6月发起了"幸福学校项目",初步建立了幸福学校的基本框架①。高晓宇等结合亚太地区不同国家的实践经验,构建出包含三个维度(人、过程和环境)、22条标准的幸福学校框架②。为幸福学校测评工具研发奠定了基础。国内外已有研究多探讨学校幸福感

① Ryff C D, Keyes C L. The structure of psychological well-being revisited[J]. Journal of Personality and Social Psychology, 1995, 69(04): 719-727.

② 苗元江. 心理学视野中的幸福——幸福感理论与测评研究[D]. 南京: 南京师范大学, 2003.

和满意度。秦男认为教师学校幸福感包含在校的正性情感和负性情感、学校满意度(师生关系、同事关系、学校管理、学校环境、本职工作)三个维度①。对学校满意度的研究虽然是对整个学校的评价,但偏向认知视角,缺少情绪情感维度的体验。目前尚缺乏适用于中小学教师的"幸福学校"评价工具。本研究参考《义务教育学校管理标准》②《小学教师专业标准(试行)》③《中学教师专业标准(试行)》③,使用德尔菲法和因素分析方法,研制教师眼中的幸福学校评价工具——教师版幸福学校量表。

(一) 研究设计

1. 被试

利用"问卷星"平台,从北京、河北、辽宁、山东、上海、浙江、广东、安徽、重庆等省市(覆盖全国东部、中部和西部省份),选取小学、初中和高中教师为被试开展调查。共有1262名教师填答问卷,其中有效问卷1213份,有效率为96.11%。其中男教师292人,女教师921人;小学教师458人,中学教师765人。

2. 量表的编制

量表题目的编制有以下三个来源:第一,翻译国外相关测验;第二,修订前人相关测验;第三,自己编写。本量表的测试题目在借鉴主观幸福感和心理幸福感量表及教师和学生幸福感量表的基础上,综合运用了上述三种方法。幸福学校量表(教师版-Ⅰ)分为六个维度(幸福理念、幸福环境、积极面貌、幸福课堂、幸福课外、优质办学),共115个题项。具体结构和各维度题目数见表14-2。首先请相关领域的几位专家对量表的结构、题目所属的维度、题目的内容表述、题目是否重复等方面进行评估,根据专家的意见修改了部分题目。量表采用李克特五点计分,"非常不符合"计1分,"非常符合"计5分。每个维度中所有题项的加总平均分代表该维度的得分。教师版幸福学校量表的题目编排经过了非系统化随机处理。

表14-2　教师版幸福学校量表主体结构

幸福理念	幸福环境	积极面貌	幸福课堂	幸福课外	优质办学
19题	15题	14题	38题	12题	17题

---

① 秦男.高中教师学校幸福感调查研究[D].烟台:鲁东大学,2017.

② 中华人民共和国教育部.教育部关于印发《义务教育学校管理标准》的通知[EB/OL].(2017-12-05)[2023-05-06].http://www.moe.edu.cn/srcsite/A06/s3321/201712/t20171211_321026.html.

③ 中华人民共和国教育部.教育部关于印发《小学教师专业标准(试行)》和《中学教师专业标准(试行)的通知》[EB/OL].(2012-09-13)[2023-05-06].http://www.moe.edu.cn/srcsite/A10/s6991/201209/t20120913_145603.html.

3. 数据处理

首先对数据进行核检,把按规律作答和数据缺失 30%以上的被试数据删除,对异常数据进行原始数据核对,采用系统均值对缺失值进行填补。然后使用 SPSS 23.0 对量表题目进行项目分析和探索性因素分析,使用 AMOS 23.0 对量表进行验证性因素分析和信效度检验。

(二) 结果与分析

1. 项目分析

(1) 题目的临界比率值(CR)

将每个维度的总分按从高到低的顺序排列,分别取前后 27%为高、低分组,对两组被试在每个题项上得分的平均数进行差异检验。结果表明,问卷中六个维度高分组和低分组在每个题项上得分平均数的差异均达到极其显著($p<0.001$)的水平,即各题均有良好的鉴别力。

(2) 题总相关

对每个题项的分数与每个维度总分进行相关分析。结果表明,题项 45 与"幸福环境"维度总分的相关为 0.36($p<0.001$),根据吴明隆(2010)提出的标准"个别题项与总分低度相关(相关系数小于 0.4),表示题项与该维度的同质性不高,最好删除"[①],将该题项删除。其余各项目与其所属维度总分的相关系数均为 0.45~0.85,且都达到极其显著($p<0.001$)的水平。结合决断值和题总相关系数,删除个别题项后,整个问卷题项的区分度都达到了心理测量学的要求。

2. 探索性因素分析

将数据库随机分成两部分。第一部分为包含 750 人的"数据库 1",用于探索性因素分析;第二部分为包含 463 人的"数据库 2",用于验证性因素分析。首先对量表的六个维度分别进行探索性因素分析。

(1) 维度一:幸福理念——以人为本和公正平等

KMO 和 Bartlett 球形检验结果:KMO 为 0.963,Bartlett 球形检验的 χ^2 = 19862.463,$p<0.001$,说明数据适合进行探索性因素分析。采用主成分分析法抽取共同因素,采用最大变异法进行直交转轴后,共抽取两个共同因素,两个因素可以解释的总变异量为 66.894%,达到 60%的标准[②],表明抽取的

① 吴明隆. 结构方程模型——AMOS 的操作与应用[M]. 重庆:重庆大学出版社,2010.

② Fordyce M W. A review of research on the happiness measures: a sixty second index of happiness and mental health[J]. Social Indicators Research,1988,20(04):355-381.

两个因素是合适的。所有题项的共同性为 0.47～0.80,因素负荷量为 0.58～0.85,均达到心理测量学要求,因此将所有题项保留。按照理论构想和探索性因素分析的结果,将因素一命名为“以人为本”,将因素二命名为“公正平等”,各个题项在两个因素上的因素负荷量见表 14-3。

表 14-3　幸福理念和幸福环境分量表的因素结构和各项目的因素负荷量

题项	幸福理念		题项	幸福环境	
	以人为本	公正平等		校园环境	硬件设施
16	0.782		34	0.694	
22	0.847		36	0.646	
28	0.848		40	0.801	
29	0.808		41	0.813	
30	0.692		44	0.647	
12		0.743	32		0.767
13		0.768	33		0.635
14		0.748	35		0.756
15		0.729	37		0.665
17		0.729	38		0.666
18		0.788	39		0.780
19		0.775	42		0.766
20		0.724	43		0.703
21		0.577			
23		0.653			
24		0.761			
25		0.774			
26		0.717			
27		0.767			

（2）维度二：幸福环境——校园环境和硬件设施

第一次因素分析：采用主成分分析法抽取共同因素,采用最大变异法进行直交转轴后,共抽取了两个共同因素,其中题项 31 的因素负荷量明显与理论维度不符,将该题项删除。

删除一个题项后,进行第二次因素分析,KMO 和 Bartlett 球形检验结果：KMO 为 0.952,Bartlett 球形检验的 $\chi^2=10485.637$, $p<0.001$,说明数据适合进行探索性因素分析。采用主成分分析法抽取共同因素,采用最大变异法进行直交转轴后,共抽取了两个共同因素,两个因素可以解释的总变异量为 65.017%,表明抽取的两个因素是合适的。所有题项的共同性为 0.53～0.75,因素负荷量为 0.63～0.82,均达到心理测量学要求,因此将剩余题项保

留。按照理论构想和探索性因素分析的结果，将因素一命名为“校园环境”，将因素二命名为“硬件设施”，各个题项在两个因素上的因素负荷量见表 14-3。

（3）维度三：积极面貌——充满生机活力的精神状态

KMO 和 Bartlett 球形检验结果：KMO 为 0.962，Bartlett 球形检验的 $\chi^2=12241.843$，$p<0.001$，说明数据适合进行探索性因素分析。采用主成分分析法抽取共同因素，采用最大变异法进行直交转轴后，共抽取了一个共同因素，该因素可以解释的总变异量为 60.092%，表明抽取的一个因素是合适的。所有题项的共同性为 0.46~0.68，因素负荷量为 0.68~0.82，均达到心理测量学要求，因此将所有题项保留。按照理论构想和探索性因素分析的结果，将因素命名为“积极面貌”，各个题项的因素负荷量见表 14-4。

表 14-4　积极面貌和幸福课堂分量表的因素结构和各项目的因素负荷量

题项	积极面貌	题项	幸福课堂	
			爱教会教	爱学学会
48	0.792	71	0.705	
50	0.754	76	0.643	
52	0.764	77	0.707	
53	0.822	78	0.778	
56	0.802	79	0.840	
57	0.725	80	0.764	
58	0.751	82	0.679	
59	0.797	83	0.767	
60	0.824	84	0.672	
61	0.778	86	0.725	
62	0.823	89	0.782	
66	0.678	90	0.706	
67	0.751	93	0.714	
68	0.777	96	0.705	
		98	0.644	
		104	0.681	
		73		0.792
		74		0.808
		75		0.697
		81		0.649
		85		0.673
		87		0.679
		91		0.733
		95		0.691

续表

题项	积极面貌	题项	幸福课堂	
			爱教会教	爱学学会
		100		0.797
		101		0.774

（4）维度四：幸福课堂——爱教会教和爱学学会

第一次因素分析：采用主成分分析法抽取共同因素，采用最大变异法进行直交转轴后，共抽取了两个共同因素，其中题项69、70、72、92、99、105的因素负荷量明显与理论维度不符，将这六个题项删除；题项88、94、97、102、103、106在两个共同因素上的因素负荷量均大于0.50，根据吴明隆（2010）提出的标准"如果一个题项在两个共同因素上的因素负荷量均大于0.45，该题项可以考虑删除"①，将这六个题项删除。

删除十二个题项后，进行第二次因素分析，KMO和Bartlett球形检验结果：KMO为0.980，Bartlett球形检验的$\chi^2=29180.833$，$p<0.001$，说明数据适合进行探索性因素分析。采用主成分分析法抽取共同因素，采用最大变异法进行直交转轴后，共抽取了两个共同因素，两个因素可以解释的总变异量为67.088%，表明抽取的两个因素是合适的。所有题项的共同性为0.52～0.76，因素负荷量为0.64～0.84，均达到心理测量学要求，因此将剩余题项保留。按照理论构想和探索性因素分析的结果，将因素一命名为"爱教会教"，将因素二命名为"爱学学会"，各个题项在两个因素上的因素负荷量见表14-4。

（5）维度五：幸福课外——学生课外和教师课外

第一次因素分析：采用主成分分析法抽取共同因素，采用最大变异法进行直交转轴后，共抽取了三个共同因素，其中题项116的共同性为0.23，共同性较低，将此题项删除；题项123在其中两个共同因素上的因素负荷量均大于0.50，将此题项删除。

删除两个题项后，进行第二次因素分析，KMO和Bartlett球形检验结果：KMO为0.877，Bartlett球形检验的$\chi^2=7377.874$，$p<0.001$，说明数据适合进行探索性因素分析。采用主成分分析法抽取共同因素，采用最大变异法进行直交转轴后，共抽取了两个共同因素，两个因素可以解释的总变异量为67.159%，表明抽取的两个因素是合适的。所有题项的共同性为0.56～

① 吴明隆. 结构方程模型——AMOS的操作与应用［M］. 重庆：重庆大学出版社，2010.

0.76,因素负荷量为0.63~0.87,均达到心理测量学要求,因此将剩余题项保留。按照理论构想和探索性因素分析的结果,将因素一命名为“学生课外”,将因素二命名为“教师课外”,各个题项在两个因素上的因素负荷量见表14-5。

表 14-5 幸福课外和优质办学分量表的因素结构和各项目的因素负荷量

题项	幸福课外		题项	优质办学	
	学生课外	教师课外		学校评价	示范学校
107	0.846		124	0.587	
110	0.705		125	0.787	
111	0.639		127	0.706	
112	0.868		128	0.682	
114	0.855		131	0.833	
117	0.807		132	0.783	
119	0.683		133	0.810	
118		0.629	135	0.694	
120		0.771	137	0.750	
121		0.842	129		0.555
			130		0.546
			136		0.767
			139		0.852
			140		0.833

(6)维度六:优质办学——学校评价和示范表率

第一次因素分析:采用主成分分析法抽取共同因素,采用最大变异法进行直交转轴后,共抽取了三个共同因素,其中题项126、134、138在其中两个共同因素上的因素负荷量均大于0.49,将这三个题项删除。

删除三个题项后,进行第二次因素分析,KMO和Bartlett球形检验结果:KMO为0.943,Bartlett球形检验的$\chi^2=12111.130$,$p<0.001$,说明数据适合进行探索性因素分析。采用主成分分析法抽取共同因素,采用最大变异法进行直交转轴后,共抽取了两个共同因素,两个因素可以解释的总变异量为64.872%,表明抽取的两个因素是合适的。所有题项的共同性为0.35~0.80,因素负荷量均为0.55~0.83,均达到心理测量学要求,因此将剩余题项保留。按照理论构想和探索性因素分析的结果,将因素一命名为“学校评价”,将因素二命名为“示范学校”,各个题项在两个因素上的因素负荷量见表14-5。

3. 效度检验

(1)分量表结构效度

经过项目分析和探索性因素分析,共删除19个题项,形成了96个题项的幸福学校量表。为考查量表的构想模型与实际模型的拟合度,使用“数据库2”对幸福学校量表的六个分量表进行验证性因素分析,以共同因素为潜变量,各个题项为测量变量,各个潜变量之间设定为两两相关。

根据修正指数(MI),题项30、33、79、119、127的残差与其他潜在因素均存在较高的相关,将这五个题项删除。

经过验证性因素分析,最终形成91个题项的幸福学校量表(教师-正式版)(见表14-6)。六个分量表的拟合指数均达到心理测量学要求,$\chi^2/df<3$,GFI、TLI、CFI均大于0.90,RESMA<0.08,模型拟合度较好(见表14-7)。

表14-6　幸福学校量表主体结构

幸福理念	幸福环境	积极面貌	幸福课堂	幸福课外	优质办学
以人为本（4题）	校园环境（5题）	积极面貌（14题）	爱教会教（15题）	学生课外（6题）	学校评价（8题）
公正平等（14题）	硬件设施（7题）		爱学学会（10题）	教师课外（3题）	示范学校（5题）
18题	12题	14题	25题	9题	13题

表14-7　正式版六个分量表验证性因素分析的拟合指数

分量表	χ^2	df	χ^2/df	GFI	TLI	CFI	RESMA
幸福理念	347.35	130	2.67	0.90	0.94	0.95	0.075
幸福环境	155.81	52	2.99	0.92	0.95	0.96	0.078
积极面貌	102.21	59	1.73	0.95	0.98	0.98	0.049
幸福课堂	718.06	268	2.67	0.90	0.92	0.93	0.075
幸福课外	90.98	31	2.93	0.94	0.90	0.94	0.079
优质办学	175.11	61	2.87	0.91	0.95	0.96	0.078

(2) 总量表结构效度

为进一步考查各个分量表是否能形成一个结构效度良好的测量工具,求每个分量表总分,以六个分量表总分为观测变量,以总量表为潜变量,进行验证性因素分析。结果发现,模型符合心理测量学要求,拟合度较好,可以接受为最终模型(见表14-8)。

表14-8　正式版总量表验证性因素分析的拟合指数

χ^2	df	χ^2/df	GFI	TLI	CFI	RESMA
3.324	3	1.11	0.99	0.99	0.99	0.019

(3) 总量表效标效度

将福代斯幸福感量表①和生活满意度量表②改编为学校幸福感量表和学校满意度量表(只修改部分词语,量表原含义不变)作为校标。相关分析发现,幸福学校量表(教师-正式版)与学校幸福感量表总分的相关为0.66($p<0.001$),与学校满意度量表的总分相关为0.76($p<0.001$),校标效度良好,符合心理测量学要求。

4. 分量表和总量表信度检验

六个分量表的克隆巴赫系数(Cronbach's α)分别为0.96、0.94、0.95、0.96、0.84和0.93。总量表的Cronbach's α为0.96。结果说明各分量表和总量表的信度很高,符合心理测量学要求。

5. 教师幸福学校量表简版

为了便于测评,将幸福学校量表(教师-正式版)再次简化,根据验证性因素分析的修正指数(MI),题项15、18、25、74、75、83、84、89、100的残差与其他潜在因素均存在一定程度的相关,题项13、17、20、21、24、41、80、82、86、90、128、135的残差与其他维度的项目残差存在一定程度的相关,题项48、50、52、58、59、60、67的残差与其他项目残差相关较高,将以上28个题项删除。最终形成63个题项的幸福学校量表(教师-简版)(见表14-9),其中包含9个反向题。六个分量表和总量表的拟合指数均达到心理测量学要求,模型拟合度较好(见表14-10和表14-11)。简版与正式版相比,除"幸福课外"分量表没有再删减题目,其他分量表删减题目后的模型拟合度比之前更优,总量表模型拟合度更优。

表14-9 幸福学校量表(教师-简版)主体结构

幸福理念	幸福环境	积极面貌	幸福课堂	幸福课外	优质办学
以人为本(4题)	校园环境(4题)	积极面貌(7题)	爱教会教(8题)	学生课外(6题)	学校评价(6题)
公正平等(6题)	硬件设施(7题)		爱学学会(7题)	教师课外(3题)	示范学校(5题)
10题	11题	7题	15题	9题	11题

---

① Fordyce M W. A review of research on the happiness measures: a sixty second index of happiness and mental health[J]. Social Indicators Research, 1988, 20(04): 355-381.

② Pavot W, Diener E. Review of the satisfaction with life scale[J]. Psychological Assessment, 1993, 5(02): 164-172.

表 14-10 简版六个分量表验证性因素分析的拟合指数

分量表	χ^2	df	χ^2/df	GFI	TLI	CFI	RESMA
幸福理念	32.94	31	1.06	0.98	0.99	0.99	0.014
幸福环境	94.99	40	2.37	0.94	0.96	0.97	0.068
积极面貌	11.81	10	1.18	0.99	0.99	0.99	0.025
幸福课堂	92.93	72	1.29	0.96	0.99	0.99	0.031
幸福课外	90.98	31	2.93	0.94	0.90	0.94	0.079
优质办学	65.40	34	1.92	0.96	0.98	0.99	0.056

表 14-11 简版总量表验证性因素分析的拟合指数

χ^2	df	χ^2/df	GFI	TLI	CFI	RESMA
4.188	5	0.838	0.99	0.99	0.99	0.003

量表的效标效度：相关分析发现，幸福学校量表与学校满意度量表的总分相关为 0.76($p<0.001$)，校标效度良好，符合心理测量学要求。简版与正式版相比，效标效度没有降低。

量表的信度：六个分量表的克隆巴赫系数(Cronbach's α)分别为 0.91、0.92、0.89、0.96、0.84 和 0.92。总量表的 Cronbach's α 为 0.95。结果说明各分量表和总量表的信度很高，符合心理测量学要求。简版与正式版相比，信度略有降低，说明删减的题目具有较高的同质性，适合精简。

（三）讨论与结论

分量表一保留了“以人为本”和“公正平等”，共同组成“幸福理念”分量表。分量表二中的“校园环境”和“硬件设施”指标，在学校满意度的研究中被多次提到，《义务教育学校管理标准》(教育部)中也涉及相关内容。分量表三保留了“积极向上”“积极心理”“生命健康”和“人际和谐”，将其综合为“积极面貌”分量表。分量表四的“幸福课堂”维度，最初是按照“爱教爱学”“会教会学”“教会学会”三个指标编制题目，探索性因素分析后发现，只能提取两个共同因素，一个是评价教师，一个是评价学生，因此，将幸福课堂最终确定为“爱教会教”和“教会学会”两个二级指标。分量表五保留了“满足特需”和“兴趣特长”，将其综合为“学生课外”指标；并根据教师幸福感的相关研究，添加了“教师课外”指标，共同构成“幸福课外”分量表。分量表六根据《义务教育学校管理标准》有关内容，并结合相关专家意见，形成“学校评价”和“示范学校”两个指标共同构成“优质办学”分量表。量表整体结构和指标基本涵盖了幸福学校和幸福教育的评价标准，未来还需要在应用中不断完善。

综上可以得出如下结论：中小学教师版幸福学校量表包含幸福理念、幸福环境、积极面貌、幸福课堂、幸福课外、优质办学六个分量表和 11 项二级指标，正式版 91 个题项，简版 63 个题项。该量表具有良好的信效度，可用于评价全国中小学校的幸福状况。简版更实用高效。

四、学生版幸福学校量表研发

对学生的学校幸福感的研究主要分为三类：第一类是从学生的主观体验出发，《澳大利亚学生学校幸福感测量》将学生的学校幸福感分为心理幸福感、认知幸福感和社会幸福感三个维度①；第二类是从学生的自我实现出发，Soutter 提出学生幸福感的七维模型，即学校条件、自我实现方式、社会联系、感觉、思考、功能和努力②；第三类是从学生在校学习的结果出发，Landeghem 认为学生学校幸福感包含学校快乐体验、课堂社会融合、学习兴趣、师生关系、学习动机、家庭作业态度、课堂注意力和学术自我概念八个维度③。

在综合以上三类研究的基础上，本研究主要基于前面我们提出的幸福学校的基本标准，同时参考《义务教育学校管理标准》④《中小学生守则（2015 年修订）》⑤，使用德尔菲法和因素分析方法，研制学生版幸福学校量表。

（一）研究设计

1. 被试

采用整群抽样的方法，从辽宁、北京、湖南、山东、浙江、安徽、上海、广东、重庆 9 个省市选取 33 所中小学，数据样本覆盖我国东北、华北、华中、华

① Fraillon. J. Measuring student well-being in the context of Australian schooling: discussion paper [M]. Carlton, Australia: curriculum corporation, 2004.

② Soutter A K, O'Steen B, Gilmore A. The student well-being model: a conceptual framework for the development of student well-being indicators [J]. International Journal of Adolescence & Youth, 2014, 19(04): 496-520.

③ Opdenakker, M C., Damme, J V. Effects of Schools, Teaching staff and classes on achievement and well-being in secondary education: similarities and differences between school outcomes [J]. School Effectiveness & School Improvement, 2000, 11(02): 165-196.

④ 中华人民共和国教育部. 教育部关于印发《义务教育学校管理标准》的通知[EB/OL]. (2017-12-05)[2024-05-06]. http://www.moe.edu.cn/srcsite/A06/s3321/201712/t20171211_321026.html.

⑤ 中华人民共和国教育部. 教育部关于印发《中小学生守则（2015 年修订）》的通知[EB/OL]. (2015-08-25)[2023-09-10]. http://www.moe.gov.cn/srcsite/A06/s3325/201508/t20150827_203482.html.

东、华南和西南六大区域。以小学4~6年级、初中和高中学生为施测对象。共发放问卷6986份,收回6876份,回收率为98.43%;回收问卷中有效数据6719份,有效回收率97.72%。被试人数分布见表14-12。

表14-12　学生被试的人口统计学变量　　单位:人

性别	小学	初中	高中	总计
男	188	2847	556	3591
女	166	2493	469	3128
总计	354	5340	1025	6719

2. 量表的编制

量表题目的编制有以下三个来源:第一,翻译国外相关测验;第二,修订前人相关测验;第三,自己编写。本量表的测试题目在借鉴主观幸福感和心理幸福感量表及教师和学生幸福感量表的基础上,综合运用了上述三种方法。学生版幸福学校量表分为六个维度(幸福理念、幸福环境、积极面貌、幸福课堂、幸福课外、优质办学),共106个题项。具体结构和各维度题目数见表14-13。首先请相关领域的几位专家对量表的结构、题目所属的维度、题目的内容表述、题目是否重复等方面进行评估,根据专家的意见修改了部分题目。量表采用李克特五点计分,"非常不符合"计1分,"非常符合"计5分。每个维度中所有题项的加总平均分代表该维度的得分。学生版幸福学校量表的题目编排经过了非系统化随机处理。

表14-13　幸福学校量表(学生版-Ⅰ)主体结构

幸福理念	幸福环境	积极面貌	幸福课堂	幸福课外	优质办学
14题	13题	18题	33题	12题	16题

3. 数据处理

首先对数据进行核检,把按规律作答和数据缺失30%以上的被试数据删除,对异常数据进行原始数据核对,采用系统均值对缺失值进行填补。然后使用SPSS 23.0对量表题目进行项目分析和探索性因素分析,使用AMOS 23.0对量表进行验证性因素分析和信效度检验。

(二)结果与分析

1. 项目分析

(1)题目的临界比率值(CR)

将每个维度的总分按从高到低的顺序排列,分别取前后27%为高、低分组,对两组被试在每个题项上得分的平均数进行差异检验。结果表明,问卷中六个维度高分组和低分组在每个题项上得分平均数的差异均达到极其显著($p<0.001$)的水平,即各题均有良好的鉴别力。

(2) 题总相关

对每个题项的分数与每个维度总分进行相关分析。结果表明,题项15、26、34、44、49、51、54、57、60、89、94与其维度总分的相关系数低于0.5,表示这些题项与其维度的同质性不高①,将这十一个题项删除。其余各项目与其所属维度总分的相关系数均为0.52~0.84,且都达到极其显著($p<0.001$)的水平。结合决断值和题总相关系数,删除个别题项后,整个问卷题项的区分度都达到了心理测量学的要求。

2. 探索性因素分析

将数据库随机分成两部分。第一部分为包含5000人的"数据库1",用于探索性因素分析;第二部分为包含1326人的"数据库2",用于验证性因素分析。首先对量表的六个维度分别进行探索性因素分析。

(1) 维度一:幸福理念——以人为本和公正平等

第一次因素分析:采用主成分分析法抽取共同因素,采用最大变异法进行直交转轴后,共抽取了两个共同因素,其中题项20的共同性为0.39,共同性较低,将此题项删除;题项13、17在两个共同因素上的因素负荷量均大于0.50,根据吴明隆提出的标准"如果一个题项在两个共同因素上的因素负荷量均大于0.45,该题项可以考虑删除",将这两个题项删除。

删除三个题项后,进行第二次因素分析,KMO和Bartlett球形检验结果:KMO为0.938,Bartlett球形检验的$\chi^2=35266.274$,$p<0.001$,说明数据适合进行探索性因素分析。采用主成分分析法抽取共同因素,采用最大变异法进行直交转轴后,共抽取了两个共同因素,两个因素可以解释的总变异量为68.915%,达到60%的标准,表明抽取的两个因素是合适的。所有题项的共同性为0.50~0.78,因素负荷量为0.65~0.82,均达到心理测量学要求,因此将所有题项保留。按照理论构想和探索性因素分析的结果,将因素一命名为"以人为本",将因素二命名为"公正平等",各个题项在两个因素上的因素负荷量见表14-14。

表14-14 幸福理念和幸福环境分量表的因素结构和各项目的因素负荷量

题项	幸福理念		题项	幸福环境	
	以人为本	公正平等		校园环境	硬件设施
18	0.763		29	0.778	

① 吴明隆. 结构方程模型——AMOS的操作与应用[M]. 重庆:重庆大学出版社,2010.

续表

题项	幸福理念		题项	幸福环境	
	以人为本	公正平等		校园环境	硬件设施
19	0.786		30	0.728	
21	0.816		31	0.772	
22	0.792		32	0.722	
23	0.653		35	0.676	
24	0.749		25		0.883
11		0.804	27		0.666
12		0.802	37		0.667
14		0.756			
16		0.706			

(2) 维度二：幸福环境——校园环境和硬件设施

第一次因素分析：采用主成分分析法抽取共同因素，采用最大变异法进行直交转轴后，共抽取了两个共同因素，其中题项28、33、36在两个共同因素上的因素负荷量均大于0.50，将这三个题项删除。

删除三个题项后，进行第二次因素分析，KMO和Bartlett球形检验结果：KMO为0.937，Bartlett球形检验的$\chi^2=24780.715$，$p<0.001$，说明数据适合进行探索性因素分析。采用主成分分析法抽取共同因素，采用最大变异法进行直交转轴后，共抽取两个共同因素，两个因素可以解释的总变异量为69.162%，表明抽取的两个因素是合适的。所有题项的共同性为0.62~0.83，因素负荷量为0.67~0.88，均达到心理测量学要求，因此将剩余题项保留。按照理论构想和探索性因素分析的结果，将因素一命名为“校园环境”，将因素二命名为“硬件设施”，各个题项在两个因素上的因素负荷量见表14-15。

表14-15　积极面貌和幸福课堂分量表的因素结构和各项目的因素负荷量

题项	积极面貌		题项	幸福课堂	
	教师面貌	学生面貌		爱教会教	爱学学会
38	0.791		56	0.701	
39	0.728		58	0.698	
41	0.799		64	0.687	
42	0.716		69	0.711	
45	0.766		73	0.675	
47	0.703		74	0.694	
50	0.722		76	0.748	
53	0.729		77	0.676	

续表

题项	积极面貌		题项	幸福课堂	
	教师面貌	学生面貌		爱教会教	爱学学会
40		0.586	78	0.592	
48		0.707	81	0.681	
52		0.764	82	0.750	
55		0.762	84	0.715	
			59		0.559
			61		0.539
			66		0.774
			67		0.667
			70		0.577
			79		0.611
			80		0.644
			83		0.569
			104		0.763
			105		0.687
			106		0.683

(3) 维度三：积极面貌——教师面貌和学生面貌

第一次因素分析：采用主成分分析法抽取共同因素，采用最大变异法进行直交转轴后，共抽取了两个共同因素，其中题项43、46在两个共同因素上的因素负荷量均大于0.50，将这两个题项删除。

删除两个题项后，进行第二次因素分析，KMO和Bartlett球形检验结果：KMO为0.964，Bartlett球形检验的$\chi^2=45917.757$，$p<0.001$，说明数据适合进行探索性因素分析。采用主成分分析法抽取共同因素，采用最大变异法进行直交转轴后，共抽取了两个共同因素，两个因素可以解释的总变异量为67.067%，表明抽取的两个因素是合适的。所有题项的共同性为0.54～0.74，因素负荷量为0.59～0.80，均达到心理测量学要求，因此将所有题项保留。按照理论构想和探索性因素分析的结果，将因素一命名为“教师面貌”，将因素二命名为“学生面貌”，各个题项在两个因素上的因素负荷量见表14-15。

(4) 维度四：幸福课堂——爱教会教和爱学学会

第一次因素分析：采用主成分分析法抽取共同因素，采用最大变异法进行直交转轴后，共抽取了两个共同因素，其中题项68的共同性为0.37，共同性较低，将该题项删除；题项71、72的因素负荷量明显与理论维度不符，将这两个题项删除；题项62、63、85在两个共同因素上的因素负荷量均大于

0.50,将这三个题项删除。

删除六个题项后,进行第二次因素分析,KMO 和 Bartlett 球形检验结果:KMO 为 0.978,Bartlett 球形检验的 $\chi^2 = 80551.391$,$p<0.001$,说明数据适合进行探索性因素分析。采用主成分分析法抽取共同因素,采用最大变异法进行直交转轴后,共抽取了两个共同因素,两个因素可以解释的总变异量为 58.883%,表明抽取的两个因素是合适的。所有题项的共同性为 0.49~0.68,因素负荷量为 0.54~0.80,均达到心理测量学要求,因此将剩余题项保留。按照理论构想和探索性因素分析的结果,将因素一命名为"爱教会教",将因素二命名为"爱学学会",各个题项在两个因素上的因素负荷量见表 14-15。

(5) 维度五:幸福课外——丰富多彩

第一次因素分析:采用主成分分析法抽取共同因素,采用最大变异法进行直交转轴后,共抽取了两个共同因素,其中题项 97 的共同性为 0.31,共同性较低,将该题项删除。

删除一个题项后,进行第二次因素分析,KMO 和 Bartlett 球形检验结果:KMO 为 0.938,Bartlett 球形检验的 $\chi^2 = 37574.632$,$p<0.001$,说明数据适合进行探索性因素分析。采用主成分分析法抽取共同因素,采用最大变异法进行直交转轴后,共抽取了一个共同因素,该因素可以解释的总变异量为 66.103%,表明抽取的一个因素是合适的。所有题项的共同性为 0.51~0.70,因素负荷量为 0.71~0.86,均达到心理测量学要求,因此将剩余题项保留。按照理论构想和探索性因素分析的结果,将因素命名为"幸福课外",各个题项的因素负荷量见表 14-16。

表 14-16　幸福课外和优质办学分量表的因素结构和各项目的因素负荷量

题项	幸福课外	题项	优质办学	
			学校评价	示范学校
87	0.837	101	0.644	
88	0.786	107	0.639	
91	0.839	108	0.759	
92	0.816	110	0.800	
93	0.855	112	0.746	
95	0.831	99		0.799
96	0.714	103		0.824
		104		0.796
		113		0.641

(6) 维度六：优质办学——学校评价和示范学校

第一次因素分析：采用主成分分析法抽取共同因素，采用最大变异法进行直交转轴后，共抽取了两个共同因素，其中题项100的共同性为0.24，共同性较低，将该题项删除；题项98、102、105、111在两个共同因素上的因素负荷量均大于0.50，将这四个题项删除。

删除五个题项后，进行第二次因素分析，KMO和Bartlett球形检验结果：KMO为0.951，Bartlett球形检验的$\chi^2=47680.882$，$p<0.001$，说明数据适合进行探索性因素分析。采用主成分分析法抽取共同因素，采用最大变异法进行直交转轴后，共抽取了两个共同因素，两个因素可以解释的总变异量为70.901%，表明抽取的两个因素是合适的。所有题项的共同性为0.57~0.82，因素负荷量均0.64~0.83，均达到心理测量学要求，因此将剩余题项保留。按照理论构想和探索性因素分析的结果，将因素一命名为"学校评价"，将因素二命名为"示范学校"，各个题项在两个因素上的因素负荷量见表14-16。

3. 效度检验

(1) 分量表结构效度

经过项目分析和探索性因素分析，共删除31个题项，形成了75个题项的幸福学校量表。为考查量表的构想模型与实际模型的拟合度，使用"数据库2"对幸福学校量表的六个分量表进行验证性因素分析，以共同因素为潜变量，各个题项为测量变量，各个潜变量之间设定为两两相关。

根据修正指数(MI)，题项75、86、90的残差与其他项目残差相关较高，将这两个题项删除；题项65、106、109的残差与其他潜在因素均存在较高的相关，将这六个题项删除。

经过验证性因素分析，最终形成69个题项的幸福学校量表(学生-正式版)，见表14-17。六个分量表的拟合指数均达到心理测量学要求，$\chi^2/df<3$，GFI、TLI、CFI均大于0.95，RESMA<0.05，模型拟合度较好(见表14-18)。

表14-17 幸福学校量表(学生-正式版)主体结构

幸福理念	幸福环境	积极面貌	幸福课堂	幸福课外	优质办学
以人为本(6题)	校园环境(3题)	教师面貌(8题)	爱教会教(12题)		学校评价(5题)
公正平等(4题)	硬件设施(5题)	学生面貌(4题)	爱学学会(11题)		示范学校(4题)
10题	8题	12题	23题	7题	9题

表 14-18　正式版六个分量表验证性因素分析的拟合指数

分量表	χ^2	df	χ^2/df	GFI	TLI	CFI	RESMA
幸福理念	47.157	28	1.68	0.98	0.99	0.99	0.036
幸福环境	27.768	15	1.85	0.99	0.99	0.99	0.041
积极面貌	57.005	34	1.67	0.98	0.99	0.99	0.036
幸福课堂	270.392	136	1.98	0.95	0.98	0.98	0.044
幸福课外	11.267	8	1.41	0.99	0.99	0.99	0.028
优质办学	29.222	14	2.08	0.99	0.99	0.99	0.046

（2）总量表结构效度

为进一步考查各个分量表是否能形成一个结构效度良好的测量工具，求每个分量表总分，以六个分量表总分为观测变量，以总量表为潜变量，进行验证性因素分析。结果发现，模型符合心理测量学要求，拟合度较好，可以接受为最终模型（见表 14-19）。

表 14-19　正式版总量表验证性因素分析的拟合指数

χ^2	df	χ^2/df	GFI	TLI	CFI	RESMA
3.994	2	1.99	0.99	0.99	0.99	0.044

（3）总量表效标效度

将福代斯幸福感量表①和生活满意度量表②改编为学校幸福感量表和学校满意度量表（只修改部分词语，量表原含义不变）作为校标。相关分析发现，幸福学校量表（学生-正式版）与学校幸福感量表总分的相关为 0.64（$p<0.001$），与学校满意度量表的总分相关为 0.82（$p<0.001$），校标效度良好，符合心理测量学要求。

（4）分量表和总量表信度检验

六个分量表的克隆巴赫系数（Cronbach's α）分别为 0.92、0.91、0.94、0.95、0.92 和 0.93。总量表的 Cronbach's α 为 0.98。结果说明各分量表和总量表的信度很高，符合心理测量学要求。

（三）讨论与结论

分量表一保留了“以人为本”和“公正平等”，共同组成“幸福理念”分量

---

① Fordyce M W. A review of research on the happiness measures: a sixty second index of happiness and mental health[J]. Social Indicators Research, 1988, 20(04): 355-381.

② Pavot W, Diener E. Review of the satisfaction with life scale[J]. Psychological Assessment, 1993, 5(02): 164-172.

表。分量表二中的"校园环境"和"硬件设施"指标，在学校满意度的研究中被多次提到，《义务教育学校管理标准》（教育部）中也涉及相关内容。分量表三保留了"积极向上""积极心理""生命健康"和"人际和谐"的内容，构建了"教师面貌"和"学生面貌"两个分量表，共同组成"积极面貌"分量表。分量表四的"幸福课堂"维度，最初是按照"爱教爱学""会教会学""教会学会"三个指标编制题目，探索性因素分析后发现，只能提取两个共同因素，一个是评价教师，一个是评价学生，因此，将幸福课堂最终确定为"爱教会教"和"爱学学会"两个二级指标。分量表五保留了"满足特需"和"兴趣特长"，将其综合为"幸福课外"指标。分量表六根据《义务教育学校管理标准》有关内容，并结合相关专家意见，形成"学校评价"和"示范学校"两个指标共同构成"优质办学"分量表。量表整体结构和指标基本涵盖了幸福学校和幸福教育的评价标准，未来还需要在应用中不断完善。

综上，可以得出如下结论：中小学幸福学校量表（学生版）包含幸福理念、幸福环境、积极面貌、幸福课堂、幸福课外、优质办学六个分量表和 11 项二级指标，正式版 69 个题项。该量表具有良好的信效度，可用于评价全国中小学校的幸福状况。

五、师生眼中的幸福学校现状调查与建议

教师和学生是学校的两大主体。当前，幸福学校建设整体水平如何？学校到底幸福不幸福？幸福到什么程度？哪些方面幸福度高？哪些方面幸福度低？最有发言权的就是教师和学生。教师和学生分别从执教和受教两方面去评价学校幸福要素而不是反观自我幸福感，可以比较全面反映学校幸福的客观情况。我们使用自己团队研发的教师版幸福学校量表和学生版幸福学校量表对全国的中小学教师和学生分别开展抽样调查，从学校幸福指数的总体状况、地区差异、年级差异、性别差异等方面进行深入分析，旨在为"办好幸福学校"提供教育建议。

（一）研究设计

1. 研究对象

采用整群抽样的方法，从辽宁、北京、湖南、山东、浙江、安徽、上海、广东、重庆 9 个省市选取了 33 所中小学，数据样本覆盖我国东北、华北、华中、华东、华南和西南六大区域。以小学 4~6 年级、初中、高中教师（1369 名）和学生（6719 名）为施测对象。被试人数分布见表 14-20 和表 14-21。

表 14-20　教师被试的人口统计学变量

性别	小学	初中	高中	总计
男	85	199	49	333
女	393	556	87	1036
总计	478	755	136	1369

表 14-21　学生被试的人口统计学变量

性别	小学	初中	高中	总计
男	188	2847	556	3591
女	166	2493	469	3128
总计	354	5340	1025	6719

2. 研究工具和数据处理

采用我们团队研发的教师版和学生版幸福学校量表开展抽样调查。使用 SPSS 23.0 对数据进行分析。

（二）结果与分析

1. 学校幸福指数的总体状况

幸福学校各量表平均分为 3.81~4.22，单样本 t 检验显著高于中数 3，说明我国中小学校幸福指数总体良好。对教师版各量表进行重复测量方差分析发现（见表 14-22），幸福学校六个分量表得分存在显著差异，$F=272.494$，$p<0.001$，进一步配对比较发现，除幸福理念和优质办学分量表得分不存在显著差异外，其他分量表得分两两之间存在显著差异。六个分量表得分由高到低依次为：幸福课堂、积极面貌、幸福理念、优质办学、幸福环境和幸福课外。11 项因子得分排在前三位的是爱教会教、以人为本和教师面貌，得分排在后三位的是示范学校、硬件设施和公正平等（见图 14-1）。对学生版各量表进行重复测量方差分析发现（见表 14-23），幸福学校六个分量表得分存在显著差异，$F=279.833$，$p<0.001$，进一步配对比较发现，除幸福理念和优质办学分量表得分不存在显著差异外，其他分量表得分两两之间存在显著差异。学生评价幸福学校指数由高到低依次为：积极面貌、幸福课堂、幸福课外、幸福理念、优质办学和幸福环境。11 项因子得分排在前三位的是爱教会教、教师面貌和学生面貌，得分排在后三位的是爱学学会、公正平等和硬件设施（见图 14-2）。总的来看，我国中小学校幸福指数总体良好，教师和学生均对学校的教学和精神面貌评价较高，对学校的硬件设施和管理公正性方面评价较低。

表 14-22　教师版各量表平均分和标准差的单样本 t 检验（$M\pm S_D$）

分量表	$M\pm S_D$	t
幸福理念	3.93±0.67	51.76***
幸福环境	3.90±0.69	48.34***
积极面貌	4.14±0.54	77.82***
幸福课堂	4.21±0.52	86.40***
幸福课外	3.81±0.63	47.34***
优质办学	3.93±0.66	51.99***

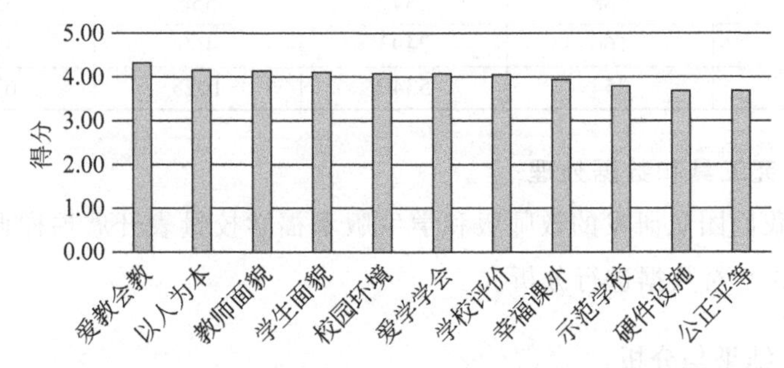

图 14-1　中小学教师评价学校幸福指数 11 项因子得分排序

表 14-23　学生版各量表平均分和标准差的单样本 t 检验（$M\pm S_D$）

分量表	$M\pm S_D$	t
幸福理念	4.04±0.81	104.59***
幸福环境	3.97±0.86	91.88***
积极面貌	4.22±0.72	139.85***
幸福课堂	4.14±0.70	133.39***
幸福课外	4.10±0.84	107.49***
优质办学	4.03±0.81	104.16***

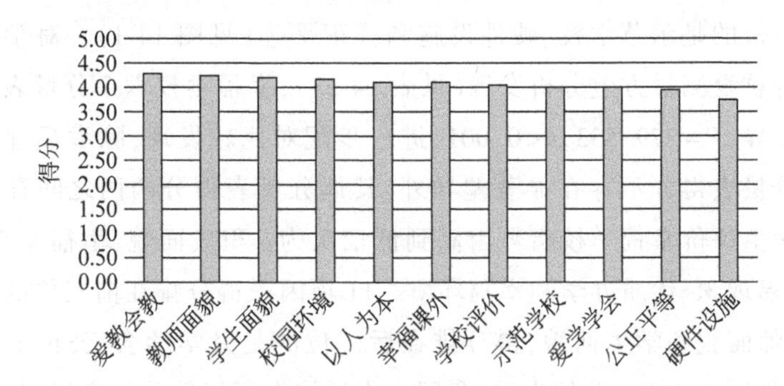

图 14-2　中小学生评价学校幸福指数 11 项因子得分排序

2. 学校幸福指数的年级差异

对教师版量表进行单因素方差分析发现(见表 14-24),幸福学校 6 个分量表均存在显著的年级差异($p<0.001$)。事后检验发现,除幸福环境分量表初中与高中无显著差异、优质办学分量表小学与初中不存在显著差异外,各分量表得分三个年级两两之间存在显著差异,小学显著高于初中,初中显著高于高中。对学生版量表进行单因素方差分析发现(见表 14-25),幸福学校六个分量表均存在显著的年级差异($p<0.001$)。事后检验发现,除幸福环境和幸福课外分量表小学与初中不存在显著差异外,各分量表得分三个年级两两之间存在显著差异,幸福理念、积极面貌和幸福课堂分量表初中显著高于小学,小学显著高于高中;幸福环境和幸福课外分量表小学和初中显著高于高中;优质办学分量表小学显著高于初中,初中显著高于高中。总体而言,师生评价均显示高中学校幸福指数偏低,教师评价初中幸福指数低于小学幸福指数,学生评价小学和初中幸福指数差异不大。

表 14-24　不同年级中小学幸福指数(教师评价)各量表平均分的差异比较($M \pm S_D$)

年级	幸福理念	幸福环境	积极面貌	幸福课堂	幸福课外	优质办学
小学($n=478$)	4.07±0.60	4.06±0.65	4.26±0.49	4.33±0.47	3.88±0.61	3.95±0.63
初中($n=755$)	3.88±0.69	3.81±0.71	4.09±0.55	4.18±0.55	3.80±0.62	3.94±0.66
高中($n=136$)	3.74±0.68	3.86±0.63	3.98±0.56	4.08±0.49	3.64±0.69	3.78±0.75
F	18.07***	19.48***	21.58***	18.62***	7.87***	3.73*

表 14-25　不同年级中小学幸福指数(学生评价)各量表平均分的差异比较($M \pm S_D$)

年级	幸福理念	幸福环境	积极面貌	幸福课堂	幸福课外	优质办学
小学($n=354$)	4.02±0.80	4.09±0.84	4.20±0.70	4.14±0.68	4.13±0.90	4.16±0.80
初中($n=5340$)	4.12±0.78	4.02±0.87	4.27±0.72	4.18±0.70	4.17±0.82	4.04±0.81
高中($n=1025$)	3.60±0.82	3.67±0.79	3.98±0.67	3.89±0.64	3.70±0.81	3.89±0.78
F	190.73***	72.29***	71.32***	80.31***	145.33***	19.62***

3. 学校幸福指数的性别差异

对教师版量表进行独立样本 t 检验发现(见表 14-26),除幸福理念分量表,男教师评分显著低于女教师外($p<0.01$),其他五个分量表均不存在显著的性别差异。对学生版量表进行独立样本 t 检验发现(见表 14-27),幸福学校六个分量表均存在显著的性别差异($p<0.001$),男生评分显著低于女生。总的来看,男女教师评价学校幸福指数差异不大,男学生评价学校幸福指数显著低于女学生。

表 14-26　不同性别教师评价中小学幸福指数各量表平均分的差异比较（$M \pm S_D$）

性别	幸福理念	幸福环境	积极面貌	幸福课堂	幸福课外	优质办学
男（$n=333$）	3.84±0.72	3.87±0.72	4.09±0.60	4.17±0.58	3.81±0.69	3.90±0.71
女（$n=1036$）	3.96±0.64	3.91±0.68	4.15±0.52	4.23±0.50	3.80±0.61	3.93±0.65
t	−2.86**	−0.90	−1.75	−1.90	0.26	−0.94

表 14-27　不同性别学生评价中小学幸福指数各量表平均分的差异比较（$M \pm S_D$）

性别	幸福理念	幸福环境	积极面貌	幸福课堂	幸福课外	优质办学
男（$n=3593$）	3.99±0.86	3.93±0.92	4.18±0.76	4.12±0.74	4.06±0.88	3.99±0.86
女（$n=3128$）	4.08±0.76	4.00±0.80	4.27±0.66	4.15±0.65	4.14±0.78	4.06±0.74
t	−0.46***	−3.40***	−4.83***	−1.88*	−3.63***	−3.28***

（三）讨论与结论

1. 中小学校幸福指数总体良好

本研究发现，我国中小学校幸福指数总体良好。教师评价幸福学校指数由高到低依次为：幸福课堂、积极面貌、幸福理念、优质办学、幸福环境和幸福课外，学生评价幸福学校指数由高到低依次为：积极面貌、幸福课堂、幸福课外、幸福理念、优质办学和幸福环境；教师和学生均对教师的教学和精神面貌评价较高，对学校的硬件设施和管理公正性方面评价较低。本研究选取的学校多在城市，这些城市的经济发展在国内是相对不错的，但教师和学生对学校硬件设施仍然没有十分满意，可见加大教育投入，改善学校办学条件，不仅在贫困地区，在我国经济发展较好的地方也很有必要。王正平提出“教育公正是教师职业道德修养水平的标志”①。王本陆指出“在现代社会，教育公正不只是教师行为的伦理规则，而且是整个教育的基本伦理原则。它规范的不应只是教师，而是涉及整个教育领域，尤其是教育制度和教育过程”②。传统的中国教育强调的是教育内容的标准化、教育方式的规范化、教育评价的划一化。不尊重受教育者个体的主体性、不考虑个体之间的差异性，是教育公正问题没有得到重视的根本原因③。

2. 幸福学校指数存在年级差异

本研究发现，教师和学生评价均显示高中学校幸福指数偏低，教师评价初中幸福指数低于小学幸福指数，学生评价小学和初中幸福指数差异不大。

---

① 王正平，郑百伟．教育伦理学理论与实践[M]．上海：上海教育出版社，1998.

② 王本路．教育崇善论[M]．广州：广东教育出版社，2001.

③ 金龙．教育公正新解[D]．上海：华东师范大学，2005.

这一结果与以往有关教师和学生的学校幸福感和满意度的研究结果一致。已有研究显示,低年级学生比高年级学生的学校幸福感和满意度的水平高[①]。高中教师的学校幸福感和满意度比小学和初中教师低[②③]。这可能是因为低年级学生的需要相对简单,比较容易满足,更容易对学校感到满意。面临高考,学生在高中阶段学习压力增加,幸福感降低;高中教师也比小学和初中教师的职业压力大,幸福感也会降低。

3. 男女学生对幸福学校的评价存在差异

男女教师评价学校幸福指数差异不大,男学生评价学校幸福指数显著低于女学生。这一结果与以往有关教师幸福感和学生幸福感的研究结果一致。已有研究显示,女生的学校幸福感和满意度水平高于男生[④]。在我国应试教育制度中,普遍出现中小学教育考试中女强男弱的现象,尤其是中高考各分数段上男女比例失衡,导致男生教育的边缘化。现行考试评价形式单一且题目难度不高,更有利于女生智力结构优势的发挥[⑤]。女生更善于与老师和同学沟通,与老师和同学的关系也更融洽。Thompson 提出,在学校里男孩子没有足够的机会四处走动,太多时间被要求坐着,这种传统的教育模式不太适合男孩子的发育特点[⑥]。这些都可能是男生评价学校幸福指数低于女生的原因。

综上可见,我国中小学校幸福指数总体良好。教师评价幸福学校指数由高到低依次为:幸福课堂、积极面貌、幸福理念、优质办学、幸福环境和幸福课外;学生评价幸福学校指数由高到低依次为:积极面貌、幸福课堂、幸福课外、幸福理念、优质办学和幸福环境;教师和学生均对教师的教学和精神面貌评价较高,对学校的硬件设施和管理公正性方面评价较低。教师和学生评价均显示东北地区学校幸福指数较高,华南地区学校幸福指数较低;教师评价华中地区学校幸福指数最低,学生评价华北地区学校幸福指数最高,华东地区学校幸福指数较低。教师和学生评价均显示高中学校幸福指

---

① 姚一玲,孔企平,蔡金法.小学生与初中生主观幸福感的差异分析[J].全球教育展望,2016,45(05):21-29.

② 刘文华.教师幸福感:学段和性别的差异有多大?——对 655 名教师职业幸福感的调查[J].中小学管理,2011(07):35-36.

③ 郑伟煜,吴月禅.高中青年教师主观幸福感提升策略探究[J].中国教师,2019(06):64-67.

④ 孔企平,姚佩英.学生的主观幸福感具有重要教育价值——近年来"Well-Being"理论研究述评[J].全球教育展望,2013,42(11):39-45.

⑤ 顾天竹,顾锡宏.教育质量提高更有利于谁:男生还是女生?——来自我国初中教育调查的经验证据[J].教育与经济,2018(03):38-45+88

⑥ Dan Kindlon Michael Thompson. Raising cain: protecting the emotional life of boys[M]. New York: Ballantine Books,2014

数偏低，教师评价初中幸福指数低于小学幸福指数，学生评价小学和初中幸福指数差异不大。男女教师评价学校幸福指数差异不大，男学生评价学校幸福指数显著低于女学生。

案例

辽宁省凌源四初中：开展幸福教育　创建幸福学校①

1. 幸福学校在这里扬帆起航

凌源市第四初级中学实施幸福教育并非偶然。2014 年，凌源市教育部门提出推动学校内涵发展的工作要求。面对要求，校长王春阳陷入沉思，内涵发展要围绕学校建设，要有自己的特色和品牌，他决定把这当成一次机遇。偶然的大连培训，王校长聆听了孟万金教授的幸福教育专题报告，这让他眼界大开，幸福需要教育，教育需要幸福，凌源四中要开展幸福教育，要将学校建设成教师幸福工作的乐园、学生幸福成长的沃土。

大连归来，王校长立即与校领导班子集体商讨、研究，幸福教育由一种想法上升为一张蓝图。学校聘请中国教育科学研究院德育与心理特教研究所所长孟万金教授为指导专家。孟教授指出幸福教育可以培养人们创造幸福的能力，分享幸福的胸怀，促进儿童、少年健康成长，家庭幸福美满，通过幸福教育可以增进师生的幸福感，提高学习和工作的效能，激发创造潜能，增进亲情和友谊，提高生活质量……深刻的诠释让凌源四中对幸福教育充满了憧憬。

精诚所至，金石为开。经过反复交流、分析和研讨，凌源四中终于迈出幸福教育的关键一步，确定了“绽放积极生命、奠基幸福人生”的办学理念。这理念细化为创建幸福学校、成就幸福教师，开设幸福课堂、培养幸福学生，做幸福班主任、建幸福班集体，引领幸福家长、建设幸福家庭、培育幸福孩子；确定“人人成人、人人成才、人人精彩、人人幸福”的育人宗旨；树立“积极主动改变命运、信心信念决定人生”的信念；实施“争第一、摘桂冠、夺金牌”的金牌战略；鼓励教师有“绽放精彩、创造幸福”的人生追求，鼓励学生有“做更好的自己、当幸福的学生”的成长目标。

2. 建设启迪心智的幸福文化

文化浸心润行，是学校之魂，是幸福教育的沃土，是推动师生积极进取、

① 杨旭，韩雪. 让教育洋溢幸福的味道——记辽宁省凌源市第四初级中学的幸福教育[N]. 中国教育报，2018-07-25.（个别字词有微调）（该校作为孟万金教授课题实验校，得到了孟万金教授的悉心指导，其成果得到了中央电视台的报道）。

开拓创新的精神动力。凌源四中校园文化锁定幸福,精心谋划、久久为功,努力将其打造成“书香校园、幸福家园”。

校园内松柏与梧桐交相辉映,古诗词文化墙、英语文化墙与宣传橱窗相映成趣,自然与人文融为一体,景致如诗如画,让人如痴如醉。教学楼墙体“绽放积极生命、奠基幸福人生”和实验楼墙体“绽放精彩、创造幸福”鎏金大字尤为夺目,诉说着幸福育人的宏伟蓝图。橱窗内幸福工作精彩瞬间展示版面彰显着幸福育人的精彩、快乐,学生的笑脸墙洋溢着青春激情、彰显青春活力。楼梯间“绳锯木断、水滴石穿、持之以恒、无坚不摧”等励志名句,中厅展板上的学生承诺、挑战、风采、视角、榜样等专栏,办公室里“做幸福教师、建幸福课堂”,教室里“七彩绽放、幸福成长”,教室门玻璃上“写青春、绘人生、筑梦想”等心言誓语,所有一切似春风化雨般滋润着校园,让“做更好的自己、当幸福的学生”话语演绎成真实的景致。

3. 创建绽放七彩的幸福课程

课堂是通往幸福的阶梯,而教学过程本身就是师生双方体验幸福、享受幸福的过程。

凌源四中依据《幸福教育指南》中幸福课堂创建的“6-3-1”原则、轻负高质的“5+2”环节、激发维持学习动机的阿克斯(ARCS)四要素及色彩心理学颜色之寓意,全体教师积极尝试、探索,创建了“幸福课堂、七彩绽放”学习模式,即自信学前展示——橙色丰富、精彩激趣导入——绿色希望、快乐自主学习——蓝色壮阔、激情合作探究——红色热烈、魅力精讲点拨——青色睿智、多元拓展提升——金色收获、精练作业布置——紫色凝练。七彩的幸福课堂,是以人为本、和谐平等的自主学习课堂,是绽放师生积极生命的高效课堂。教师乐教、爱教、会教、教会,在教中体验成功,感受幸福。学生乐学、爱学、会学、学会,在学中体验成功、感知幸福、传递幸福。

凌源四中幸福教育以德为本,用德为材,创建“七彩绽放、幸福成长”德育成长课程。该课程紧扣幸福主题,是积极心理学和积极心理健康教育指导下的学生成长课程。该课由学生自己组织,通过“自查、自评、自省”的方式,采用“分享、激励、启迪”的途径,进行全方位的总结、展示、激励、表扬、建议、反省、提升。依据七彩内涵将课程设置为七个环节:橙色——成长展示、红色——团队风采、青色——将帅点评、紫色——幸福之光、金色——摘星揽月、蓝色——心灵港湾、绿色——希望之翼。课上,学生对一周学习的知识进行归纳,对掌握的才艺进行展示,对改进的行为和提升的品格进行总结,对存在的问题进行剖析。如今,凌源四中的七彩课堂真正实现了由“教”的课堂转变为“学”的课堂。在幸福的课堂里,实现了“教师幸福地教、学生幸福地学”。

4. 开展炫美生命的幸福活动

学生的成长和发展是学校教育的出发点和归宿，也是校长实实在在的幸福。对学生来讲，幸福既是快乐的现在，又是美好的未来，是快乐的现在与美好未来的结合。而活动就是学生展现自我、绽放精彩、炫美生命的舞台。在幸福教育理念指导下，凌源四中在全国率先实施具身德育。学校除了利用传统节日、纪念日等举行常规的读书活动、朗诵比赛、演讲比赛、歌咏比赛、团体接力赛、拔河比赛外，还定期组织学生观看“感动中国人物”“最美孝心少年”“最美教师”“最美乡村医生”等颁奖典礼，引领学生向模范人物学习。开展人格教育，举行升旗仪式宣誓、大型活动宣誓，与凌源电视台合作，将《王亮时间》节目引入校园，录制《我要上电视——七彩绽放幸福成长》凌源四中特别节目，每周播放一期，展示学生幸福成长的精彩瞬间和完美历程。

劳动实践是具身德育有效实施的重要载体，学校开辟校园农场“禾园”，组织学生走进学校食堂、锅炉房，走进自然、社区，走进军营、哨所、监狱，让学生在实践中体悟与感受。学校开展研学旅行活动，带领学生参观牛河梁文化遗址博物馆、朝阳世界地质公园、凌源化石博物馆、赵尚志纪念馆等，引领学生了解家乡文化、家乡历史，激发爱国、爱家乡的情感。活动的开展，实现了德育活动课程化、德育课程活动化的工作要求，有力地促进了幸福育人体系的构建与完成，并逐步向精细化、科学化、卓越化、特色化的方向迈进。

在管理中，凌源四中弘扬“我有无穷的智慧，我有无限的潜能，我有无尽的力量，我一定会不断超越自我，做到攻无不克战无不胜”的四中精神，使学生能够学会学习、健康生活，具有人文底蕴、科学精神，培养实践创新能力，提升责任担当意识，激扬青春生命、绽放青春芳华、奠基幸福人生。

5. 塑造追求卓越的幸福教师

在幸福学校里实施幸福教育，首先要让每一位教师都成为幸福的人，不仅享受教师职业带来的幸福，而且也享受个人生活的幸福。所以，学校构建幸福教师文化，让教师成为幸福的引领者。在凌源四中，教师们虽然年龄、性别、性格各不相同，但是他们都有一致的“幸福画像”。

人文管理是做幸福教师的基础。学校积极为教师营造轻松愉悦的工作环境，定期举办教工篮球比赛、乒乓球比赛，丰富教师校园生活，减轻教师工作压力，定期组织教师进行身体健康检查，做到关怀教师健康、关注教师生活品质，让教师在温暖中幸福工作、幸福生活。

学习提升是做幸福教师的动力。敞开视野，广泛吸纳精华，是课程改革的需要,也是教师自我成长的需要。几年来,学校抓住一切机会,带领教师积极探寻幸福真谛,走出了“课题引领、专家指导、同伴互助、个体研修”的教师专业化发展路径。开阔了教师视野,充实了教师头脑,激活了教师教育热情,转变了教师教育行为,提升了教师幸福指数。

畅通的交流平台是做幸福教师的阶梯。学校建立了凌源四中幸福教师群、幸福班主任群、幸福家长群,群里及时发送通知,发表感悟,分享教育智慧,传递幸福文化。如今,凌源四中的“幸福学校花开四中”公众平台,努力让凌源四中走出凌源,走向更广阔的天地。

6. 引领助力教育的幸福家长

办好家长学校,引领家长做幸福家长、建幸福家庭、育幸福孩子是幸福教育的基石。学校聘请关注教育、关爱孩子的家长为学校荣誉校长、荣誉班主任,参与学校管理,为学校发展建言献策。开展“优秀家长、模范家庭、幸福家长、幸福家庭”评比活动,开展家长与学生亲情联谊活动,创建便捷的班主任与家长、学校与家长网络交流群。通过内容丰富、形式多样的家校活动,家长的理论水平、育子策略有了显著提高,一批批幸福家长、一个个幸福家庭脱颖而出。

如今,幸福教育在凌源四中已开花结果。幸福育人,让每位教师在成就学生的同时成就自我;幸福校园建设、素质教育探索、特色化发展,让校园成为师生共同成长的乐园,让课堂成为学生快乐成长的殿堂。

第十五章　新时代幸福教育班集体建设研究

班集体是按照班级授课制的培养目标和教育规范组织起来的，以共同学习活动和直接人际交往为特征的社会心理共同体。在学校教育中，良好的班集体是学生健康快乐成长的基石。创建幸福班集体是加快建设高质量教育体系的有机组成部分，是新时代幸福教育的重要抓手和实践路径。

一、幸福教育亟须加快建设幸福班集体

新时代幸福教育依靠班集体去落实。班集体是幸福教育的主体单位，也是幸福学校的重要支撑。班集体幸福度起着承上启下的关键作用，向上直接影响学校整体的幸福度，向下决定班级成员的幸福度。因此，加快建设幸福班集体不仅重要而且迫切。

近年来，幸福班集体建设引起人们关注。于亚鹏提出，建设幸福班集体需要做到：倾注真爱，巧妙引导，建立和谐的人际关系；尊重个性，发挥特长，健全自主的班级管理；凝聚人心，优化环境，营造温馨的人文环境①。吴江芸、宗华提出，创建幸福班集体需要做到：创建优美班级环境、营造自由愉悦氛围、建立融洽师生关系、开启民主管理模式和进行文明礼仪教育②。史志利提出，建设幸福班集体需要做到：塑造班级文化氛围、抓好日常行为规范、开展读书教育活动、家校携手共育和注重心理沟通③。朱学群提出，通过创造“关键事件”来建设幸福班集体，比如，布置好教室环境、开展丰富的社团活动、开展悦读会等④。赵玉霞提出“巧用国学经典，造就幸福班集体”，将

---

① 于亚鹏. 让学生感受班集体的幸福[N]. 江苏教育报，2014-12-10(3).

② 吴江芸，宗华. 创和谐氛围建幸福班级——浅谈初中班级管理的策略达成[J]. 名师在线，2018(26)：95-96.

③ 史志利. 多元培育，打造幸福班级[J]. 学周刊，2019(13)：148.

④ 朱学群. 创造“关键事件”引领学生幸福成长——谈幸福班集体建设[J]. 课程教育研究，2013(31)：208.

国学精华融入班主任工作之中，使学生在潜移默化中受到优秀古典文化的熏陶，利用传统文化加强学生综合素质的培养，让国学在班级管理中生根发芽，在学生心中生出幸福之花[①]。尹慧提出，利用“关键节点”构建幸福班集体的有效策略：创设文化环境，加强文化熏陶；发挥班主任和关键学生的榜样作用；开展丰富的班级活动，让学生快乐成长；设立特色岗位，人人有事做，事事有人做[②]。杨丽娟提出，同伴互助是建立幸福班集体的关键。班主任要帮助学生建立良好的同伴关系，使学生拥有良好的关系圈，建构起和谐、温暖的班级氛围[③]。卢桢妤等人研究发现，选拔合适的班干部、增强班级凝聚力、创造轻松自由的班级环境有助于提高学生在班集体中的幸福感[④]。

二、中小学幸福班集体基本标准

新时代幸福教育主张，爱心文化是幸福班集体的灵魂，和谐结构是幸福班集体功能的载体，积极心理是幸福班集体的调节机制，快乐成长是幸福班集体进步的阶梯，幸福课堂内外是幸福班集体的主导活动。因此，幸福班集体基本标准与评价核心指标主要有幸福集体、幸福课堂和幸福课外三个一级指标，包含八项二级指标，即爱心文化、和谐结构、积极心理、快乐成长、爱教爱学、会教会学、教会学会、满足特需，还可细分出 19 项三级指标和 43 项四级指标。[⑤]

关于班级评价，如上所述，国内外文章多有论及，但关于幸福班集体的标准，尚缺乏专门深入系统的观点。基于上面论证，高度概括幸福班集体内涵主要包括幸福集体、幸福课堂和幸福课外三个方面。由此衍生出幸福班集体的八条基本标准，见表 15-1。

---

① 赵玉霞. 巧用国学经典，造就幸福班级[C]. 2018 年基础教育发展研究高峰论坛文集(十四). 教育部基础教育课程改革研究中心，2018：7.

② 尹慧. 基于关键节点的小学幸福班级构建探索[J]. 新课程研究，2019(25)：131-132.

③ 杨丽娟. 同伴互助成就幸福班集体[J]. 中小学德育，2013(11)：27-28.

④ 卢桢妤，庞书勤，蔡憐环，等. 护理本科生班级心理氛围对班集体幸福感影响的研究[J]. 齐齐哈尔医学院学报，2017，38(22)：2688-2690.

⑤ 孟万金，官群，Richard Wagner. 幸福班级基本标准与评价核心指标[J]. 中国德育，2012(06)：39-42.

表 15-1　幸福班集体评价框架

一级指标	二级指标	三级指标	四级指标	内　涵
幸福集体	爱心文化	精神	理念	体现爱是幸福的灵魂,用爱浇灌幸福
			班训	体现爱的力量和幸福的追求
			班歌	唱出爱的心声和幸福的律动
			班风	反映爱的正气和幸福的氛围
		物质	标识	突出爱的激情和幸福的基调
			环境	凸显爱的特色和幸福的熏陶
	和谐结构	班组建设	班委	团结有力,朝气蓬勃,威信高
			小组	齐心协力,生机盎然,活力强
		团队团体	团队	身先士卒,自信自尊自豪,受人尊重,令人向往
			团体	张扬个性,满足兴趣特长,弥补班级授课不足,放飞梦想
	积极心理	积极向上的精神面貌	认知	思维、创造力、热爱学习、多角度看问题、洞察力
			情感	人际关系、社交智力、友善、爱与被爱
			意志	执着、真诚、勇敢、坚毅
			利群	团队精神、领导力、公正公平
			律己	谦虚谨慎、宽容包容、自觉自制
			卓越	信念、希望、感恩、心灵触动、幽默风趣
	快乐成长	发展规划	共同愿景	目标明确,规划明晰,集体与个体发展有机统一
		自主自治	民主决策	班级事务充分发扬民主,人人参与,人人尽心
			自我管理	主动维护班级利益和声誉,自觉遵守各项规章制度和公约,养成良好行为习惯,无威胁和强迫
		主题活动	情景互动	班主任搭台学生唱戏,情真意切,正面导向,化解问题,开心齐心,热心真心
		班级成绩	文化课	进步明显,师生深受鼓舞
			非文化课	优势突出,师生引以为荣
		班级特色	品牌鲜明	形成公认的班级特色品牌,影响力竞争力
		班级声誉	校内赞誉	各种获奖,受到校内好评,师生以班为荣
			校外赞誉	家校合作,家长满意,社会好评,师生以班为荣

续表

<table>
<tr><th>一级指标</th><th>二级指标</th><th>三级指标</th><th>四级指标</th><th>内涵</th></tr>
<tr><td rowspan="15">幸福课堂</td><td rowspan="8">爱教爱学</td><td rowspan="4">以生为本</td><td>学生中心</td><td>学生唱主角,教师当导演,学生当学习主人</td></tr>
<tr><td>激活右脑</td><td>多媒体,艺术性,整体性,创新性</td></tr>
<tr><td>赏识主导</td><td>高激励,低威胁,挑战性,可控性,放松警觉状态</td></tr>
<tr><td>寓教于乐</td><td>情景互动,游戏途径,言行幽默</td></tr>
<tr><td rowspan="4">动机维持</td><td>注意集中</td><td>全神贯注,持续不分心</td></tr>
<tr><td>内容相关</td><td>内容贴近学生,与未来目标关系密切</td></tr>
<tr><td>成功自信</td><td>最近发展区,体验成功,增强自信</td></tr>
<tr><td>效果满意</td><td>即时反馈强化,激励欣赏,感激感恩</td></tr>
<tr><td rowspan="5">会教会学</td><td rowspan="3">“6-3-1”组织教学</td><td>60%时间自主学习</td><td>自主探究,发现问题和尽力自求解决问题</td></tr>
<tr><td>30%时间合作学习</td><td>对学群学,咨询释疑,讨论分享,化解问题</td></tr>
<tr><td>10%时间教师释疑</td><td>聚焦难点,点拨答疑,化解疑难</td></tr>
<tr><td rowspan="2">“5+2”学习模式</td><td>善于运用课堂 5 个学习环节</td><td>前测摸底—启发探究—展示模仿—练习迁移—后测强化</td></tr>
<tr><td>善于运用课前课后 2 个学习环节</td><td>课前预习和课后改进</td></tr>
<tr><td rowspan="2">教会学会</td><td>高能</td><td>学以致用,举一反三</td><td>能够将所学东西运用到不同情境,一题多解</td></tr>
<tr><td>高分</td><td>学考一体,超常发挥</td><td>当堂达标,测试获得好成绩</td></tr>
<tr><td rowspan="3">幸福课外</td><td rowspan="3">满足特需</td><td rowspan="2">学科延伸</td><td>提高</td><td>质优生弥补课堂吃不饱</td></tr>
<tr><td>补习</td><td>后进生解决课堂消化不良</td></tr>
<tr><td>兴趣特长</td><td>多元智能活动</td><td>充分发挥学生天赋优势,激发潜能,满足个人爱好</td></tr>
</table>

幸福集体主要体现在四个方面。

(1) 爱心文化。爱心文化分为精神和物质两个方面,通过理念、班训、班歌、班风以及标识和环境集中体现。理念一是指“看法、思想,思维活动的结果”,二是指“观念”,通常指思想,如“爱就是教育”“微笑,尊重,激励,互助”“团结友爱,积极向上,成绩突出,友谊长存”。班训是指全班共同遵守的基本行为准则与道德规范,如“志存高远,直面挑战”“团结友爱,积极向上”“我学习,我快乐,我成长”“停下来休息时不要忘记别人还在奔跑”。班风是指一个班级中起主导作用的风气,即精神面貌和整体氛围(或特色风格),如“静思、诚学、合作、竞争”“勤学向上,乐于进取”“把握青春,有所作为,志存高远,追求卓越”。班级目标是指班级期望实现的成果,如“创最好的班级,做最好的自己""快乐每一天,珍惜每一天,进步每一天,收获不一般""天天有进步(个人)。班级各项工作位于年级前列(集体),争做先进班集体"。班级精神是指班级的灵魂,如"自信、励志、合作、竞争""决心是我们的源泉,坚持是我们的能源,团结是我们的力量,信念是我们的未来,进步每天都在上演,梦想在战胜自我中实现"。班级口号是指供口头呼喊的有纲领性和鼓动作用的简短句子,如"名字三年叫一班,最后我们不一般""志存高远,脚踏实地""放飞梦想,点燃激情,展现自我,活出精彩"。班级宣言是指在某些重大问题上所采取的方针、政策、原则和态度的文件(文字),如"让班级因为我的努力而添光彩""用智慧描绘我们的今天""态度决定成败,勤奋铸就辉煌""细节决定成败,态度决定高度"。班主任寄语是指寄托希望的话语,如"理性给人冷静和思索,感性给人激情和力量,希望你们理性地对待初三的放弃,放弃喜爱的游戏、小说和电视剧""感性地理解初三的争取,争取时间,争取效率,争取成功的花季。""亲爱的同学们,用你的自信和方法,自觉和坚持,勇敢地上路吧!"

(2) 和谐结构。和谐结构分为班委小组和团队团体两大方面,进一步具体到班委小组和团队团体的建设与功能。比如,借鉴大雁编队协同飞行增加 70%力量的原理,建设幸福班级集体,使班级每一位成员都是编队集体序列中承上启下的重要一环,而且每一位成员都有充当领头雁的机会。首先,保证领头雁的领先性。及时、积极、灵活地变更领头雁,保证"领头雁"的"体力"能够一直充沛。其次,提高个体素质整体水平,保证个体既能跟上领头雁,又能在需要时及时替换领头雁。这就要吸收个体参加管理,在重大问题的决策上听取所有成员的意见,保障个体在集体中的基本利益,同时加强对个体的培训。

(3) 积极心理。积极心理主要指积极向上的精神面貌,包括认知、情感、意志、利群、律己和卓越六要素,成为幸福的心理调节机制。积极心理学创始人塞里格曼教授提出了幸福公式:总幸福指数=先天的遗传素质+后天的环境+自身能主动控制的心理力量。心理力量的核心就是积极心理品质。积极心理品质包括如下六个维度,21 项。维度一:知识和智慧——认知的力量;维度二:人际和社交——情感的力量;维度三:恒心和毅力——意志的力量;维度四:公正和合作——乐群的力量;维度五:节制和忍让——律己的力量;维度六:信念与境界——超越的力量。

(4) 快乐成长。快乐成长主要通过发展规划、自主自治、主题活动、班级成绩、班级特色、班级声誉集中体现。快乐是幸福的主要成分,但是还需要以健康为前提。追求快乐是人与动物的本能。因此,快乐是幸福班集体的重要因素。即便是为了实现目标,大家吃苦耐劳,勇于奋斗,但是本质上还是追求成功带来的快乐,而不是为了吃苦而吃苦。

三、中小学幸福班集体量表研发

班级评价一般是指按照一定的价值标准把班级的目标、组织结构、人际关系、纪律、舆论等要素及其性能编织成横向关联、纵向逐层具体化的指标体系,既指明了班级评价的内容,又为班集体建设提供了操作规范和管理程序。目前班级评价主要归纳为如下几种①。

一是以评价班级工作为主的评价方案。这种评价方案将班级教育工作所涉及的各方面因素归纳整理成一个评价指标体系。

二是以衡量班集体发展水平为主的评价方案。其中涉及班集体发展的10个方面:①指向性;②组织性和民主性;③舆论和道德水平;④纪律性;⑤团结合作性;⑥学习活动;⑦社会性和劳动积极性;⑧个性和创造性;⑨自主性;⑩工作成就和声誉。

三是以社会心理学理论为基础的衡量班集体发展程度的评价方案。主要是以苏联的社会心理学为依据,将班集体发展由低到高依次分为"松散群体""合作群体"和"集体"。

尽管以上三种主要班级评价方案都有其合理的一面,也都有各自的生存空间,但是,从幸福教育高度来看,尚未体现幸福教育价值取向,远不能适应时代的要求。因此,亟须构建幸福班集体评价方案。

(一)研究设计

1. 被试

采用整群抽样的方法,从北京(华北1)、山东(华东2)、浙江(华东2)、上海(华东2)、广东(华南3)、广西(华南3)、重庆(西南4)7个省(区、市)选取了28所中小学的109个班级,数据样本覆盖我国华北、华东、华南和西南四大区域。以小学四~六年级、初中和高中学生为施测对象。共发放问卷6013份,收回5764份,回收率为95.86%;回收问卷中有效数据5271份,有效回收率91.45%。被试的人口统计学变量见表15-2。

① 李伟胜.衡量学生成长状况提升班级生活质量——解读"新基础教育"班级评价方案[J].中小学管理,2004(06):51-52.

表 15-2 被试的人口统计学变量

被试	小学	初中	高中	总计
男生	710	1377	482	2569
女生	716	1353	579	2648
总计	1426	2730	1061	5217

2. 量表的编制

基于上述幸福班集体的评价标准和评价框架及核心指标,借鉴国内外有关幸福感和班集体建设的相关研究,同时参考《中小学德育工作指南》《中小学班主任工作规定》和《中小学生守则(2015 年修订)》,经过课题组专家多次研讨,并结合因素分析,研发中小学幸福班集体量表。量表题目的编制有以下三个来源:第一,翻译国外相关测验;第二,修订前人相关测验;第三,自己编写。本量表的测试题目在借鉴主观幸福感和心理幸福感量表及教师和学生幸福感量表的基础上,综合运用了上述三种方法。起初,量表由班集体文化、班集体环境、班集体团结、班集体管理、班集体声誉和班主任六个分量表构成,共 54 个题项。

幸福班集体量表分为六个维度(班集体文化、班集体环境、班集体团结、班集体管理、班集体声誉、班主任),修改后剩 35 个题项。具体结构和各维度题目数见表 15-3。首先请相关领域的几位专家对量表的结构、题目所属的维度、题目的内容表述、题目是否重复等方面进行评估,根据专家的意见修改了部分题目。量表采用李克特五点计分,"非常不符合"计 1 分,"非常符合"计 5 分。每个维度中所有题项的加总平均分代表该维度的得分。幸福学校量表(Ⅰ)的题目编排经过了非系统化随机处理。

表 15-3 幸福班集体量表(Ⅰ)主体结构

班集体文化	班集体环境	班集体团结	班集体管理	班集体声誉	班主任
5 题	5 题	8 题	6 题	6 题	5 题

3. 数据处理

首先对数据进行核检,把按规律作答和数据缺失 30%以上的被试数据删除,对异常数据进行原始数据核对,采用系统均值对缺失值进行填补。然后使用 SPSS 23.0 对量表题目进行项目分析和探索性因素分析,使用 AMOS 23.0 对量表进行验证性因素分析和信效度检验。

（二）结果与分析

1. 项目分析

（1）题目的临界比率值（CR）

将每个维度的总分按从高到低的顺序排列，分别取前后27%为高、低分组，对两组被试在每个题项上得分的平均数进行差异检验。结果表明，问卷中五个维度高分组和低分组在每个题项上得分平均数的差异均达到极其显著（$p<0.001$）的水平，即各题均有良好的鉴别力。

（2）题总相关

对每个题项的分数与每个维度总分进行相关分析。结果表明，题项与其所属维度总分的相关系数均为0.71～0.91，且都达到极其显著（$p<0.001$）的水平。结合决断值和题总相关系数，整个问卷题项的区分度都达到了心理测量学的要求。

2. 探索性因素分析

将数据库随机分成两部分。第一部分为包含3000人的"数据库1"，用于探索性因素分析；第二部分为包含2217人的"数据库2"，用于验证性因素分析。首先对量表的六个维度分别进行探索性因素分析。

（1）维度一：班集体文化

KMO和Bartlett球形检验结果：KMO为0.884，Bartlett球形检验的$\chi^2=13027.367$，$p<0.001$，说明数据适合进行探索性因素分析。采用主成分分析法抽取共同因素，采用最大变异法进行直交转轴后，共抽取一个共同因素，该因素可以解释的总变异量为75.594%，达到60%的标准。所有题项的共同性为0.67～0.84，因素负荷量为0.82～0.92，均达到心理测量学要求，因此将所有题项保留。按照理论构想和探索性因素分析的结果，将因素命名为"班集体文化"，各个题项的因素负荷量见表15-4。

（2）维度二：班集体环境

KMO和Bartlett球形检验结果：KMO为0.866，Bartlett球形检验的$\chi^2=9599.702$，$p<0.001$，说明数据适合进行探索性因素分析。采用主成分分析法抽取共同因素，采用最大变异法进行直交转轴后，共抽取一个共同因素，该因素可以解释的总变异量为68.815%。所有题项的共同性为0.54～0.73，因素负荷量为0.74～0.86，均达到心理测量学要求，因此将所有题项保留。按照理论构想和探索性因素分析的结果，将因素命名为"班集体环境"，各个题项的因素负荷量见表15-4。

（3）维度三：班集体团结

第一次因素分析：采用主成分分析法抽取共同因素，采用最大变异法进行直交转轴后，共抽取一个共同因素，其中题项 21、23、25 的共同性均低于 0.5，共同性较低，将这三个题项删除。

删除三个题项后，进行第二次因素分析，KMO 和 Bartlett 球形检验结果：KMO 为 0.899，Bartlett 球形检验的 $\chi^2=11332.069$，$p<0.001$，说明数据适合进行探索性因素分析。采用主成分分析法抽取共同因素，采用最大变异法进行直交转轴后，共抽取一个共同因素，该因素可以解释的总变异量为 73.733%。所有题项的共同性为 0.67～0.76，因素负荷量为 0.82～0.87，均达到心理测量学要求，因此将剩余题项保留。按照理论构想和探索性因素分析的结果，将因素命名为“班集体团结”，各个题项的因素负荷量见表 15-4。

（4）维度四：班集体管理

KMO 和 Bartlett 球形检验结果：KMO 为 0.952，Bartlett 球形检验的 $\chi^2=26959.895$，$p<0.001$，说明数据适合进行探索性因素分析。采用主成分分析法抽取共同因素，采用最大变异法进行直交转轴后，共抽取一个共同因素，该因素可以解释的总变异量为 74.002%。所有题项的共同性为 0.65～0.81，因素负荷量为 0.68～0.80，均达到心理测量学要求，因此将所有题项保留。按照理论构想和探索性因素分析的结果，将因素命名为“班集体管理”，各个题项的因素负荷量见表 15-4。

（5）维度五：班集体声誉

第一次因素分析：采用主成分分析法抽取共同因素，采用最大变异法进行直交转轴后，共抽取一个共同因素，其中题项 26 的共同性为 0.48，共同性较低，将此题项删除。

删除一个题项后，进行第二次因素分析，KMO 和 Bartlett 球形检验结果：KMO 为 0.838，Bartlett 球形检验的 $\chi^2=8416.721$，$p<0.001$，说明数据适合进行探索性因素分析。采用主成分分析法抽取共同因素，采用最大变异法进行直交转轴后，共抽取一个共同因素，该因素可以解释的总变异量为 65.115%。所有题项的共同性为 0.52～0.74，因素负荷量为 0.72～0.86，均达到心理测量学要求，因此将剩余题项保留。按照理论构想和探索性因素分析的结果，将因素命名为“班集体声誉”，各题项的因素负荷量见表 15-4。

（6）维度六：班主任

KMO 和 Bartlett 球形检验结果：KMO 为 0.981，Bartlett 球形检验的 $\chi^2=11655.346$，$p<0.001$，说明数据适合进行探索性因素分析。采用主成分分析

法抽取共同因素,采用最大变异法进行直交转轴后,共抽取一个共同因素,该因素可以解释的总变异量为 73.870%。所有题项的共同性为 0.66~0.81,因素负荷量为 0.81~0.90,均达到心理测量学要求,因此将所有题项保留。按照理论构想和探索性因素分析的结果,将因素命名为“班主任”,各个题项的因素负荷量见表 15-4。

表 15-4 幸福班集体分量表的因素结构和各项目的因素负荷量

题项	班集体文化	班集体环境	班集体团结	班集体管理	班集体声誉	班主任
8	0.833					
12	0.818					
13	0.901					
14	0.918					
15	0.873					
1		0.855				
2		0.852				
4		0.856				
5		0.843				
10		0.735				
16			0.819			
24			0.871			
28			0.865			
32			0.869			
35			0.868			
18				0.713		
19				0.680		
22				0.721		
27				0.745		
30				0.787		
33				0.803		
17					0.802	
20					0.823	
29					0.721	
31					0.821	
34					0.861	
3						0.863
6						0.900
7						0.846
9						0.873
11						0.813

3. 效度检验

(1) 分量表结构效度

经过项目分析和探索性因素分析,共删除4个题项,形成了31个题项的幸福班集体量表(Ⅱ)。为考查量表的构想模型与实际模型的拟合度,使用"数据库2"对幸福班集体量表(Ⅱ)的六个分量表进行验证性因素分析,以共同因素为潜变量,各个题项为测量变量,各个潜变量之间设定为两两相关。

经过验证性因素分析,最终形成31个题项的幸福班集体量表(正式版)(见表15-5)。六个分量表的拟合指数均达到心理测量学要求,$\chi^2/df<3$,GFI、TLI、CFI均大于0.95,RESMA<0.05,模型拟合度较好(见表15-6)。

表15-5 幸福班集体量表(学生-正式版)主体结构

班集体文化	班集体环境	班集体团结	班集体管理	班集体声誉	班主任
5题	5题	5题	6题	5题	5题

表15-6 正式版六个分量表验证性因素分析的拟合指数

分量表	χ^2	df	χ^2/df	GFI	TLI	CFI	RESMA
班集体文化	10.872	4	2.71	0.93	0.99	0.99	0.043
班集体环境	3.062	3	1.02	0.99	0.99	0.99	0.005
班集体团结	11.204	5	2.24	0.99	0.99	0.99	0.037
班集体管理	13.753	7	1.96	0.99	0.99	0.99	0.039
班集体声誉	11.854	5	2.37	0.99	0.98	0.99	0.043
班主任	4.683	3	1.56	0.99	0.99	0.99	0.030

(2) 总量表结构效度

为进一步考查各个分量表是否能形成一个结构效度良好的测量工具,求每个分量表总分,以六个分量表总分为观测变量,以总量表为潜变量,进行验证性因素分析。结果发现,模型符合心理测量学要求,拟合度较好,可以作为最终模型(见表15-7)。

表15-7 正式版总量表验证性因素分析的拟合指数

χ^2	df	χ^2/df	GFI	TLI	CFI	RESMA
2.942	2	1.47	0.99	0.99	0.99	0.027

(3) 总量表效标效度

将福代斯幸福感量表和生活满意度量表改编为班集体幸福感量表和班

集体满意度量表(只修改部分词语,量表原含义不变)作为校标。相关分析发现,幸福班集体量表(正式版)与班集体幸福感量表总分的相关为0.72($p<0.001$),与班集体满意度量表的总分相关为0.81($p<0.001$),校标效度良好,符合心理测量学要求。

4. 分量表和总量表信度检验

六个分量表的Cronbach's α分别为0.91、0.90、0.92、0.94、0.87和0.91。总量表的Cronbach's α为0.98。结果说明各分量表和总量表的信度很高,符合心理测量学要求。

(三)讨论与结论

验证性因素分析表明,六个分量表和总量表的χ^2/df取值为1~3分,GFI、TLI和CFI取值为0.93~0.99,RESMA取值为0.01~0.07;六个分量表和总量表的Cronbach's α系数为0.87~0.98。将福代斯幸福感量表①和生活满意度量表②改编为班集体幸福感量表和班集体满意度量表(只修改部分词语,量表原含义不变)作为校标。中小学幸福班集体量表与两者的校标关联效度分别为0.72和0.81。这些指标说明中小学幸福班集体量表符合心理测量学要求,具有良好的信效度,可以作为评价中国中小班集体幸福指数的测量工具。

综上,可以得出如下结论:中小学幸福班集体量表(学生版)包含班集体文化、班集体环境、班集体团结、班集体管理、班集体声誉、班主任六个分量表,正式版31个题项。该量表具有良好的信效度,可用于评价全国中小学班集体的幸福状况。

四、中小学幸福班集体现状调查

本研究采用上述中小学幸福班集体量表,对全国的中小学生开展抽样调查,考察我国中小学班集体的幸福状况,探究影响我国中小学班集体幸福指数的主要原因,进而为我国新时代中小学班集体建设和班主任工作提供对策建议。

---

① Fordyce, M. A review of research on the happiness measures: a sixty second index of happiness and mental health[J]. Social Indicators Research, 1988, 20(04): 355-381.

② Pavot W, Diener E. Review of the satisfaction with life scale[J]. Psychological Assessment, 1993, 5(02): 164-172.

（一）研究设计

1. 研究对象

采用整群抽样的方法，从我国华北、华东、华南和西南四大区域抽取小学四～六年级、初中和高中学生为施测对象。回收有效数据5271份。

2. 研究工具与数据处理

采用上述研发的中小学幸福班集体量表开展抽样调查。该量表具有良好信效度。首先对数据进行核检，把按规律作答和数据缺失30%以上的被试数据删除，对异常数据进行原始数据核对，采用系统均值对缺失值进行填补。然后使用SPSS 23.0对量表题目进行数据分析。

（二）结果与分析

1. 我国中小学班集体幸福指数的总体状况良好

幸福班集体各量表平均分为3.94～4.15，单样本t检验显著高于中数3，说明我国中小学校班集体幸福指数总体良好。对各分量表进行重复测量方差分析发现（见表15-8），幸福班集体六个分量表得分存在显著差异，$F=150.139$，$p<0.001$，进一步配对比较发现，分量表得分两两之间存在显著差异。班集体幸福指数由高到低依次为班主任、班集体管理、班集体声誉、班集体环境、班集体文化和班集体团结（见图15-1）。总的来看，我国中小学班集体幸福指数总体良好，学生对班主任评价较高，对班集体团结友爱和班集体的爱心文化方面评价较低。

表15-8　中小学班集体幸福指数各量表平均分和标准差的单样本t检验（$M±S_D$）

$n=6719$	$M±S_D$	t
班集体文化	3.97±0.88	79.92***
班集体环境	4.00±0.85	85.50***
班集体团结	4.05±0.83	92.00***
班集体管理	3.95±0.84	80.88***
班集体声誉	4.03±0.78	95.93***
班主任	4.15±0.85	98.00***

2. 我国中小学班集体幸福指数存在年级差异

对量表进行单因素方差分析发现（见表15-9），幸福班集体六个分量表均存在显著的年级差异（$p<0.001$）。事后检验发现，年级两两之间也存在显

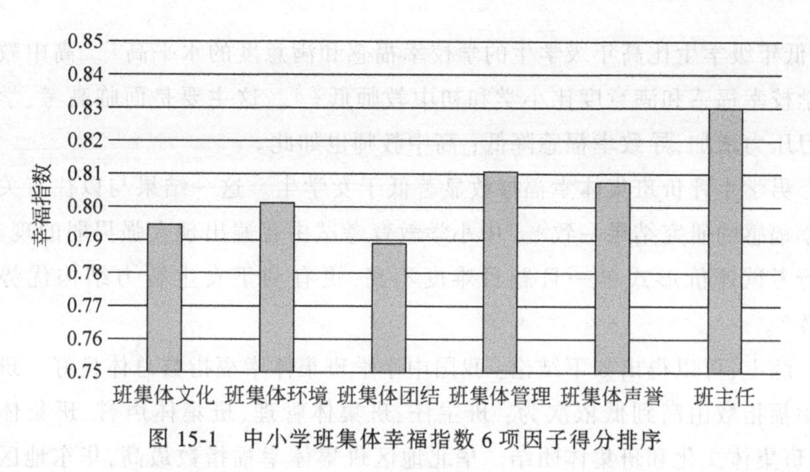

图 15-1　中小学班集体幸福指数 6 项因子得分排序

著差异，除班集体声誉初中得分最低以外，均为小学得分最高，高中得分最低。

表 15-9　不同年级中小学班集体幸福指数各分量表平均分的差异比较（$M±S_D$）

等级	班集体文化	班集体环境	班集体团结	班集体管理	班集体声誉	班主任
小学（n=1426）	4.13±0.90	4.20±0.84	4.14±0.89	4.05±0.87	4.16±0.81	4.28±0.87
初中（n=2730）	3.92±0.89	3.97±0.85	4.06±0.83	3.99±0.84	3.95±0.78	4.10±0.86
高中（n=1061）	3.87±0.76	3.82±0.79	3.90±0.70	3.67±0.76	4.07±0.69	3.09±0.74
F	33.75***	67.20***	27.36***	72.32***	34.95***	22.99***

3. 我国中小学班集体幸福指数存在性别差异

对量表进行独立样本 t 检验发现（见表 15-10），除班主任得分不存在显著的性别差异外，幸福班集体另外五个分量表均存在显著的性别差异（p<0.01），男生评分显著低于女生。

表 15-10　不同性别学生评价中小学班集体幸福指数各分量表平均分的差异比较（$M±S_D$）

性别	班集体文化	班集体环境	班集体团结	班集体管理	班集体声誉	班主任
男（n=2569）	3.95±0.86	3.94±0.90	3.95±0.82	3.77±0.85	4.11±0.81	4.19±0.82
女（n=2648）	4.07±0.72	4.06±0.73	4.06±0.72	3.90±0.75	4.20±0.66	4.23±0.70
t	−0.31**	−3.32**	−2.92***	−3.52*	−2.64**	−1.17

（三）讨论与结论

我国中小学校班集体的幸福指数总体良好，说明学生对班级建设总体认同度、满意度较高，也说明《中小学班主任工作规定》落实效果良好。

高中班集体幸福指数在各个维度上都偏低。这一结果与以往有关幸福班集体的研究以及学生和教师的学校幸福感的研究结果一致。已有研究显示，低年级学生比高年级学生的学校幸福感和满意度的水平高[①]。高中教师的学校幸福感和满意度比小学和初中教师低[②③]。这主要是面临高考，学生学习压力增加，导致幸福感降低；高中教师也如此。

男学生评价班集体幸福指数显著低于女学生。这一结果与以往有关学生幸福感的研究结果一致[④]。中小学教育考试中普遍出现女强男弱的现象，现行考试评价形式单一且题目难度不高，更有利于女生智力结构优势的发挥[⑤]。

综上，可以得出如下结论：我国中小学班集体幸福指数总体良好。班集体幸福指数由高到低依次为：班主任、班集体管理、班集体声誉、班集体环境、班集体文化和班集体团结。华北地区班集体幸福指数最高，华东地区最低。班集体幸福指数随年级递减，小学班集体幸福指数最高，初中其次，高中最低。男生评价班集体幸福指数显著低于女生。

五、中小学幸福班集体建设实务

本课题主持人将自己曾在省重点中学当优秀班主任的经验，总结提炼出了一系列实操策略，编入了教育科学出版社出版的《幸福教育实用指南》[⑥]一书，现择要介绍如下。

（一）建立和谐结构，优化班级功能

结构决定功能。和谐的班级组织结构是班级团结向上的保障，反之则内耗，甚至混乱不堪。班级组织结构中，最重要的是班长、班委和组长以及全体成员之间建立起和谐共进、畅通无阻的亲密关系，确保抓纲带目、纲举目张的实效。传统上通常采用普选投票或班主任任命班委都有弊端，前者难免选出老好人但不具备领导、组织、管理能力；后者难免不具有学生威信，

① 姚一玲，孔企平，蔡金法. 小学生与初中生主观幸福感的差异分析[J]. 全球教育展望，2016，45(05)：21-29.

② 刘文华. 教师幸福感：学段和性别的差异有多大？——对655名教师职业幸福感的调查[J]. 中小学管理，2011(07)：35-36.

③ 郑伟煜，吴月禅. 高中青年教师主观幸福感提升策略探究[J]. 中国教师，2019(06)：64-67.

④ 孔企平，姚佩英. 学生的主观幸福感具有重要教育价值——近年来"Well-Being"理论研究述评[J]. 全球教育展望，2013，42(11)：39-45.

⑤ 顾天竹，顾锡宏. 教育质量提高更有利于谁：男生还是女生？——来自我国初中教育调查的经验证据[J]. 教育与经济，2018(03)：38-45.

⑥ 孟万金，官群. 幸福教育实用指南——全员必读手册[M]. 北京：教育科学出版社，2013：163-170.

难以赢得广大同学的积极配合。为此,本课题主持人实行了优选班长的六步法。

一看：日常观察哪些同学性格外向,具有管理天赋,能胜任班长角色。

二查：查阅那些初露管理天分和锋芒的学生档案,核查他们有无管理经验或经历。

三谈：约谈那些通过看和查出来的后备选手,听听他们对幸福班集体建设的想法和主张以及建议。

四验：分配给上述三步骤过关的选手几项具体任务,考验他们实际组织协调和管理能力,创新和应变能力。

五讲：让上述四项过关的选手在班上演讲"施政纲领",接受同学检阅。

六选：通过演讲,让全班同学无记名投票,在候选人中选出班长。

确立好理想的班长后,就是要组建高效和谐、团结一致、齐心协力的班委会。下面四条可以参考。

(1) 班长提名：所有班委成员由班长提名,确保班长的权威和班委的团结力、战斗力；避免由教师直接任命或学生推选而无法做到同班长一条心。

(2) 积极自愿：所有班委成员必须自己积极主动要求任职,并说明自身优势和胜任某成员的条件。

(3) 班主任审核：前两项具备后,班主任要统筹协调,严把质量关。

(4) 学生认可：候选班委成员要有展示自身实力的机会,并得到广大同学认可。

和谐快乐班委会建成后,就要继续建设快乐高效小组,下面三招值得借鉴。

(1) 班长提名组长：所有组长由班长提名,确保组长对班长的支持与配合。

(2) 组长自己主动：提名组长情愿出任组长,并能提名班内不少于五分之一的男女生作为自己的组员。

(3) 学生支持组长：班内不少于五分之一的男女生愿意跟随并积极努力。

(二) 抓大放小,减负增效

班级工作累、班级工作苦、班级工作多、班级工作杂是制约班主任幸福的主要因素。因此,将班主任从累、苦、多、杂里解放出来,是建设幸福班级先让班主任幸福起来的首要任务。二八定律就是既让班主任幸福又增加学生幸福的双赢的金钥匙,因此也是建设幸福班级的突破口。

二八定律也叫巴莱多定律(80/20法则),是19世纪末20世纪初意大利经济学家巴莱多发现的。他认为,在任何一组东西中,最重要的只占其中一小部分,约20%,其余80%尽管是多数,却是次要的,因此又称二八定律。80/20法则告诉人们学会避免将时间和精力花费在琐事上,要学会抓主要矛盾。一个人的时间和精力都是非常有限的,要想真正“做好每一件事情”几乎是不可能的,要学会合理分配时间和精力。要想面面俱到还不如重点突破。把80%的资源花在能出关键效益的20%的方面,这20%的方面又能带动其余80%的发展。要毫不留情地抛弃低价值的活动;永远先做最重要的事情。永远记住:要事第一,重要产品第一,关键人物第一,核心环节第一。为此,建议如下举措。

1. 人人见习小班主任

角色决定意识。当让每个学生都当“小班主任”时,班主任就成了“孙悟空”变出七十二个小猴子,一起建设幸福班级,并且会提升学生的领导力。包括:①学习力,构成的是领导人超速的成长能力;②决策力,是领导人高瞻远瞩的能力的表现;③组织力,即领导人选贤任能的能力的表现;④教导力,是领导人带队育人的能力;⑤执行力,表现为领导人的超常的绩效;⑥感召力,更多地表现为领导人的人心所向的能力。试想,人人都成了领导,不仅领导力得到提升,班集体也就变成了“无为而治”的自动体了。

2. 实行值周班长和班委制度

值周班长和班委的职责主要有以下两条。

一是包干负责本周内班委的一项重要的具体工作。

二是代表班主任督查本周内班长和班委的各项工作并做出评价、提出建议。

这样,班主任就从前台退到了后台,从管理者变成了导演、教练、参谋、督察。班主任的职责更多地转向对班委会的工作进行经常性检查,并给予必要的指导和帮助,既不包办代替,也不把班级工作全部推给班干部而放手不管。定期召开班干部会议,指导他们学会制订计划及具体措施,检查落实情况,总结得失,并不断加以改进。教育他们如何分辨是非,及时阻止同学中的不良行为。经过一段时间共同努力,既能提高班干部的班级常规工作能力,又让自己从繁忙而琐碎的班级工作中解脱出来,还能使每个学生都有机会发挥“小班主任”的作用。这样,人人都有担任班级领导的机会和体验,人人都树立班级主人的理念,不仅学生领导力得到提升,班级工作效率也得到提升,班主任工作也上升到一个新台阶,最终实现“无为而治”境界,班主任和班组全体同学会乐此不疲。

3. 留言簿建言献策

幸福教育视野下的班主任必须以学生为本，放下“领导”的架子，做班级管理中的参与者、组织者、协调者，和学生平等相处；要调动学生积极性，最大限度地开发学生各方面的潜能，形成学生自我管理的良好机制，培养学生的自觉性和创新能力，为学生发展搭建平台，让学生感到“班级是我家”，一起爱护她，一起建设她。比如：建立班级建设合理化建议制度，为了班级更好地发展，专门设立合理化建议留言簿，人人都可以随时提出自己的建议和意见，班长召集班委会成员每周对这些意见和建议归总，并筛选出未来短期、中期、长期工作目标，工作重点体现民意，对难以实现的要求做好解释和说明工作，使所有学生都感到班级就是他们自己的，自己就是班级的主人，培养学生主人翁意识，见图 15-2。

<table>
<tr><td colspan="2">关于________________的建议</td></tr>
<tr><td colspan="2">建议的对象（提出的建议希望得到哪些人的响应）：</td></tr>
<tr><td colspan="2">建议的内容：</td></tr>
<tr><td colspan="2">建议的理由：</td></tr>
<tr><td colspan="2">解决问题的办法：</td></tr>
<tr><td>希望解决问题的时间：</td><td>希望的结果：</td></tr>
<tr><td>署名（亦可匿名）：</td><td>提交建议的时间：</td></tr>
<tr><td>群体讨论意见：</td><td>班级处理意见：

责任人　　　　年　月　日</td></tr>
<tr><td>班级处理结果：

责任人　　　年　月　日</td><td>建议人对班级处理结果的反馈：

年　月　日</td></tr>
</table>

图 15-2　留言簿建言献策表

4. 成长记录袋进步看得见

成长记录袋就是通过汇总学生们平时的作品来记录学生在学习、生活等方面成长和进步的故事。它能够如实反映学生成长的过程,展示学生不断进步或取得学习成就的信息。每个学生自行记录自己的成长,值周班长、班委负责本周班级成长记录,见表 15-11、表 15-12。

表 15-11　学生成长记录表

<table>
<tr><td>学生姓名</td><td></td><td>性别</td><td></td><td rowspan="4">照片</td></tr>
<tr><td>年级</td><td></td><td>班级</td><td></td></tr>
<tr><td>兴趣爱好</td><td></td><td>目标理想</td><td></td></tr>
<tr><td>家长姓名</td><td></td><td>联系电话</td><td></td></tr>
<tr><td>自我评价</td><td colspan="4"></td></tr>
<tr><td>家长寄语</td><td colspan="4"></td></tr>
<tr><td>学科教师寄语</td><td colspan="4"></td></tr>
<tr><td>班主任寄语</td><td colspan="4"></td></tr>
</table>

表 15-12　班级成长记录表

<table>
<tr><td colspan="2">班级基本情况</td><td></td></tr>
<tr><td rowspan="9">成长记录</td><td>一周</td><td></td></tr>
<tr><td>二周</td><td></td></tr>
<tr><td>三周</td><td></td></tr>
<tr><td>四周</td><td></td></tr>
<tr><td>五周</td><td></td></tr>
<tr><td>六周</td><td></td></tr>
<tr><td>七周</td><td></td></tr>
<tr><td>八周</td><td></td></tr>
<tr><td>……</td><td></td></tr>
</table>

5. 行为契约管住你我他(规则支配行为)

这是美国行为主义控制派的一种行为矫正方法,是一份具体的、书面的协定。它规定了其中一方或多方在特定的情境中确切的行为方式以及具体的奖励和惩罚。根据签约方的多少,行为契约分为三种类型:单方契约、双方契约和集体契约。单方契约是签约人与签约管理人之间的一项协议。签约人确定要执行的行为，契约管理人负责实施契约中规定的条款。在班级管理中，签约人一般是学生，只要求学生单方面作出承诺；签约管理人是班主任。当学生的行为符合班主任的要求时，并不要求班主任作出奖励的承诺。班主任的作用只是督促行为契约的实施。

行为契约有以下功能。

(1) 导向功能。实现明确哪些该做哪些不该做。

(2) 预防功能。行为契约提供了一个暗示的环境，当签约人把行为契约忘在脑后时，契约的管理者能提醒或暗示签约人在适当的时候采取适当的行动。因此，行为契约可以预防不良行为的发生。

(3) 监督功能。行为契约是一种公众制约的形式，这对于那些"雷声大、雨点小""只说不做"的人来说，增加了他们实施预期行为的可能性。

(4) 教育功能。行为契约是行为矫正的一种方法，它具有使人行为向善的功能。同时，行为契约具有"他律"与"自律"结合的特点，因此，它能使学生进行自我教育，形成自律型纪律。行为契约还考虑到学生的个体差异性，因此，它便于对学生进行个别化教育。

(5) 平等功能。学生和班主任之间、学生与学生之间、家校之间都共同面对契约，而不是人对人。

行为契约由以下五个基本部分组成。

(1) 预期行为。行为契约要明确陈述合同当事人彼此的责任，并对责任的完成情况提出详细要求。

(2) 测量预期行为的办法。行为契约要规定测量预期行为的办法，预期的行为应当易于观察。

(3) 执行的起始与终结时间。

(4) 契约管理者。即行为契约要确定负责实施这些条款的人。

(5) 强化和惩罚的条款。

另外，通过发展规划、自主自治、主题活动、班级成绩、班级特色、班级声誉集中体现。重点做好细节工作：

- 发挥从众效应；
- 树立学科教师的威信；
- 及时向学科教师反馈学生的积极信息；
- 鼓励学生发现教师优点；
- 培养学生对学科教师的情感；
- 肯定学科教师对班级所做的贡献；
- 为了整体进步，班主任做出时间和精力上的自我牺牲。

案例

杭州胜蓝实验中学：聚焦幸福班集体建设，培育“三自”文化[①]

幸福班集体是幸福学校的基石。杭州下城区胜蓝实验中学作为中国教育科学研究院教育综合改革实验区的实验学校，为了实现“办一所让孩子们喜欢、自豪、怀念的好学校”的办学目标，在中国教育科学研究院孟万金教授多次率队亲临现场指导下，我们围绕“三自”（自然、自主、自信）教育愿景，以建设幸福班集体为着力点，积极践行幸福教育的理念，努力让校园成为孩子们喜欢、感到自豪、值得怀念的地方。本文以八年级七班为例，谈谈我校幸福班集体建设的实践和探索。

一、软硬并重，营造“三自”班集体文化

“三自”班集体文化是“自然、自主、自信”班级群体文化的简称，它是班级所有成员共有的信念、价值观、态度的复合体。一个班级是否具有文化气息，是衡量这个班集体幸福指数的重要标准。我们着力从“硬文化”和“软文化”两个维度去努力实践。

（一）班级“硬文化”建设，从净化、美化、文化开始

班级的“硬文化”环境建设从净化、美化、文化开始，力求自然、朴素、人文，适合学生，突出班级特点。

第一，净化。教室卫生是班级文化环境的基础。我班在班级架构中专设“卫生委员”，下设“卫生小组”，组员轮流变换。由“小组长”布置组内任务，每位小组成员职责明确，分别完成对应任务。干净的教室不是打扫出来的，而是保持出来的。在教室卫生上，我们建立早、中、晚三个时段的卫生保洁制度。积极培养孩子们的主人翁意识和责任感，保持和维护好师生共同的干净的家园，形成“班级是我家，卫生靠大家”这样浓郁的群体舆论。

第二，美化。有了干净整洁的基础，便着手美化、绿化班级的教室环境。我们在班级师生共商、家委会参与的基础之上，着力打造“人文气息”，锻炼学生集体协商、自我管理的意识。比如，教室最前方是醒目的五星红旗。教室前后门、黑板侧方张贴提示标语，“入班即静、入座即学”“入学即专、入境即思”“读万卷书、行万里路”等；黑板下方贴有两幅山水画，一幅为“三潭印月”，一幅为“春晓”；教室四角均有传统文化团扇；廊道窗户张贴“梅兰竹

---

① 本案例由杭州胜蓝实验中学李建飞校长、张甜甜老师供稿（个别字词微调）（2020年4月）。（该校为中国教育科学研究院杭州市下城教育综合改革实验区的实验校，孟万金教授作为中国教育科学研究院指导该区的首席专家，对该校给予了重点扶持和悉心指导）。

菊”君子画，讲台两侧陈列两盆“吊兰”，让学生时刻受到传统文化的浸润。教室前的角落处是我班图书角，是我班学生心灵遨游的所在，有参考类书目，也有中学生心理读物，更有课外读物，满足学生全面发展的要求。

第三，文化。以“自然、自主、自信”为主题，为孩子们营造朝气蓬勃、自然生长的班级文化。比如，教室后墙上是“自然、自主、自信”六个大字，两侧墙面是“自主学习八大习惯”和“及时复习遗忘曲线图”。最前方是“学习小组展示角”和“自主学习小组竞赛一览表”，均为学生手工自主绘制，是合作与创新的实力彰显。教室后墙设有“光荣榜”和“黑板报”两栏，“光荣榜”是班级个人荣誉的展示地。设置“教室展台”，展示孩子们最骄傲的作品，如书画、文章等，这是教室最亮眼的地方。

（二）班级“软文化”建设，从观念、制度、行为入手

“软文化”环境最能体现班级个性和精神风貌，可谓班级文化环境的核心，是班级整体精神的内核。班级的“软文化”环境建设，主要从观念、制度、行为文化入手。

第一，观念文化。我们班级首先提出了班级的口号、班训、班徽、班歌等文化符号。比如，我班以《我的梦》为班歌，体现出师生为了追逐梦想、永不言弃的勇气和决心；班徽，两头雄狮相对，中间是代表我班的“7”字样，象征“7 班”蓬勃的力量，满满的朝气以及不断奋发向上的决心。在设计它们时，调动全班师生人人参与，出谋划策，给大家一个美好而鲜明的印象。又如，我班以“聆听、思考、选择”为班训，“聆听”，指认真听讲，静心倾听，有耐力；“思考”指自我反省，积极探索，有想法；“选择”指具体分析，因人而异，有个性。这与我校“笃学博学、敏学励学、会学乐学”的学风相呼应，与我校“自然、自主、自信”的教育愿景相映衬，也是学校办学理念在我们班级的具体化、实践化。

第二，制度文化。“人人是主人，人人都重要，人人有发展”是我们学校的管理理念。我们结合本班实际，制订了一套实际可行的《班级公约》《班级评优考核细则》。同时，根据学校“师生成长共同体”的要求，具体细化全员导师制、学科代表制、小组合作制、自主管理制、小先生制等规章制度。以班组为单位，建立组名、组牌、组训、组规等。组名体现班级的文化价值取向，组规制订的主体是小组成员。在制订班规和组规的过程当中，做到了全员共同参与，结合班级任课老师和家委会、班委会成员的意见和建议，在班级共同民主协商的基础之上形成，从而逐步变成每个孩子和老师的自觉行动。

第三，行为文化。为使每位班级成员的“自主”“集体”意识落到实处，班级大小事务实行民主协商制度。由班主任带头，班委会统筹策划，各小组

长、学科代表具体负责执行,班级成员共同商议,尊重每位同学的意见,关注每位同学的需求,更重视每位同学的发展。例如,大到一场运动会的策划执行,小到一次班会的开展,以及我们在参加学校每周的榜样班级常规竞赛、每月优秀学习小组竞赛中,无不体现出"共商、共建"这一理念。又如,在开展"美丽班级""小组建设""学习规划"等主题教育活动中,通过师生的共同携手、全员共建,既锻炼了关心彼此、乐于奉献、自主自治的集体生活能力,又突出了个人特色,更好地找到了每个人在班级中的位置,在实现自身价值的前提下更好地参与到了班级生活之中。

二、班级、课堂两手抓,丰富幸福班集体内涵

孩子们在校园的感受是教育质量的重要指标,而会教乐学是幸福班集体的重要标志。在一所好学校里,孩子们可能更喜欢的是这里的班级和课堂。我们主要以"师生成长共同体"和"自然课堂"项目为抓手,丰富幸福班集体的内涵。

(一)构建"师生成长共同体",探索班集体治理新样态

教室是生命成长的"池塘",班级是师生成长的"共同体"。我班积极践行学校提出的"全员导师、学科代表,小组合作、自主管理,同质竞赛、异质帮扶"六大行动策略,以班级小组建设为重点,初步形成"教师人人是导师、学生人人是科代表、班级人人是主人"为特征的班集体治理新样态。

1. 明确学科导师职责

我们把任课老师纳入班级育人体系,每个教师重点结对6名学生(学科代表),作为学生的导师。导师的主要职责重点是对学科代表进行全方位的思想引导、学习辅导、生活指导和心理疏导。

2. 划分合作学习小组

学校把各个班集体的基本单位延伸到小组,根据学生的综合表现划分为A(优)、B(中)和C(学困生),将班级学生划分为三个层次。根据实际情况,各层次实行动态调整。按"组内异质、组间同质"原则,实行"2+2+2"模式。

3. 确定组内任务分工

根据平时的综合表现,通过小组成员的共同商议及民主投票原则,选出小组组长、学科代表。组长是课堂学习合作的组织者,负责对小组成员自主管理的评价。学科代表负责组内本学科预习、作业等方面管理,并当好学业结对的"小先生"。

4. 建立小组评价体系

设置班级自主学习小组风采榜和班级小组合作竞赛一览表,每日、每

周、每月进行分数登记和汇总，评选出相应阶段的优秀学习小组和优秀个人，并利用班会等对小组和个人进行表彰。倡导自我教育和自我评价，在小组内开展批评与自我批评。

（二）培育“自然课堂”，修复常态课堂教学生态

“自然课堂”是建立在尊重每个孩子自然天性与独立个性的基础上，饱含生命力，充满主动性、合作性、生长性的课堂。“教”得自然、“学”得自然是它的主要标志。“教师精讲少讲、学生多动多学”是它的主要特征。通过多样化的课堂教学策略，解放学生的大脑和手脚，激发学生的学习热情和潜力，实现学生在班级中从被动接受知识到自然求知的过程转变，让学生在发现幸福中体验和获得幸福，让自然、自主、自信的素养在课堂自然生长。

1. 导学助学

我们在科学、数学两个学科实行分层走班教学的基础上，着力实践“四个导学”和“两个助学”。“四个导学”指的是目标、问题、练习和活动四个要素的导学。课前推动学生预习作业的前置，调整教学目标；课中合理设置关键问题或学习任务，引导学生走向学习过程；课后当堂检测，及时评价反馈，促成目标达成。“两个助学”，一是借助学习终端和微课、微视频、App 等信息技术，引导学生在积极思维中深度学习。二是积极践行“五点约定”，即“一学”“二议”“三指导”“四个多”和“五鼓励”，助力课堂走向深度学习。

2. 小组合作

学校把小组合作的机制延伸到日常课堂。学生层面，小组重要的职能是合作、交流和展示。学习不是简单的接受，更重要的是学习共同体内的表达、争论、完善，以及组员之间的互帮互助、合作展示。教师层面，出台了“小组合作学习评价细则”，重点突出预习、合作、交流、质疑、再交流等环节，并渗透到“大作业学习单”设计和“自然课堂”备课教案之中，把课堂学习的时间和空间真正还给学生，让学生成为课堂的主人，让学习真正有效发生。

3. 技术融合

我校大力倡导信息技术与学科课堂教学的深度融合，在 PPT、App 和电子白板多媒体上课的基础之上，成立了“Pad 实验小组”，并引进平板电脑等移动学习终端。建立“互联网+”、大数据背景下的“自然课堂”科研课题，包括我班教师在内的广大老师积极参与课题研究，参与“自然课堂”优秀课的评选，从而进一步转变课堂教学方式，让日常课堂受到孩子们的欢迎和喜爱。

三、实施幸福班集体建设的成效

实施幸福班集体建设以来，可以说给学校带来了很大的变化，增强了孩子们的自主管理和学习能力，学生的精气神和自信心、师生幸福指数明显提升，“自然、自主、自信”的班级文化已经形成。

（一）德育工作呈现新局面

第一，班级治理水平明显提高。班主任既是班级生活的管理者，也是班级生活的重要参与者，如何把握这两角色之间的转变是培养班主任意识的关键。在建设幸福班集体的过程中，作为班主任，要少做管理者，多做参与者，坚持“共在、共治、共商”的班级建设原则，逐步与学生之间培养一种“同事”的关系。在教学上，开展新授课组内合作与组间竞赛，作业订正开展组内帮扶与组间监督，复习整理开展组内分工和组间竞赛。在生活中，一日常规，从早读、午休、自学到跑操，走向自主管理，形成了“教师人人是导师、学生人人是科代表、班级人人是主人”为特点的班集体治理新样态。

第二，育人队伍不断壮大。教师全员育人意识增强，在教育教学实践中，秉持全员参与、全程监督、全学科育人的理念，在课堂顺性而教，顺学而导，不懈推动师生关系的良性发展。不仅孩子们在课堂学习和集体活动中表现优异，教师队伍也在其中成长壮大。近年来，一批骨干班主任、骨干教师崭露头角、脱颖而出，快速成长。2位老师成为区先锋骨干班主任，9位老师成为区先锋班主任。2位老师被评为市教坛新秀，8位老师被评为区教坛新秀，3位教师列入市、区新锐名师培养对象。

（二）班风学风展现新风貌

第一，班风换新颜。通过幸福班集体的建设，学生的精神面貌有了全新的改观，班级的氛围由缺乏朝气发展到活跃向上，充满青春的气息和生命的活力。

第二，学风展新貌。随着良好班风逐渐形成，班集体凝聚力稳步上升，以班风促学风，课堂学习小组合作、互助、共享的文化成为班集体活力的源泉，同学之间你追我赶、互相督促，班级学业成绩稳步攀升，在科技、设计、足球等活动中收获颇丰，学生素质得以全面发展。学校的教育教学质量稳步提升，连续两年荣获区质量优胜奖。同时，足球、射击、科技、美术等项目逐渐成为学校的品牌、特色。

（三）师生幸福指数有了新提高

第一，校园充满无限魅力。幸福校园是实施幸福教育的基础。学校以美丽校园建设为契机，建设和谐、积极、幸福的学校文化。成立胜蓝书院，创新校本研修,完善激励机制,引导教师追求幸福完整的教育生活。着眼于校园和班级环境文化的打造和文化氛围的提升,建设榜样廊、慎独亭,开辟种植园、百果园、君子园,为师生打造了有内涵的校园环境。重构学校课程体系,顺应学生的天性,激发学生的灵性,营造了自然、自主、自信的幸福氛围。

第二,课堂充满生命活力。构建幸福课堂是实施幸福教育的主阵地。学校正在打造的“自然课堂”,重建了教学关系,修复了课堂学习生态,解放了学生的手脚和大脑,“三自”文化在班级扎根生长。学生位居课堂的中央,成为学习舞台的主角,老师成为导演、指导者和参与者。学生在自主学习中相互合作,在相互合作中良性竞争,生生、师生关系因此到良性发展,让课堂迸发出前所未有的生命活力。

幸福班集体是一股清澈的源头活水。只有源头活水,才能让学校教育生态更加美丽清新、更加生机盎然。犹记学生曾经对我说:“老师,我们学校越来越好了,我们班也越来越有爱了。”听到这句话的那一刻,霎时想起杜甫的诗句“随风潜入夜,润物细无声”。幸福班集体就像和煦的春风,悄无声息间滋养师生的心田,引领每个生命自主呼吸、自信绽放、自然生长。这也正是我校提出“创建一所让学生喜欢、自豪、怀念的好学校”办学愿景的初衷和价值所在。

第十六章　新时代幸福教育课堂建设研究

课堂是教育教学的主阵地，也是幸福教育的主渠道。捷克著名教育家夸美纽斯在《大教学论》中曾经提出"课堂应当是一个快乐的场所，是调动学生的认知兴趣、创造一个欢乐和光明的教学环境的主要途径""找出一种教育方法，使教师因此可以少教，但是学生可以多学；使学校可以少些喧嚣、厌恶和无益的劳动，独具闲暇、快乐及坚实的进步"。这就是幸福课堂的原生态。新时代幸福课堂不仅要贯彻落实新颁布的课程标准，聚焦核心素养；更要坚持五育融合育人，提升学生的幸福感和幸福能力。

一、幸福教育重在建设幸福课堂

幸福教育重心在课堂。课堂是师生开展教学活动的主要场所。课堂教学是教师有计划、有目的地组织学生学习的教学活动。不同的教学理念会产生不同的学习效果，幸福教育理念下的课堂革命自然应该是建设幸福课堂。

（一）幸福课堂的内涵

长期以来，学生厌学普遍、教师职业倦怠严重的现象始终没有得到彻底扭转。题海战、满堂灌把学生训练成考试机器，把教师训练成助推考试机器的机器，教师和学生都无法享受到教学与学习的快乐。正如德国教育家普朗格所言：如果教育仅仅是向学生灌输现成知识，那么培养出来的人"有悟性，却没有灵魂；有知识，却没有精神；有活动，却没有道德愿望"。因此，一些有识之士思考幸福课堂的真谛，探究幸福课堂的策略。比如，有人提出，在幸福教育理念下，"幸福课堂"应是"合人性""合道德""合规律"的新课堂，它是核心素养落地生根的土壤，是学生学习、幸福成长的主阵地。教师构建"幸福课堂"就是要营造幸福的教育生活和教学情境，让课堂充满幸福元素①。幸福课堂是以师生人生幸福为原点，以立德树人为目标，以学生本位、唯美愉悦、生活指向、自主自然、和谐温暖、注重过程、重视生成、尊重差

---

① 卞国湘. "幸福课堂"的育人指向[J]. 江苏教育，2020，1378(47)：15-16.

异、开放多元为价值取向的课堂[①]。幸福课堂是能更好地让学生充分感受到课堂教学的快乐、体会到知识的力量、感受到教师的独特教学魅力,需要让学生在充满活力、希望和民主的课堂氛围中去成长,让他们体会到满足感和幸福感的课堂[②]。季爱云提出,所谓幸福课堂,是人文、互动、有效的活力课堂,是通过因材施教、教学相长、民主合作多元目标追求,既体现“独享”,也体现“分享”;既关注结果,也关注过程,以实现师生幸福追求的一种课堂行动。幸福课堂具有生命灵动、平等对话、动态生成、充满诗意的教学特质[③]。幸福课堂就是教学情境科学规范、师生关系融洽和谐、教学目标高效实现、自我价值得以实现、安全幸福内心体验的生态化课堂,包括“三步六环节”;学——展前自学;展——课中展讲;检——展后检测“三步”和导——激发兴趣,情境导入;标——出示目标,明确任务;学——小组讨论,合作解疑;展——精彩展讲,成果分享;点——拓展深化,点拨提升;结——师生总结,评价反馈“六环节”[④]。

根据马克思主义幸福观和幸福教育观,新时代幸福教育认为,幸福课堂是增强师生幸福感、提升师生幸福能力的课堂,是让教师爱教、会教、教会和学生爱学、会学、学会的课堂,是因材施教、寓教于乐、轻负高质高效的课堂。

伴随理论探索的不断深化,研究者主要围绕“如何打造幸福课堂”等问题提出自己的观点。目前,幸福课堂的实践探索已经包含了小学、初中和高中的各个学段,并细化到各个学科的幸福课堂建设。学段方面,对小学幸福课堂的研究居多;学科方面,对语文和数学课堂的研究居多。打造幸福课堂,很多研究者提出新的教育理念和新的课堂教学模式,主要提倡教师的快乐教学和学生的自主学习。彭庆甜和吴晓如提出构建幸福课堂,需要创建凸显“幸福点”的教学文化,使用营造宽松与愉悦的课堂氛围、珍视学生敏感而独特的个人感受、倡导自主与合作的学习方式、实现学习和生活的互相融合等策略。根据积极心理学的理论,张瑶华以“学园、家园、乐园”为主题,对课堂场景进行了“三园化”改建,在物理环境中融入了自然、艺术、休闲、希望、尊重、公平等文化元素;对课桌摆放进行了改革,采取协作式小组围坐,形成培养社交智慧的有效情景;设计了课始“3-X”分钟自主活动、课中“10+X”实践练习、课终零延时与课间零距离[⑤]。宋韬提出应通过恪守差异性公

---

① 薛志兰,雷守学.幸福课堂的本质内涵与价值取向[J].陕西教育(教学版),2021,527(10):17-18+2.

② 刘春梅.谈创建幸福课堂,提高育人品质[J].学周刊,2020,452(32):179-180.

③ 季爱云.幸福课堂:应然选择、路径发展与模本重构[J].现代中小学教育,2012(08):31-34.

④ 杨国英,李秋石.师生共建幸福课堂运行策略的研究[J].教育教学论坛,2020,468(22):250-251.

⑤ 张瑶华.积极心理学视野下的幸福课堂建设[J].中小学心理健康教育,2014(20):41-43.

平、面向生命关爱、遵守相互尊重原则和实施发展性评价等路径构建幸福课堂[①]。阮雪莲构建了小学数学的“36幸福课堂”教学模式：“3”即幸福课堂三环节，包括唤醒幸福意识、体验幸福乐趣、提升幸福能力；“6”即支撑幸福课堂的六个“阿基米德点”，包括衔接迁移、创设情境、自主探索、展示矫正、导疑启思、检测拓展[②]。

（二）幸福课堂的基本标准[③]

关于幸福课堂的标准，尚缺乏专门深入系统的观点。我们认为幸福课堂涉及的主体有两个，即教师和学生。只有幸福的教师才能带出幸福的学生[④]，只有学生幸福才能真正让课堂幸福起来。基于此，结合“幸福学校国际联盟宣言”[⑤]，幸福课堂最基本的标准可以围绕师生展开。

1. 爱教爱学

首先，必须树立“以生为本”正确的课堂观，坚持学生中心，注重激活右脑，突出赏识导向，强化寓教于乐；其次，重视动机激发与维持，做到：引起注意，所学内容与学生切身相关，不断促进成功自信，及时强化增加满意满足感。从要我学变成我要学。

2. 会教会学

首先，课堂教学组织形式体现“6-3-1”宗旨，即60%时间自主学习，30%时间合作学习，10%时间教师释疑。一般而言，教材知识点安排和考试难度梯级都明显具有“6-3-1”特点和规律，即：学习内容的60%基本上是学生依靠自己可以解决的问题，对应地，60%的考试内容也是属于学生必会的“送分”题目（60分及格）；学习内容的30%是通过同学相互帮助可以解决的问题，对应地，30%的考试内容也是属于学生必须通过一定努力才有可能“得分”的题目（70~90分为中良）；还有学习内容的10%是学生依靠自学和合作学习也难以解决的问题，对应地，10%的考试内容也是属于高难度、学生努力也容易“失分”的题目（90分以上为优秀）。据此，科学组织教学，让学生当课堂主人，把时间还给学生，是优秀教师会教的重要表现。其次，课堂学习模式落实“5+2”环节，即前测摸底—启发探究—展示模仿—练习迁移—后

---

① 宋韬. 需要层次理论下幸福课堂构建研究[J]. 教育评论，2019(03)：130-133.

② 阮雪莲. 寻觅幸福课堂的“阿基米德支点”——小学数学“36幸福课堂”教学模式建构研究[J]. 教育观察(下半月)，2016，5(11)：35-36.

③ 孟万金，官群，Richard Wagner. 幸福课堂基本标准与评价核心指标——幸福教育标准与评价系列研究之一[J]. 中国特殊教育，2012(02)：94-96.

④ 许启建. 校长，点亮教师职业幸福感——访中央教科所孟万金教授[N]. 中国教育报，2011-09-06.

⑤ 夸美纽斯. 大教学论. 教学法解析[M]. 任钟印，译. 北京：人民教育出版社，2006.

测强化 5 个环节，同时，精通课前预习和课后拓展 2 个环节，确保课前、课中和课后一条龙效应最大化。

3. 教会学会

简单讲就是高分、高能。高分就是当堂达标测验考出高分，考出好成绩；高能就是学以致用，举一反三，将所学知识技能迁移到同类问题上，能发现问题和创造性地解决问题。

（三）幸福课堂评价指标

根据上述评价维度和基本标准，下面列出幸福课堂标准和评价框架及核心指标。共分一、二、三级指标，鉴于权重系数分配的慎重性和敏感性，表 16-1 中一律略去，受篇幅所限，幸福指数星级标准也一并省略。

表 16-1　幸福课堂标准和评价框架及核心指标

项目	一级指标	二级指标	三级指标	内　涵
幸福课堂	爱教爱学	以生为本	学生中心	学生唱主角，教师当导演，学生当学习主人
			激活右脑	多媒体，艺术性，整体性，创新性
			赏识主导	高激励，低威胁，挑战性，可控性，放松警觉状态
			寓教于乐	情景互动，游戏途径，言行幽默
		动机维持	注意集中	全神贯注，持续不分心
			内容相关	内容贴近学生，与未来目标关系密切
			成功自信	最近发展区，体验成功，增强自信
			效果满意	即时反馈强化，激励欣赏，感激感恩
	会教会学	“6-3-1”组织教学	60% 的学习量依靠学生自主学习	自主探究，对学群学，互教互学，讨论分享，讲解展示，群策群力，发现问题和解决问题
			30% 的学习量依靠师生互动学习	在教师主导下，针对一般性疑难问题，通过师生互动化解疑难，教师重在启发引导，点拨答疑，学生重在教师启发引导下主动攻克疑难
			10% 的学习量依靠教师精讲释疑	针对全班难以解决的共同性的高难度问题，教师要抓住关键，精讲深讲讲透，一题多解，多题一解，培养高阶能力和创新能力，不留死角，不留隐患
		“5+2”学习模式	善于运用课堂 5 个学习环节	前测摸底—启发探究—展示模仿—练习迁移—后测强化
			善于运用课前课后 2 个学习环节	针对优中差不同层次，指导学生搞好对应的课前预习和课后拓展，尤其避免学困生“消化不良”、学优生“吃不饱”现象
	教会学会	高能	学以致用，学会迁移，举一反三	能够将所学东西运用到不同情境，一题多解，本领增进的反馈
		高分	学考一体，超常发挥	当堂达标，测试获得好成绩，及时给予嘉奖

二、中小学幸福课堂量表研发

根据前面提出的幸福课堂基本标准和评价指标体系，借鉴中西方课堂教学的相关研究成果，编选幸福课堂有关题目，通过对3223名中小学生进行测量，编制中小学幸福课堂量表。

（一）研究设计

1. 研究对象

采用整群抽样的方法，从我国山东省和广西壮族自治区选取了8所中小学的52个班级。以小学四～六年级、初中和高中学生为施测对象。共发放问卷4102份，收回3806份，回收率为92.78%；回收问卷中有效数据3223份，有效回收率84.68%。被试人数分布见表16-2。

表16-2　被试的人口统计学变量　　单位：人

性别	小学	初中	高中	总计
男生	459	123	1011	1593
女生	513	131	986	1630
总计	972	254	1997	3223

2. 量表的编制

量表题目的编制有以下三个来源：第一，翻译国外相关测验；第二，修订前人相关测验；第三，自己编写。本量表的测试题目在借鉴主观幸福感和心理幸福感量表及教师和学生幸福感量表的基础上，综合运用了上述三种方法。幸福课堂（Ⅰ）分为5个维度（教师爱教、教师会教、学生爱学、学生会学、学生学会），共88个题项。首先请相关领域的几位专家对量表的结构、题目所属的维度、题目的内容表述、题目是否重复等方面进行评估，根据专家的意见修改了部分题目。量表采用李克特五点计分，"非常不符合"计1分，"非常符合"计5分。每个维度中所有题项的加总平均分代表该维度的得分。幸福课堂量表(Ⅰ)的题目编排经过了非系统化随机处理（见表16-3）。

表16-3　幸福课堂量表（Ⅰ）主体结构

教师爱教	教师会教	学生爱学	学生会学	学生学会
10题	32题	12题	14题	10题

3. 数据处理

首先对数据进行核检，把按规律作答和数据缺失在30%以上的被试数据删除,对异常数据进行原始数据核对,采用系统均值对缺失值进行填补。然后使用 SPSS 23.0 对量表题目进行项目分析和探索性因素分析,使用 AMOS 23.0 对量表进行验证性因素分析和信效度检验。

(二) 结果与分析

1. 项目分析

(1) 题目的临界比率值(CR)

将每个维度的总分按从高到低的顺序排列,分别取前后 27%为高、低分组,对两组被试在每个题项上得分的平均数进行差异检验。结果表明,问卷中 5 个维度高分组和低分组在每个题项上得分平均数的差异均达到极其显著($p<0.001$)的水平,即各题均有良好的鉴别力。

(2) 题总相关

对每个题项的分数与量表总分进行相关分析。结果表明,题项 57、76 与量表总分的相关系数低于 0.60,将这两个题项删除。其他各题项与量表总分的相关系数均为 0.71~0.83,且都达到极其显著($p<0.001$)的水平。结合决断值和题总相关系数,整个问卷题项的区分度都达到了心理测量学的要求。

2. 探索性因素分析

将数据库随机分成两部分。第一部分为包含 1000 人的“数据库 1”,用于探索性因素分析;第二部分为包含 2223 人的“数据库 2”,用于验证性因素分析。首先对量表的五个维度分别进行探索性因素分析。

(1) 维度一:教师爱教

KMO 和 Bartlett 球形检验结果:KMO 为 0.955,Bartlett 球形检验的 $\chi^2=7836.717$,$p<0.001$,说明数据适合进行探索性因素分析。采用主成分分析法抽取共同因素,采用最大变异法进行直交转轴后,共抽取一个共同因素,该因素可以解释的总变异量为 69.464%,达到 60%的标准。所有题项的共同性为 0.60~0.77,因素负荷量为 0.78~0.88,均达到心理测量学要求,因此将所有题项保留。按照理论构想和探索性因素分析的结果,将因素命名为“教师爱教”,各个题项的因素负荷量见表 16-4。

(2) 维度二:教师会教

KMO 和 Bartlett 球形检验结果:KMO 为 0.983,Bartlett 球形检验的 $\chi^2=22487.272$,$p<0.001$,说明数据适合进行探索性因素分析。采用主成分分析法抽取共同因素,采用最大变异法进行直交转轴后,共抽取一个共同因素,该因素可以解释的总变异量为 66.310%。题项 1、3、4、8、69、73、74 的共同性

低于0.60,共同性较低,将这些题项删除。其他题项的共同性为0.60~0.72,因素负荷量为0.77~0.85,均达到心理测量学要求。按照理论构想和探索性因素分析的结果,将因素命名为"教师会教",各个题项的因素负荷量见表16-4。

表16-4 幸福课堂分量表的因素结构和各项目的因素负荷量

题项	教师爱教	题项	教师会教	题项	学生爱学	题项	学生会学	题项	学生学会
12	0.879	16	0.851	56	0.836	55	0.837	51	0.862
29	0.871	24	0.849	32	0.824	37	0.828	59	0.853
23	0.850	17	0.845	63	0.823	52	0.824	35	0.845
27	0.845	22	0.842	36	0.821	67	0.817	66	0.839
30	0.836	28	0.840	64	0.805	82	0.796	49	0.826
5	0.834	25	0.827	62	0.805	61	0.775	31	0.824
15	0.830	19	0.824	46	0.869			60	0.819
6	0.810	13	0.822	44	0.854			38	0.818
10	0.796	18	0.822	47	0.853			65	0.806
2	0.777	80	0.821	48	0.848				
		81	0.820	42	0.847				
		77	0.818	40	0.845				
		45	0.818	39	0.845				
		11	0.815						
		21	0.811						
		20	0.808						
		14	0.805						
		71	0.802						
		9	0.801						
		72	0.791						
		75	0.780						
		7	0.778						
		79	0.774						
		70	0.773						
		34	0.870						
		33	0.862						
		41	0.867						
		50	0.844						
		54	0.840						

（3）维度三：学生爱学

KMO 和 Bartlett 球形检验结果：KMO 为 0.961，Bartlett 球形检验的χ^2 = 8936.614，p<0.001，说明数据适合进行探索性因素分析。采用主成分分析法抽取共同因素，采用最大变异法进行直交转轴后，共抽取一个共同因素，该因素可以解释的总变异量为 69.822%。题项 43 的共同性低于 0.60，共同性较低，将此题项删除。其他题项的共同性为 0.65～0.76，因素负荷量为 0.80～0.87，均达到心理测量学要求。按照理论构想和探索性因素分析的结果，将因素命名为“学生爱学”，各个题项的因素负荷量见表 16-4。

（4）维度四：学生会学

KMO 和 Bartlett 球形检验结果：KMO 为 0.970，Bartlett 球形检验的χ^2 = 10936.536，p<0.001，说明数据适合进行探索性因素分析。采用主成分分析法抽取共同因素，采用最大变异法进行直交转轴后，共抽取一个共同因素，该因素可以解释的总变异量为 69.557%。题项 58 的共同性低于 0.60，共同性较低，将此题项删除。其他题项的共同性为 0.60～0.76，因素负荷量为 0.77～0.87，均达到心理测量学要求，因此将所有题项保留。按照理论构想和探索性因素分析的结果，将因素命名为“学生会学”，各个题项的因素负荷量见表 16-4。

（5）维度五：学生学会

KMO 和 Bartlett 球形检验结果：KMO 为 0.950，Bartlett 球形检验的χ^2 = 6553.240，p<0.001，说明数据适合进行探索性因素分析。采用主成分分析法抽取共同因素，采用最大变异法进行直交转轴后，共抽取一个共同因素，该因素可以解释的总变异量为 69.313%。所有题项的共同性为 0.65～0.74，因素负荷量为 0.80～0.86，均达到心理测量学要求。按照理论构想和探索性因素分析的结果，将因素命名为“学生学会”，各个题项的因素负荷量见表 16-4。

（三）效度检验

1. 分量表结构效度

经过项目分析和探索性因素分析，共删除 11 个题项，形成了 67 个题项的幸福课堂量表（Ⅱ）。为考查量表的构想模型与实际模型的拟合度，使用“数据库 2”对幸福课堂量表（Ⅱ）的五个分量表进行验证性因素分析，以共同因素为潜变量，各个题项为测量变量，各个潜变量之间设定为两两相关。根据修正指数（MI），题项 27、6、13、80、45、72、75、70、62、44、39、82、35、66 的残差与其他项目残差相关较高，将这 14 个题项删除。

经过验证性因素分析，最终形成53个题项的幸福课堂量表(正式版)(见表16-5)。五个分量表的拟合指数均达到心理测量学要求，$\chi^2/df<3$，GFI、TLI、CFI均大于0.90，RESMA<0.08，模型拟合度较好(见表16-6)。

表 16-5　幸福课堂(正式版)主体结构

教师爱教	教师会教	学生爱学	学生会学	学生学会
8题	18题	10题	10题	7题

表 16-6　正式版五个分量表验证性因素分析的拟合指数

分量表	χ^2	df	χ^2/df	GFI	TLI	CFI	RESMA
教师爱教	13.613	5	2.72	0.97	0.99	0.99	0.040
教师会教	22.274	3	2.89	0.96	0.96	0.95	0.075
学生爱学	13.561	6	2.26	0.95	0.99	0.98	0.052
学生会学	15.612	7	2.23	0.99	0.98	0.99	0.033
学生学会	9.243	4	2.31	0.96	0.99	0.99	0.035

2. 总量表结构效度

为进一步考查各个分量表是否能形成一个结构效度良好的测量工具，求每个分量表总分，以五个分量表总分为观测变量，以总量表为潜变量，进行验证性因素分析。结果发现，模型符合心理测量学要求，拟合度较好，可以接受为最终模型(见表16-7)。

表 16-7　正式版总量表验证性因素分析的拟合指数

χ^2	df	χ^2/df	GFI	TLI	CFI	RESMA
4.021	2	2.01	0.98	0.98	0.97	0.037

3. 总量表效标效度

将福代斯幸福感量表和生活满意度量表改编为课堂幸福感量表和课堂满意度量表(只修改部分词语，量表原含义不变)作为校标。相关分析发现，幸福课堂量表(正式版)与课堂幸福感量表总分的相关为0.74($p<0.001$)，与课堂满意度量表的总分相关为0.80($p<0.001$)，校标效度良好，符合心理测量学要求。

4. 分量表和总量表信度检验

五个分量表的克隆巴赫系数(Cronbach's α)分别为0.91、0.88、0.92、0.94和0.87。总量表的Cronbach's α为0.96。结果说明各分量表和总量表的信度很高，符合心理测量学要求。

（四）讨论与结论

在幸福课堂基本标准的理论构建中，我们提出了教师爱教、会教、教会，学生爱学、会学、学会的二层次六维度模型，通过探索性因素分析发现，六维度变成了五维度，教会合并到学会了。道理很简单，教师教会，最终还是要体现到学生学会上，因此，学生学会的结果完全能够反映和取代教师教会的结果。而其余各项，教师的表现与结果与学生的表现与结果则无法合并，比如，教师爱教和学生爱学，不能相互取代。也就是说，教师爱教无法保证学生一定爱学；学生爱学也不能说明教师一定爱教。同样，教师会教与学生会学，也无法相互取代。教师会教并不能保证学生一定会学；学生会学也未必能说明教师一定会学。

当然，幸福课堂的两层次五维度结构要素还包含了课堂的组织管理、公平效益、课堂氛围、学习负担、自主自觉等各方面，这些细节问题都通过具体的题项得到反映。

验证性因素分析表明，五个分量表和总量表的 χ^2/df 取值为 2~3 分，GFI、TLI 和 CFI 取值为 0.95~0.99，RESMA 取值为 0.03~0.08；五个分量表和总量表的 Cronbach's α 系数为 0.87~0.96。将福代斯幸福感量表①和生活满意度量表②改编为课堂幸福感量表和课堂满意度量表（只修改部分词语，量表原含义不变）作为校标。中小学幸福课堂量表与两者的校标关联效度分别为 0.74 和 0.80。这些指标说明中小学幸福课堂量表符合心理测量学要求，具有良好的信效度，可以作为评价我国中小学课堂幸福指数的测量工具。

综上，可以得出如下结论：中小学幸福课堂量表包含教师爱教、教师会教、学生爱学、学生会学和学生学会五个分量表，正式版 53 个题项。该量表具有良好的信效度，可用于评价全国中小学课堂的幸福状况。

三、中小学幸福课堂现状调查

一直以来，有关幸福课堂的研究多停留在经验阶段，缺少科学的量化研究，且尚未有研究系统调研我国中小学课堂的幸福状况。因此，采用上面研发的中小学幸福课堂量表，对全国的中小学生开展抽样调研，从教师爱教、

① Social M. Indicators research[M]. Enschede: Springer Netherlands, 2005.

② Pavot W, Diener E. Review of the satisfaction with life scale[J]. Psychological Assessment, 1993, 5(02): 164-172.

教师会教、学生爱学、学生会学和学生学会五大维度科学、系统、全面地考察我国中小学课堂的幸福状况,就具有重要的实践意义。

(一) 研究设计

1. 研究对象

采用整群抽样的方法,从东部西部两省选取了8所中小学的52个班级。以小学四~六年级、初中和高中学生为施测对象。共回收有效问卷3223份。

2. 研究工具与数据处理

采用中小学幸福课堂量表开展抽样调查。首先对数据进行核检,把按规律作答和数据缺失30%以上的被试数据删除,对异常数据进行原始数据核对,采用系统均值对缺失值进行填补。然后使用SPSS 23.0对量表题目进行数据分析。

(二) 结果与分析

1. 我国中小学课堂幸福指数总体状况良好

幸福课堂各量表平均分为3.27~4.33,单样本t检验显著高于中数3,说明我国中小学课堂幸福指数总体良好。对各分量表进行重复测量方差分析发现(见表16-8),幸福课堂五个分量表得分存在显著差异,$F=22.058$,$p<0.001$,进一步配对比较发现,教师会教分量表得分显著高于其他分量表得分,其他四个分量表得分两两之间无显著差异。学生对“教师会教”维度评分最高,对“学生学会”维度评分最低(见图16-1)。

表16-8 中小学课堂幸福指数各量表平均分和标准差的单样本t检验($M±S_D$)

$n=3223$	$M±S_D$	t
教师爱教	4.27±0.74	72.04***
教师会教	4.32±0.70	79.43***
学生爱学	4.28±0.72	74.62***
学生会学	4.28±0.71	75.75***
学生学会	4.27±0.71	75.19***

注:* 表示$p<0.05$,** 表示$p<0.01$,*** 表示$p<0.001$,下同。

2. 我国中小学课堂幸福指数存在年级差异

对量表进行单因素方差分析发现(见表16-9),幸福课堂五个分量表均存在显著的年级差异($p<0.001$)。事后检验发现,年级两两之间也存在显著差异,均为小学得分最高,高中得分最低。

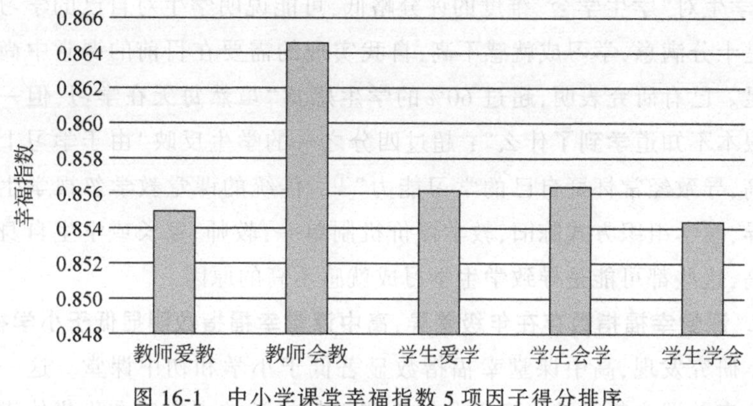

图 16-1　中小学课堂幸福指数 5 项因子得分排序

表 16-9　不同年级中小学课堂幸福指数各分量表平均分的差异比较($M±S_D$)

年级	教师爱教	教师会教	学生爱学	学生会学	学生学会
小学(n=845)	4.50±0.73	4.54±0.68	4.50±0.71	4.52±0.69	4.51±0.68
初中(n=201)	4.19±0.72	4.30±0.62	4.19±0.63	4.14±0.62	4.10±0.62
高中(n=2177)	4.04±0.70	4.07±0.67	4.06±0.69	4.05±0.68	4.04±0.68
F	82.74***	96.77***	81.67***	95.91***	104.09***

3. 我国中小学课堂幸福指数存在性别差异

对量表进行独立样本 t 检验发现(见表 16-10),除学生爱学分量表得分无显著的性别差异外,幸福课堂其他四个分量表均存在显著的性别差异($p<0.05$),男生评分显著低于女生。

表 16-10　不同性别学生评价中小学班集体幸福指数各分量表平均分的差异比较($M±S_D$)

性别	教师爱教	教师会教	学生爱学	学生会学	学生学会
男(n=1593)	4.25±0.75	4.28±0.72	4.26±0.73	4.24±0.73	4.24±0.73
女(n=1630)	4.31±0.74	4.37±0.68	4.31±0.72	3.32±0.69	4.31±0.70
F	-1.75*	-2.42*	-1.42	-2.30*	-1.91*

(三)讨论与结论

1. 中小学校课堂幸福指数总体良好,教师会教评分较高,学生学会评分略低

本研究发现,我国中小学课堂幸福指数总体良好。学生对"教师会教"维度评分最高,对"学生学会"维度评分最低。从调研结果可以看出,学生对教师教学的评价是比较高的。教师的教学理念和教学方法是幸福课堂建设的关键环节。善学乐教的教师团队是幸福课堂建设的有力保证。调研结果

发现，学生对“学生学会”维度的评分略低，可能说明学生对自己的学习表现还不是十分满意，学习成就感不高，自我实现的需要在目前的课堂中尚未得到满足。已有研究表明，超过60%的学生感觉“虽然每天在学习，但一段时间后根本不知道学到了什么”；超过四分之一的学生反映“由于学习上得不到提高，导致经常怀疑自己的学习能力”[①]。传统的课堂教学忽视学生的个体差异，教学组织方式陈旧，教学评价机制单一，教师、家长或学生自身的期望过高，这些都可能是导致学生学习成就感不高的原因。

2. 课堂幸福指数存在年级差异，高中课堂幸福指数明显低于小学初中

本研究发现，高中课堂幸福指数显著低于小学和初中课堂。这一结果与以往有关课堂教学的研究以及学生和教师的学校幸福感和班集体幸福感的研究结果一致。已有研究显示，低年级学生比高年级学生的幸福感水平高[②]。面临高考，学生在高中阶段学习压力增加，幸福感降低。高中教师也比小学和初中教师的职业压力大，幸福感也会降低，而教师的情绪也会影响到学生。目前，高中课堂教学管理存在的主要问题包括：课堂教学管理理念偏差、课堂教学管理模式与教学活动组织僵化、课堂教学过程程序化、课堂教学环境较差和课堂教学管理评价机制不完善五个方面[③]。这可能是导致高中课堂幸福指数偏低的原因。

3. 课堂幸福指数存在性别差异，男生明显低于女生

本研究发现，男生评价课堂幸福指数显著低于女生。这一结果与以往有关学生幸福感的研究结果一致。已有研究显示，女生在学校的幸福感和满意度水平高于男生[④]。在我国应试教育制度中，普遍出现中小学教育考试中女强男弱的现象，尤其是中高考各分数段上男女比例失衡，导致男生教育的边缘化。现行考试评价形式单一且题目难度不高，更有利于女生智力结构优势的发挥[⑤]。且目前单一的教育评价标准更容易伤害到男生的学习成就感，而成就感的降低对于男生学习动机的影响更大。Thompson 提出在学校里男孩子没有足够的机会四处走动，太多时间被要求坐着，这种传统的教

---

① 李志华. 学生学习成就感缺乏的原因分析及对策——以高中化学教学为例[J]. 上海教育研，2017(11)：77-82.

② 姚一玲，孔企平，蔡金法. 小学生与初中生主观幸福感的差异分析[J]. 全球教育展望，2016，45(05)：21-29.

③ 郭子楹. 新课改背景下高中课堂教学管理策略探究[D]. 海口：海南师范大学，2013.

④ 孔企平，姚佩英. 学生的主观幸福感具有重要教育价值——近年来“Well-Being”理论研究述评[J]. 全球教育展望，2013，42(11)：39-45.

⑤ 顾天竹，顾锡宏. 教育质量提高更有利于谁：男生还是女生？——来自我国初中教育调查的经验证据[J]. 教育与经济，2018(03)：38-45.

育模式不太适合男孩子的发育特点①。这些都可能是男生在课堂学习中获得的幸福感低于女生的原因。

综上,可以得出如下结论:我国中小学课堂幸福指数总体良好。学生对“教师会教”维度评分最高,对“学生学会”维度评分最低。课堂幸福指数随年级递减,小学课堂幸福指数最高,初中其次,高中最低。男生评价课堂幸福指数显著低于女生。

四、中小学幸福课堂建设策略

幸福课堂建设首先要关注学生的学习成就感,要关注高中的幸福课堂建设,不要忽略了男生在课堂中的幸福感。不论什么学科的课堂,在克服满堂灌,追求因材施教、寓教于乐、减负增效、轻负高质上有着共性规律,即一个中心,两脑互动,三大定律,四大要素,五加二流程,六三一原则,七加减二组块,八项智能,九九归一。

(一) 一个中心:强化以学为本

一个中心即以学为中心。“以学为中心”一是以学生为中心,二是以学习为中心。这种课上,学生主宰课堂,依靠学案,自主、合作、探究为主,立体化多元互动,培养自学、对学、群学、互学、展示的习惯,从而实现快乐高效、轻负高质的课堂效果。根据学习的金字塔规律(见图 16-2),幸福课堂倡导让学生真正成为学习的主人,成为“小教师”,教师成为“小学生”,使课堂从“知识世界”扩展到“自我建构世界”,真正实现“教师的教是为了不教”。

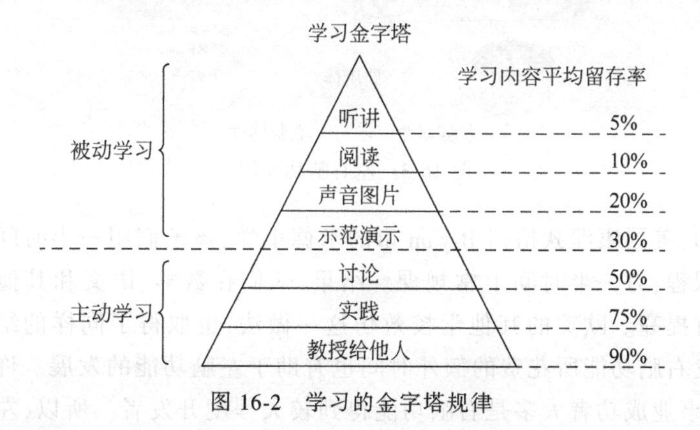

图 16-2　学习的金字塔规律

① Dan K, Michael T. Raising cain: protecting the emotional life of boys[M]. New York: Ballantine Books, 2014.

（二）两脑互动：减负增效

两脑互动即左右脑互动。大脑由左右两半球组成(见图 16-3)。左脑是依靠语言为主的分析、判断和抽象概括的中枢,是科学脑,主要分管逻辑思维、意识、线性加工、来自身体右侧的信息、机械记忆及与语言、逻辑、数字、数学、顺序和拼音文字等有关学术性的活动,俗称“学术性”左脑。右脑以形象思维为主,是直觉思维的中枢,是艺术脑,主要分管整体感知、创造力、触觉、动觉、潜意识、图像、音乐韵律、自然声、来自身体左侧的信息、情感、新颖性学习、三维空间记忆以及空间、想象、图案和汉字等涉及创造性的活动,俗称“艺术性”右脑。在左脑和右脑之间有一个每秒传输数百万信息的“交换中心”——小胼胝体。它拥有 3 亿个活跃神经细胞,将左右脑两部分连接起来。左右脑两部分通过该“交换中心”的电子、化学中继系统连接,能瞬时将信息传递开去。科学家们预言,两脑相比,右脑存在的潜力约为左脑的 10 万倍,如果左脑加右脑协同活动,其效果不是 $1+1=2$,而是会增大 5 倍、10 倍,甚至更多,即世界上流行的公式：$1+1\geq5$。

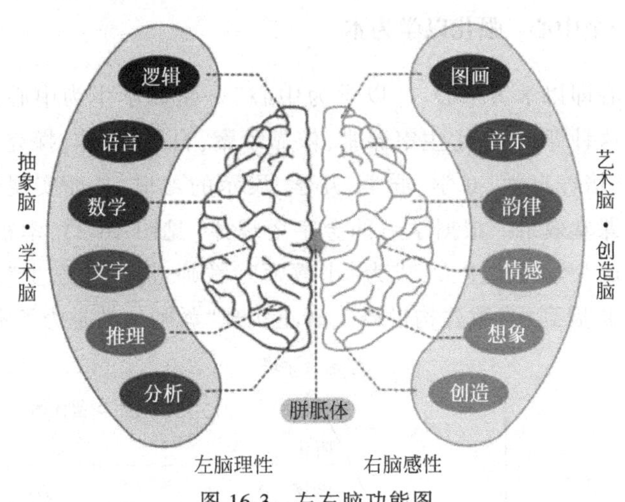

图 16-3 左右脑功能图

例如,美国康涅狄格州 Bryam 市的米德小学,孩子们用一半时间学习各种艺术课程,另一半时间上常规课。结果,他们在数学、语文和其他科目的成绩都有提高。欧美的其他学校效仿这一做法,也取得了同样的结果。说明为开发右脑功能所花费的额外时间也有助于左脑功能的发展。许多研究也显示,事业成功者大多是右脑功能得到较大程度开发者。所以,左右脑协调教育可以大幅度提高学习效率和学习兴趣,有助于受教育者超常潜能的超常发挥。因此,善用左右脑教学策略,优势互补,可有效开发右脑潜能。

而传统教学偏重左脑忽视右脑,因而效率低负担重,缺乏兴趣。幸福课堂通过激活右脑实现左右脑互动,让学生在活动中直接接触情景、亲身体验获得直接感知来增加对事物的认识,从而丰富每个儿童的认知结构。通过强化右脑的教学可达到训练创造性思维,快速掌握学科知识和技能、技巧,培养良好的学习态度和学习习惯等教学目标。其优势和途径从表中对比可略见一斑(见表 16-11)。

表 16-11　左右脑教学特点

右脑型教学	左脑型教学
1. 数学不限于教师的讲台而是整个生活现状	1. 教学以校内、室内学习为主
2. 使用多种实践活动形式	2. 多种讲授问答方式
3. 除整班外,还可以分小组或个别施教	3. 以整班施教为主
4. 以学生活动为中心	4. 以教师讲授为中心
5. 教师激励、引导学生参与辅导	5. 教师灌输知识,管教学生
6. 着重师生双方的沟通	6. 只是单向传递
7. 教师是导航者,是学生与知识的桥梁	7. 教师处于权威的角色领导教学
8. 有适当的直观教具和实物	8. 只靠书本作业
9. 启发式教学,学生积极主动	9. 学生只是被动地接受
10. 学得灵活,用得及时	10. 课本知识多,学生学习死板
11. 生动活泼,情境性强,运用灵活,富于创造	11. 容易流于形式、呆板、教条,死记硬背

(三) 三大定律——遵循学习规律

三大定律即学习的三大铁律。学习的三大定律尽管不是什么新策略,但在课堂同样富有鲜活的生命力。

1. 准备律

(1) 学习者有准备而且得到学习活动就感到满意。

(2) 学习者有准备而得不到学习活动就感到烦恼。

(3) 学习者无准备而强制开展学习活动也感到烦恼。

2. 练习律

使用律和失用律,即用进废退。针对知识遗忘规律,及时复习练习(见图 16-4),但不能因为需要练习就搞题海战。

3. 效果律

学习感到满足比感到厌烦能产生更强的学习动机和学习效果。

(1) 表扬对促进学习的效果优于批评。

(2) 如果一定需要批评,实验证明,批评后再鼓励表扬,效果更好。

(四) 四大要素——激发学习动机

四大要素即课堂动机激发和维持的四大要素。课堂最怕空头说教,也

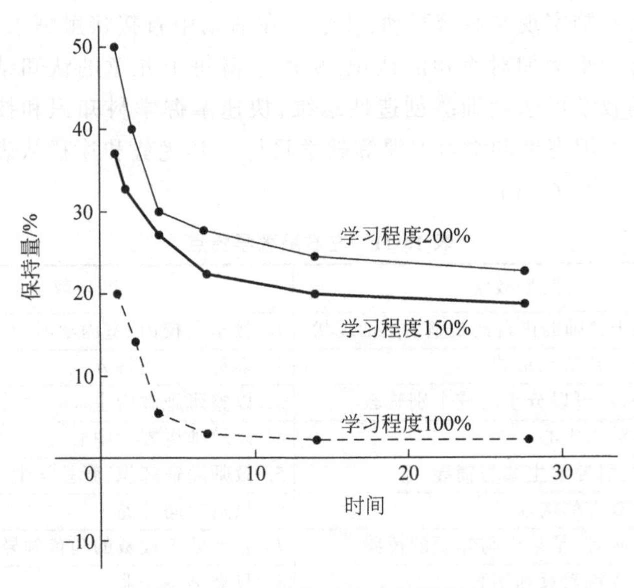

图 16-4 知识学习练习律说明图

最忌讳生硬灌输。因此,可以采用美国佛州大学 Keller 教授创立的 ARCS 动机模式优化课堂教学(见表 16-12)。四大要素涵盖了动机的各个方面,这些方面就解释与成绩相关的人类动机而言都是必不可少的。在教育环境中,要激发学生动机,首先要引起他们的注意。吸引他们的注意之后,教师在教学过程中还必须利用技巧来保持他们的注意。然而,尽管抓住学生的注意必不可少,但却是远远不够的。因为学生们想知道,他们为什么要学这些材料,这些材料对他们有什么用处。换句话说,如果要充分激发学生们的学习动机,这些材料就必须跟他们的个人目标和价值联系在一起。

表 16-12 四大要素说明表

学习动机	二级指标	建议的教学策略
引起注意	感官的吸引	不同的音调 不同的色彩 不寻常的画面
	问题的探究	善用询问技巧 提出难度适切的题目 引发学生的好奇心
	多变性	教学媒体的运用 教学方法的改变 教学环境的布置与改变

续表

学习动机	二级指标	建议的教学策略
切身相关	联结熟悉事务	选择最符合其学习模式的教材与教法 引用学习者熟悉的周遭事务来举例与说明
	目标引导动机	告知教学目标 提供教学大纲 告知课程与学习者之相关性
	配合学习者特性	根据学习者的不同特质,采用不同的教学策略、教学方式、例子与说明、教室经营管理方式
建立信心	明确成功标准与期待	明确公平的评分项目与标准 告知他人成功的经验与过程 强化学生的自我效能
	提供自我掌控的机会	由学生主导部分的教学内容与测验题目 由学生决定自我的学习方式、速度与时间等 与学生共同订定个别的学习目标与精熟标准
	提供成功的机会	教学速度建议以班上75%同学速度进行 强调努力对学习的重要性并鼓励学生努力付出 给予低程度学生指引与回馈
感到满意	提供表现机会	提供可运用新学习与新知识的课后作业 任务分派:需运用到新知识与新技术 提供理论迁移至实务上的环境
	提供回馈与报偿	使用外在报偿:如奖品、奖状等增强物 使用内在报偿:如赞美、表扬、肯定等 使用回馈的讯息
	维持公平	奖赏学习成果的公平 等量指导

要成功激发学生的学习动机,除了注意和相关之外,还必须创造一种积极的期望。ARCS模式的第三个要素是信心,既包含了信心中积极的方面,也包含了消极的方面。学生信心不足,在试图挑战困难目标的时候就很可能会轻易放弃。但是如果对成功抱有积极的期望,学生们坚持的时间就会更久一些。同样重要的是要让学生相信,成功靠的是自身努力和个人能力,而不是运气、偏袒或轻松任务。这些成功的内在因素建立起学生的信心,信心又将学生引入新的更高的动机境界。

当前三个条件——注意、相关和信心满足之后,学生的学习动机就被激发起来。ARCS模式的第四个要素——满意,是为加强和保持学生的学习动机而做的工作。内部激发和外部激发的运用,能够保证学生对自己的成绩产生积极的感觉,并继续重视自己从事的既定活动。前者包括完成任务的自豪感和他人对自己成就的认同感,后者包括评分划级和特殊关爱。反馈是这一过程的重要组成部分,要获得积极的动机激发效果,反馈不一定总是正面的。当某个学生的成绩不太令人满意的时候,帮助学生提高的矫正性(有别于惩罚性)反馈也能够产生积极的效果。

（五）五加二流程：系统优化教学环节

五加二流程("5+2"流程)即课内5环节课外2环节。5环节指课堂上"前测摸底—启发探究—展示模仿—练习迁移—后测强化",前测摸底是了解学生在导学案基础上的起点水平,也是导入环节,引起注意,发挥预热作用;启发探究是针对学生起点发现的问题,启发学生开展自主探究,可以自己独立解决问题,也可以小组合作解决问题;展示模仿是教师或优秀学生示范如何解决问题,其他学生模仿;练习迁移是学生在初步掌握的基础上加强练习,并迁移到同类问题的解决;后测强化是当堂达标测试,同时给予激励强化。2环节包括课前预习和课后拓展,课前预习要指导学生观察真实生活,从身边现实感受联系课内新学内容;课后拓展要指导学生把本课学到的本领运用到现实中去,发现和解决真问题,在实践中检验课堂所学,获得真知。

（六）六三一原则：确保以学为本

六三一原则("6-3-1"原则)即教学活动量的分配原则。课堂核心是人际互动,因此,课堂60%的时间、精力应该分配到学生自主学习和彼此互动上,通过学生自学、对学、群学、互教互学等掌握基本知识和基本技能;30%的时间、精力分配到师生互动上,在教师引导启发下,依靠学生集体解决疑难问题;10%的时间、精力分配到教师的精讲上,针对全班共同性的高难度问题,教师要重点讲深讲透,不留隐患,培养学生创造性解决问题的能力。这样可以确保课堂的学生中心性、学习中心性,从而有效矫正教师中心和重知轻行偏向。

（七）七加减二组块：短时记忆容量最大化

人的记忆分短时和常识记忆,长时记忆必须通过短时记忆,经过巩固后,才能进入长时记忆,长久不忘。而科学的短时记忆是有容量限定的。一次太多记不住,太少又浪费时间,就像吃饭一样,食管是有容量限制的,一口太大会噎着,咽不下去,更无法消化;一口太小,诓口,没有进食感,半天吃不饱。饭要一口一口地吃,学习也一样,不能一口吃成胖子。但是,学习的一口到底咬多大呢?这就是课堂教学中要注意知识技能的切分。心理学研究发现,短时记忆的容量为7±2,即一般为7并在5~9波动。这就是神奇的7±2效应。因此,要提高教学效率,最佳组块容量要遵循7±2,一般不少于5,不超过9,在此原则下,聪明的教师和学生会在“组块”上做文章,也就是在每个“组块”内尽可能扩大信息容量,这样“组块”效率最高,负担最轻。

(八)八项智能:充分发挥个体优势

八项智能是美国哈佛大学心理学教授加德纳教授提出的多元智能(multiple intelligence)理论,他认为人类主要有八种智能。如果每个人都能发现和发展自己的优势智能,每个人都能得到最佳发展。这就为因材施教提供了科学依据。因此,最好在学生一入学,就对学生做个基本了解,然后,在随后的教学活动中,注意观察每个学生的倾向,充分利用强势智能,带动弱势智能,扬长避短,帮助学生学得更好。正如多元智能理论所主张“人与人的智能差异不仅在于优势智能的不同,而且主要在于人与人所具有的智能组合的不同。一个人可能在任何一种智能上都没有特殊的天赋,但如果所拥有的各种智能和技艺被巧妙地组合在一起,说不定他或她在担任某一角色时会很出色”。

(九)九九归一:培养创造力

创造性体现在0到1的“质”的突破上。课堂革命费尽千辛万苦,九九归一,最终目的还是为了0到1的突破即创造力的培养。这是幸福课堂要攻坚的难题。我国传统课堂主要还是传授型,而非创造型。课堂上主要还是传授双基,课下也主要是双基的延伸,而对高阶学习及创造力重视不够,导致被动学习、效率低下、高分低能现象一直未得到根本扭转。PISA我国成绩连续世界排名第一,且甩开第二名不小距离,可是我国学生问题解决能力亟须提升,学习效率亟须提升,高分低能亟须扭转,归根到底就是高阶学习及创造力亟须提升。翻转课堂因其是公认的追求创造力提升的高阶学习课堂(见图16-5),因而值得在双基较好的学生身上尝试。

翻转教学是指将传统教与学的地位翻转过来,将传统的学生被动地学转换成主动地学,幸福课堂建设的未来方向,是随着信息技术的普及,尝试翻转课堂,将原来课堂的基本知识基本技能转移到课下,腾出课堂宝贵的时间专门就问题进行讨论、争辩、体验,让学生通过集中攻坚,历练思维,提高认识,获得真知灼见,活学活用,掌握真本领。传统课堂以传授知识为主,而翻转课堂以锻炼创造力为主,这样就为学生在复杂多变的情境中坚持真理、创造性地解决问题打下了坚实基础。

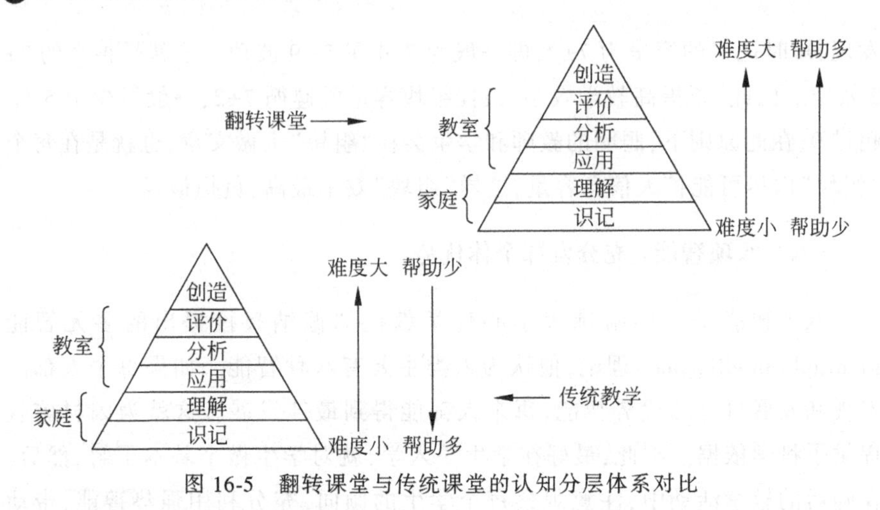

图 16-5 翻转课堂与传统课堂的认知分层体系对比

重庆市天台岗小学：办幸福学校重在推进幸福课堂建设①

根据孟万金教授幸福教育思想，重庆市南岸区天台岗小学秉承“为孩子的幸福人生奠基”的办学理念，以“每天都上一个新台阶”为校训，实践“快乐向上、最佳发展、体验成功”为内涵的幸福教育，推进以“台阶课堂”为核心的幸福教育实践，总结提炼出幸福教育台阶课堂三个维度价值取向、三个策略系统和三个台阶支架，并取得了初步成效。

《中国教育报》2011 年 5 月 3 日发表了中国教科院孟万金教授的专访“办一所幸福的学校”，其中提出了幸福国家、幸福省市建设“先让学校幸福起来”的先进理念。重庆市南岸区天台岗小学响应“书香南岸，幸福教育”的区域教育诉求，成功获得了全国教育科学“十二五”规划课题《西部城市小学幸福教育培养模式的实践研究》立项，并成为孟万金教授幸福教育实验基地。根据孟万金教授的幸福教育思想，学校秉承“为孩子的幸福人生奠基”的办学理念，以“每天都上一个新台阶”为校训，实践“快乐向上、最佳发展、体验成功”为内涵的幸福教育，推进以“台阶课程”与“台阶课堂”为核心的幸福教育实践，致力于学生素质发展每天都上一个新台阶、教师专业发展每天都上一个新台阶、学校内涵发展每天都上一个新台阶。经过一段时间的努力，我们深刻认识和体会到，办幸福学校重在推进幸福课堂建设。下面是我们的初步经验和粗浅认识。

① 江洋，李学伟. 办幸福学校重在推进幸福课堂建设——孟万金教授幸福教育思想校本化探究[J]. 中小学校长，2012(07)：48-49.（该校为孟万金教授课题在西南地区的实验校代表，得到了孟万金教授的重点扶持和悉心指导）。

一、幸福教育台阶课堂三个维度的价值取向：理念、策略、目标

台阶课堂是让每一个儿童逐步接近“最近发展区”，从一个水平提升到另一个新的更高水平，体现出阶梯性。实际上就是为了形象地说明这样一种教学模式：教师在教学起点和教学终点之间划分出不同梯度的“最近发展区”，根据不同梯度的“最近发展区”设计教学，提供适当的支架，引导学生逐步完成学习任务，达成教学目标，见表16-13。

表16-13　幸福教育台阶课堂三个维度的理念、策略、目标

理念	策　略	目标
快乐向上	探究兴趣、学习动机的激发与维持　（关键词：兴趣激发）	爱教爱学
最佳发展	把握学生最近发展区，分步进行目标、内容、方法的结构化，培养良好反应倾向、思维习惯、行为习惯等（关键词：习惯培养）	会教会学
体验成功	认知需要、审美需要、自我实现的需要等成长需要的满足，以及自我学习能力的形成　（关键词：能力养成）	教会学会

围绕“快乐向上、最佳发展、体验成功”的幸福教育内涵，为构建“快乐有成”的幸福教育培养模式，把“快乐向上”落实为“探究兴趣、学习动机的激发与维持”，即“爱教爱学”，这是幸福教学的前提；我们把“最佳发展”落实为“把握学生最近发展区，分步进行目标、内容、方法的结构化，培养良好的思维、行为等学习习惯”，即“会教会学”，这是幸福教学的关键；把“体验成功”落实为“认知需要、审美需要、自我实现的需要等成长需要的满足，以及自我学习能力的形成”，即“教会学会”，这是幸福教学的归宿。

二、幸福教育台阶课堂的三个策略系统：支持性条件系统、必要条件系统、创造性条件系统

1. 快乐向上，需具备“支持性条件系统”，提高参与度

加涅把学习条件分为必要条件和支持性条件。缺少必要条件，相应的学习便不能出现。缺少支持性条件，学习不一定不能发生，但其效率不高。我们的课堂要高效，必须关注支持性条件。支持性条件包括兴趣激发、动机维持、制造认知冲突、激励性评价等，体现为教师爱教和学生爱学。

2. 最佳发展，需具备“必要条件系统”，提高达成度

任务分析是最佳发展的必要条件，其实质是对学生的学习任务进行分析，即学生从起点能力出发，如何走到终点目标，需要具备哪些能力要素，其间需要跨过多少能力台阶。分析的结果是在教师心中形成一张清晰的学生学习“认知地图”。如果教师不具备任务分析思想，很可能只会照搬别人的教学设计或教案，而不会自主进行创造性教学设计，教学的有效性就会大打折扣。

3. 体验成功，需关注“创造性条件系统”，提高幸福度

人本主义心理学家马斯洛的“需要层次论”的核心是通过满足人的多层次

需要，从而“自我实现”，达到一种“高峰体验”，重新找回人的价值，实现完美人格。马斯洛认为除了少数的“特殊天才的创造性”，还有普遍的“自我实现的创造性”。教学中，学生的问题发现、学生的问题解决、学生表现的肯定、学生成果的展现都是学生自我实现的满足。教师备课和教学时要留有学生创造的空间，以学生为课堂学习的主人，教学中要充分关注课堂生成，关注学生差异，练习设计要有层次性和可选择性，让众多学生获得成功的体验。

三、幸福教育台阶课堂的三个台阶支架：引入、处理、确定成果

1. 台阶一：引入·接受支架——爱教·爱学

在引入阶段，教师必须注意提出的任务能让学生接受，而且要建立一个解决任务的共同方向和基础。当学生通过各种方式从众多资源中收集需要的信息时，需要使用一种“接收支架”。它是用来帮助学生获取信息，引导他们关注重要信息，帮助学生组织和记录认识到的信息，具体来说是辅助整理信息、筛选有用信息、记录重要信息和组织信息。接收支架是教师在学生知识“组合化”的过程中提供的支持，帮助学生更好地进行显性知识传递，从而获得新的认识和发现。

2. 台阶二：处理·转换支架——会教·会学

在处理阶段，学生应当深入了解事物关联、意义关联或问题关联。这时没有大量的个人活动是不可能完成的。这个阶段的差异教学、合作交流需要教师的帮助。当学生阅读他们获取的信息，反思并发现它们的意义时，需要一种“转换支架”来帮助他们将收集到的信息进行转化。转换支架是教师在学生的知识“内化”和“社会化”的过程中所提供的支持，分为横向转化（即迁移）和纵向转化（即深入）。在接收支架已经帮助学生觉察到信息中所含结构的同时，转换支架将使涉及的信息更为清晰、易于理解或使劣构的信息结构化。

3. 台阶三：确定成果·产品支架——教会·学会

在确定成果阶段，新获取的知识和能力要进行练习和适时运用。当学生准备创作某项作品，或者表达他们学习的结果时需要一种“产品支架”。产品支架是教师在学生的知识“外化”过程中提供的支持，如练习设计、运用情境、表达对象等，辅助学生将隐性知识转化为显性知识，在思考和判断过程中表达自己的观点，顺利穿越知识输出的盲区。产品支架帮助学生将学到的、理解到的、自己创造的东西转化为可见的事物。为了使学生在进行产品输出时做到规范化，可给他们提供一个样本或特定的格式，使学习成果更易被理解和认可。

综上可见，天台岗小学幸福教育台阶课堂“三个维度的价值取向”“三个策略系统”“三个台阶支架”，为幸福课堂建设提供了立体化视野。

第十七章　新时代幸福教育课外活动建设研究

课外活动是课堂的有效补充和延伸。“双减”政策为课外和课后提供了更大空间,也提出了更高要求。新时代幸福教育必须充分利用课外活动,满足学生特殊需要,开发学生的兴趣特长,为每个学生找到新的兴趣点、新的幸福生长点①。多元智能理论为丰富和优化课外活动提供了科学依据,让课外活动真正成为幸福课堂的有效补充和发展纵深,成为幸福的助推器。

一、课外活动开辟幸福教育新天地

幸福课外(后)活动建设的宗旨是为每个学生提供个性化、趣味性的课外活动、课后服务,使每个学生个性和兴趣特长得到发展,使每个学生潜能得到最佳发挥,最大限度提高因材施教寓教于乐程度。课外活动蕴含课堂无法比拟的巨大幸福潜能。

“双减”政策实施以来,课后服务取得了开门红,课外活动进一步丰富多彩,质量进一步提升。但是,围绕课后服务和课外活动幸福感提升的研究和实践探索尚不多见。这并不等于说它不重要;相反,恰恰说明,建设幸福课外(后)活动的重要性和迫切性。

传统课外活动尽管也比较丰富多彩,但是大多活动开设的随意性很强,学生选择的随意性也很大,缺乏科学指导,尤其是与智能类型不挂钩,有的培养的智能目标近似性很强,有扎堆现象;而有的智能目标又缺少对应的活动,甚至是空白,导致畸形发展;有的甚至是重复建设,浪费资源,更浪费学生精力和时间。

部分地区部分学校的课外活动、课后服务还存在一些亟须解决的问题,阻碍迈向幸福的高度。

(1)“德育为先”的统领性有待进一步凸显。据全国义务教育学校课后服务内容调查显示,组织完成课后作业的学校高达86%,安排学生自主阅读

---

① 孟万金.落实党的初心使命　深化德智体美劳五育并举——新幸福教育论纲[J].中国特殊教育,2020(09):3-8.

的学校占80%，组织科普活动的学校占60%，组织社团活动的学校占58%。显然，课后服务对“德育为先”的内容缺乏应有的重视和凸显。

(2)“五育并举”的系统设计有待进一步提升。学校课后服务是课堂五育融合育人的有效延伸和有力补充，应充分发挥其丰富多彩、灵活多样、满足个性化需求的优势，精准强弱补短，助力五育和谐发展。但目前课后服务课程的数量和质量都无法满足所有学生的需要。可见，学校课后服务内容的量与质及其搭配要达到五育并举系统设计水平还任重道远。

(3) 劳动综合育人潜能有待进一步发挥。劳动教育是五育并举的最大短板。劳动的普遍性、广泛性、生活性、综合育人性决定了课后服务中劳动教育大有可为。但据有关“双减”的调查发现，家长认为“孩子最喜欢的一项课后服务”为劳动活动的还不到一成。可见，课外活动、课后服务以劳树德、以劳增智、以劳强体、以劳育美、以劳创新的功能还有巨大提升空间。

(4) 协同课堂和校外五育融合育人的体系和机制有待进一步建立健全。课后服务的最大优势是弥补课堂分科教育综合育人功能的不足。但全国义务教育学校课后服务内容调查显示，开展德育、体育、美育、劳动教育的学校还不到七成，况且基本是单科分散用力，尚未建成与课堂优势互补的整体育人课程体系，更未形成与校外培训的竞争力。以致尽管学生回归了校园，但不少家长担心有削峰填谷、五育低水平和谐的风险。

(5) 课外活动、课后服务最佳路径和效果有待进一步优化。当前的课外活动、课后服务还没有针对学生的智能优势细化出适合每个学生的最佳路径，因而活动效果也难以保证最佳。可见，加强新时代幸福课外活动、课后服务建设十分重要和迫切，既是弥补幸福课堂不足的需要，也是提升自身质量和公平的需要。而加强新时代幸福课外活动、课后服务建设重点可从三方面着手，一是以五育并举统领和规范课外活动、课后服务；二是开设专门提升幸福能力的课外活动、课后服务；三是运用多元智能优化课外活动、课后服务。

二、开设课外活动通识幸福课

学校可以构建和开设校本特色的课外、课后通识性幸福课程。这类幸福教育课外活动课后服务内容可以聚焦三个方面：一是直接培养学生幸福感成分的专门课程；二是增强学生幸福感的积极心理品质培养课程；三是降低学生幸福感的消极心理品质防治课程。新时代幸福教育推荐如下两种幸福课外活动课后服务模式。

（一）基于具身认知的幸福课外活动模式

传统课程把学习局限于脖子以上大脑的认知，因而课程教学多偏重讲授、灌输，导致学生被动接受，缺少身体活动和情感投入，因而学习起来死气沉沉，缺乏生机活力，自然幸福感不高。幸福课外活动课后服务一定要带头摆脱这种不幸困境，新兴的具身认知观和ARCS-8模式为破解这一难题提供了金钥匙。

具身认知（embodied cognition）是最近30年来在世界认知科学界兴起的新认知观，它强调：①认知、身体和环境是一体的，即认知存在于大脑、大脑存在于身体、而身体存在于环境中；②认知的内容与身体相关；③认知过程的进行方式及其实际步骤由身体的物理属性决定。目前，已经成为认知科学中的经典理论之一。其强调身体—环境—情感—行动的精髓，对幸福课程构建和教学也具有很实用的指导价值。具体活动模式见表17-1。

表17-1　基于具身认知的幸福课外活动模式

活动模式	身体动作	技术实现
通过手势操纵学习对象	学习者用鼠标单击操作屏幕中的数字形象	单击鼠标
通过手势模拟学习内容	学习者模拟视频中的手势	多媒体交互
通过身体与学习内容互动	学习者整个身体参与学习活动，身体动作成为接口，但身体位置固定	多媒体交互 多模态感知人机交互
全面调动肢体及感官模拟情景中通过感知经验学习	学习者整个身体参与学习活动，身体动作成为接口，身体位置移动	多媒体交互 多模态感知人机交互
在场景中观察和感知进行创作	学习者整个身体动作参与，位置移动，建立数字形象和真实物体之间的关系进行具体创作	移动设备 多媒体交互 多模态感知人机交互

（二）基于ARCS-8的幸福课外活动模式

ARCS是动机理论，8代表8项智能（多元智能），如图17-1所示。ARCS是attention-relevance-confidence-satisfaction的缩写，A：引起注意——激发学生的好奇，将学生注意力集中到学习任务上。R：切身相关——将学习内容与学习目标、已有知识经验及学生特点密切关联。C：建立信心——让学生经过努力获得成功从而树立自信。S：感到满足——让学生因学习收获得到内在和外在的强化而感到满意。ARCS 动机模式与多元智能(8 项智能)有机结合起来,既可作为专门的扶正祛邪、化解痛苦、促进幸福的通识课幸福课外课后活动模式,也可用来优化其他课外活动课后服务,以提高幸福感①。

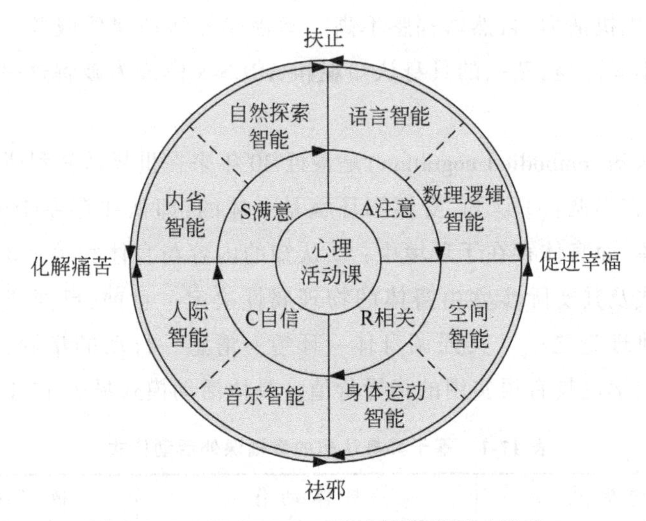

图 17-1　基于 ARCS-8 的幸福课程活动模式

三、五育并举统领幸福课外活动

五育并举,德育为先。课外活动、课后服务正是因为自主性较强,内容丰富多彩,因而容易产生分散性、碎片化现象,五育融合育人合力不够,最终还是会影响学生健康快乐成长的获得感、幸福感。新时代幸福教育主张以五育并举加强规范和引领,尽快形成课堂课后优势互补的高质量五育融合育人格局。

(1) 以德育课程为灵魂,带动课后"大德育"活动向纵深发展。县域制定学校课后服务"德育为先"整体方案,对德育在课外服务中的定位、占比、内容、形式、进度、效果、评价等提出基本遵循;学校组建由书记挂帅,德育课教师为专业引领,团队辅导员和班主任为骨干,所有参与课后服务的教师为主力军的立德树人教研共同体;经常开展集体备课,找出课堂与课后德育的衔接点、发力点,研发校本课程,定期举办课后服务立德树人大练兵、评标兵

① 孟万金,张冲.如何激发特殊儿童学习动机:ARCS 动机模式在特殊教育中的应用——特殊儿童学与教的心理学研究[J].中国特殊教育,2007(07):72-77.

活动；积极倡导用学生喜闻乐见的德育活动，提高“大德育”吸引力和实际效果；将“德育为先”列为规范和提高课后服务质量督导评价的首条，与学校整体办学水平、领导和教师绩效挂钩。

(2) 加强课外活动课后服务五育并举系统设计，优化课后五育融合育人治理体系。学校要依据上级有关政策文件，根据不同学段学生五育发展现状和需求，制定学校课外活动课后服务五育并举行动指南；系统设计和安排课程比重、难度、进度，实行“一校一案”；要以新课标增加体育比重和新增劳动教育为契机，课外活动课后服务重点增大“体”“劳”“美”比例，小学适当加大体育活动比重，初中适当加大劳动教育比重，高中适当加大美育活动比重，三学段都要积极探索以“劳”为轴心融“体”“美”于一体的综合活动课程，既弥补各学段纵向劳动教育短板，又增强各学段横向“体育”“美育”弱项，从而助力扭转小学兴趣特长校本课程分散、初中承前启后不畅、高中“智育”应试独大等不良现象；班主任和课外活动课后服务教师携手，针对每个学生五育发展现状和需求，制定个别化服务方案，实行“一生一案”，用“成长记录袋”对每个学生五育发展做好跟踪评价和反思；教育主管部门要定期督导检查评价，及时表彰五育融合育人先进学校和先进个人。

(3) 加强感悟劳动本源价值的活动体验，发掘劳动综合育人功能。学校要依据劳动的本源价值优化校本劳动课程，在新课标规定的劳动内容“使用和维护工具”前补充“制造简易朴素工具”，在“任务群”里优先安排个体生存所必需的吃、穿、住等生活资料的制造或获取的体验，让学生亲身感受人类劳动从制造工具开始，从劳有所得体验到快乐，激发学生劳动热情和根本动力；构建课外活动课后服务“劳动+”活动平台，充分利用校内外场地设施任务等资源优势，灵活选用主题统整、概念关联、方法迁移等方式，将“劳”与“德”“智”“体”“美”灵活结合起来，开展劳动竞赛，养成勤劳习惯；组织学生到大自然中去，到工厂、农村、军营等地方去参加社会劳动实践，让学生亲身体验感悟在原生态劳动过程中结成的社会生产关系、与社会及自然界的关系，体验感悟劳动实践是促使社会历史发展和个人全面发展的根本动力。

(4) 建立健全协同课堂和校外五育融合育人的体系和机制，提高协同育人效果。学校一是要组织学科教师通过主题知识整合和拓展，加强学科内纵横向知识和生活实际之间的联系，构建课堂与课外活动课后服务联动的校本融合课程，供学生课后融会贯通学科内知识时选用；二是要以一定的主题情景为载体,围绕主题开展跨学科跨年级活动,供学生融会贯通学科间知识时选用;三是合理利用和借鉴校外优质资源,以点带面,带动和倒逼学校课外活动课后服务上水平、创特色。

四、以多元智能优化幸福课外活动

多元智能(multiple intelligence)理论认为每个人的智能是多元的,至少有八项智能,见图 17-2。但每个人的智能优势或优势组合是不同的,如果每个人都能发现和发挥自己的优势,每人都能获得最优发展,从而让每个人体验到成长和发展的幸福。可见,多元智能理论为幸福课外活动课后服务开辟了新天地。

图 17-2 多元智能结构功能

用多元智能观设计课外活动,可以发现将会发展每个学生的闪光点。学生也会从智能优势找到自信和自尊,收获进步和成功的幸福。杨丽杰根据多元智能理论,提出了优化课外活动具体策略①,具体参见表 17-2。

① 杨丽杰.以多元智能理论指导开展有效课外活动[J].科学大众(科学教育),2011(01):59.

表 17-2　多元智能优化课外活动的策略

智能分项	课外社团活动
语言智能	成立文学社、诗社、戏剧社、英语角、故事会等组织,通过开展诗歌诵读、讲故事、作文大赛、辩论赛、疯狂英语、名著赏析、希望之星英语风采大赛、希望之星英语作文大赛等活动,训练开发和发展学生的语言智能。参与的学生对读书很有兴趣,绕口令、笑话和韵文等也是他们喜闻乐见的形式。由此,他们的写作能力和语言表达能力增强,与同龄人相比写作水平显著提高
数理智能	成立数、理、化、生、信息技术竞赛辅导小组,设立棋牌室,通过竞赛辅导和围棋、象棋、国际跳棋的训练,开发和发展学生的逻辑——数学智能。参与的学生更喜欢上数学课和科学课,对计算机感兴趣,对于那些能开发智力的棋类和数字,他们亦是乐此不疲。通过这些练习,他们喜欢给事物分类和分层次,解决逻辑思维能力较强的难题
音乐智能	成立合唱团、乐团等组织,通过开展音乐会、校园歌手大赛、艺术节音乐展示、古典音乐赏析等活动训练开发和发展学生的音乐智能。音乐的熏陶激发了他们爱好音乐的兴趣,科学的指导培养了他们音准、音色和音调的准确性。通过培训,他们学会一种或几种乐器,能改编或创作歌曲,节奏感增强
身体运动智能	成立武术队、舞蹈队、田径队、篮球队、排球队、羽毛球队、乒乓球队、足球队、网球队等训练队,通过各种训练开发和发展学生的身体——动觉智能。身体素质是掌握各项技能的基础,在这些训练队科学合理的指导下,学生们不仅提高了自身的身体素质,而且能在一至两个运动项目上培养特长,从而进一步增强他们的实际操作能力,为学习各门科学知识和掌握各项技能奠定坚实的基础
视觉空间智能	成立航模小组、美术小组、机器人小组、天文小组等,利用实验室、天文望远镜、天象演播厅开展制作、绘画、观察等各种活动,训练开发和发展学生的空间智能。通过这些科研活动,学生的空间想象力和记忆表象能力进一步增强,在阅读地图和表格时更能得心应手
人际交往智能	成立学生会、团委会,实行值周班制度等,开展值周活动、社会实践活动等各项活动训练开发和发展人际智能。诸如此类的活动,一方面培养锻炼了学生的组织能力和团队协作能力;另一方面增强了他们的爱心和同情心,乐意参加各种社会活动
内省智能	成立元认知研习社团、个人职业规划小组、个人学习管理小组、个人谦虚管理小组、自我评价小组、心理自助小组等,开展自我反思反省活动,提高自省、自觉、自制、自律、自理、自信、自强意识和能力,提高自我管理和自我协调意识和能力
自然观察智能	成立野外考察小组、环保小组、动植物调查小组等,开展野外考察活动、参观科技馆、博物馆、动物园等活动,训练开发和发展学生的博物学家智能。参与的学生感悟了自然的魅力,提高了对动、植物学的兴趣,激发了热爱自然的激情,环保意识进一步增强。参加全国青少年科技创新大赛活动,通过在十三个领域开展创新性的课题研究,训练开发和发展学生的自我认知智能。自己动手参与科技创新活动,培养学生独立自主完成任务的能力,他们有自己的思想,自我评价能力增强,能够正确表达自己的感受

多元智能课外活动课后服务实施要指导学生根据自己的智能优势，结合兴趣特长，在以下方面和例子上尝试并获得启发，迁移到类似情境或活动上。具体可以从下面八项中有选择地要求学生。

1. 语言智能

- 每周完整读完一本书，写一份报告描述它的内容、主题、结构，它写得好不好、为什么，你是否喜欢它、为什么，以及它与同类书比起来排在什么地位。
- 找本好字典并且从首字母为“A”的单词开始学起。每天学习三个新词，越陌生、越不熟悉越好。把它们用在句子里试试。看书时注意寻找它们。练完整本字典。
- 在阅读中遇到不熟悉的词时就圈上，查出意思并记住。
- 听作者及诗人的录音朗读，听由演员朗读录制的著名著作。研究词语、句子的发音方法，注意方言以及语调，试着模仿。
- 选择一篇你特别喜欢的短篇故事、诗歌或简短的散文。把它完整记下来，也许每天几行。把它记住以后，练习大声背诵。
- 学习好的作品和古典文学，看看好的作品是如何写的。

2. 视觉空间智能

- 玩拼板游戏，魔方，迷宫，电脑绘图软件游戏或游戏卡。
- 从事摄影、摄像、绘画、素描、几何运算，学习建筑设计原理。
- 分析地形地图、水流程表、工程表、建筑平面设计、图解词典或任何其他需要动用视力的东西。让自己亲临其境，尽量从三维空间的角度考虑。
- 观赏电影大师们的佳作，注意他们如何制作每一个镜头，运用什么颜色，从什么角度，采用什么动作。
- 参观一座艺术博物馆，选择一幅对你特别有吸引力的画，找出你喜欢它的原因；弄清它的设计策略；把它的每个细节都记在脑中。以后，在脑海中再现此图。
- 紧闭双眼，想象这些情景、图像：爸爸、妈妈和兄弟姐妹坐在你卧室的地板上；你 6 岁时的模样。
- 选择一件物体，比如你的咖啡桌或者你最喜爱的带坐垫的椅子。坐在它附近，想象从每个可能的角度和视点来看它。从底下看，径直从顶上看，从侧面看，从它的 360° 上的每个 30° 的弧线的分割点来看。然后绕着实物走一圈，从想象它的那些角度来；检查一下，比较一下结果。

- 拿一张白纸，用铅笔在上面勾画出洗衣机的内部结构；身体内部构造；摆着家具的卧室平面图；附近至少三个街区的平面图。

3. 音乐智能

- 舒舒服服地坐在椅子上，脱掉鞋子、摘下眼镜，每次一种，试着分别想想这些音乐般的声音：你最喜欢的电视节目或电影主题曲；你唱歌的声音；雨点打在屋顶和窗户上的声音；双簧管、单簧管、喇叭和竖琴的声音；风铃的声音；教堂的钟声。
- 选择一样特别吸引你的乐器，如单簧管或者双簧管。找到能突出它特色的音乐；听音乐直到记住它的音质。考虑学习如何演奏这种乐器。
- 每周都听新的、不熟悉的音乐种类。
- 在各种奇异怪诞的非音乐杂音中找出音乐、旋律、节奏以及和谐的声音，如机器声、机动车声、交通噪声、各种气象声音、大自然的声响、你自己体内的声音。
- 自编音乐和曲调。低声哼出来，唱出来，用口哨吹出来，大声喊出来。

4. 身体动觉智能

- 用一把镊子把100粒大米从一只碗里放到另一只碗里。要尽可能快，而且不撒掉一粒。
- 想想你擅长或者常常练习的技能动作，比如打高尔夫球时手臂一抡、一个游泳动作、瑜伽功姿势、体操练习、花样滑冰两周跳动作、芭蕾舞跳跃动作以及橄榄球过顶踢等。现在，一丝不动地坐在椅子里，想象自己的身体正在经历以上某一个动作的具体步骤，而且经历每一个细节。感觉你的肌肉如何伸展、身体的位置、呼吸频率以及身体的协调性。
- 学习一种技能，如空手道、跆拳道、柔道；学会太极拳、瑜伽功、哑剧、哑剧字谜、手语、韵律运动、印度舞蹈中的手势或者舞蹈。

5. 数理逻辑智能

好好猜猜这些问题：

- 要想到达曼哈顿的世界贸易中心大楼楼顶，得堆起多少个一角硬币？
- 在你一生中已经吸了多少口气？
- 从生下来你已经说了多少话？
- 包括电视、电影和收音机在内，到现在你听别人说了多少句话？
- 此时世界上有多少人正在跑步？
- 如果让你全身平卧回到出生地，你得卧地跪拜多少次？
- 包括成品食物内的食盐，你已经消耗了多少粒食盐？

- 你最喜欢的日报每年刊登多少张照片？
- 你家乡的房屋和高楼总共有多少窗户？
- 用你从来不写字的手写出本书的全部内容得用多少分钟？

6. 人际交往智能

- 打开电视或播放电影，同时关掉声音，研究眼前这些人的身体语言。观察他们的面部表情、手势、体态。他们彼此说些什么？只根据他们的身体语言你能弄清故事情节吗？
- 观看一部不带字幕或未经配音的“外国”电影。或者看西班牙语或法语频道或有线电视节目。一定得是你所不熟悉的语言和文化。根据影片中人物的身体语言和说话的声音，你能猜出情节吗？
- 一天花10~15分钟主动倾听他人谈话。别管你自己的思维、感情和意见。倾听、研究他们的手势、面部表情、姿态、语调。要尽可能客观地进行这一切。
- 用10~15分钟的时间坐在公园里的长椅上、购物区的休息厅里、机场候机室、饭馆里——任何一个你可以观察人的地方。假装你是人类学学者或者是外星人，观察一切。对你观察的人你都知道些什么？

7. 内省智能

- 弄清楚你是谁。用报纸、杂志上的语言描绘你自己，利用美术课上用的剪刀、胶水、透明胶、彩笔、铅笔和蜡笔等物画出你自己的模样。
- 将你的不同方面拼凑起来。包括能描绘你的形容词或名词。你可以把自己的所有个性描绘成一颗颗行星，围绕着真实的你这颗恒星旋转。利用图画和语言将这一切都表现出来。
- 阅读名人以及文学家、史学家和宗教领袖的自传。注意他们强调什么、如何描述自己、他们对自己都了解些什么。分辨其中叙述的语音、语调。这些都告诉你有关此人的什么情况？
- 假装你即将永别，或者你要远行，永不还乡。写一份个人声明或生活鉴定书留给亲人。告诉他们你认为自己是谁，你曾努力要完成什么，你是否认为自己成功，那都意味着什么。
- 在下星期努力记住你的梦。尽可能详细地写下你所记住的梦中情节。记下几个梦之后，从中选择一个。
- 选择一个情景最生动或情节最神秘的梦。下星期想做这个梦，如果梦里有好几个人物，就假装是其中的每一个。
- 努力弄清每个人物在梦中的角色。与每个人物交谈。问他们有什么话要对你说。

8. 自然观察智能

- 实地观察自然现象，探究事实真相。
- 阅读大量科幻文章，与科学家对话。
- 凡事多问为什么。
- 参观自然博物馆，建立教师博物馆。
- 收集和保存动植物标本。
- 尝试写作科幻作品。

案例

北京中关村第三小学：建构五育并举视域下高质量课后服务课程体系①

根据中共中央办公厅、国务院办公厅印发《关于进一步减轻义务教育阶段学生作业负担和校外培训负担的意见》，在《北京市海淀区教育委员会关于进一步做好中小学生课后服务工作的实施方案》的具体指导下，中关村第三小学（简称中关村三小）充分发挥学校教育主阵地的责任担当，以造福师生和社会为根，以学生发展为本，以五育并举为纲，本着"丰富供给、全面发展"的准则，以"顶层设计、五育并举、全过程管理"的工作思路，建立课后服务常态化运行机制，切实提高课后服务质量，增强教育服务能力，全力满足学生多样化成长需求，不断提升师生幸福感、获得感，增强人民群众对教育的满意度。

在"五育并举"教育目标的指导下，学校充分调研家长和学生的实际需求，积极开展教育教学实践探索，打通课堂教学和课后服务链条，统一规划管理，形成全面性和个性化相统一的"2+N+1"课后服务课程体系，探索学生学习个性化指导和素质拓展的新领域，在动态发展中不断丰富和完善课程，共同描绘育人"同心圆"（见图 17-4）。

一、"2"：全员必修基础课程

（一）体育活动课程——提升体能

体育锻炼是培养健康体魄、塑造健全人格、促进人的全面发展的有效途径。学校打通课内和课外的体育课程，重构学生在校一日体育锻炼时空，创新绿色体育课程，通过构建学校赛季、大课间活动、大单元绿色体育课程，全面提升学生身体素质，实现多维育人。课后服务体育活动课程由体育教师

① 北京市海淀区中关村第三小学杨刚校长供稿（2023 年 5 月）。（杨刚校长为本项目核心成员，孟万金教授多次亲临该校考察交流指导）。

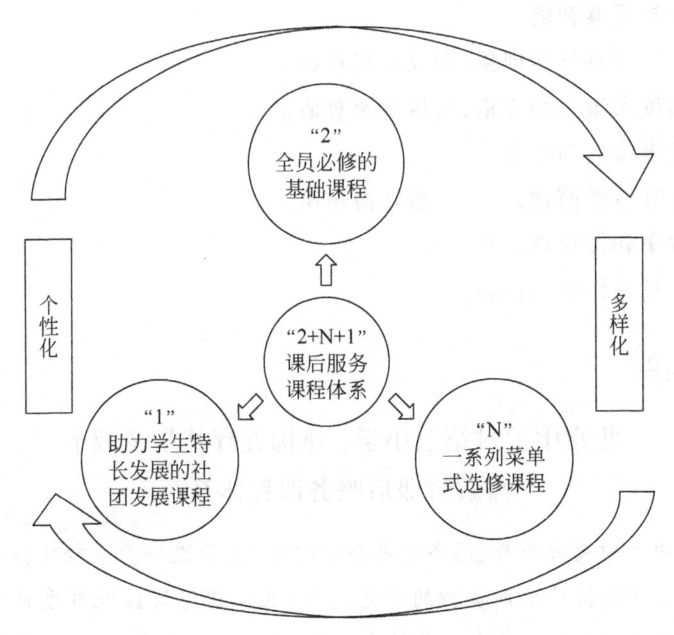

图 17-4 "2+N+1"课后服务课程体系

承担，每天至少半小时，充分利用学校多样体育空间，安排健身操、跳绳、跑步、板球等内容丰富的体育活动，促进学生强健体魄、磨炼意志。

（二）课业辅导课程——减负提质

周一至周五每天安排一小时的课业辅导时间，学生可以进行自主学习，梳理当天所学，完成学科作业。承担课业辅导的老师坚持"三导"原则：引导学生利用课后服务时间基本完成家庭作业，指导学生复习巩固课堂学习的重难点，辅导学有困难的学生查漏补缺，为他们答疑解惑。课业辅导课程让学生在学校将新知识理解消化，让学有余力的学生拓展学习空间，起到"作业不回家"的减负实效。

二、"N"：菜单式选修课程

（一）学科延展课程——提升能力

在全员参与课业辅导课程的基础上，学校根据学生的学业水平不同开设了不同程度的学科延展课程，例如语文的"整本书阅读"，数学的"思维训练"，英语的"英语趣说"等。学生根据发展需求自主选择课程，同年级走班上课。学科延展课程遵循学生的成长规律，体现了学生发展的阶段性和差异性，满足了不同学生的分层发展需要。

（二）艺体技能课程——培养技能

艺体技能课程是推进学校体育和美育建设的重要途径，致力于让学生通过课程的学习,每学期掌握一门艺术或者体育方面的技能。课程包括快板、魔术、编绳、音乐鉴赏、国画、桥牌、足球、篮球、花样跳绳等,为学生的全面发展奠定基础,使学生受益一生。

(三)综合拓展课程——发展兴趣

中关村三小组建了以本校教师为主、社会优质资源为辅的师资队伍,从"德、智、体、美、劳"五个维度,开发了科技类、语言类、历史与社会科学类、健康生活类等80多门综合拓展课程,学生根据兴趣跨龄走班上课。菜单式、多元化的兴趣选修课程,让校园里呈现出生机勃勃的景象,实现了"参加一门课程、培养一种兴趣、学会一门知识、享受一份快乐、体会一份成功"的素养培养目标。

三、"1":提升学生特长的社团发展课程

中关村三小彰显学校办学特色,充分发挥学校"金帆""金鹏"等优质社团资源,着力打造了艺术、科技、体育三大门类的社团发展课程,致力于学有余力的学生在感兴趣的一个特长领域朝着更高的水平继续发展。艺术社团包括合唱、舞蹈、民乐、交响、空间与美术、绘本美术等;科技社团包括航模、机器人、编程、科学研究、天文等;体育社团包括篮球、足球、排球、羽毛球、乒乓球、冰壶等。丰富的社团课程为学生的特长发展搭建了更高更广的平台,积极向上的社团文化也塑造了学生"有目标、学榜样、肯吃苦、乐相助"的良好品行。

四、全过程开展课程管理与评价,切实保障课后服务高质量发展

综合复杂的课后课程体系,对学校的课程管理能力提出了新要求。如何保障课后服务课程的持续高质量发展,让"双减"政策切实有效落地?如何让丰富多样的课程供给体现以学生为中心的趣味性和教育性,让课后服务成为学生课后喜欢去的时空?我校提出了全过程的"四级"课程管理与评价制度(见图17-5)。

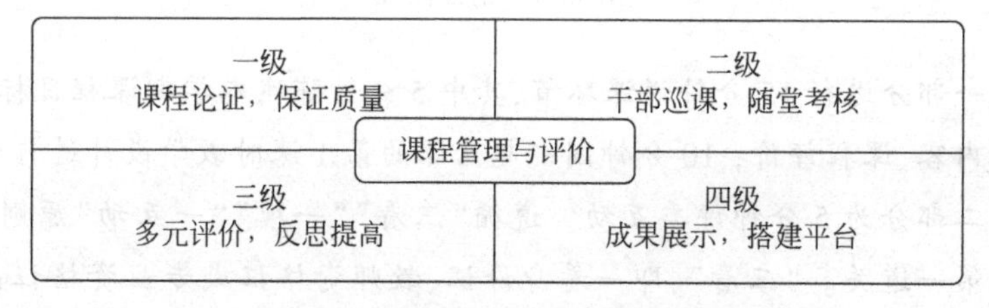

图17-5　课后服务课程"四级"考核评价制度

（一）课程实施前：课程论证，保证质量

课程开课前，课程部针对校外机构课程开展专业论证，遴选高水平的课程供给资源，旨在保证课程供给端的课程质量，做到师资精选有保障。

1. 论证团队专业

由课程部主任、课程委员会成员、学科主任、课程部研究员组成（见图 17-6）。

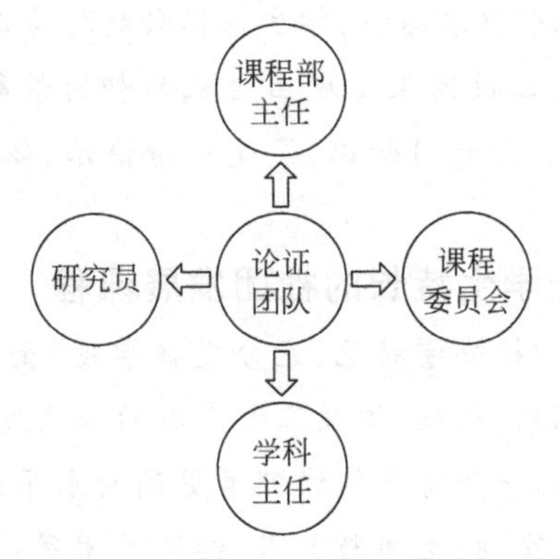

图 17-6　课后服务课程论证团队组成

2. 论证流程严谨

论证有方案，机制流程严谨，论证环节分两部分内容，共 20 分钟（见图 17-7）。

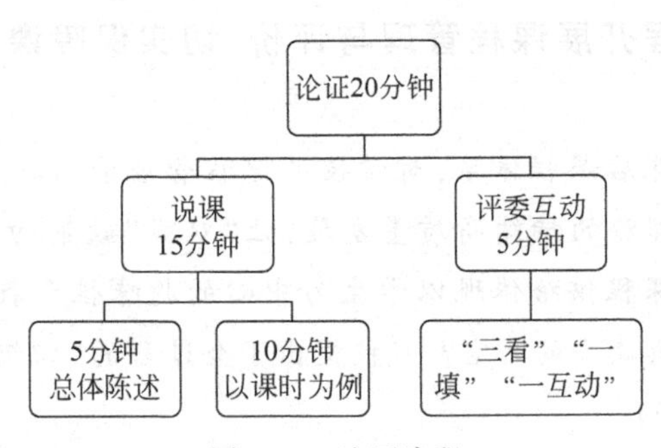

图 17-7　论证流程

第一部分进行 15 分钟说课环节，其中 5 分钟陈述本学期课程目标、课程结构与内容、课程评价；10 分钟围绕起始课的第 1 课时教学设计进行说课。

第二部分为 5 分钟评委互动。遵循"三看""一填""一互动"原则，把好质量的第一道关。"三看"，即一看身份证、教师资格证或专业资格证；二看教师形象，要友善阳光、举止文雅；三看课程内容，有整体思考，有计划实施；"一填"，即按照《中关村三小选修课课程论证评价标准（试行 2021）》从课程

目标、课程结构与内容、课程评价、围绕关键课时的具体教学设计和教师基本素质五个维度进行评分；“一互动”，即评委针对教师现场说课情况提出修改建议。

针对第一次论证没有通过的老师，给一周时间改进，一周后进行第二次论证，直到全部通过方能上岗；否则不予聘用。

（二）课程实施中：全程监管，多元评价

1. 干部巡课，随堂评价

每一次课，每个校区都有干部进驻，履行“值岗1+2”，即一个校中校主任配备两个行政干部，进班听课，对校外的老师进行“随堂考”，填写观察记录单。记录单从课堂设计、教师评价、学生参与、师生互动、课堂秩序等维度进行评价。

加强每日课堂的常规监管，随时了解家长、学生对课后服务满意程度，推动课程的改进与提升。设置机构退出机制，保障校内外资源落地的有效化和优质化。

2. 多元评价，反思提高

开展课程的过程性评价和总结性评价。期中和期末，通过线上线下的家长、学生访谈、课堂评价单等方式，开展课程多元主体的评价，真正开启供给侧需求的课后服务，不断调整和完善课后服务质量，见图17-8。

（三）课程实施后：成果展示，搭建平台

为了鼓励学生在课后服务课程中学有所成，学有所得，学校为学生搭建多样的展示平台。面向公众的展示能更好地激发学生参与课程的动力。学校还以日常体育赛事为引擎，不是进行选拔评比，而是以赛促练，以赛促学，为学生提供丰富的学习体验。多样的课程展演，不同课程门类的互动分享，让学生轮流体验不同的课程，促进了跨龄学生之间的借鉴学习，见表17-3。

表17-3　课后服务课程学习成果展演方案

<table>
<tr><td>课程名称</td><td colspan="3"></td></tr>
<tr><td>相关教师</td><td></td><td>负责教师</td><td></td></tr>
<tr><td>展演地点</td><td colspan="3"></td></tr>
<tr><td>展演流程</td><td>环节设计</td><td colspan="2">时间安排</td></tr>
<tr><td>环节一</td><td>环节目标(设计意图)；环节活动(具体内容)</td><td colspan="2"></td></tr>
<tr><td>环节二</td><td></td><td colspan="2"></td></tr>
<tr><td>环节三</td><td></td><td colspan="2"></td></tr>
<tr><td>……</td><td></td><td colspan="2"></td></tr>
</table>

课后服务课程学习情况调查问卷

同学你好！

本次调查旨在了解同学们课后服务课程的学习情况，以便学校为同学们提供更好的课程，满足大家的学习需求。请根据自己的实际情况如实填写，感谢你的参与！

中关村三小课程部

1. 你本学期选择的课程是（　　　　　）（　　　　　），你的喜爱程度是（　　）。

A 特别喜欢　B 喜欢　C 一般　D 不喜欢

2. 本学期，本门课程课堂教学秩序（　　　　）。

A 总是有序　B 基本有序　C 无序

3. 总体上来说，本门课程内容（　　　　）。

A 吸引人　B 有意义　C 不感兴趣

4. 总体上来说，本门课程的学习方式（　　　　）。

A 动手体验较多　B 互动交流较多　C 教师讲授较多

5. 结合本门课程的评价量规，自评你的课程成绩是（　　　　）。

A 优良　B 达标　C 待达标

6. 你是否愿意把这门课推荐给学弟学妹？（　　　　）

A 特别推荐　B 比较推荐　C 不推荐

7. 请具体描述你在本学期课程学习中的收获。

____

8. 你对本门课程的建议是：

____

图 17-8　课后服务课程学习情况调查问卷

中关村三小聚焦立德树人根本任务，抓住五育并举的培养理念，对课后服务进行了积极有益的探索，从供给侧改革角度，以学生发展为中心，建构科学多元的课后课程体系，切实减轻学生学业负担；开展全过程课程管理与评价，保证课程高质量发展，增强学生的学习主动性，让课后服务全方位、立体式、多样化开展，促进学生全面、健康、创新发展，充分发挥了学校教育主阵地的责任担当。

第十八章　新时代幸福教育课程建设研究

课程是对教育目标、教学内容、教学活动方式的规划和设计，是教学计划、教学大纲等诸多方面实施过程的总和，是学校教育教学活动的基本依据，集中体现国家意志和社会主义核心价值观，直接影响人才培养质量。新时代幸福教育课程建设并不是要绕开现有的国家、地方和校本课程，另行单独建设一套幸福课程，而是要从提升幸福感的角度优化和充实现有课程，使课程更能提升五育融合育人实效，更具有增进幸福、分享幸福、创造幸福的功能。

一、新时代幸福课程建设的灵魂

目前，我国有国家课程、地方课程和校本课程三类，其中国家课程发挥统领作用，地方和校本课程为的是更好地转化、深化、细化国家课程，使国家课程与当地文化和学校特色有机结合，取得更好落地落实效果。三类课程都承载着“五育融合”培育时代新人的使命。新一轮课程改革聚焦核心素养，提出了“大单元”“大概念”“大任务”“跨学科”等一系列新理念，其核心都是为更好五育融合育人提供载体、媒介、内容、资源和方法。因此，凸显五育融合育人是新时代幸福课程建设的灵魂。

（一）新时代幸福课程建设亟须五育并举

毋庸讳言，各地在积极推进五育并举实践中摸索和积累了很多经验。但也存在一些问题，大致包括如下几方面。一是“单”，指“单兵独进”或者单一推进劳动教育。二是“散”，指“割裂推进”，五育分别推进，各有一套人马、一套课程、一套流程，各自为战，五育相互之间融通协作不够。三是“浅”，指“表层推进”，就五育谈五育，只是停留在就事论事的手段层面，没有从上位的目标层面即从“培养什么人”的层面推进五育并举。四是“累”，指“疲劳推进”，体育、美育、劳动教育进入高利害性的考试与评价中，考试科目越来越多，评价内容越来越繁，致使学生、教师和家长谁都不敢掉以轻心，所有这些最后都要有时间去做，都要落到师生尤其是学生身上，要想“不累”也很难[①]。还有学者指出，我国学校教育实践“智育”主导的“疏德”“弱体”“抑美”“缺劳”的格局，以至于有些学生片面发展，存在明显的短板甚至偏废的问题[②]。具体表现为德育形式空洞，智育唯分数论，美育不被重视，劳动教育缺位。不仅难以形成合力，有时还会肢解甚至消耗“全面发展”的整体性。

现实中，德智体美劳五育之间的横向融通和纵向衔接还没有落实到位。“五育”融合育人的格局尚未真正建构起来[③]。各学段在五育的功能定位和育人目标方面缺乏有效的衔接机制，小学、初中、高中与高等学校的德育、体育、美育、劳动教育四方面缺少制度方面的设计和协调，不能实现有效的衔接和有机整合[④]。德智体美劳全面发展更多停留在理念层面，基本是由各学科课程简单组装起来，课程设计和布局部署上普遍存在碎片性、分割性、零散性、断续性现象，难以形成德智体美劳全面培养的纵、横向立体化合力。由于我国各地域经济发展水平和文化特点的差异，导致德智体美劳的资源分配不均衡，各地五育发展存在较大差异[⑤]。中小学和高等学校实施五育的途径狭窄，形式单一，模式较为陈旧。可见，大中小学德智体美劳“五育并举”一体化课程建设成为新时代幸福教育追求平衡充分发展亟须研究的课题。

（二）新时代五育并举课程建设的基本原则

德智体美劳“五育”并举学校课程建设是一项艰巨复杂的系统工程，为保证其科学性、针对性和实效性，在设计和建设过程中必须坚持如下基本原则[⑥]。

1. 平衡与充分发展相统一的原则

平衡的哲学含义是指矛盾暂时的、相对的统一。矛盾的对立面既统一，

① 褚宏启. 五育如何并举[J]. 中小学管理，2021(06)：60-61.

② 杨清. 五育并举视野下普通高中课程体系的构建[J]. 中国教育学刊，2021(06)：45-50.

③ 宋敏娟. 教育与生产劳动相结合的时代内涵及其实现途径[J]. 毛泽东邓小平理论研究，2019(01)：15-19.

④ 姜殿坤，李英蔼. 我国高等学校美育实施中存在的主要问题及解决对策研究[J]. 国家教育行政学院学报，2018(06)：62-68.

⑤ 高飞. “五育并举”理念融入高校学生管理工作研究[J]. 经营与管理，2016(06)：152-154.

⑥ 孟万金，姚茹，苗小燕，等. 新时代德智体美劳“五育”并举学校课程建设研究[J]. 课程. 教材. 教法，2020，40(12)：40-45.

又斗争,并在一定条件下互相转化,推动着事物的变化和发展。对立的统一是有条件的、暂时的、过渡的、相对的,而对立的斗争则是无条件的、绝对的。可见,平衡里的统一为发展提供条件;平衡里的斗争则直接推动发展。而充分发展则是指应有的足够发展或尽量发展,既要发展到位,又不能发展越位,即必须在平衡的"度"的范围内实现最优发展。具体到五育并举,德智体美劳之间存在着复杂的双向互逆的动态关系,各育之间矛盾的对立统一构成了个体全面发展的内在机制和根本动力。德智体美劳之间的平衡表现为五育之间的相对统一,但这种平衡不是静止的,其内部充满着不停的斗争,这种斗争推动着五育的充分发展,从而打破旧的平衡,通过发展进入新的平衡,形成良性循环,螺旋上升。因此,德智体美劳"五育"并举学校课程建设首先要坚持平衡与充分发展相统一的原则。

2. 连续性和阶段性相统一的原则

德智体美劳五育并举学校课程建设覆盖大中小学各阶段,必须构建纵向有效衔接的接力育人课程体系。个体的发展不是一种绝对的、无联系的或突变的过程,而是一种量变质变过程;当量变达到一定程度,就会发生质变。量变表现出连续性,质变表现出阶段性。一直以来,各学科基本以知识系统的逻辑设计学科发展,缺乏对人的德智体美劳全面发展的综合性的纵向考量。根据皮亚杰提出的认知和道德发展四阶段论,尤其是科尔伯格在皮亚杰四阶段论基础上细化出的个体道德发展的三水平六阶段论,以德育为纲,科学有序地设计好由低向高各年级、各学段五育并举课程的纵向有效衔接和螺旋上升。根据维果斯基的"最近发展区理论",纵向衔接点应控制在个体"现有的独立解决问题的水平"和"通过成人或更有经验的同伴的帮助而能达到的潜在的发展水平"之间的区域,保证德智体美劳五育并举学校课程建设既循序渐进,又不失时机地实现跨越式发展。

3. 分科性与综合性相统一的原则

立德树人背景下五育并举内在机制和规律深刻说明了五育并举的各维度(及其下属各学科)的相对独立性和有机统一性。随着脑科学的快速发展,学界逐渐达成一个共识,即大脑的功能和活动规律是分工化与网络化的有机统一。分工化是指人的各种心理行为活动在大脑内部都有专门对应的功能区,各功能区主要负责加工处理其对应的心理行为信息;网络化是指大脑内部的各功能区在加工处理其对应的心理行为信息时,不是孤立进行的,而是在其他相关功能区的协同下完成的,呈现出联动性、网络化特点。具体到德智体美劳五育并举，既要根据五育在大脑的功能分区科学设计各分科的专项教育教学，同时注意各维度各学科教育教学的五育综合性、整体性，做到点面结合。分科性课程有利于彰显德智体美劳各育所包含的各学科的特点和优势，有利于体现学科知识系统内部的独特规律，取得重点突破的专门效果。综合性课程有利于彰显各学科五育并举的一般特点和规律，有利于优势互补，实现整体大于部分之和的综合效应。因此，德智体美劳五育并举学校课程建设要统分结合，既要注重五育整体向各学科的分散渗透，又要加强各学科向五育的集中整合。

4. 课程的改良性与创新性相统一的原则

目前，我国落实五育的课程体系主要包括国家、地方和校本三级课程。国家课程是统一规定的，覆盖德智体美劳各育，是学校课程体系的龙骨和主导，具有权威性、主导性和强制性，对地方课程和校本课程具有统领作用，必须毫无折扣地开足开齐。地方课程是以国家课程标准为基础，根据地方需要，充分利用地方课程资源而开发、设计、实施的课程。校本课程是对国家和地方课程的补充，是以学校为本位、由学校自己开发的旨在发展学生个性特长的、多样的、可供学生选择的课程。五育并举课程建设一是将现有三级课程向五育并举课程的转化改良，即增强现有三级课程五育并举意识和成分；二是创新增设五育并举专门或专题校本课程。在改良和创新时要坚持改良性与创新性相统一的原则，以德智体美劳平衡充分发展红线贯穿改良与创新全过程，优势互补，切忌三级课程简单相加或两张皮三张皮甚至相互抵消、内耗，更不要造成额外课程负担。

二、新时代幸福课程建设的重心

新时代幸福课程建设的重心则是围绕“五育融合育人”，深挖现有国标课程、地方课程和校本课程三级课程的幸福资源，厚植其幸福底色，提升其幸福含量，增强其幸福动力，收获其幸福效果，从而实现播种幸福、孕育幸福、分享幸福、升华幸福的目的。

（一）运用学习科学优化三级课程教学设计

课程和教学设计一直是学习科学的重要研究领域。学习科学最新研究成果在课程设计中的成功运用表明，必须坚持“四中心”原则，见表18-1。

表 18-1　学习科学关于课程设计原则和路径

设计原则	要　求	实现途径
学习者中心	充分考虑学习者的原有知识、经验基础和个性特点	使用问题清单析出学习者的原有想法、由学习者记录并通过实践和反思验证想法
知识中心	使新知识与学习者的原有知识有机结合,并使知识与其应用的情境条件结合起来	从学习者的生活经验出发设计情境、设置认知冲突,引起学习者反思,促使其使用证据证明自己的观点
评价中心	持续、即时地提供反馈,以反馈促进学习者反思	教师即时的反馈、计算机的客观评价、学习者自评、学习者之间互评
共同体中心	为交互创造条件,帮助学习者之间形成一致的见解	设计支持交互的沟通工具、交流平台,组织活动让学习者进行讨论

裴新宁归纳总结了近五年主要发达国家或地区基础教育课程变革中运用学习科学优化创新课程范式的经典样例[①](见表 18-2),开阔了幸福教育课程建设的国际视野。

表 18-2　近五年主要发达国家或地区基础教育课程变革中涌现的新课程范式样例

课程范式	主要例子
学习者中心的课程	• 澳大利亚最新全国性课程改革规划(1~12 年级“以学生为中心”的课程框架,以及相应的课程设计、发展、实施、评价的框架和模板) • 美国的以儿童为中心的课程项目:“城市建设”
追求深层理解力培养的课程	• 澳大利亚全国性高中新课程(以学生为中心,以“深度理解”为学科课程设计指向) • 美国哈佛大学提供的“面向理解的学与教”(LTFU)课程与教学框架 • 美国高中先修课程(AP)数学及科学项目及美国教育部“2007—2012 教育发展战略”中关于 AP 的政策 STEM 教育课程计划
指向个体道德性、社会性和智力性全面发展的课程	• 美国的儿童发展项目(CDP) • 中国香港高中“社会与生活”课程纲要 • 法国的“学校变革”课程项目
促进卓越素养的非正式环境中的课程	• 欧洲发达国家以“核心素养”为基石的课程设计(将非正式环境中的学习纳入学校课程体系) • 英格兰幼儿园至高中“卓越课程”方案及“户外学习计划” • 美国国家研究理事会“非正式环境中的科学学习”项目 • 日本新《学习指导要领》及以“生存之力”发展为核心目标的学科课程要求(参见文部科学省 2008)

① 裴新宁.学习科学研究与基础教育课程变革[J].全球教育展望,2013,42(01):32-44.

续表

课程范式	主要例子
技术增进学习的课程	• 美国很多州和选区为教师开发的与内容标准相切合的基于网络的课案和评价材料,以及远程学习项目 • 美国及澳大利亚的数据驱动的教育决策与实践改进运动 • PECASE(法国:师-生理科教学与学习指导系统) • WISE(美国:基于网络的科学探究环境)

(二)运用脑科学优化三级课程学习设计

基于脑的学习是在教师精心编排的沉浸状态的基础上,引导学生在放松的情况下完成知识的积极加工,以达到学习效率的最大化。因此,高效学习必须保证课程设计符合脑科学规律,运用脑科学前沿研究成果优化三级课程,从而获得更大幸福感。

凯因夫妇20世纪提出的基于脑的学习的十二条原则(见表18-3)[①],对于课程构建以及教与学具有重要意义,用到如今的幸福课程建设仍然具有指导价值[②]。

表18-3 基于脑的学习的十二条原则

原　　则	内涵解释
脑是一个并行处理器	脑能够同步处理多项事务,高效的教学应该对同一教学内容设计包含多种信息通道的实施方式,如教学过程声音、画面、动作与强烈的视觉冲击一道发挥作用,模拟大脑在自然状态下对信息的接收方式,能够让知识要点在脑中留下更为深刻的印象
脑是具有社会性的	脑首先为生存而存在,社会各种因素必然会影响脑的学习行为。脑的运行遵循生理规律,威胁、压力、营养条件差都可能降低脑的学习效率,愉悦、成就感等因素能够提高学习效率。因此,要想让大脑高效工作,必须营造一个没有生存压力的学习环境。教师更应在教学过程中避免对学生造成隐性的威胁,尽量避免使用攻击、侮辱性的语句,同时注重学生在压力、营养等方面的引导
对意义的搜寻是与生俱来的	大脑的生存本质使大脑在习得新知识的同时会搜寻意义,无意义的事物很难在脑中留下深刻的印象。因此,基于脑的学习倡导提供一种稳定和熟悉的学习环境,以满足大脑巨大的好奇心以及对新奇事物挑战的渴望

① 程虹."基于脑的学习"研究性课程的开发与实践[D].上海:华东师范大学,2011.

② 孟万金.新时代教育教学创新的使命与路径[R].天津:2020全国教育教学创新与发展高端论坛,2019.

续表

原　则	内涵解释
对意义的探究通过模式化而发生	大脑整合所获得的信息有着固定的模式，同一种信息对于不同的学习者有着不同的加工方式，对某一学习者很有意义的知识可能对另一学习者毫无意义。对于教师来说，应该在尊重学生固有学习模式的基础上，逐渐促使学生形成适应常规教学的模式
情感对于模式的创建非常重要	情感与认知不可分割，个人期望值、偏见和成见、自尊以及对社会活动的需要等情感会影响到大脑对于意义的构建。情感对于记忆也至关重要，因其可以促进信息的加工存储。由任何课或生活经验所产生的情感效果可以在引发它们的特定事件之后，长时间印记在脑海中。教育工作者应该努力营造相互尊重和彼此接受的教学氛围，合作的学习等方式能够形成良好的情感氛围
脑同时对部分和整体进行加工	现代脑科学已经否认左右脑教育学说中关于左右脑绝对分工的说法，但右脑侧重整体思维，左脑偏向局部思维的说法仍有其科学性。无论忽略了局部还是整体，都会对大脑的认知行为产生影响。基于脑的学习主张构建整体与部分相结合的教学情境，让单个的教学知识在整体的环境中发挥作用
学习既包含集中注意，又包含边缘性感知	大脑能够对教学或沟通中发生的全部感觉情境做出反应，学习内容之外的信息输入称为边缘感知，学习既包含集中注意，也包含边缘性感知。教师应该注意将处于学习者注意焦点之外的材料组织起来，除了传统所关心的噪声、温度等因素影响外，边缘设备还包括视觉形象，诸如图表、图解以及事先设计的大量艺术作品。有经验的教师也可采用音乐作为增强和影响信息自然获得的手段，用边缘性感知促进知识的学习
学习总是包含有意识和无意识过程	通过边缘方式感知的信号往往是在不知不觉中进入大脑，进而被无意识地加工，相对于有意识地学习，这种信息获取方式被称为无意识学习。基于脑的学习主张帮助学生在无意识学习加工中获取最大的信息量。教师应该允许学生回顾自己的学习过程，在反思和元认知过程中了解自己的学习风格，对无意识获得的信息作有意识的加工
记忆有两种组织方式：空间记忆和机械记忆	其一为空间记忆，该记忆形式无须通过专门的演练，主要作为经验而存在，如回忆前天的晚餐内容，回忆的内容是以三维空间状态存在于大脑内。另一种记忆形式为机械记忆，专门用于存储无明显关联的信息，这些信息与技能孤立于已有的知识和经验，需要多次机械记忆和重复才能被记住。空间记忆系统是由新颖性驱动，更容易获取意义而不容易被忘记，机械记忆系统为无关事实的大量堆积，知识点不易形成迁移，易造成学习者的疲惫和厌倦，信息的提取也相应较为缓慢

续表

原　　则	内涵解释
当事实与技能镶嵌在丰富的空间记忆中时,记忆能达到最佳化	教学应尽可能地利用空间记忆系统,因此可以在教学中"镶嵌"大量事实和技能性内容,如课堂演示、实地考察、直观的视觉影像、场景表演、故事叙述、隐喻、互动等,以形成类似真实生活的教学场景,帮助学生理解记忆。教学的成功取决于通过使学习者沉浸于大量的情境与互动经验之中,从而调动学习者所有的感官,在这种状态下,脑的理解与记忆最佳
复杂的学习被挑战所促进,被威胁所抑制	脑获得适当挑战后能以最优的方式学习,但当挑战过大而造成威胁时,脑的反应反而会变得迟钝。这可能是因为作为边缘系统一部分的海马是脑对压力感觉最为敏感的部分,当处于威胁状态时,海马传递作用会受到影响。基于脑的学习主张在学生中创造一种放松的警觉状态,即提供一种低威胁和高挑战并存的氛围,以使大脑的学习机能达到最大化
每一个大脑都是独一无二的	学习能够改变脑部结构,随着学习过程的进行,学习者逐渐会形成有别于他人的信息获取方式,形成视觉型、听觉型和触觉型等不同偏爱,固定单一的讲授方法很难满足每个学生的需求。因此,为使所有学生都能从自己所喜爱的方式中获得信息,教师应采取多种方式传授学习内容,这种方式同时还能达到模拟复杂的生活情境的作用

参考上述十二条脑科学原则构建幸福课程,不论是德智体美劳五育并举的龙骨课程,还是专门提升幸福感的通识课程,都会大幅度提升课程的获得感和幸福度。

三、新时代幸福课程建设的策略

在国家规定的课程中,目前还没有专门提升学生幸福感的显性课程。地方和校本课程里也不多见。因此,各校构建和开设校本特色的幸福课程就成了新时代幸福课程建设的新生长点。这类校本幸福课程可以聚焦三个方面:一是直接培养学生幸福感成分的通识课程;二是增强学生幸福感的积极心理品质培养课程;三是消极心理品质防治课程。

(一)直接培养学生幸福感的通识课程

我们团队在参考国内外大型调查项目、研究机构和幸福感相关研究成果的基础上,研发了中国中小学生综合幸福感量表。量表由道德幸福感、心理幸福感、学业幸福感、健康幸福感和社会幸福感五大分量表构成,包括

17个因子①。提高学生幸福感最直截了当的课程就是针对学生幸福感成分构建对应的课程,缺什么补什么,针对性强,效果自然来得快。17个因子对应的通识性幸福选修课程包括以下几个。

1. 生命安全和生活习惯课程

围绕生命安全和生活习惯等生存要素设计课程,教育学生热爱生命、珍惜生命、养成健康的生活习惯和预防不良生活习惯(如熬夜、不讲卫生、贪吃垃圾食品、抽烟酗酒等)。

2. 仁义廉耻课程

围绕仁爱与正义、廉洁方正、知耻设计课程,教育学生不做脸皮厚、厚颜无耻、不知羞耻的人。

3. 同伴关系课程

围绕良好的同学同伴关系设计课程,教育学生学会与同伴相处,学会交友、赢得好感、互助互学等。

4. 学习动机课程

围绕激发和保持学习动机、学习热情、学习兴趣设计课程,教育学生保持动机适合状态,变“要我学”为“我要学”,减轻学习的心理负担。

5. 友善忠勇课程

围绕对人友好善良、忠诚、勇敢设计课程,教育学生友好待人,与人为善,为人忠厚,坚毅勇敢,又不鲁莽愚勇。

6. 学校归属感课程

围绕热爱学校、喜欢学校的积极情感设计课程,教育学生要有学校主人公态度,关心爱护学校荣誉,积极为学校增光添彩,以学校为自豪,与学校共荣辱等。

7. 亲子关系课程

围绕学生与父母或长辈保持亲密互动关系设计课程,教育学生孝敬家长,学会感恩,体谅和理解父母,为父母分担家务和负担,为家庭建设多做有益的事情,尤其青春期叛逆的学生,要少惹或不惹父母生气,享受家庭的温暖。

8. 自主发展课程

围绕学生自我独立成长等设计课程,教育学生逐渐学会独立思考、自主计划、自主管理、自主决策、自主劳动、自主反思、自主承担结果,逐渐发展成为一名合格的公民等。

---

① 孟万金. 构建立德树人幸福教育新体系[J]. 中国特殊教育,2019(11): 10-15.

9. 积极礼孝课程

围绕积极人生观、积极态度、积极习惯和讲礼仪、懂礼貌、孝敬父母和长辈等设计课程,教育学生学会积极地为人处世,积极面对挑战、考验和机遇,文明礼貌,尊敬师长,孝敬长辈等。

10. 学习投入课程

围绕学习时间和精力投入等设计课程,教育学生勤奋好学,更要善学巧学,训练思维的深刻性、创新性,提高学习效能和质量,减轻学习负担等。

11. 课外体育锻炼课程

围绕阳光体育设计课程,教育学生懂得身心健康的相互促进性以及阳光下体育锻炼不仅提高体质体能,还能提高幸福感,引导学生找到自己擅长的体育活动爱好,坚持体育活动,为自己注入身心正能量等。

12. 师生关系课程

围绕如何增进师生之间的感情等设计课程,教育学生学会与教师交流互动,赢得老师好感,矫正对教师偏见,不断从教师那里获得积极情感和赞赏等。

13. 身心健康课程

围绕如何保证身心健康等设计课程,教育学生如何锻炼身体,坚持体育锻炼,每天阳光锻炼至少一小时;科学预防疾病,远离毒品等,尤其预防心理疾病,化解心理痛苦,保证身心和谐发展等。

14. 防治消极情绪课程

围绕如何预防和矫治消极情绪等设计课程,教育学生学会远离忧愁、悲伤、愤怒、紧张、焦虑、痛苦、恐惧、憎恨、抑郁等消极情绪,提前预防和及时化解消极情绪,遇事善于从积极方面去审视和推测,切勿形成消极情绪习惯等。

15. 关注未来课程

围绕如何树立远大理想、关注未来前途等设计课程,教育学生学会职业生涯规划,既要有近期目标,更要有中期、长期目标,懂得舍和得辩证法,形成发展定力等。

16. 学习策略课程

围绕如何学会学习、减负增效等设计课程,教育学生学会学习的一系列策略,如高效预习、听课、记笔记、做练习、复习、考试等策略。

17. 积极情绪课程

围绕如何培养积极情绪和积极态度等设计课程,教育学生学会从积极的视角、用积极的眼光看待人和事积极的一面,给自己和他人营造积极情绪氛围,从而提升幸福感等。

（二）塑造积极心理品质的通识课程

积极心理是幸福的源泉和基石。塑造积极心理品质的通识课程内容主要围绕学生积极心理品质六大维度和21项具体品质来构建校本课程。

1. 认知维度——知识和智慧课程

认知必备和表现出的积极心理品质主要包括创造力和好奇心、热爱学习、多角度看问题、思维和洞察力四大方面。

2. 情感维度——人际和社交课程

情感必备和表现出的积极心理品质主要包括爱和被爱、社交智力两大方面。

3. 意志维度——恒心和毅力课程

意志维度必备和表现出的积极心理品质主要包括热情活力、勇敢和坚持、真诚三大方面。

4. 律己维度——节制与谦让课程

律己必备和表现出的积极品质主要包括谦虚、自制、宽容和审慎四大方面。

5. 利群维度——公正和合作课程

利群必备和表现出的积极心理品质主要包括领导力、团队精神、公平三大方面。

6. 超越维度——信念和境界课程

超越必备和表现出的积极心理品质主要包括感恩、审美、幽默、信念、希望/乐观五大方面。

谢恩·罗普兹等选取美国四个主流咨询心理学杂志进行内容分析，将积极心理品质按频次由多到少做了归纳和总结，具体内容及顺序为：[①]价值观、道德规范、自我效能、成就、自尊、调节、应对、移情、目标设置、自我概念、问题解决、自我控制、亲情、思想开放、现实化、幸福感、动机、希望、适应性、一般能力、领导力、生活满意度、创造性、洞察力、见识、乐观、灵性、道德判断、情感智力、爱、生命力、积极情绪[②]。这也可作为积极心理品质课程研发的依据。

（三）防治消极心理品质的通识课程

与积极心理品质对立、缺乏或夸大的品质都是在不同程度上的消极心

---

① Shane J Lopez. Counseling psychology's focus on positive aspects of human functioning[J]. The Counseling Psychologist, 2006, 34(02): 205-227.

② 孟万金. 论积极心理健康教育[J]. 教育研究, 2008(05): 41-45.

理品质,极端到一定程度就会导致心理障碍。表 18-4 中不仅积极品质栏目中要素的适当增加可以直接反映出积极心理健康教育的成果,而且对立、缺乏或夸大栏目中现象的减少也可以反映出积极心理健康教育的成果。

表 18-4　消极心理品质/障碍分类

积极品质	缺乏	对立	夸大
认知方面的消极心理品质/障碍			
创造力	循规蹈矩	守旧/陈腐	古怪
好奇心/兴趣	平淡	倦怠	偷窥癖,爱管闲事
批判性思维	不假思索	轻信/盲从	吹毛求疵
热爱学习	安于现状	厌学/不思进取	自恃清高
智慧	浅薄	愚蠢	诡计多端
勇敢方面的消极心理品质/障碍			
勇气	惊骇/胆怯/胆小	怯懦/懦弱	愚勇
坚韧性	懒散	无助	痴迷成瘾
正直/诚实	虚假/虚伪	欺骗	幼稚/没心没肺/一根筋
生命活力	抑制/消沉	悲观厌世/轻生	多动
人际交往方面的消极心理品质/障碍			
爱心	孤立/孤单	孤独症	情感混乱/早恋
友善	冷淡,不关心	仇恨/欺凌弱小	多管闲事
社会智力	淡漠	社会适应不良/反社会人格	哗众取宠
公民素质方面的消极心理品质/障碍			
公民性	自私	自恋	沙文主义
公正	偏心/偏袒	妒忌	一刀切/绝对平均
领导力	顺从	逆反	专制/武断
律己方面的消极心理品质/障碍			
宽恕	冷酷无情	报复	放纵
谦虚	半瓶醋	骄傲自大	自卑
谨慎	粗心大意	草率鲁莽	古板
自制	放任自流	冲动	自虐/自残
情感方面的消极心理品质/障碍			
崇尚美和美德	失去感觉	丑恶	完美主义
感恩	利己主义	忘恩负义	感伤
希望	失望	绝望	空想
幽默	呆板	易怒	庸俗
信仰	迷茫	怀疑	狂热,盲信

四、新时代幸福课程建设的着力点[①]

构建五育并举幸福课程,人是第一位的要素[②]。首先,要组建五育并举幸福课程建设团队。团队成员包括学校领导、德智体美劳各育骨干教师、学生代表、家长代表、社区代表、特邀专家学者等。其中学校领导挂帅,思政课教师掌舵,心理教师领衔,班主任为骨干,各科教师为生力军,专家学者为顾问,学生代表、家长代表、社区代表参与。工作重点为五育融合与幸福渗透双管齐下,研发纵向衔接、横向贯通的五育融合幸福课程,既包括对现有三级课程幸福感的转化、优化,也包括校本课程的新增。其次,优选五育并举幸福课程建设的突破口。建议从三方面入手,一是加强现有三级课程五育融合和幸福渗透度,教师通过选择、改编、整合、补充、拓展等方式,对三级课程再加工、再创造,使之更符合五育全面发展的需要,更具有幸福感。二是根据不同学段不同年级五育发展特点和需要,依托幸福通识课程,进一步设计开发五育并举校本幸福课程。三是系统优化,增强五育并举幸福课程实施质量和效益。具体着力点如下[③]。

系统优化五育幸福课程比例。目前的五育课时分配还存在一定的主观性,究竟各育的课时比例如何系统优化才能实现整体功能大于五育各部分功能之和？这还有待进一步探究。但根据据调查发现,29.91%的学生建议在五育总课时量不变的情况下,急需增加课时量的项目是体育,其次是美育(占比为22.2%);32.22%的学生认为急需减少课时量的首要项目是智育(远超其他四育)。学校可以开展这方面的实验试点。尤其是“双减”政策的实施,学校托管时间延长,学校可以充分利用“双减”腾出的时间空间,合理增加劳动教育、体育、美育活动。校本课程建设也必须充分重视美育和体育,社团活动或兴趣小组也要加大美育活动力度,切实执行学生每天体育活动两小时的规定。

系统优化各学段各层次五育并举幸福课程。调查发现,小学、初中和高中各学段学生五育发展存在不同层面,优化学校五育并举课程实施应结合

① 孟万金,张冲,姚茹.“五育并举”视域下“融合教育”的中国智慧——从“有教无类”到“随班就读”再到“走班选读”[J].教育理论与实践,2023(07):8-12.

② 孟万金,姚茹,苗小燕,等.新时代德智体美劳“五育”并举学校课程建设研究[J].课程·教材·教法,2020,40(12):40-45.

③ 孟万金.中小学五育并举课程实施的学生向度考察及改进[J].当代教育科学,2022(03):18-24.

各学段学生五育发展不同层面的特点和规律，提高针对性和实效性。比如，小学段的学生自评五育发展存在三个层面，且达到统计学上的差异显著水平：第一层面为德育，第二层面为智育和劳动教育，第三层面为体育和美育。因此，小学生五育并举课程实施重在致力于上述三个层面的系统优化，即抓两头促中间——在巩固第一层面德育效果的基础上，重点加强第三层面的体育和美育课程建设，进而促进中间第二层面的智育和劳动教育课程建设。初中和高中学生五育发展现状的自评排序完全相同，存在四个层面，且达到统计学上的差异显著水平。即第一层面为德育，第二层面为劳动教育，第三层面为智育，第四层面为体育和美育。因此，中学生五育并举课程建设重在致力于实现上述四个层面的系统优化，其系统优化策略可以与小学段基本相似，同样可以采用抓两头促中间策略。只不过是中学段的中间两个层面是由小学段中间一个层面分化而来，所以，中学段的抓中间内涵（“劳”与“智”分开）与小学段的中间内涵（“劳”与“智”合一）本质是相通的。

系统优化不同性别五育并举幸福课程。由于学生性别不同，身心发展也各有自身特点和规律，因此在五育发展上也表现出性别差异，因此，五育并举课程实施也要根据性别在五育上的不同特点和规律做到细化和优化。调查发现，尽管中小学生对自身五育发展的自评得分整体上不存在性别差异，但落实到五育各维度，则不难发现一定的性别特点。具体而言，男生的智育和体育自评得分高于女生，德育、美育和劳动教育自评得分低于女生，均达到统计学的显著水平，见图 18-1。这与男生整体心智和体格发展优于女生，而性情、审美和勤劳弱于女生有关。因此，对女生要加大体育和智育

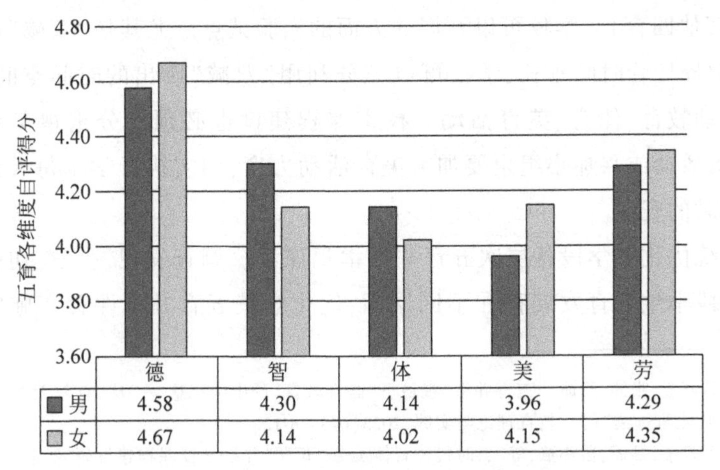

图 18-1　中小学生不同性别五育各维度自评得分

力度,对男生要加大德育、美育和劳动教育力度,以便实现五育并举无性别差异的整体和谐、充分发展。

案例

广州市番禺区：幸福教育课程“4+3”模式的构建与实施①

幸福教育课程是针对中小学生实施的心理健康教育课程,目标是通过培养积极心理品质来增强学生的幸福感,提高学生持续幸福的能力。广州市番禺区在孟万金教授指导下,构建出了适应本区广大学生需求的幸福教育课程模式——“课内四要素+课外三活动”模式(简称“4+3”模式)。

在前期准备中,采用孟万金教授团队编制的中小学生积极心理品质量表对番禺区10所不同层次中小学的3900多名学生进行了测评,以便了解番禺区学生积极心理品质及主观幸福感的现状②。通过进一步的分析,发现不同心理品质对个体主观幸福感的各维度具有不同的预测力。就本次问卷调查的结果来看,热情、公平等15项积极心理品质对番禺区中小学生的生活满意度有显著预测力；因此这15项积极心理品质的培养,便是幸福教育课程的具体目标。其中小学阶段,幸福教育课程以培养“坚持”“热爱学习”“勇敢”“创造力”这4项积极心理品质为主要内容；初中阶段,幸福教育课程则重点是培养初中生“好奇心”“热爱学习”“团队精神”“洞察力”“感恩”及“爱”这6项积极心理品质；高中阶段,幸福教育课程将培养学生“乐观”“热爱学习”“公平”“爱”“社交智慧”“热情”“真诚”7项积极心理品质作为课程的主要内容。

根据各学段学生的差异,以及循序渐进的规律和适应性原则,对各学段的课程目标具体化,其中小学阶段幸福教育课程以“发现优势、感受幸福”为主要目标,初中阶段将“理解优势、体验幸福”作为主要目标,而高中阶段的主要目标则是“发展优势、创造幸福”。

一、课程模式的内容与实施

(一)课程模式的内容

番禺区制定以积极心理品质培养为核心的《番禺区中小学幸福课程纲要》,编写教材《番禺幸福学堂》；进行幸福教育实验建设,有序地建构幸福教育课程体系,科学地在全区推广实施；并通过实验研究和个案研究检验课

① 广州市番禺区教育局教学研究室阳作香主任供稿(字词有微调)(2020年1月)。(孟万金教授多次亲临该区全面指导)。

② 张冲,孟万金,王新波. 中职学生积极心理品质现状调查和教育对策[J]. 中国特殊教育,2012(19):80-85.

程实施，借助多元化课程评价体系，对课程目标的达成度和实效性进行评价研究，进一步完善幸福教育课程。

随着研究的深入开展，番禺区逐步构建出“课内四要素+课外三活动”的幸福教育课程模式，简称“4+3”模式。其中，“课内四要素”包括课时设置、教学安排、教学策略、课程评价。“课外三活动”分别指感恩拜访、幸福墙和21天幸福实习生三个活动（见表18-5）。

表18-5　番禺幸福教育课程“课内四要素+课外三活动”模式

课内四要素	课时设置	周课时0.5节，在5~6年级、7~9年级和高一的心理健康和班队活动课中开设
	教学安排	各学段安排3~5个主题单元，分别培养4~7项积极心理品质。各学段都有“优势与幸福”和“热爱学习”两个主题，其他主题按需开设
	教学策略	幸福课的四个环节：心海启航（激趣）、心海击浪（体验）、心海拾贝（感悟）、心海扬帆（拓展）
	课程评价	注意评价主体和评价内容多元化。研发了“幸福教育课程效果评价模式”和“幸福课堂评价表”
课外三活动	感恩拜访、幸福墙和21天幸福实习生	

（二）课内四要素

1. 课时设置

番禺区教育部门要求各校切实加强对幸福课程开展的管理，在5~6年级、7~9年级和高中开设该课程，可在心理健康、品德和综合实践课中开设，也可与主题班会、少先队、团队活动相结合。各级各类学校既要积极创造条件，又要从实际出发，有计划、有步骤地开设该课程。本课程应注意防止德育化、学科化的倾向，也不能简化为幸福课知识或理论的传授，更不能把幸福课程看成是中小学品德课的重复。

同时，积极开展幸福课程师资培训，各级教育行政部门积极组织从事相关教学的教师进行专业培训，把该培训列入当地和学校师资培训计划以及在职教师继续教育的培训系列①。

2. 教学安排

教学是落实课程标准、实现幸福课程目标的主要途径。应坚持新课程改革的理念和要求，进行教学创新，提高实效性；应以本课程标准为依据，遵循中小学生身心发展和心理品质形成的客观规律。

① 伍清文，阳作香，魏楚珊. 铸幸福教育品牌　立上品教化境界——基于积极心理品质培养的幸福课程实践研究[J]. 课程教学研究，2018(09)：84-87.

（1）准确把握幸福教育课程的内容体系

番禺区幸福教育课程建议在小学五年级、初一和高一年级开设。各学段安排3~5个主题单元，分别培养4~7项积极心理品质，每项品质根据需要安排若干课时。其中，各学段都安排了“优势与幸福”的探讨，以及“热爱学习”这一积极心理品质的螺旋式发展。教学目标遵循“课程总目标—学段目标—主题目标”逐层递进原则，有助于教师整体把握，有步骤地实施。

（2）灵活重组课程内容

各校可以根据本校学生实际需要，有所侧重地培养若干项积极心理品质，部分专题的学习内容需要较长时间的准备或实践，任课教师可按需调整。如钟村中心小学，根据幸福教育小学阶段主要的课程目标（培养学生“勇敢、坚持、热爱学习、创造力”四项积极心理品质），结合本校学生的实际情况，植根学校“真人教育”特色文化，以“积极、互助”为幸福教育特色理念，积极培养学生“敢于担当、敢讲真话、敢于实践、敢为人先，善于锻炼、善于学习、善于合作、善于展现”的“四敢四善”时代真人，逐步形成了“积极求真、互助助人”的幸福教育特色，并以此为契机，展开课题研究。

（3）精心准备研学设计和研学案

结合番禺区“研学后教”的经验成果，幸福教育课程研学目标要将教学目标转化为学生的学习目标，让课程目标落到实处，力求形成“把体验时间交给学生、让发展需求成为中心、使感悟过程走向成长”的课堂特色。既借鉴了其他学科教学的经验，又对其加以改进，形成了具有心理特色的“研学后教”模式。在此基础上，开展同课异构等听评课模式，区内教师相互学习，课堂教学日趋成熟，并打磨出很多精品课例。

（4）合理采用整合建议

针对每个专题，课程标准都提供了“整合建议”，可结合班会、学科教学或其他相关活动进行。教师需根据相关目标和建议，结合学生的实际情况，创造性地加以运用。

番禺区教育部门鼓励各实验学校和教师，在遵从幸福课程理念的基础上，结合本校实际及优势资源，丰富幸福课程实践的方法与途径。例如，星海中学编写了积极心理健康教育校本教材《心灵有约》（上、下册），同时，还编写了幸福教育实践活动案例集《快乐学习幸福相约》。石楼镇中心小学结合本校情况，着重加强五、六年级学生在专注、创造力等智慧板块积极心理品质的培养，如排演校园心理剧。同时，许多实验校也创造性地使用“幸福心理本”“幸福银行存折”，记录幸福课感受。

3. 教学策略

课堂教学强调以人为本，在幸福教育教学中应充分发挥学生的主体作用，调动学生的积极性，教师要用自己的教育机智去引导学生，用情境创设等方式去感染学生，从体验中获得情感、产生思考、形成领悟、转化行动，让“感受、感知、感悟、行动”常态化为行之有效的教学模式。番禺区共开展60多节幸福主题的交流课，在2015年10月举办的全国心理健康教育活动课比赛中，石二春老师获得一等奖。

幸福教育课程的每个单元都设置了若干专题，并说明了学习目标。教师根据该目标及内容，结合学生的实际情况创设具有感染力的心理情境，结合体验性强的教学方式，开展富有启发意义的活动。其课堂教学主要包括以下四个环节。

第一个环节：心海启航，即通过游戏、故事等方式，引起学习兴趣。

第二个环节：心海击浪，即提供各种有趣、实用、易学的活动，引导学生学会自主体验、合作探究。

第三个环节：心海拾贝，即给学生独立思考的空间和时间，感悟身边的幸福。

第四个环节：心海扬帆，即知行合一，以丰富的阅读和多彩的拓展活动，帮助学生巩固良好的习惯与积极心理品质。

4. 课程评价

课程的评价与教学实施、课程开发是一个整体。评价不仅是为了了解学生的学习结果，它本身就是学生丰富多彩的学习过程。幸福教育课程评价倡导开放、多元、整体的评价观，关注成长过程，不安排考试，不设考试成绩和等级。

(1) 评价多元化

一是评价主体多元化，学生既是评价的对象，也是评价的主体，积极鼓励学生自评、互评，鼓励家长与其他有关人员的广泛参与；二是评价尺度多元，用多把尺度取代统一尺度去评价所有学生；三是渠道多元化，收集学生的各种作品，汇集来自各方面的信息，力求全面准确地评价学生。

(2) 评价标准具体化

“认知”“情感”“能力”三个方面的目标是有机联系的整体，在确定一个主题单元学习的评价目标时，要根据主题及专题的性质、特点有所侧重。在活动评价时，既要关注活动的既定目标，又要充分重视心理活动的生成性和学生的真实表现，把预设与生成结合起来。根据不同学校的学生特点及不同专题的具体要求制定具体的评价标准，做到真正贴合实际，共性与个性共生。

(3) 评价方法多样化

本课程评价需结合实际采用多种评价方式，多管齐下，采用的评价方法主要有：问卷调查、课堂反馈、成长资料袋评价、作品分析等。

① 问卷调查

在课程开始前，通过对学生进行生活满意度和主观幸福感测试，筛选出同质学校作为实验校和对照校，确保二者的主观幸福感没有统计学差异。通过前后测的数据对比分，发现经过幸福课程的实验干预后，番禺区中小学生主观幸福感得到了提升。

② 课堂反馈

学生既是课程实施的对象，也是课程的参与者和受益者，学生的主观反馈对课程的评价和改进具有非常重要的意义。因此，本课程针对每一堂幸福课设计了相对应的课堂反馈表以直观它的实施效果。以小学阶段《好奇心看世界》为例，见表18-6。

表18-6　课堂反馈表

序号	内　容	在相对应的数字上打圈
1	我认识到好奇能带来无限的可能	1　2　3　4　5
2	我体验到好奇心带来的愉悦感	1　2　3　4　5
3	我愿意主动学习，探索新知识，多问为什么，积极动手试一试	1　2　3　4　5
4	我觉得课堂内容有趣或有意义	1　2　3　4　5
5	课堂内容符合我的需要，对我有帮助	1　2　3　4　5
6	我喜欢老师在课堂上采用的教学方法	1　2　3　4　5
7	课堂氛围安全自由，老师给予我们积极关注和鼓励	1　2　3　4　5
8	上完课后，我更了解“好奇”这个品质的特点	1　2　3　4　5
9	我觉得自己的“好奇”品质水平得到了提高	1　2　3　4　5
10	在今后的生活中，我很有可能会运用到“好奇”这个优势品质	1　2　3　4　5

请学生根据自己的情况在表中相对应的数字上打圈。本反馈表答案没有对错，仅用于教学反馈，结果保密，请放心作答。1分代表非常不符合；2分代表有点不符合；3分代表一般符合；4分代表比较符合；5分代表非常符合。

③ 成长资料袋评价

成长资料袋评价是指教师和学生有意识地将各种有关学生表现的材料收集起来，以直观反映学生在学习与发展过程中的努力、进步或成绩。以番禺区象圣中学徐妍娜老师组织的“幸福花园”学生成长资料袋为例。“幸福花园”班级文化通过传递幸福卡等形式促进师生、生生间彼此欣赏和感谢，从而促进学生个体关注、发现、发挥并发展积极心理品质，提升幸福感。

④ 作品分析

本课程向全区征集并评选“幸福的十部电影”，推荐给每所幸福实验学校，由学校推荐给学生观看，并鼓励学生把他们的感想、收获写下来。

(4) 结果解释慎重化

教师应客观、全面、谨慎地解释评价结果，客观分析，更要揭示背后深层原因，找出对策。避免以偏概全，避免给学生贴标签，避免产生副标签效应，更要避免将学生“一棍子打死”，确保帮助学生健康、幸福地成长。

(三) 课外三活动

幸福教育课程模式不仅关注课堂教学，同时也考虑到心理健康教育的复杂性、系统性，积极对课外活动加以探索。学生积极心理品质的养成不是一蹴而就的，课堂的感悟和体验仅仅只是品质培养的触发点，将课堂生成的体验在生活中加以实践，从而得到验证和巩固，潜移默化之中，积极心理品质才能得到强化。基于此，番禺区的幸福教育课程模式积极探索课外部分，除了心理知识讲座、素质拓展、心理剧表演等常规的形式外，结合课程目标和课程内容，以学生为主体，开发了感恩拜访、幸福墙、21天幸福实习生三个主要的课外实践活动。以此作为课堂内容的延伸和拓展，把课堂教学和课外实践有机地结合起来，营造渗透心理教育的良好环境，以便更好地达成课程目标，提高教学效果。

1. 感恩拜访

感恩拜访活动在小学、初中、高中均可开展，以“每周拜访一次你爱的人，并记录下幸福感受”为主要内容，老师可根据不同年级段要求拜访的对象、形式、深度、次数等，各校可根据实际情况创造性地加以灵活改动，形成自己的特色。小学中、低年级老师在说明活动时要具体详细，主要以当面拜访的形式对自己喜欢的老师、同学、父母或者亲人说出自己想说的话，并以词语、句子或者图画记录下当时的情况、心情或感受；小学高年级及初中学生可将对象模糊化，如你爱的人、你感激的人，或者对你帮助很大的人，在拜访形式上可加入电话拜访、感恩拜访信等形式；高中学生可拓宽内容和形式，如拜访某个时期的自己，感谢自己当时的努力、坚强、勇敢，如对帮助自己的各公共场所工作人员表达感谢和敬意，如等你赶车的公交司机、帮你寻回羊城通的地铁工作人员等。

感恩拜访活动以培养学生感恩等积极心理品质为目的，在行动中体验感恩的幸福。番禺区农村学校较多,调查发现孩子们表达爱和感激的意识较弱,通过这个活动,不仅增强了学生主动表达爱的意识,而且培养了学生勇敢表达的能力,以及付诸行动的执行力。通过这项活动也调动了我们原本含蓄的家长,有利于良好家庭关系的建立及民主化家庭教养方式的形成,从而全方位提高学生的主观幸福感。

2. 幸福墙

幸福墙作为幸福教育的补充可在各年级段进行,让学生积极关注、形成习惯,发现、欣赏并乐于践行友善等积极心理品质,学会乐观,从而形成健康的积极心态,提高持续幸福的能力。各校可以班级或者年级为单位设置幸福展示区域,让学生将自己本周内感到幸福的事情或者学生的幸福箴言以及对他人的祝福以文字、漫画等多种形式贴在展示区域内。学校也可在校园内设置幸福墙,将学校近期内的幸福跟活力照片加以展示,或是根据不同时间段确定主题,对学生、老师、社会成员加以鼓励和祝福,如校园幸福墙在新学年开学时可定"祝福新生"的主题,考试季可定"考前加油"主题,教师节可定"感恩教师"的主题,等等。

目前,幸福墙活动已在全区中小学生中全面展开,并灵活创新,形成了自己的校园特色文化。如象圣中学的幸福花园班级文化,旨在引导学生积极向同班同学及科任老师表达感恩与欣赏,促进生生、师生间的积极关注与正向沟通。象圣中学在七年级的每个班级都设有一片"幸福花园",花园中有每个同学及每位任课教师的"家"(由同学自己设计的信封)。同学们将他人值得欣赏的积极行为或优势写在幸福卡上,并投递到幸福花园相应的"家"中,每周固定时间,班级幸福引领团队统计每位同学送出和收到的幸福卡数量,对评选出的"幸福使者"和"幸福王者"给予鼓励。

通过幸福墙活动的实施,不仅培养了学生友善、爱、真诚、乐观与希望等积极心理品质,巩固了学生积极关注的习惯,提高了学生的主观幸福感;同时也带动了老师和家长形成积极关注的眼光,促进家校协作,有助于形成积极向上的社会心态。

3. 21 天幸福实习生

番禺区针对小学高年级以及初、高中学生开展了21天幸福实习生活动,让学生有意识地在现实生活中进行幸福感的体验和感知。由简入繁,由浅入深,通过系列活动让孩子带着感悟去反思和总结,从而形成自己的观念,做出行动,从而提高主观幸福感。

21天幸福实习生以21天为一个周期(可固定为间隔时间如每周三、周六),要求学生完成教师规定的幸福任务,在活动中记录下点滴感悟,养成发现幸福的习惯，培养创造幸福的意识，从而主动感恩现在，给予他人幸福。

21 天幸福实习生活动包括了寻找幸福、发现幸福、凝聚幸福、创造幸福、培养幸福、习惯幸福，给予幸福七个循序渐进的环节，各环节可根据不同年龄段及不同学生需求设计不同的幸福任务，每个环节持续时间可根据学生感悟程度灵活安排。下面对各环节的活动进行简单举例介绍。

寻找幸福（第 1~3 天）：①认认真真地为自己写一份《幸福说明书》；②认认真真地为被采访者写下幸福感悟记录；小学生采访 5 个，初中生采访 7 个，高中生采访 10 个熟悉的人（家人、同学、老师），记录要体现出被采访者姓名、职业、采访时间、地点、采访的方式（当面/电话/网络）及被采访者写下幸福感悟记录。

发现幸福（第 4 天）：仔仔细细地分析前一阶段的记录，找出十个幸福关键词，并分析不同个体对幸福定义的异同，尝试描述：什么是幸福？

凝聚幸福（第 5~6 天）：每天随手记下 5 件值得感恩的事情。不需要是很大的事情，可以是微不足道的小事。例如，感谢我有一个温暖的家庭，感谢我有健康的身体……

创造幸福（第 7~8 天）：在睡觉之前，和家人一起回顾，一天下来值得感恩的至少 5 件事情，并随手记下这 5 件值得感恩的事情。如果是家人，拥抱对方，并大声说出感谢的心语；如果是外人，在心底诚挚感谢对方。

培养幸福（第 9~11 天）：根据前四个阶段的调查和体验，使用高层次的思维能力，推想十年之后“我是谁”，描述十年之后我想要拥有的幸福生活及创造过程。（小学生可对理想初中、理想高中、理想大学、理想职业、理想性格、理想能力等进行探索和思考）

习惯幸福（第 12~16 天）：①幸福是一件需要学习的事情，每天尝试一件新鲜事，如习惯用右手的人可以尝试用左手刷牙；②每天尝试一项改变，如学会终止、学会乐观、学会换位思考……

给予幸福（第 17~21 天）：①盘点自己的幸福并记录下来（不少于十条）；②给予比仅仅接受更幸福，制订一份给予幸福计划，并认真实施，记录感受。计划要具体可操作，如“把新年的祝福送给我爱的每一个人，把新年的快乐传递给我爱的每一个人”。

二、实施效果

幸福教育课程模式的实践探索让幸福教育课程目标扎实落地，让学生积极心理品质的培养真实发生，学生的心理素质、心理健康水平及综合素质等各个方面得到了家长、社会的普遍认可和赞誉。21 天幸福实习生活动受到学生和家长的一致好评,家长反馈学生通过这一系列活动学会了理解和包容,更加愿意沟通和交流,等等。

(一)学生方面

通过观察、访谈、问卷调查以及“幸福学生优势故事”作品分析等,可以看出学生内心积极的力量在慢慢提升,会用欣赏的眼光看待自己和他人,同时对自我、学校和学习的满意度有所提升,整体主观幸福感显著提高(见表18-7)。

表18-7 实验组与对照组实验后主观幸福感比较

学段	维度	情绪	实验组		对照组		t
			M	S_D	M	S_D	
小学	生活满意度		5.51	0.91	5.17	0.97	6.66^{***}
	快乐感	正性情绪	5.08	1.29	4.79	1.29	4.40^{***}
		负性情绪	2.40	1.04	2.65	1.04	-4.43^{***}
初中	生活满意度		5.17	0.82	4.84	0.97	6.67^{***}
	快乐感	正性情绪	4.22	1.44	4.01	1.40	2.55^{*}
		负性情绪	2.53	0.90	2.71	1.08	-3.29^{**}
高中	生活满意度		4.90	0.74	4.67	0.82	10.52^{***}
	快乐感	正性情绪	3.84	1.29	3.60	1.32	6.41^{***}
		负性情绪	2.59	0.95	2.601	1.00	-0.24

许多实验校也创造性地使用“幸福心理本”,记录孩子们的幸福感受,摘抄积极幸福语言,留下成长中的点滴幸福,幸福教育的开展获得家长、教师和学生的一致好评。

(二)教师方面

教师们踊跃参加积极心理学和幸福教育的相关培训,深入研读《幸福学堂》教材的内涵与核心。通过《幸福学堂》教材培训、公开课研讨和幸福教师优秀故事比赛等,教师的幸福能力得到提升,逐步形成一支高素质的幸福课师资力量。

学校在遵从幸福课程理念的基础上,结合本校优势资源,丰富了幸福课程实践的方法与途径。如星海中学蒲凤荷老师与美术、音乐老师编写了幸福教育实践活动案例集《快乐学习幸福相约》,较好地实现了学科资源整合在幸福教育中的应用。

幸福课老师积极整合校内外资源,将心理健康与思想品德、综合实践活动等多方面的学习内容结合起来,注重学生自身体验与生活实践的结合,使学习过程成为学生整体生命投入的过程,激发学生内在的积极力量,促进学生形成积极的心理品质和美德，培育和践行社会主义核心价值观，获得应有的幸福。

（三）学校方面

一大批幸福教育实验学校将幸福课程实施融入学校发展规划，以培养学生的积极心理品质来提升学校的德育文化。如番禺区实验中学以“积极人生，幸福课堂”主题为抓手，结合本校办学理念，将全校的德育工作定为组建幸福团队、创新课程文化、德育文化、社团文化、活动文化五大方面，实现了幸福课程实施与学校德育工作的完美结合。市桥象圣中学为培养学生“欣赏美”和“感恩”两大积极心理品质，心理科与德育组联合在实验班开辟“幸福花园”训练基地，培养同学们学会用语言表达欣赏与赞美的能力。通过一个学期的训练，培养了学生欣赏的积极特质，收获自尊、自信、友谊与幸福，班级更加团结、师生关系更加和谐。目前，番禺创建广东省心理健康教育特色学校六所，广州市心理健康教育特色学校九所。全国心理健康教育特色学校和特色区的创建工作也已经启动。

第十九章　新时代幸福教育家庭建设研究

党的二十大报告提出“加强家庭家教家风建设”。2011 年,国家人口和计划生育委员会①、中国计划生育协会、中国人口基金会联合下发了《关于开展创建幸福家庭活动试点工作的指导意见》。2012 年,由《中国妇女报》主办的中国幸福家庭促进计划启动。2016 年,为贯彻落实习近平总书记关于“注重家庭、注重家教、注重家风”的重要指示精神,国家卫生与计划生育委员会①在全国开展“幸福家庭”推选活动。充分说明党和政府对建设幸福家庭的重视。幸福家庭建设是新时代幸福教育不可或缺的重要内容。

一、家庭必须成为幸福港湾

家庭是社会的细胞。家庭幸福是社会幸福的基石,是个体幸福的温床。中国自古就有“家和万事兴”的家训,这既是中国传统文化中家庭地位的重要写照,也是中国传统文化对家庭建设经验总结的集中体现②。中华民族历来十分重视家庭教育在人成长过程中的关键作用,在“修身、齐家、治国、平天下”的中国传统文化中,家风家教被放在安邦治国的基础性位置。随着党为人民谋幸福的初心不断深化,建设幸福家庭成为新时代家庭、家风、家教建设的新追求。

为贯彻落实习近平总书记关于“注重家庭、注重家教、注重家风”的重要指示精神,国家卫生与计划生育委员会①于 2016 年在全国开展启动了“幸福家庭”推选活动,“中国幸福家庭促进计划”也在全国启动,为全社会幸福家庭建设搭建了平台,注入了活力。2013 年“中国家庭幸福感”联合调查结果③显示,感觉幸福的家庭超过三分之二。我们为此结果欣慰的同时,也应该清醒地认识到,在全国全面建设幸福家庭任重道远,尽快建设幸福家庭不

---

① 2013 年 3 月,组建国家卫生和计划生育委员会,不再保留卫生部、国家人口和计划生育委员会。2018 年 3 月,设立中华人民共和国国家卫生健康委员会,不再保留国家卫生和计划生育委员会。

② 孟万金,苗小燕,官群,等. 中国中小学生家庭幸福感量表编制[J]. 教育研究与实验,2020(03):91-96.

③ 姬薇. 超 2/3 家庭感觉幸福[N]. 工人日报,2014-01-19.

仅重要，而且迫切。

无论是教育研究者、实践者，还是社会的其他各个方面，都高度认可并提倡家庭对个体发展的关键作用，都认为家庭是个体教育发生的起点，家庭幸福是中小学生健康快乐成长的重要保障，是家校共育、奠基幸福人生和幸福社会不可或缺的力量源泉。建设幸福家庭，为孩子提供幸福港湾，是实现“国家富强、民族振兴、人民幸福”的中国梦的重要支撑。但长期以来，我国教育发生的最重要场所还是学校，家庭教育的职能并没有充分发挥出来，相对学校而言，家庭教育还是短板。这就进一步强化了幸福家庭建设的紧迫性。把家庭建造成可以为学生遮风挡雨又能体验到温馨快乐积极向上氛围的幸福港湾，成为新时代的新使命。

美国社会的调查显示：77%的青年因为家庭原因而走上偷盗、吸毒、打架斗殴等歧途。联合国社会发展委员会决定，从1994年起，每年5月15日为“国际家庭日”(International Day for Families)。以此提高各国政府和公众对于家庭问题的认识，促进家庭的和睦、幸福和进步。可见，建设幸福家庭不仅具有深远的历史意义和重要的时代价值，也具有世界意义。

二、中小学生家庭幸福感量表研发

中小学生家庭幸福感量表[①]重点测评学生眼中的幸福家庭是什么样。检索中国知网中探讨家庭幸福的文章，可以发现尽管量大，但是专注家庭幸福内涵、结构要素及其影响因素的深入系统研究并不多见。我们精选如下具有代表性的研究，以略窥一斑。

（一）国内外相关研究

1. 国内相关研究

2013年“中国家庭幸福感”联合调查结果[②]显示，幸福家庭包含如下因素：一是家庭成员身体健康，二是家庭总收入丰厚，三是人缘好，四是学历较高，五是对周围环境的安全感较高，六是享有较好的医疗保障。通过对连续三年(2011年、2012年、2013年)调查结果进行汇总分析，不难看出影响家庭幸福感的第一要素是健康状况，第二要素是收入状况，第三要素是教育状

---

① 孟万金，苗小燕，官群，等. 中国中小学生家庭幸福感量表编制[J]. 教育研究与实验，2020(03)：91-96.

② 姬薇. 超2/3家庭感觉幸福[N]. 工人日报，2014-01-19.

况,第四要素是人际关系状况,第五要素是安全感状况,第六要素是人际之间的交流与沟通状况,第七要素是与邻里家庭的对比状况,第八要素是夫妻性生活和谐状况。其中“大健康指数”已连续三年成为监测幸福感的首要决定因素,心理健康和社会适应健康日益受到国人的关注。2014 年的北京市家庭幸福调查[①]结果发现,总体而言,北京市家庭幸福感水平较高,但是仍有 20%~30%的家庭幸福感不尽如人意。其主要原因是家庭收入、居住面积、居住条件、居住区位不理想。这说明家庭的幸福首先需要一定的客观物质基础和经济保障。当然,对经济收入的主观感受取决于两方面,一是对绝对收入的满意感,一是对相对收入的满意感,也就是尽管绝对收入不太理想,但与相关人比较时却还感到满意。这二者都会影响家庭幸福感。

有人从家庭心理需求角度来揭示和解释家庭幸福感,指出中国家庭共有下列五种基本的心理需求[②]: 一是生存与繁衍,主要指生命延续和种族延续,在社会上能够维持生计,这是基本生活和传宗接代所必需的; 二是安康,主要指安全、安心和健康,不被疾病和烦心事所困扰,这是生活舒适安逸和康宁的标志; 三是和睦,主要指家庭内部成员间之间相互理解和支持,和谐共处,同心同德,有共同愿景和追求,能够换位思考,很少产生纷争,这是家庭内部情感互动的需求,既包括一般家庭成员之间基本的和谐关系,也包括夫妻间的亲密和谐关系; 四是荣耀,主要指家庭享有令他人羡慕和令家庭成员引以为自豪的家庭声望和地位以及能够彰显光宗耀祖的事情,这是家庭成员共同的荣誉感和尊严感; 五是兴旺,主要指人丁兴旺和事业发达,子女能够得到良好的教育,整个家庭有光明的前景和美好未来。

以上观点和研究结果,虽然没有形成专门的家庭幸福感测评工具,但是对编制中小学生家庭幸福感量表提供了有益的借鉴。

2. 国外相关研究

Peisher、Ann、Meg Sewell and Ray Kirk(2001)在《家庭支持计划》中提出了“家庭幸福感”包括住房、养育、共同生活、食物和营养、健康和保健、教育和工作、钱财、交通、孩子教育、家庭关系、孩子的行为[③]。Yupa Jewpattanakul、Rutja Phuphaibul 等(2010)对 13~18 岁儿童青少年家庭幸福感的跨领域研究发现,家庭凝聚力、邻居性格特点、婚姻调适对家庭幸福有显著的直接影

① 杨凡.家庭经济因素对家庭幸福感的影响研究——基于北京市调查数据的实证分析[J].人口与发展,2015,21(06):78-86,109.

② 刘玉新,王学普,张建卫,等.家庭心理需求及其对家庭幸福的影响——基于 1139 个家庭的研究证据[J].北京理工大学学报(社会科学版),2016,18(05):98-104

③ 孟万金,苗小燕,官群,等.国中小学生家庭幸福感量表编制[J].教育研究与实验,2020(03):91-96.

响。婚姻调适和家庭社会经济地位通过家庭凝聚力对家庭幸福感产生显著正向间接影响。家庭社会经济地位、婚姻调适和亲子关系对家庭凝聚力具有显著正向直接影响。而家庭生活事件以及亲子关系通过家庭凝聚力对家庭幸福感的间接影响并不显著①。可见,国外用以测评家庭幸福感的维度通常包括:家庭结构、健康、关系和联系、经济保障、住房、安全和环境、技能、学习和就业、尊严和归属感②。但是,这些量表都与中国文化背景不符。

(二)研究设计

1. 题目编制

在系统梳理国内外有关幸福家庭研究成果基础上,借鉴国内外家庭幸福感问卷和量表的结构和题项,进行量表设计和题目编写,通过德尔菲法初步确定了117个题项。题目编排经过了非系统化随机处理。采用李克特五点计分,“非常不符合”计1分,“非常符合”计5分。通过探索性因素分析和验证性因素分析研究,确立量表结构,完成项目分析。

2. 被试选择

采取区域抽样的方法,从我国东北部、东部、中部和西部四大区域共9个城市选取中小学生,数据样本涵盖辽宁省、山东省、北京市、上海市、安徽省、重庆市、浙江省和广东省等省市,抽取其中4975名中小学生作为施测样本,得到有效问卷4527份,有效回收率为91%。其中3~6年级小学生样本量为1501,初一及以上中学生样本量为3026。男生2231人,占49.3%;女生2296人,占50.7%。

3. 数据处理

首先检查数据,删除按规律作答和数据缺失率在30%以上的被试数据,采用系统均值法对缺失数据进行填补。然后使用SPSS 23.0统计分析工具,对量表题目进行项目分析和探索性因素分析,最后使用AMOS 17.0工具进行验证性因素分析,并进行信度和效度检验。

(三)结果与分析

1. 项目分析

为了分析项目区分度,我们采用两种方法。一是临界比值(CR),将各

① Jewpattanakul Y, Phuphaibul R, Loveland-Cherry C J, et al. Factors influencing well-being among families with adolescents living in and around Bangkok, Thailand[J]. Pacific Rim International Journal of Nursing Research, 2010, 14(03): 235-248.

② Growing up in New Zealand. http://www.growingup.co.nz/en.html.

个维度的总分按照由高到低排序，取前27%受测者作为高分组，取后27%受测者作为低分组，检验高分组被试和低分组被试每个题项得分的平均分是否有显著性差异。结果发现，两组在每个题项上的平均分差异均极其显著($p<0.001$)，说明各题均具有良好的鉴别力。二是题总相关，计算每个题项与每个维度总分的相关性。结果表明，家庭教育维度的题项1、5、11、13、22，家庭健康维度的题项16、18、22、23、27，家庭关系维度的题项10、23与其相应维度总分相关系数小于0.3($p<0.001$)，故予以删除。其余各项目与其所属维度总分的相关系数均为0.31~0.76，且都达到极其显著($p<0.001$)的水平。

2. 探索性因素分析

把全部数据随机分成两组。一组2264人，另一组2263人，分别用于探索性因素分析和验证性因素分析。探索性因素分析采用主成分分析法抽取因子，采用最大变异法进行旋转。以特征值大于1为标准，结合碎石图，对因子数量进行自由探索；然后结合理论构想，最终确定因子个数。删除的项目包括：因子载荷量小于0.3的项目、在多个因子上的载荷大于0.3的多重负荷题目以及不符合维度的操作性定义题目、意思相似的题目。删除一题就重新探索一次，逐步确定分量表因子结构，最后得到五个分量表：家庭经济、家庭健康、家庭教育、家庭关系、情绪体验。

(1) 分量表一：家庭经济

家庭经济是指家庭经济收支状况，尤其是改善状况，它是满足家庭基本生活需要的基本保障，因而是家庭幸福的重要支撑。KMO和Bartlett球形检验结果：KMO为0.799，Bartlett球形检验$p<0.001$，说明数据适合做因素分析。经过旋转，共抽取了两个共同因素，可解释总变异量为68.3%，共包含七个项目。将因子一命名为“家庭居住条件”，将因子二命名为“家庭收支”，各个题项在两个因素上的因素负荷量见表19-1。

(2) 分量表二：家庭健康

家庭健康是指家庭成员的身体和心理正常，没有身体和心理疾病或障碍。健康是幸福的前提条件和载体，没有健康也无从谈幸福。家庭健康包括“心理健康”和“身体健康”。KMO和Bartlett球形检验结果：KMO为0.920，Bartlett球形检验$p<0.001$，说明数据适合做因素分析。经过旋转，共抽取了4个共同因素，可以解释总变异量的57.9%，共包含15个项目。将因子一命名为“学生心理健康”，因子二命名为“学生身体健康”，因子三命名为“父母身体健康”，因子四命名为“父母心理健康”，各个项目在四个因素上的因子负荷量见表19-1。

表 19-1　中国中小学生家庭幸福感项目探索性因素分析表 1

题号	家庭经济分量表		题号	家庭健康分量表				题号	家庭教育分量表		
	家庭居住条件	家庭收支		学生心理健康	学生身体健康	父母心理健康	父母身体健康		教育理念	教育期望	教育投入
3	0.759		21	0.803				28	0.848		
4	0.739		19	0.708				27	0.834		
2	737		20	0.675				18	0.816		
5	0.735		28	0.545				7	0.785		
8		0.870	26	0.513				4	0.782		
9		0.852	5		0.808			3	0.741		
1		0.605	4		0.678			26		0.829	
			6		0.539			25		0.817	
			2		0.521			24		0.766	
			8			0.795		10			0.778
			9			0.784		23			0.704
			10			0.652		9			0.695
			13			0.605					
			7				0.813				
			1				0.690				

（3）分量表三：家庭教育

家庭教育是家长通过与孩子之间的互动对孩子实施的有目的、有计划的指导、培养和影响等，也包括家庭教育所需要的人力、物力、财力投入。家庭教育优劣直接影响中小学生家庭幸福感。KMO 和 Bartlett 球形检验结果：KMO 为 0.876，Bartlett 球形检验 $p<0.001$，说明数据适合做因素分析。经过旋转，共抽取了 3 个共同因素，可以解释总变异量的 65.8%，包含 12 个题项。将因子一命名为“教育理念”，因子二命名为“教育期望”，因子三命名为“教育投入”，各个项目在三个因素上的因素负荷量见表 19-1。

（4）分量表四：家庭关系

家庭关系是指家庭成员之间关系的和谐融洽状况，标志着家庭成员的亲密度、凝聚力，它决定家庭的精神和文化氛围，良好的家庭关系是家庭幸福的温暖剂、润滑剂、催化剂。KMO 和 Bartlett 球形检验结果：KMO 为 0.918，Bartlett 球形检验 $p<0.001$，说明数据适合做因素分析。经过旋转，共抽取了 4 个共同因素，可以解释总变异量的 59.4%，共包含 20 个项目。将因子一命名为“冲突解决”，因子二命名为“情感关系”，因子三命名为“成长支持”，因子四命名为“个体自主性”。各个项目在四个因素上的因素负荷量见表 19-2。

表 19-2 中国中小学生家庭幸福感项目探索性因素分析表 2

题号	家庭关系分量表				题号	情绪体验分量表	
	冲突解决	情感关系	成长支持	个体自主		负向情绪	正向情绪
19	0.783				11	0.793	
16	0.762				10	0.75	
6	0.76				12	0.737	
14	0.746				5	0.715	
4	0.743				14	0.702	
42	0.74				6	0.696	
33	0.73				13	0.61	
31	0.721				8		0.797
35	0.707				3		0.792
12	0.697				9		0.783
43		0.809			4		0.742
22		0.758			7		0.677
39		0.66					
2		0.577					
9			0.771				
7			0.71				
18			0.698				
29				0.844			
30				0.68			
11				0.607			

(5) 分量表五：情绪体验

情绪是心理与行为的发动机，是幸福的风向标。情绪体验是个体对家庭幸福感受的中介，任何幸福与不幸福都要通过情绪体验而感受。情绪具有两极性，积极的情绪体验必然导致幸福感的增强，消极的情绪体验必然导致幸福感的削弱。KMO 和 Bartlett 球形结果：KMO 为 0.856，Bartlett 球形检验 $p<0.001$，说明数据适合做因素分析。经过旋转，共抽取了 2 个共同因素，可以解释总变异量的 55.9%，共包含 12 个项目。将因子一命名为“负向情绪”，因子二命名为“正向情绪”，各个题项在两个因素上的因素负荷量见表 19-2。

3. 验证性因素分析

(1) 分量表结构

经过探索性因素分析，最终形成了 66 个项目。为考查构想模型与测量数据的拟合程度，使用第二组数据进行结构效度检验。

对五个分量表进行验证性因素分析，结果显示 χ^2/df 取值均为 5~8，

RMESA 均为 0.04~0.06,NFI、EFI、CFI 和 GFI 的得分均大于 0.9。各项拟合指标符合测量学要求(见表 19-3)。

表 19-3　五个分量表验证性因素分析的拟合指数

分量表	χ^2	df	χ^2/df	NFI	IFI	CFI	GFI	RESMA
家庭经济	77.188	10	7.72	0.988	0.989	0.989	0.990	0.055
家庭健康	434.73	80	5.43	0.962	0.969	0.969	0.974	0.044
家庭教育	246.803	48	5.14	0.981	0.984	0.984	0.982	0.043
家庭关系	754.117	158	4.77	0.963	0.967	0.967	0.967	0.041
情绪体验	315.527	40	7.89	0.969	0.973	0.972	0.978	0.055

(2) 总量表结构

为考查各个分量表是否能形成一个结构效度良好的测评工具,以五个分量表总分为观测变量,以总量表为潜变量,进行验证性因素分析。表 19-4 结果表明,模型拟合良好,因此可接受为最终模型。

表 19-4　总量表验证性因素分析的拟合指数

χ^2	df	χ^2/df	NFI	IFI	CFI	GFI	RESMA
13.105	4	3.28	0.997	0.998	0.998	998	0.032

4. 信度分析

五个分量表的克隆巴赫一致性系数(Cronbach's α)分别为 0.804、0.878、0.765、0.867 和 0.818。总量表的 Cronbach's α 为 0.705。结果说明各分量表和总量表的信度良好,符合心理测量学要求。

(四) 结论

中国中小学生家庭幸福感量表由五个分量表构成,15 个维度,共 66 个题项;五个分量表和总量表的信度、效度良好,符合心理测量学要求。可以作为我国中小学生家庭幸福感的测评工具,这为建设新时代幸福家庭及开展相应的后续研究提供一种可选用的测评和诊断的技术手段。

三、中小学生家庭幸福感现状调查与建议

幸福家庭是学生幸福的强大后盾,建设幸福家庭是幸福教育的重要内容。目前,我国中小学生眼中的幸福家庭现状如何?有哪些优势和不足?如何精准施策?需要开展调研。

（一）研究设计

1. 研究对象

采取整群抽样的方法，从辽宁省、山东省、北京市、上海市、安徽省、重庆市、浙江省和广东省选取9个城市（覆盖全国东北部、东部、中部和西部省份）。以小学三年级、四年级、五年级、六年级、初中一年级、初中二年级学生的学生为施测对象，共有4975名学生参与答题，其中有效问卷为4527份，在此基础上进一步去除漏填个人信息的被试，最后进入中国中小学阶段家庭幸福感现状分析的被试4418人，其中女生2207人，男生2211人；三年级学生111人，四年级186人，五年级567人，六年级540人，初一1734人，初二1280人；独生子女2379人，非独生子女2039人。

2. 研究工具与数据处理

采用我们团队研发的学生版家庭幸福感量表开展抽样调查。数据进行核检后，使用SPSS 23.0进行方差分析。

（二）结果分析与建议

1. 中小学生家庭幸福感的总体状况

整体上，中小学段学生家庭幸福感总平均分为3.98（$S_D=0.44$），单样本t检验高于理论中数3，$t=148.70$，$p<0.001$。表19-5显示了各分量表平均分和标准差的单样本t检验结果。由表19-5可见五个分量表的平均分为3.70~4.24，均显著高于中数3，说明从中小学生的角度来看，家庭幸福感总体水平良好。

表19-5　中小学生家庭幸福感分量表平均分和标准差的t检验（$M\pm S_D$）

分量表	$M\pm S_D$	t
家庭经济	4.17±0.70	110.77***
家庭健康	4.24±0.60	139.32***
家庭教育	3.84±0.60	94.15***
家庭关系	3.94±0.60	103.411***
情绪体验	3.70±0.67	71.20***

采用重复测量方差分析对学生家庭幸福感五个分量表的得分进行比较，结果表明，中小学生在各个分量表上的得分存在显著差异，$p<0.001$。进一步的配对比较表明，分量表的得分两两之间存在显著差异，得分由高到低依次为：家庭健康、家庭经济、家庭关系、家庭教育、情绪体验。分量表包括

的 15 个因子得分排序如图 19-1 所示,得分排在前五位的分别是教育理念、家庭居住条件、情感关系、学生心理健康和父母身体健康,得分排在后五位的,从低到高依次为教育期望、正向情绪、冲突解决、成长支持和个体自主性。

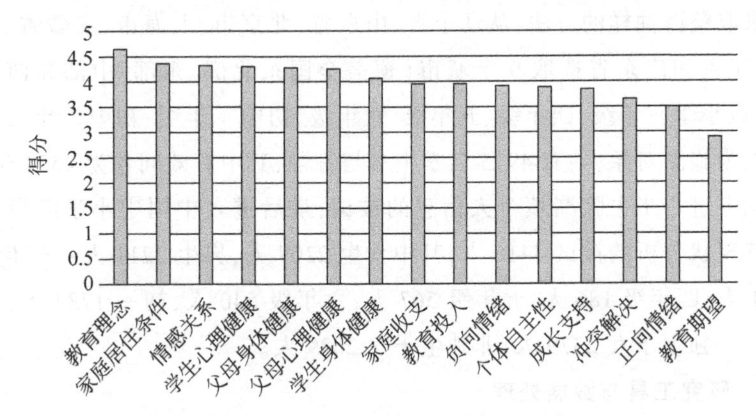

图 19-1　中小学生家庭幸福感 15 项因子平均分排序

家庭教育分量表的教育理念和教育期望这两个子维度的得分呈现两极分化的现象。一方面,中小学生对父母的教育理念感到很满意,教育理念在 15 项因子中平均得分最高;另一方面,中小学生对父母的教育期望感到最不满意,教育期望在 15 项因子中平均得分最低。说明目前处于 30~40 岁的新生代父母对家庭教育的认知程度较以往更好①,其教育理念同时获得自己和子女的认可。学生家庭幸福感中教育期望得分最低,可能源自家长的教育焦虑,以及教育焦虑使家长产生过高的教育期望,从而增加子女的心理和学业负担。建议进一步加强家长创建幸福家庭指导,尤其调整传统"望子成龙,望女成凤"心态,适当降低教育期望,给孩子减压,带动整体幸福感进一步提升。

2. 中小学生家庭幸福感的学生性别差异

以参与答题的学生性别为自变量,中小学生家庭幸福感的五个分量表得分为因变量进行多元方差分析(MANOVA)。结果发现,性别主效应显著,$p<0.001$。进一步的单变量方差分析显示(见表 19-6),家庭经济和家庭教育分量表的得分存在显著的性别差异,女生好于男生。可能由于传统男强女弱的权力格局导致对男生的期待更大,从而导致男生更大的学习压力。建议家长增加对男性孩子温暖和关爱,适当降低期望,降低对未来男孩子前途的焦虑。

---

① 张妍萃,王敬欣,姚艳华. 新生代父母家庭教育的现状、问题及对策[J]. 少年儿童研究,2019(11):38-45.

表 19-6　中小学生家庭幸福感各量表平均分的学生性别差异比较($M±S_D$)

性　别	家庭经济	家庭健康	家庭教育	家庭关系	情绪体验
男(n=2211)	4.13±0.73	4.26±0.62	3.83±0.59	3.94±0.60	3.69±0.67
女(n=2207)	4.20±0.67	4.23±0.57	3.86±0.60	3.95±0.61	3.72±0.67
合计(n=4418)	4.17±0.70	4.24±0.60	3.84±0.60	3.94±0.61	3.70±0.67
F	7.02***	2.39	3.92*	0.70	1.20

3. 中小学生家庭幸福感的学生年级差异

以参与答题的学生所在年级为自变量,家庭幸福感的五个分量表得分为因变量进行多元方差分析(MANOVA)。结果发现,年级主效应显著,$p<0.001$。进一步的单变量方差分析显示(见表 19-7),家庭幸福感的五个分量表得分均存在显著的年级差异。其中家庭经济幸福感、家庭健康幸福感和家庭关系幸福感在五年级显著高于其他年级;三年级学生的家庭教育幸福感和四年级学生的情绪体验幸福感显著高于其他年级。整体上看,五年级是各项幸福感综合较高的年级,三、四年级和六年级、初一、初二在五年级两侧呈现倒 U 形的结构。中国儿童青少年心理发育特征调查项目曾调查全国范围内 24013 名四到九年级的学生主观幸福感,结果表明从四年级开始,随着年级的升高,学生的主观幸福感呈现下降趋势①。另外一项针对初中生活满意度的跟踪研究也指出,从初一下学期到初三下学期,初中生的生活满意度体现出显著的下降趋势②。这可能是因为随着年级的增加,逐步步入青春期,身心变化、学业压力等多方面因素综合引起的。建议家长随着孩子成长,尤其到青春期,从各方为孩子提供关爱和呵护,扭转孩子家庭幸福感 U 形表现。

表 19-7　中小学生家庭幸福感各量表平均分的年级差异比较($M±S_D$)

年　　级	家庭经济	家庭健康	家庭教育	家庭关系	情绪体验
三年级(n=111)	3.85±0.81	4.20±0.56	4.12±0.54	3.98±0.61	3.76±0.62
四年级(n=186)	3.89±0.81	4.24±0.59	4.10±0.60	4.00±0.61	3.88±0.52
五年级(n=567)	4.33±0.63	4.44±0.48	3.98±0.56	4.07±0.57	3.81±0.65
六年级(n=540)	4.19±0.66	4.25±0.58	3.82±0.56	3.96±0.60	3.73±0.65
初一(n=1734)	4.17±0.69	4.24±0.61	3.80±0.59	3.90±0.61	3.64±0.68
初二(n=1280)	4.16±0.72	4.15±0.62	3.79±0.61	3.93±0.61	3.70±0.68

① 董奇,林崇德. 当代中国儿童青少年心理发育特征——中国儿童青少年心理发育特征调查项目总报告[M]. 北京:科学出版社,2011.

② 王鑫强,张大均. 初中生生活满意度的发展趋势及心理韧性的影响:2 年追踪研究[J]. 心理发展与教育,2012,28(01):91-98.

续表

年　级	家庭经济	家庭健康	家庭教育	家庭关系	情绪体验
合计(n=4418)	4.17±0.70	4.24±0.60	3.84±0.60	3.94±0.61	3.70±0.67
F	17.01***	19.54***	22.95***	7.09***	9.288***

4. 中小学生家庭幸福感的家庭子女数量差异

以家庭中有几个孩子为自变量,家庭幸福感的五个分量表得分为因变量进行多元方差分析(MANOVA)。结果发现,育儿数量主效应显著,$p<0.001$,且进一步的单变量方差分析在家庭经济和家庭健康分量表上存在显著差异(见表19-8)。独生子女的家庭经济幸福感和家庭健康幸福感显著高于二孩儿或三孩儿家庭的学生,且二孩儿家庭的学生在这两个幸福感上得分又显著高于三孩儿家庭的学生。这可能是因为相对于独生子女,更多的孩子意味着更大的家庭经济负担、更小的人均居住面积,也意味着父母的时间精力平均分给每个孩子的更少,从而降低了多孩家庭子女在经济和健康维度的幸福感。建议家长悉心与孩子沟通,减轻孩子对多子女的偏见,强化积极认识和行为。

表19-8　中小学生家庭幸福感各量表平均分的子女数量差异比较($M±S_D$)

子女数量	家庭经济	家庭健康	家庭教育	家庭关系	情绪体验
共1个子女(n=2405)	4.24±0.67	4.26±0.60	3.86±0.60	3.96±0.61	3.72±0.67
共2个子女(n=1796)	4.10±0.72	4.24±0.58	3.83±0.59	3.94±0.60	3.68±0.66
共3个子女(n=217)	3.91±0.78	4.08±0.61	3.79±0.64	3.86±0.62	3.68±0.67
合计(n=4418)	4.17±0.70	4.24±0.60	3.84±0.60	3.94±0.61	3.70±0.67
F	36.48***	8.71***	2.23	2.78	2.15

四、中小学生家长家庭幸福感量表研发

中小学生家长家庭幸福感量表专门用于测评家长的家庭幸福感。关于家长的家庭幸福感的相关量表国内外也有一定的探究。基于1981年至2001年二十年间人口和住房普查数据,新西兰FWWP项目(Family and Whanau Wellbeing Project)发布的家庭幸福报告中构建的幸福家庭模型包含收入、教育、职业、住房、健康、社会连通性①。美国佐治亚大学1999年发布的家庭幸福量表从父母育儿技能、子女发展、子女和家庭健康、家庭关系、正

① Milligan Sue, Fabian Angela, Coope P, et al. Family wellbeing indicators from the 1981-2001 New Zealand censuses[M]. Wellington: Statistics New Zealand, 2006.

式/非正式支持资源五个方面进行家庭幸福的测量①。另外一些研究则注重个体对幸福感的整体感受,例如,Kenan Tastan 及其团队基于 300 名成年被试开发了包含 13 道主观题的家庭幸福感量表②。目前国内对于学生家长家庭幸福感的研究还相对较少,且缺乏具有全国代表性的样本数据支持的研究,测量指标有很大的改进空间③。

(一) 研究设计

1. 研究对象

从我国东北部、东部、中部和西部四大区域共 9 个城市选取中小学生家长,数据样本涵盖辽宁省、山东省、北京市、上海市、安徽省、重庆市、浙江省和广东省等省市。收回中小学生家长效问卷为 3495 份,被试的婚姻状态、性别、年龄、文化程度、婚龄分布见表 19-9。

表 19-9　被试的人口统计学变量

婚姻状态	人数(比例)	性别	人数(比例)	年龄/岁	人数(比例)	文化程度	人数(比例)	婚龄/年	人数(比例)
初婚	3272(93.6%)	男	1210(34.6%)	30 以下	45(1.3%)	小学及以下	203(5.8%)	1~3	36(1%)
再婚	223(6.4%)	女	2285(65.4%)	31~40	2117(60.6%)	初中	1444(41.3%)	4~6	27(0.8%)
				41~50	1274(36.5%)	高中	840(24%)	7~10	273(7.8%)
				51~60	58(1.7%)	大专	598(17.1%)	11~15	1916(54.8%)
				60 以上	1(0.0%)	本科	385(11%)	16~20	858(24.5%)
						硕士	20(0.6%)	21~30	361(10.3%)
						博士	5(0.1%)	30 以上	24(0.7%)

2. 题目编制

量表题目的编制有以下三个来源：第一,翻译国外相关测验；第二,修

① http://www.friendsnrc.org.

② Kenan Tastan, Pinar Fakirullah, Cuneyt Ardic. Development and Validation of a Scale for Measuring Family Happiness[J]. Eastern J Medical Sciences, 2018, 3(03): 33-38

③ 王广州,王军. 中国家庭幸福感测量[J]. 社会, 2013, 33(06): 139-160.

订前人相关测验；第三，自己编写。本量表综合运用了上述三种方法，共132个题项。量表采用李克特五点计分，“非常不符合”计1分，“非常符合”计5分。题目编排经过了非系统化随机处理。

3. 数据处理

首先对数据进行核检，把按规律作答和数据缺失30%以上的被试数据删除，对异常数据进行原始数据核对，采用系统均值对缺失值进行填补。然后使用SPSS 23.0对量表题目进行项目分析和探索性因素分析，使用AMOS 17.0对量表进行验证性因素分析和信效度检验。

（二）结果与分析

1. 项目分析

研究采用两种方法进行项目区分度的分析：①采用题目的临界比率值（CR）的方法，将每个维度的总分按从高到低的顺序排列，分别取前后27%为高、低分组，对两组被试在每个题项上得分的平均数进行差异检验。结果表明，问卷中各维度高分组和低分组在每个题项上得分平均数的差异均达到极其显著（$p<0.001$）的水平，即各题均有良好的鉴别力。②采用题总相关的方法。对每个题项的分数与每个维度总分进行相关分析。结果表明，家庭健康维度的题项9、13、24、27、31，家庭教育维度的题项23，家庭关系维度的题项18与相应维度总分相关系数小于0.3（$p<0.001$），删除。其余各项目与其所属维度总分的相关系数均为0.33～0.75，且都达到极其显著（$p<0.001$）的水平。删题后，各维度下的题目都具有较好的同质性，各个题目也都具有较高的区分度。

2. 探索性因素分析

将数据库随机分成两部分。第一部分为包含1750人的“数据库1”，用于探索性因素分析；第二部分为包含1745人的“数据库2”，用于验证性因素分析。首先对量表的六个维度分别进行探索性因素分析。采用主成分分析法进行因子抽取，采用最大变异法进行旋转。在因子数量的确定上，先是用特征值大于1的方法，并结合碎石图，自由探索因子数；再结合已有的理论构想，最终确定因子数，删除题项的依据包括三项：在任何一个因子上的载荷量都小于0.3，在多个因子上的载荷数量大于0.3；与维度的操作性定义不符；题目的意思表述相似。采用删除一题就重新探索一次的方式，逐步探索出稳定的分量表因子结构。

（1）分量表一：家庭经济

KMO和Bartlett球形检验结果：KMO为0.907，Bartlett球形检验 $p<$

0.001,说明数据适合进行探索性因素分析。经过旋转,共抽取两个共同因素,两个因素可以解释的总变异量为60.7%,共包含10个题项。按照理论构想和探索性因素分析的结果,将因素一命名为"家庭收支",将因素二命名为"家庭居住条件",各个题项在两个因素上的因素负荷量见表19-10。

表19-10 家庭经济量表的因子结构和各项目的因子载荷

题号	家庭收支	家庭居住条件
经济2	0.772	
经济5	0.757	
经济4	0.748	
经济3	0.731	
经济11	0.728	
经济10	0.664	
经济6	0.647	
经济12		0.821
经济7		0.787
经济15		0.754

(2)分量表二:家庭健康

KMO和Bartlett球形检验结果:KMO为0.910,Bartlett球形检验$p<0.001$,说明数据适合进行探索性因素分析。经过旋转,共抽取四个共同因素,四个因素可以解释的总变异量为62.8%,共包含15个题项。按照理论构想和探索性因素分析的结果,将因素一命名为"身心健康",将因素二命名为"乐观和希望",将因素三命名为"自我成长感",将因素四命名为"健康保持",各个题项在四个因素上的因素负荷量见表19-11。

表19-11 家庭健康量表的因子结构和各项目的因子载荷

题号	身心健康	乐观和希望	自我成长	健康保持
健康15	0.716			
健康23	0.709			
健康10	0.694			
健康28	0.690			
健康18	0.684			
健康20		0.756		
健康21		0.750		
健康22		0.703		
健康30		0.642		
健康5			0.816	

续表

题　号	身心健康	乐观和希望	自我成长	健康保持
健康 4			0.802	
健康 6			0.744	
健康 33				0.787
健康 8				0.736
健康 34				0.680

(3) 分量表三：家庭教育

KMO 和 Bartlett 球形检验结果：KMO 为 0.931，Bartlett 球形检验 $p<0.001$，说明数据适合进行探索性因素分析。经过旋转，共抽取两个共同因素，两个因素可以解释的总变异量为 57.0%，共包含 13 个题项。按照理论构想和探索性因素分析的结果，将因素一命名为“教育理念”，将因素二命名为“教育投入产出”，各题项在两个因素上的因素负荷量见表 19-12。

表 19-12　家庭教育量表的因子结构和各项目的因子载荷

题　号	教育理念	教育投入产出
教育 16	0.864	
教育 14	0.861	
教育 17	0.806	
教育 15	0.804	
教育 27	0.762	
教育 13	0.712	
教育 22		0.738
教育 3		0.717
教育 24		0.708
教育 2		0.612
教育 9		0.601
教育 20		0.585
教育 6		0.577

(4) 分量表四：家庭关系

KMO 和 Bartlett 球形检验结果：KMO 为 0.815，Bartlett 球形检验 $p<0.001$，说明数据适合进行探索性因素分析。经过旋转，共抽取 4 个共同因素，四个因素可以解释的总变异量为 62.5%，共包含 14 个题项。按照理论构想和探索性因素分析的结果，将因素一命名为“夫妻关系”，将因素二命名为“冲突解决”，将因素三命名为“家庭支持”，将因素四命名为“个体自主性”。各个题项在四个因素上的因素负荷量见表 19-13。

表 19-13　家庭关系量表的因子结构和各项目的因子载荷

题　号	夫妻关系	冲突解决	家庭支持	个体自主性
关系 36	0.900			
关系 35	0.872			
关系 37	0.766			
关系 32		0.767		
关系 29		0.751		
关系 13		0.746		
关系 6		0.733		
关系 4			0.813	
关系 3			0.793	
关系 2			0.733	
关系 19				0.763
关系 28				0.737
关系 26				0.598
关系 15				0.567

（5）分量表五：情绪体验

KMO 和 Bartlett 球形检验结果：KMO 为 0.837，Bartlett 球形检验 $p<0.001$，说明数据适合进行探索性因素分析。经过旋转，共抽取了两个共同因素，两个因素可以解释的总变异量为 55.0%，共包含 13 个题项。按照理论构想和探索性因素分析的结果，将因素一命名为“正向情绪”，将因素二命名为“负向情绪”，各个题项在两个因素上的因素负荷量见表 19-14。

表 19-14　情绪体验量表的因子结构和各项目的因子载荷

题　号	正向情绪	负向情绪
情绪 3	0.792	
情绪 9	0.778	
情绪 8	0.775	
情绪 7	0.768	
情绪 4	0.740	
情绪 1	0.734	
情绪 11		0.776
情绪 10		0.775
情绪 5		0.725
情绪 14		0.682
情绪 12		0.665
情绪 6		0.648
情绪 13		0.600

(6) 分量表六：职业满意度

KMO和Bartlett球形检验结果：KMO为0.885，Bartlett球形检验 $p<0.001$，说明数据适合进行探索性因素分析。经过旋转，共抽取了两个共同因素，两个因素可以解释的总变异量为66.3%，共包含13个题项。按照理论构想和探索性因素分析的结果，将因素一命名为“自我职业满意度”，将因素二命名为“配偶职业满意度”，各个题项在两个因素上的因素负荷量见表19-15。

表19-15 职业满意度量表的因子结构和各项目的因子载荷

题　号	自我职业满意度	配偶职业满意度
职业5	0.807	
职业4	0.806	
职业2	0.787	
职业3	0.776	
职业7	0.763	
职业6	0.756	
职业1	0.708	
职业8	0.620	
职业12		0.915
职业11		0.907
职业10		0.863
职业9		0.863
职业13		0.846

3. 验证性因素分析

(1) 分量表结构

经过探索性因素分析，最终形成了78个项目的中小学生幸福家庭量表(家长版)。为考查构想模型与实际模型拟合度，对该模型进行了验证性因素分析。使用“数据库2”对探索性因素分析形成的六个分量表进行结构效度检验，各个变量之间设定为两两相关。

验证性因素分析的结果表明，六个分量表的 χ^2/df 取值为3.65~7.59，RMESA为0.039~0.060，NFI、EFI、CFI和GFI取值为0.961~0.981。本研究样本量为3495，样本量较大，χ^2/df 在7左右也可以接受。六个分量表的验证性因素分析拟合指数均在要求范围内，说明总体上拟合度较好(见表19-16)。

表19-16 六个分量表验证性因素分析的拟合指数

分量表	χ^2	df	χ^2/df	NFI	IFI	CFI	GFI	RESMA
家庭经济	163.981	31	5.29	0.974	0.979	0.979	0.981	0.050
家庭健康	364.934	81	4.51	0.962	0.970	0.970	0.973	0.045

续表

分量表	χ^2	df	χ^2/df	NFI	IFI	CFI	GFI	RESMA
家庭教育	260.807	61	4.28	0.974	0.967	0.980	0.978	0.043
家庭关系	251.657	69	3.65	0.967	0.976	0.976	0.980	0.039
职业满意度	372.062	49	7.59	0.974	0.977	0.977	0.969	0.060
情绪体验	343.393	53	6.48	0.961	0.967	0.967	0.971	0.056

（2）总量表结构

为进一步考查各个分量表是否能形成一个结构效度良好的测评工具，求出每个分量表总分，以六个分量表总分为观测变量，以总量表为潜变量，进行验证性因素分析，由表 19-17 可见，模型拟合良好，符合统计学要求，因此可接受为最终模型。

表 19-17　六个分量表验证性因素分析的拟合指数

χ^2	df	χ^2/df	NFI	IFI	CFI	GFI	RESMA
31.383	5	6.28	0.992	0.993	0.993	994	0.055

（3）分量表和总量表信度分析

家庭经济、家庭健康、家庭教育、家庭关系、情绪体验、职业满意度六个分量表的克隆巴赫一致性系数（Cronbach's α）分别为 0.882、0.877、0.866、0.787、0.881 和 0.825。总量表的 Cronbach's α 为 0.798。结果说明各分量表和总量表的信度良好，符合心理测量学要求。

（三）讨论与结论

以往大多数的家庭幸福量表中，教育因素的重要性凸显不够。但是就我国目前的国情来看，教育往往是一个正常家庭相对重视，投入相对多的方面，因此本量表在综合借鉴经济、健康等家庭幸福感组成的基础上，特别参考了 2015 年教育部印发的《关于加强家庭教育工作的指导意见》，将家庭教育作为一个专门的子量表进行设计，更加符合现实需求。经过项目分析和探索性因素分析，最终形成由家庭经济、家庭健康、家庭教育、家庭关系、情绪体验、职业满意度六个分量表，78 个项目构成的中国中小学阶段家庭幸福感量表（家长版）。

本研究非常重视样本覆盖范围的全面性，选取样本覆盖全国东北部、东部、中部和西部省份，同时包含经济发达和不发达地区的学校学生家长。测量的对象为中小学阶段的学生家长，各分量表得分为该分量表中所有项目的均值,个体家庭幸福感得分为各分量表均值。本量表配套有学生版家庭幸福感量表,父母及子女的幸福感均值即为整个家庭的得分。已有研究表明离异①、家庭成员的去世②会影响家庭幸福感,在后续的研究中,需要进一步就此局限性进行改进。

综上可见,中国中小学阶段家庭幸福感量表(家长版)由六个分量表16个维度构成,共78个项目,结构简明扼要,具有良好的信效度指标,可以作为广泛测评和相关研究的测量工具。

五、中小学生家长家庭幸福感现状调查与建议

家庭幸福不能只看学生,还要看家长。毕竟,家长在家庭中享有绝对领导权、决策权和支配权。目前,中小学生的家长的家庭幸福感如何?有哪些特点和规律?有必要开展一定规模的调研,以便提出针对性的改进建议。

(一)研究设计

1. 研究对象

采取整群抽样的方法,从我国东北部、东部、中部和西部四大区域共9个城市选取中小学生家长,数据样本涵盖辽宁省、山东省、北京市、上海市、安徽省、重庆市、浙江省和广东省等省市。以小学三年级、四年级、五年级、六年级、初中一年级、初中二年级学生的父母为施测对象,共有4041名学生家长参与答题,其中有效问卷为3495份,有效率为86%。参与答题的学生家长中女性2285人,男性1210人;30岁以下家长45人,31~40岁家长2117人,41~50岁家长1274人,51岁以上家长59人;婚龄1~3年的36人,4~6年的27人,7~10年的273人,11~15年的1916人,16~20年的858人,21~30年的361人,30年以上的24人。

2. 研究工具与数据处理

采用我们团队开发的家长版家庭幸福感量表开展抽样调查。数据进行核检后,使用SPSS 23.0进行数据分析。

---

① 张励.离异家庭与非离异家庭青少年的家庭幸福感与心理健康关系的比较研究[D].福州:福建师范大学,2011.

② 宋健,张洋,王璟峰.稳态与失稳:家庭结构类型与家庭幸福的一项实证研究[J].人口研究,2014(9):76-82.

（二）结果分析与建议

1. 家长家庭幸福感的总体状况

整体上，中小学阶段家长的家庭幸福感总平均分为 3.64($S_D=0.46$)，单样本 t 检验高于理论中数 3，$t=83.00$，$p<0.001$。表 19-18 显示了各分量表平均分和标准差的单样本 t 检验结果。由表 19-18 可见，家庭经济、家庭健康、家庭教育、家庭关系、职业满意度、情绪体验六个维度的平均分为 3.25~3.90，均显著高于中数 3，说明从家长的角度来看，中小学生家庭的幸福感总体水平良好。

表 19-18　中小学生家长的家庭幸福感分量表平均分和标准差的 t 检验($M±S_D$)

$n=3495$	家庭经济	家庭健康	家庭教育	家庭关系	职业满意度	情绪体验
$M±S_D$	3.45±0.67	3.90±0.52	3.98±0.50	3.73±0.48	3.54±0.54	3.25±1.04
t	38.23***	101.91***	116.44***	90.94***	59.71***	14.37***

采用重复测量方差分析对家庭幸福感六个分量表的得分进行比较，结果表明，中小学生家长在各个分量表上的得分存在显著差异，$p<0001$。进一步的配对比较表明，分量表的得分两两之间存在显著差异，得分由高到低依次为家庭教育、家庭健康、家庭关系、职业满意度、家庭经济和情绪体验。分量表包括的 16 项因子得分排序如图 19-2 所示，得分排在前五位的分别是教育理念、负向情绪体验（消极情绪为反向计分，得分越高，说明体验到的消极情绪越少）、身心健康、自我成长和夫妻关系，得分排在后五位的分别是冲突解决、自我职业满意度、家庭收支、配偶职业满意度和正向情绪。

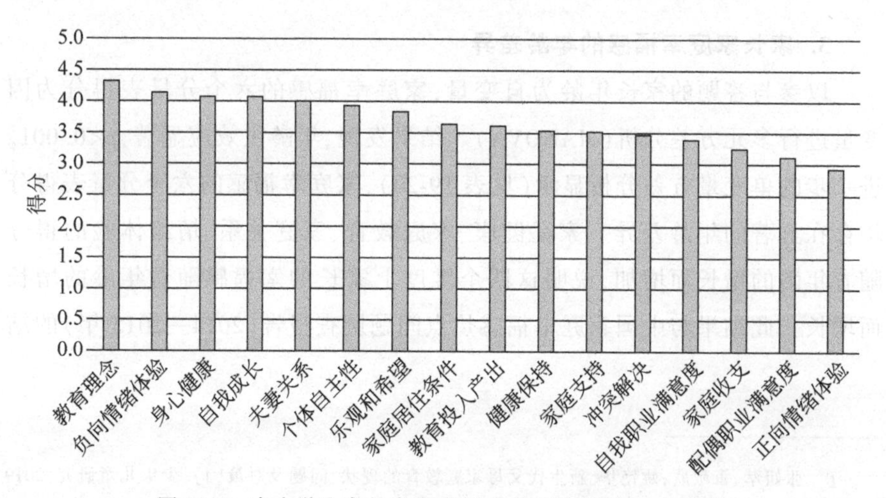

图 19-2　中小学生家长家庭幸福感 16 项因子平均分排序

从16项因子排名来看，教育理念幸福感最高，可能是因为作为新生代的家长，已经充分意识到家庭教育的重要性以及自己在家庭教育中的作用，注重反思和总结教育理念和方法[①]。正向情绪得分最低，说明家长情绪管理能力亟须加强。建议家长多学一些积极心理学知识，提高情商，做情绪的主人，通过增加正向情绪、降低负向情绪，从而整体推动家庭幸福感提升。

2. 家长家庭幸福感的性别差异

以参与答题的家长性别（男性和女性）为自变量，家庭幸福感的六个分量表得分为因变量进行多元方差分析（MANOVA）。结果发现，性别主效应显著，$p<0.001$。进一步的单变量方差分析显示（见表19-19），家庭幸福感的六个分量表得分均存在显著的性别差异，男性家长的家庭健康幸福感高于女性家长。中国目前家庭权力的性别格局总体上仍然呈现男强女弱的不平等态势[②]，加上男性家长总体好动，更重视和更多参与运动，而女性家长更多操持家务，因此男性家长健康幸福感相对较强。建议男性家长更多分担家务，鼓励女性家长更多开展体育运动，增强健康意识和能力。

表19-19　家长家庭幸福感各量表平均分的家长性别差异比较（$M±S_D$）

性别	家庭经济	家庭健康	家庭教育	家庭关系	情绪体验	职业满意度
男（$n=1210$）	3.48±0.73	3.92±0.53	4.00±0.50	3.75±0.49	3.56±0.55	3.17±1.16
女（$n=2285$）	3.43±0.67	3.88±0.51	3.97±0.50	3.72±0.47	3.53±0.52	3.30±1.00
合计（$n=3495$）	3.45±0.70	3.90±0.52	3.98±0.50	3.73±0.48	3.54±0.54	3.25±1.04
F	2.88	6.75**	3.02	2.78	2.41	9.72**

3. 家长家庭幸福感的年龄差异

以参与答题的家长年龄为自变量，家庭幸福感的六个分量表得分为因变量进行多元方差分析（MANOVA）。结果发现，年龄主效应显著，$p<0.001$。进一步的单变量方差分析显示（见表19-20），家庭幸福感的六个分量表得分均存在显著的年龄差异。家庭健康、家庭教育、家庭关系、情绪体验的得分随着年龄的增长而增加，说明这四个维度上家长的幸福感随着年龄的增长而增长。此结果与中国家庭幸福感热点问题调查报告（2014—2015年）的结

① 张妍萃，王敬欣，姚艳华.新生代父母家庭教育的现状、问题及对策[J].少年儿童研究，2019(11)：38-45.

② 王金玲.家庭权力的性别格局：不平等还是多维度网状分布？[J].华中科技大学学报（社会科学版），2009，23(02)：62-68+81.

果基本一致①。这可能是因为随着年龄的增长,家长在家庭教育、家庭关系和情绪体验上的处理上经验越来越丰富。建议家长学校重视对年轻家长的相关培训,增强相应的知识和技能。

表 19-20　中小学段家庭幸福感各量表平均分的家长年龄差异比较($M±S_D$)

年龄	家庭经济	家庭健康	家庭教育	家庭关系	情绪体验	职业满意度
30 岁以下(n=45)	3.55±0.68	3.77±0.46	3.87±0.44	3.66±0.37	3.36±0.44	3.35±0.93
31~40 岁(n=2117)	3.45±0.67	3.88±0.49	3.96±0.47	3.71±0.45	3.52±0.51	3.30±0.95
41 岁以上(n=1333)	3.44±0.74	3.92±0.56	4.01±0.53	3.78±0.52	3.58±0.57	3.17±1.12
合计(n=3495)	3.45±0.70	3.90±0.52	3.97±0.50	3.73±0.48	3.54±0.54	3.25±1.04
F	0.53	3.75*	6.01**	8.93***	7.48***	6.55***

4. 家长家庭幸福感的婚龄差异

以参与答题的家长婚龄为自变量,家庭幸福感的六个分量表得分为因变量进行多元方差分析(MANOVA)。结果发现,年龄主效应显著,$p<0.001$。进一步的单变量方差分析显示(见表 19-21),家庭幸福感的六个量表得分均存在显著的婚龄差异。得分最低的时期是婚龄为 7~10 年。这主要与婚姻幸福关键期有关,即结婚时间在 3 年以内和 10 年以上的家庭幸福感最高,婚龄处于 3 到 10 年期间的家庭幸福感相对较低。建议重点对婚龄为 7~10 年的家长加强婚姻家庭指导,帮助他们有效度过低谷期。

表 19-21　中小学段家庭幸福感各量表平均分的家长婚龄差异比较($M±S_D$)

婚龄	家庭经济	家庭健康	家庭教育	家庭关系	情绪满意度	职业体验
1~3 年(n=36)	3.33±5.78	3.89±3.86	3.89±0.40	3.71±0.43	3.50±0.56	3.02±1.12
4~6 年(n=27)	3.56±0.71	3.90±0.58	4.13±0.54	3.73±0.57	3.59±0.60	3.56±0.94
7~10 年(n=273)	3.42±0.65	3.80±0.45	3.87±0.43	3.62±0.37	3.42±0.44	3.41±0.73
11~15(n=1916)	3.46±0.68	3.88±0.51	3.96±0.49	3.72±0.47	3.53±0.53	3.27±1.02
16~20 年(n=858)	3.46±0.73	3.94±0.53	4.04±0.51	3.79±0.51	3.58±0.55	3.18±1.15
21~30 年(n=361)	3.40±0.75	3.91±0.57	4.01±0.53	3.78±0.52	3.60±0.57	3.24±1.07
31 年以上(n=24)	3.23±0.70	3.96±0.65	3.97±0.70	3.76±0.42	3.49±0.62	3.11±1.14
合计(n=3495)	3.45±0.70	3.89±0.52	3.98±0.50	3.73±0.48	3.54±0.54	3.25±1.04
F	1.35	3.00**	5.54***	5.33***	3.8**	2.58*

① 中国人口宣传教育中心,中国社会科学院人口与劳动经济研究所. 家庭幸福新常态——2015 年中国家庭幸福感热点问题调查报告[J]. 人口与计划生育,2016(09): 32-34.

5. 家长家庭幸福感的同住家庭成员差异

分别以是否与自己的父亲、自己的母亲、配偶的父亲、配偶的母亲同住为自变量，家庭幸福感的六个分量表得分为因变量进行多元方差分析（MANOVA）。结果发现，只有是否与配偶的父亲同住的主效应显著，$p<0.01$，且进一步的单变量方差分析在多个分量表上存在显著差异（见表 19-22），该效应显著降低中小学段学生家长的家庭教育幸福感、家庭关系幸福感和情绪体验。由于传统男强女弱的家庭权力格局决定了祖辈男性在家庭中的话语权要求，容易与下一代之间产生冲突。建议祖辈男性放下身段，降低要求；下一代也要学会包容和孝道。

表 19-22 中小学段家庭幸福感各量表平均分的同住家庭成员差异比较（$M±S_D$）

成员	家庭经济	家庭健康	家庭教育	家庭关系	情绪体验	职业满意度
不与配偶父亲同住（$n=2950$）	3.46±0.70	3.90±0.52	3.99±0.50	3.74±0.49	3.55±0.54	3.24±1.07
与配偶父亲同住（$n=545$）	3.40±0.67	3.86±0.48	3.93±0.50	3.68±0.42	3.47±0.53	3.30±0.89
合计（$n=3495$）	3.45±0.70	3.90±0.52	3.98±0.50	3.73±0.48	3.54±0.54	3.25±1.04
F	3.22	2.02	5.92*	7.30**	6.67*	1.59

6. 家长家庭幸福感的子女数量差异

以育有几个孩子为自变量，家庭幸福感的六个分量表得分为因变量进行多元方差分析（MANOVA）。结果发现，育儿数量主效应显著，$p<0.05$，且进一步的单变量方差分析在多个分量表上存在显著差异（见表 19-23）。育有两个及以上子女的父母家庭幸福感显著高于育有一个子女的父母。目前这方面的结论尚不统一。周正全运用计量方法进行建模分析发现合法生育了两个孩子的父母幸福程度最高①。可能因为两个孩子可以更好地抵御成为失独父母的风险；孩子越多父母越不会感到孤单；较多的孩子可以分担养老负担，等等。但是超过两个孩子以后，付出会更多，则会降低父母的幸福感。建议家长量力而行，选择最适合自己幸福标准的子女数量。

表 19-23 中小学段家庭幸福感各量表平均分的子女数量差异比较（$M±S_D$）

子女数量	家庭经济	家庭健康	家庭教育	家庭关系	情绪体验	职业满意度
1 个（$n=1642$）	3.47±0.69	3.88±0.51	3.95±0.49	3.71±0.47	3.53±0.54	3.28±1.01
2 个（$n=1736$）	3.43±0.70	3.90±0.53	4.00±0.51	3.75±0.49	3.55±0.53	3.23±1.07

① 周正全. 生育决策对父母幸福感的影响[D]. 南京：南京财经大学，2017.

续表

子女数量	家庭经济	家庭健康	家庭教育	家庭关系	情绪体验	职业满意度
3个及以上(n=117)	3.45±0.70	3.93±0.51	4.00±0.46	3.73±0.49	3.57±0.59	3.26±1.08
合计(n=3495)	3.45±0.69	3.90±0.52	3.98±0.50	3.73±0.48	3.54±0.54	3.25±1.04
F	1.26	0.76	3.42*	3.10*	1.07	1.00

宁波市堇山小学教育集团：家校合作视角下的家庭幸福教育①

堇山小学地处我国东部沿海发达地区，是一所高起点规划、高品质打造的城区中心小学。创办以来，学校以孟万金教授创立的积极心理健康教育理论和新时代幸福教育思想为指导，秉承“尊重关注每一个，多元发展每一个，好习惯滋润每一个”的办学理念，确立“塑造积极心理，奠基幸福人生”核心价值观，把“培育幸福学生，成就幸福教师，建设幸福校园”作为提高教育教学质量、提升整体办学水平、促进鲜明办学特色形成的根本着力点，全面践行“幸福教育”理念，以校园幸福文化引领师生亲历幸福过程，打造双向沟通、相互合作、优势互补、共同育人的家校和合文化，为孩子们创造和谐愉悦的学习环境和成长之路，实现家校共同成长的幸福教育目标②。

一、依托成长联盟，构筑幸福家庭之桥

我校创新家校合作模式，以真诚合作、深度共育为工作目标，全力构建“共育、共建、共享、共生”的成长联盟共同体。联盟通过新父母学校、新共育阵线、新校务工坊等形式，整合家校资源，让家长走近教育，走进校园，走上讲台，架构立体的幸福成长教育网。

（一）新父母学校，让家校行动更同步

我校的“新父母学校”围绕“幸福家长成就幸福孩子”的理念，以幸福教育系列主题讲座、现场专题咨询等形式对家长进行系统培训，传播先进家教观念和科学家教方法；定期举办亲子交流、对话、研学等活动，组织幸福读书会、征文评比、演讲比赛、座谈会、联欢会等活动，倡导家长与孩子相互学习，共同成长，共享成长，共享幸福，进而带动家庭教育更趋于成熟，推进学校教

① 宁波市堇山小学教育集团校长茅晓辉供稿（选编）（2020年3月）。（该校为孟万金教授课题实验校，孟万金教授在任中国教育科学研究院宁波鄞州教育综合改革实验区常驻专家组组长期间以及其后，给予了该校重点扶持和悉心指导）。

② 茅晓辉. 积极心理健康教育引领下的幸福学校建设初探[J]. 中国特殊教育，2017(05)：74-76.

育更趋于完美。

(二) 新共育阵线,促家庭教育更智慧

为更进一步推进家校合作的有效实施,形成教育合力,堇山小学根据学生在不同年龄阶段的身心特点、学习情况以及家长的关注重点,系统性地梳理了小学阶段6年12个学期"新共育阵线"培训专题活动内容,例如,六年级第一学期主题为"青春期性教育",第二学期主题为"小初衔接"。

(三) 新校务工坊,让家校合作更和谐

为使家校合作成长联盟共同体能够有效运行,学校围绕成长联盟建设积极搭建家校共育平台。学校成立了"因为有你,所以幸福"校务理事工坊,促成幸福家庭教育和学校幸福教育在教育目的、教育过程和教育方法上保持高度一致,让学生的生活场域更加完整,促进学生的身心发展更加和谐。校务理事工坊坊主多由有着多年首导工作经验,且充满教育情怀的教育学或心理学专业毕业的高学历教师担任;成员不是传统意义上的家委会成员。工坊分为三级:班级、年级和校级,下设安全膳食、宣传推广、教学协调和活动联络四个小组,成立了"家长教师联合会""学校发展智囊团""家校安全共同体""家校学习促进团""班级议事团""家长义工团"等实体组织。

二、主题活动体验,点亮幸福家庭之灯

开展系列化的幸福主题教育体验活动,是沟通家庭教育与学校教育的重要载体和平台,能够带动幸福家庭教育更趋于成熟,推进学校幸福教育更趋于完美。我校充分利用主题活动这一抓手,调动家庭教育的积极因素,形成教育合力,引领家长走向幸福。

(一) 幸福从参与孩子心灵成长开始

"两礼两季"系列活动作为堇山小学的重点德育活动,包括新生开学季、新生入队礼、十岁成长礼和毕业季系列活动。例如,我们在十岁成长礼的仪式上,鼓励孩子和父母(长辈)交换提前准备好的给对方的信件,说出平时放在心里的那些话,在舒缓的背景音乐中感受爱与温暖,孩子们回味自己的成长经历,体验、分享成长的快乐与感动,在泪水中铭记恩情,在喝彩声中明志成长,孩子与家长在一次次拥抱中拉近了亲子关系,共同享受了成长的幸福。

(二) 幸福从走进孩子校园生活开始

为实现"引领幸福家长、创建幸福家庭、培育幸福孩子"的育人宗旨,堇山小学每学期举办两次"家长开放日"活动,意在邀请各位家长走进校园、走进课堂、走进孩子的学习环境,使家长通过看、听、议、评,了解孩子与学校的具体情况。同时,学校举行校长、家长对话会,大家畅所欲言,为学校工作献

计献策。

（三）幸福从孩子三好习惯孕育开始

我校结合当代小学生身心发展特点和学校德育工作实际，2012 年建校伊始，便确立了“让好习惯滋润一生”的办学理念，将养成教育聚焦于“学习、生活、文明”三个重点习惯领域，确定了由 27 个主题，81 项细化内容构建而成的“小学生‘三好习惯’内容体系”①。体系引入“生态体验教育”理论作为支撑，既考虑到每个年级横向的完整，又考虑到孩子成长规律的年龄特点，并实施学生自我管理、父母提示督促、教师强化引领的三位一体的生态体验实践模式。

三、亲子和合行动，开启幸福家庭之门

构建良好的亲子关系，营造幸福的家庭氛围，是孩子终身幸福的根基。基于这一理念，我校携手家长同塑优质亲子关系，共筑孩子幸福成长之路。

（一）亲子书香阅读，全程式伴读

我校每学期都开展“共读一本书”活动，引领家长与孩子在读书中开阔视野、丰富知识，营造良好的家庭学习氛围。学校以学段为单位，为每个学段的孩子推荐了亲子阅读书目，每一个孩子手上都会发到一本亲子阅读记录册，用于记录亲子阅读的书名、章节及阅读时长等信息。我们倡导在亲子阅读的过程中引导孩子积累好词好句、提炼精华，在理解的基础上有自己的想法和思考，并与家长进行互动和交流。学校还在“新父母学校”经常性举办读书交流会议，在会上，大家研讨读书感悟，交流育子心得，并评出“书香家庭”。亲子共读在互动和交流的过程中碰撞出思维的火花，同时也能增进孩子和父母（长辈）之间的亲情。

（二）亲子职业课程，全景式参与

我校从建校伊始，就深入挖掘家长资源，根据家长的职业特点、自身特长组成家长资源库。我们秉承为了每一个孩子的幸福生活这一理念积极开展职业启蒙教育活动，专门开设了亲子职业课程——“爸爸妈妈课程”。学校将家长亲子职业课程积累成册，形成了别具特色的课程体系。

（三）亲子社会实践，全员式互动

亲子社会实践活动有利于增进家长和孩子之间的感情交流，让亲子关系在一种更加默契的关系中发展进步。我校创设“童心同乐，幸福成长”系列亲子社会实践活动，并不是单纯地邀请家长参与到孩子的社会实践中充当管理者和监护人的角色，而是鼓励家长融入孩子的群体当中，和孩子一起

---

① 茅晓辉. 让好习惯滋润一生[J]. 中国德育，2019(08)：60-62.

真实地感受实践活动带来的挑战和乐趣，以亲子共同实践的方式，发挥各自的优势和能量，在实践过程中感受亲情的温暖和相互支持的力量。

四、运用表彰激励，开启幸福家庭新篇

我校认真组织开展“优秀家长、模范家庭、幸福家长、幸福家庭”等评比表彰活动，通过树立典范、以点带面，送给家长幸福教育的金钥匙，为孩子营造身心健康成长的幸福环境。

（一）撰写幸福家庭事纪，见证每一幸福时刻

我校鼓励有能力的家庭通过家庭事纪的形式，建立属于自身家庭的专属档案，每学年学校以年段为单位开设“幸福家庭”博物馆，让有意愿参与“幸福家庭”事纪展示的家庭将自己的“幸福”档案进行展示。

（二）寻访幸福家庭典型，传递幸福成长力量

“幸福家庭”虽然有着一样的幸福感，但是这种幸福感的来源却存在着诸多的差别。我校连续几年开展“幸福家庭”的寻访活动。一是通过深度寻访了解家庭整体风貌。每学期中旬学校会向全校家庭发布寻访通知，明确“幸福家庭”寻访条件，吸引全体学生家庭广泛参与，通过学校行政与班级首导的家庭走访了解每户参与寻访的学生家庭的真实家风、家貌。二是通过“幸福家庭”风采展示树立典型。学校每年会在全部寻访的学生家庭中，通过学校、社区、家长代表的三方合作评选出本年度各年段的“幸福家庭”若干。三是利用广泛宣传，形成家庭正能量。学校每年利用家长学校和家长会的契机召开“幸福家庭”事迹巡讲，宣传各个“幸福家庭”在家风建设和育儿实践方面的先进事迹，通过身边事、身边人感染其他家庭，提升“幸福家庭”辐射力。

第二十章　新时代幸福教育科技赋能平台建设研究

党的二十大报告提出：坚持科技是第一生产力。随着现代科学技术的进步以及计算机软硬件的迅速发展，特别是网络技术、多媒体技术、人工智能（AI）、大数据、云平台、5G、线上教育，打破了传统教育的思维和时空，私人订制、个性化教学、自适应、智慧学习、ChatGPT，等等，正在迅速改变着教育生态，主要表现为一是在教学观念上由以教师为中心转变为以学生为中心；二是在教学形式上由呆板的统一授课方式转变为学生个性化的自主学习；三是在学生的学习状态上由被动学习转变为主动学习①。可见，科技进步给新时代幸福教育带来前所未有的机遇，注入了创新的巨大动力和能量，为新时代幸福教育实现因材施教寓教于乐的千年梦想提供了超越时空的平台。

一、科技赋能幸福教育因材施教、寓教于乐

科技进步带来的教育教学手段的变革，必将为幸福教育教学注入新的动能。AI多媒体信息技术的发展，引发了传统教学思想的深刻变革。这为新时代幸福教育插上了翅膀。

（一）AI信息技术赋能幸福教育因材施教

幸福教育要实现因材施教的千年梦想，必须依靠AI信息技术和网络进行教学变革。AI信息技术赋能幸福教育因材施教具有十分广阔的前景。

其一是学生可根据自身的特点并按自己的进度安排学习，从而加强学习的主动性，并能充分挖掘自己的潜力。

其二是学生可以不断自查学习效果。

其三是学生接受教育在时间和空间上将有更大的灵活性，并能及时解惑。

---

①　王东初，孟万金．网络教学模式探讨［J］．北京航空航天大学学报（社会科学版），2003（01）：77-80.

其四是可以减少教师的工作量,从而使教师有更多的精力用于自身知识的更新以及学生学习内容的调整与更新,并有更多的时间与每个学生交流,进行个别辅导。

其五是课堂学习的气氛变得轻松,通过把文字、声音和视频、图像结合在一起,可以吸引学生的注意力和想象力,从而加快学习进程。

其六是有利于培养同学之间团结协作精神。

其七是有利于克服由于学生接受能力不同而造成学习掌握程度差异的缺陷。

其八是可用于远距离教学。

其九是教育将成为终身教育。

当然,将 AI 多媒体技术用于教学的好处不止如上几个方面,随着 AI 多媒体技术的普及,它为学习打开的门将具有难以想象的潜力。目前我国的教育软件特别是学校教学软件非常缺乏,而多媒体技术应用于教学离不开教学软件,因此要立即着手开发一批适合我国当前学生特点并能满足当前学生需要的高质量多媒体教学软件。要将教学手段现代化建设的重点转向开发多媒体计算机教学系统,使之用于计算机辅助教学及计算机管理教学,极大提高个性化自主学习程度,这也是因材施教的重要保障。

(二) AI 多媒体网络技术赋能幸福教育寓教于乐和实时互动

与常规教学手段相比,多媒体教学手段有着独特的优势,能生动形象地再现事物发生和发展的过程。AI 多媒体网络技术可以用学生喜闻乐见的方式,创设特定的意境,将枯燥无味的抽象概念具体化、形象化,使学生看得清楚,听得真切,“生动逼真”有效激发了学生的学习兴趣,触发“福流”体验,极大地调动学生的学习积极性,使学生由好学迈向乐学。同时,网络教学的开放性,学习过程的交互性,学习内容选择的个性化和自主性,教学形式的多样性,尤其是“自适应”教学的实现,程序教学和掌握教学理念的运用,确保了学习的成效和快乐体验,极大地迎合了以人为本和素质教育的精神,从而增强学生学习的积极性、主动性。总之,AI 多媒体网络技术能有效促进学生由好学向乐学迈进。

二、科技进步催生“互联网+幸福教育”

科技进步带给教育的最大便利之一就是互联网,互联网与幸福教育结合的最大突破就是实现基于网络和大数据的人文交互环境下的个性化自主学习,这既是网络教育的优势,更是“互联网+幸福教育”的真谛。概括起来为:一个中心目标,两个支持系统,五项基本原则①。

一个中心目标,即实现基于人文交互环境的个性化自主学习。两个支持系统,即个性化自主学习支持系统和远距离人文交互环境支持系统。五项基本原则,即 5I: 趣味性(interesting)、个性化(individualized)、互动性(interactive)、智能性(intelligent)、主创性(initiative)。其中,基于人文交互环境的个性化自主学习是网络教育的灵魂。所谓人文交互环境,即提供传统课堂教学师生实时互动、沟通、交流的人文交互环境,避免远距离教学长期人-机互动而缺乏情感交流的弊端。所谓个性化自主学习,顾名思义,即富有个性特点的自我控制性学习。“个性化”即个人在学习中表现出与他人不同的优势特色,如在学习目标、学习内容、学习方式、学习手段、学习风格、学习策略等方面充分体现个人的特色和特长。“自主”即做学习的主人,主动积极地学习,充分体现学习的自我控制性。如果从教的角度来讲,个性化自主学习的实质就是“因材施教”;如果从学的角度来讲,个性化自主学习的实质就是发挥学生的“主体性”。五项基本原则即 5I 原则,分别如下。

(1) 趣味性:最大限度地发挥网络教育的优势,激发学生的学习兴趣。以喜闻乐见的形式,充分展示教学内容的魅力和趣味性,让学生体验学习带来的欢欣和成功的喜悦。

(2) 个性化:最大限度地体现不同教学内容、不同学生的个性特点和学习规律,因人而异,克服“大一统”的传统教学模式的弊端。开放性地对待不同的教学内容和不同的学生,启发学生创造性思考,探寻最适合自己和自己最喜欢的方法,尽可能使每个学生在每项学习内容上都得到最佳发展。

(3) 互动性:最大限度地体现教学内容的内在互动性、人文互动性、人-机互动性、脑内各区功能的互动性及师生间的互动性和同学间的互动性,将学习寓于交互活动之中,以体现学习本质,激发学生潜能。

(4) 智能性:最大限度地根据学生的知识、能力基础和信息加工特点,自动连接和提取相关信息和知识点。自动制定最佳学习方案,对学习内容、学习进程、学习策略、学习效果自动监控、自动测评、自动记录成绩及自动与同伴对比,自动分析和揭示出自身优势和不足之处,自动提供补救措施等。

(5) 主创性:最大限度地激发学生学习的主动性和创造性,提高学习效果。创造性地学习是学生心理和认知发展的需要,而创造性又会诱发主动

① 孟万金. 网络教育的真谛:人文交互环境下的个性化自主学习[J]. 教育研究,2002(04):54-57.

学习。因而,网络教育要有利于充分调动学生学习的主动性和创造性。

基于网络的个性化自主学习支持系统,是为学生提供一个以学生为中心的网上学习环境,通过智能导航,实现适应学生个体需求的个性化自主学习。具体分为三大模块:登录系统模块、预诊模块和导航学习模块(见图 20-1)。

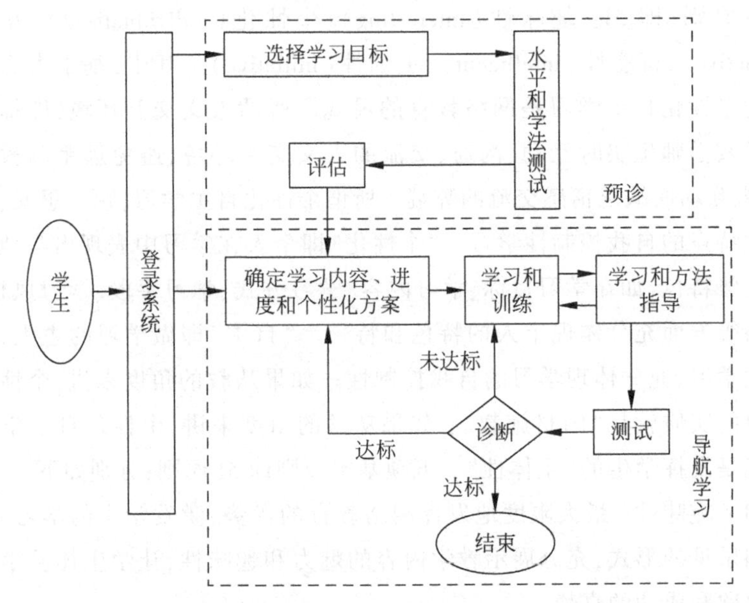

图 20-1 个性化自主学习支持系统的结构功能图

(1) 登录系统模块。在进入系统学习之前,根据用户输入的登录信息(保存在学生库中的用户名和密码),对用户身份认证,以决定是否允许进入系统参加学习。通过这种机制,防止非法用户对数据的窃取或对系统的攻击,以提高系统的安全性。

(2) 预诊模块。学生第一次登录并选择学习目标后,通过知识和能力水平的自适应测试以及学法(学习策略和信息加工优势的个性特色)测试,评估出学生目前的起点水平和最佳学习策略,为确定下一阶段的学习方案提供依据。具体包括以下几个子模块。

① 选择学习目标子模块。学生第一次登录成功后,系统首先会让学生填一张背景资料表(如年龄、学历、专业等),然后根据学生所提供的背景资料生成一个与其需求相适应的课程序列及同类相关课程。之后学生就可以指定所要学习的目标,如课程、知识点等。

② 自适应测试和学法测试子模块。系统根据学生的选择,采用自适应测试的方式诊断出学生目前的起点水平。同时,测试出学生的学习策略和信息加工优势的个性特色。

③ 评估子模块。知识、能力水平测试和学法测试结果经此模块的评估，就会确定该学生下一阶段学习的起点、进度和最佳学习策略，从而为进入导航学习模块、高效地进行个性化自主学习提供科学依据。

(3) 导航学习模块。根据预诊阶段所确定的起点水平和学习策略优势，确定学习内容、进度和符合个人学习策略优势的个性化最佳学习方案。接着让学生自主进行学习和训练，并对学习和训练内容及学习方法、学习策略及时给予必要的指导、引导和启发。随后，系统自动生成模拟试卷，对学生的学习和训练情况进行检测。对检测结果诊断后，确定学生下一阶段或“补漏”或进入新的学习或结束学习。具体包括以下几个子模块。

① 确定学习内容、进度和个性化学习方案子模块。学生首次登录后，可直接进入此模块。系统会依据诊断模块上次储存的信息，指导学生本次学习和训练的内容、进度及最佳学习策略。

② 学习和训练子模块。根据个性化学习方案提供最大限度符合个人学习特点的学习和训练内容及结构程序，供学生对各个分项进行学习和训练。屏幕每次显示一个相对独立的学习内容，循序渐进，尽可能体现程序教学和掌握学习的精神实质。

③ 学习和方法指导子模块。根据学生对学习内容所做的理解和掌握程度的即时反应，决定是否给学生提供启发性的引导、明确的讲解以及分析学生误解的原因和学法上的失误，从而使问题及时得到解决；同时指明进步的方向和提供改善学习策略的建议。接受指导后允许学生根据自己需要重新进行学习和训练。

④ 测试子模块。学习和训练结束后，该模块会按照一种组卷算法智能化地生成一定数量的测试题目，让学生进行模拟测试，以检验学生学习和训练的效果。其中包括呈现内容、提出问题、答题处理等功能，受测者可在一定限度内调节材料呈现和答题的步骤和方法。

⑤ 诊断子模块。对学生所提交的试卷进行自动评阅，通过分析受测学生的操作结果，探测学生学习过程中的优点和缺陷，并根据存储的专家知识，自动生成针对学生个人的诊断报告，提示学生在哪些方面已达到教学要求，哪些方面还需要加强训练。诊断报告由学生选择喜闻乐见的形式，如图表、文字、声音、图像等。根据诊断报告，生成适合学生下一阶段学习的目标。如果前一阶段达到某一阈值，则推进学习进度，指导学生学习新的内容或暂时结束学习。如果未达到阈值，会针对学生的弱项自动生成更加符合学生学习特点的学习方案，供学生重新学习。

三、行为观察分析系统优化幸福课堂建设

幸福课堂行为观察分析系统是运用学习科学视频研究技术专门研发的课堂分析评价与培训软件，不需现场观察调研和纸笔记录评分，只要现场录像或提供课堂视频录像，对照系统提供的课堂观察指标编码方案和操作手册，将视频中观察到的课堂指标按编码人工或AI输入计算机，软件便可自动生成定性与定量参数相结合的课堂分析结果，计算出课堂各级指标幸福指数和整体幸福指数①。

该系统不仅可以提供课堂整体幸福指数的评价，还可通过计算幸福课堂各级指标上的幸福指数差异，找出某节课的亮点与需改进之处，提供课堂整体幸福指数的提升策略。此外，通过对各观察指标进行筛选，系统可自动将所关心指标的对应视频场景编辑到一起并加注解说明，有助于一线教师相互之间对课堂进行研究、观摩或对自己的课堂进行反思、改进。该系统提供的幸福课堂教学策略指导手册及其视频资料库，可为教师提供可操作性的理论和直观的画面来学习和改进自己的课堂教学，并为新教师的教学培训提供精彩素材。

与传统课堂评价相比，该系统的优势在于可对课堂视频进行反复回放编码与分析，计算机会自动记录各种参数，避免了传统使用纸笔记录方式对课堂这一复杂情境进行现场评价时容易顾此失彼的弊端，节省大量人力和时间成本。

幸福课堂行为观察分析系统有四大功能。

一是用于评价课堂幸福指数。

（1）系统提供“幸福课堂观察指标编码模板”，作为整个系统的基本参数。该编码模板与幸福课堂指标体系一一对应，分为3个一级指标，5个二级指标，53个三级指标。

（2）根据编码模板，对课堂视频进行前期编码。编码过程中，需对照“幸福课堂观察指标与教学策略”多次回放课堂视频，对出现的符合评价指标的片段赋以相应的代码，同时根据“幸福课堂星级评分标准”进行1~5级评价。

（3）编码结束后，软件通过编码识别各种行为对应的指标并进行分类整

① 官群，孟万金．校长：先让学校幸福起来——从《幸福教育实用指南——全员必读手册》谈起[J]．中小学校长，2013(09)：67-70.

理,可呈现各级指标的评分情况,包括最高分、最低分、平均分等。系统会根据各级指标的得分,用加权求和的方式,自动计算出课堂各级指标幸福指数和整体幸福指数。

二是用于教师本人及相互间对课堂进行评析及改进。

(1) 教师可根据各级指标幸福指数,找出低分指标作为课堂的薄弱之处,进行有针对性的分析。对照"幸福课堂观察指标与教学策略",提出低分指标的改进方案,以提升课堂的整体幸福指数。

(2) 系统可自动一键截取各级指标对应的课堂视频片段,拼接在一起并可加文字注解备忘,供教师本人对自己的课堂进行反思、改进以及教师相互间对课堂进行观摩、评析。尤其可用于对评价得分较低的薄弱指标的分析上,集中、连续呈现该指标对应的教学视频,有利于快速找到低分原因,提出改进策略。一键截取、拼接课堂视频的高分指标片段,还为教师之间互相学习、借鉴提供了便利。

(3) 系统可呈现整个课堂视频各级指标的时间分布图,以便直观了解整堂课各级指标教学策略的运用情况。该图可形象展示各级指标使用了多少次、每次使用持续了多长时间;可显示各指标教学策略的使用发生在课堂的哪些时间段,以便分析这些策略是否符合课堂前段、中段、后段的教学特点和需要;可比较不同指标在时间分配上存在的关联,尤其是各教学组织形式、学习环节与其他教学策略运用之间的关系,有助于分析教学策略是否适合各教学环节的特点,发现不同课型的教学规律。

教师不仅可对自己或他人的课堂进行传统意义上的整体评价与分析,还可基于各级指标的时间分布图,将课堂"肢解"为各种元素,对各元素的使用情况以及元素间的关系进行深入剖析、科学解读,挖掘掩盖在课堂形式表象下的深层教学结构与规律,分析自己或他人课堂布局与策略运用的优势与不足,提出教学改进策略。

三是用于幸福课堂教师培训。

系统提供"幸福课堂教学策略精彩视频集",内容涵盖幸福课堂各项指标对应的教学策略,均为从若干节幸福课堂精品课中截取的某一指标教学策略精彩片段,配以文字注解说明,供幸福课堂教学策略教师培训以及一线教师自学使用。视频集为教师学习幸福课堂教学策略提供了生动形象的鲜活案例,比大篇的文字讲解更有效。

四是用于幸福课堂科学研究。

使用幸福课堂行为观察分析系统对幸福课堂进行定量和定性研究,能够获取最真实、最客观的一手资料。同时,可以节约大量行为研究数据采集的时间和劳力成本,越复杂的研究项目和越多的视频资料,节约的时间越多。将行为观察分析系统运用于课堂教学,跟踪观察、实时记录课堂行为,将使科学的课堂观察方法如虎添翼,使幸福课堂的定性和定量研究过程更加科学、高效,使幸福课堂模式的打造更具科学性和可操作性。

(1) 系统可自动计算幸福课堂各级指标以及各指标对应教学策略的使用次数、总持续时间与每次平均持续时间;可自动计算各教学环节的发生时间、持续时间,等等。将这些幸福课堂相关指标统计参数与学生学习效果、主观课堂幸福感受等数据资料进行关联分析,可对不同课型、不同教学策略进行比较分析,得出科学结论和建议。

(2) 可自动计算某一指标之后伴随另一指标出现的次数和概率,以及某一指标出现后特定时间段内出现另一指标的次数和概率,深入分析课堂组织架构,为建构科学的幸福课堂基本模式和科学流程奠定基础。升级后的系统还可分析某些教师特定行为之后伴随的学生特定行为的出现次数、持续时间等,有助于探寻深层的课堂教学规律。

(3) 升级后的系统还可自动计算教师或学生某一行为的出现次数、出现时间和持续时间,例如,教师对学生的激励、表扬次数,学生举手次数等,用定性和定量相结合的方式有针对性地研究课堂中有价值的现象。例如,观察教师授课语言、对学生的态度、提问方式等,观察学生参与程度、课堂表现等以便"培优补差",观察师生互动情况以便反思调整,等等。

四、"易学灵"和"易教星"为幸福教育插上科技双翼

科技进步赋能新时代幸福教育,就是要充分利用科技进步驱动幸福教育深入发展,破解教育教学手段落后、效率低下难题,促进师生高效互动,为教师和学生减负增效,提升教育幸福感获得感。为此,我们团队专门研发了学生用的"易学灵"和教师用的"易教星"技术系统。

(一) "易学灵""易教星"简介

1. "易学灵"让学生学习更易、大脑更灵

"易学灵"也叫"e 学灵"(enjoy learning),"易学灵 2.0"是专门面向全体学生的一款提升学习乐趣和学习成绩的人机交互智能系统,像课本一样是学生手持的随身学习终端,主要设计六个功能模块,即自主学习、同伴交流、师生互动、作业跟踪、考试测评和满意程度。

"易学灵 2.0"人机交互系统为课堂内外学习数字化、网络化、个性化、自

主化、交互化、动态化提供了交互平台，彰显了 T2S(teacher to student)、S2S(student to student)、O2O(online to offline)的交互功能，可做到实时在线跟踪、实时记录处理、实时交流互动、实时个性化辅导、实时测评服务等。

以自主学习为例，“易学灵 2.0”可以安装学法策略训练、学科提升训练和专项训练资源系统。学法策略资源包括认知策略(注意、学习、记忆、思维、预习、听课、复习等)、元认知策略(计划、监控、调节等策略)、学习技术(笔记、听课、辅助手段等)以及考试方法等。学科学习资源包括学科学习内容、作业、测评、课外补充，等等，专项训练资源包括听力训练、口语表达训练、阅读训练、写作训练、计算训练、思维训练、基本动作技能训练、情绪智力训练等。这些资源与课本的最大不同在于多媒体的呈现形式，虚拟情境性的任务，动画动态性的游戏，实时自助，形象逼真，生动活泼，便于全脑信息加工，减缓疲劳，提高效率和兴趣。学生可以根据需要进入学法学习、学科学习或专项训练，有效提升学习技能、乐趣和成绩①。

就某一课而言，学生通过“易学灵 2.0”接收教师通过“易教星”发送的每课导学案，可以自行学习。如果自学遇到困难，还可以点击教师提供的视频辅导，进一步加深了解本课内容。如果还有疑难，可以通过 S2S 平台，发起同伴互动交流或咨询讨论。如果同伴解决不了问题，还可以进一步通过 T2S 平台，与老师互动探讨。如果在线还存在交互障碍或沟通障碍，则可以留作课上当面互动，从而实现 O2O 式的线上线下互动交流，最终使问题得到解决。同样，学生也可以通过“易学灵 2.0”接收并完成教师通过“易教星”布置的练习和测验，提交作业和自动获得即时反馈结果。针对结果还可以在专家系统帮助下找到个性化改进方案和策略，从而，确保每个学生都能充分得到应有的优质资源，得到教师和同学的亲切关注和互动，确保学习的自主性、适合性、高效性和生动性、积极性、趣味性。学生真正成了学习的主人。

“易学灵 2.0”六大系统发挥各自功能，跟踪记录和收集每个人的数据，通过与教师的“易教星”联动，各数据汇集起来，成为大数据，通过数据挖掘，纵横向分析，不仅能为每个人设计个性化学习方案，更能为全班、全校、全县、全省乃至全国教育质量监测和预测提供科技手段，进而为提升教师培训的针对性和实效性提供科学依据。

2. “易教星”让教师教课更易、尽快成为教学明星

“易教星”又叫“e 教星”(enjoy teaching)。在大数据、云计算技术支持

---

① 官群，姚茹，刘计敏. 通过“温情教育”(MILD)促成学困生进步的行动研究——邢台陶行知中学采用“易学灵”突破学困初见成效[J]. 中国特殊教育，2013(09)：56-62.

下,通过“易教星”和“易学灵”联动完成线上与线下“混合式”教学,既吸收了AI技术的优势,又发挥了教师现场情感互动的优势。通过AI指导和监控学生线上学习交流互动,提交电子版的作业,完成考试与测验,后台程序持续跟踪记录、系统地分析每个学生的数据,并提供指导或改进建议;通过教师对学习进程的跟踪检查,及时发现学生个别难题,予以即时个别解决,培养学生高阶学习能力和创造性解决问题的能力。老师和学生不再是过去那种停留在双基学习训练以及只是分数的考查结果,而是对学习过程的跟踪、监控、记录、诊断和进一步的指导、对策建议。这样,教师就能通过智能系统及时诊断问题所在,提出改进的建议,与学生一起建立个性化学习方案。

“易学灵”和“易教星”是大数据、云计算的移动教学和学习终端,是大数据教育信息的入口和起点。既是教师教学和学生学习的专家系统,又是教学与学习过程中信息处理和跟踪的记录器、互动器、监控器,还是T2S、S2S、T2T、O2O以及T2P2C(teacher to parent to children)、M2T2S(manager to teacher to student)的交互平台。这种互联网时代的高科技教育手段打破了课上与课下、校内与校外、教师与学生,甚至教师与家长和孩子、管理者与教师和学生之间的界限,超越了时空,能够真正聚焦学生中心,把教育真正变成学生自己能够参与设计、定做的学校、家庭、社会及管理者合众共生又实时监控、互动的个性化服务,从而为每个学生提供适合的教育,促进教育公平,真正实现因材施教、寓教于乐的梦想。

“易教星”就是利用信息技术高科技手段专门为教师教学设计的一种智能化人机交互系统,与学生的“易学灵2.0”联动,将教师的教与学生的学形成一对一无缝对接,让教课变得更容易,让教师更快成长为教学明星,是提高教师幸福指数的关键,更是教师的梦想。“易教星”专为教师提供了教课更容易、更快成为教学明星的有效技术手段。通过备课智能化、上课智能化、听课智能化、评课智能化、作业智能化、测评智能化六大智能平台,把教师从繁重的教学和作业批改负担中解放出来。轻负高质,最大限度提高教学的科学性、针对性、实效性和乐趣性。为提高教学效率和教师职业幸福感提供现代化的高科技平台。

针对具体的课堂教学来说,“易教星”与“易学灵2.0”联动获得的数据能说明教学效果,如学生识字的准确率、作业的正确率、积极参与课堂讨论程度、回答问题的次数和时长及正确率。T2S及S2S互动的要点、频率与时长,每个学生回答一个问题所用的时间是多长,正确率是多少,不同学生在同一问题上所用时长的区别有多大,整体回答的正确率是多少,学生对教学重点的消化情况,每个学生和全班教学难点的确定及攻克情况,当堂达标测评情况，学生对课堂教学效果满意度，分层作业及复习巩固的情况，等等，通过“易教星”与“易学灵2.0”联动，教师可以随时跟踪学生学习过程，一目了然，这些具体的数据经过专门的收集积累就可转化成大数据，进而通过挖掘、整理、统计、分析，为改进教学提供个性化方案。

（二）“易学灵1.0”人机对话系统对数学学习困难学生的干预效果

“易学灵1.0”人机对话系统是专门为干预学习困难而设计的一种集左右脑平衡、多感官协同、手脑同步、认知与行为互动的训练设备（已获国家专利）。

数学学习困难影响6%～14%的学龄期智力正常儿童，对数学学习困难学生的干预和矫治已成为亟待研究的课题。本研究使用国家专利产品“易学灵1.0”人机对话系统对数学学习困难学生进行为期三个月的干预，在行为测验进步显著的基础上，进一步以事件相关电位P300成分为脑电指标评估干预效果。采用实验组对照组前测后测设计，将32名初一数学学习困难学生分为同质的两组，训练组接受每天30分钟的“易学灵1.0”人机对话系统训练，对照组则只进行常规学习生活，不接受训练。结果表明“易学灵1.0”人机对话系统能够提高数学学习困难学生的信息加工容量和信息加工效率①。

1. 研究设计

（1）被试

使用学习适应性测验（AAT）、学习障碍筛查量表（PRS）和瑞文标准推理测验（SPM），结合学习成绩和班主任推荐，从河北省某初中二年级学生中筛选出数学困难学生32名。筛选的标准为：①AAT测验等级在二等或二等以下；②PRS量表总分小于65；③上学期期末考试数学成绩总分数低于25%；④智力测验SPM标准分数高于50%；⑤无其他明显视、听感官障碍、运动缺陷、情感障碍、社会文化适应不良或其他躯体和精神疾病。将筛选出的数学困难学生随机分为两组，一组接受“易学灵1.0”人机对话系统训练（训练组），另一组进行常规学习生活（对照组）。

（2）前测

采用视觉oddball范式，以字母b为标准刺激（非靶刺激，概率80%），字母d为偏差刺激（靶刺激，概率20%）。实验程序使用E-prime软件编制，屏幕背景为黑色，刺激材料为白色。整个实验在光线微弱的环境下进行，被试

① 姚茹，张冲，孟万金.“易学灵”人机对话系统对数学学习困难学生的干预效果：来自事件相关电位P300的证据[J].中国特殊教育，2015，184（10）：47-54.

端坐于微机前,双眼平视计算机屏幕中心,离屏幕的距离为70~100cm。

屏幕中央先呈现注视点"+"200ms,空屏间隔700~1100ms随机,之后出现刺激字母b或d。其中,对于一半的被试,"b"为靶刺激,出现的概率为20%;"d"为非靶刺激,出现的概率为80%。对于另一半被试则相反,"d"为靶刺激,"b"为非靶刺激。b和d出现的顺序随机。

实验过程中,要求被试注视屏幕中央的注视点,当出现靶刺激时,又快又准确地按数字小键盘上的"3"键;当出现非靶刺激时,不按键。非靶刺激的呈现时间为1000ms,靶刺激则在被试按键反应后再停留1000ms后消失。如果被试反应错误,屏幕上会出现"错误"字样的反馈。之后开始下一个trial。

正式实验开始前,被试先进行20个trial的练习,如果练习正确率超过90%,则进入正式实验,否则继续练习。正式实验共有2个block,每个block包括180个trial,两个block之间被试可以自己控制休息时间。视觉oddball任务程序流程图见图20-2。

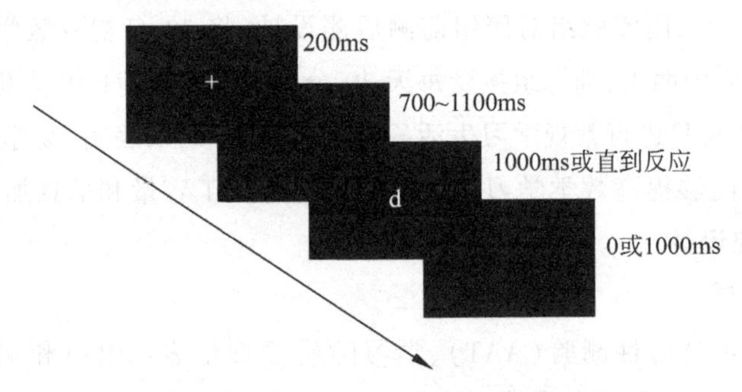

图20-2 视觉oddball任务程序流程图

(3) 训练

每天对训练组数学困难学生进行30分钟的"易学灵1.0"人机对话系统训练。对照组则在同一时间段安排自学。

(4) 后测

同前测,不同之处在于标准刺激和偏差刺激与前测相反。采用实验组、对照组前测后测设计,将数学困难学生分为接受训练的训练组和不接受训练的对照组。通过前测和后测,比较训练前后学生的P300波幅和潜伏期是否发生显著变化。

(5) EEG采集

使用Neuro Scan公司的ESI-64系统对EEG数据进行实时记录,电极安放位置符合国际10~20系统的电极分布标准。使用左侧乳突做参考电极。使用放置在右眼中线上方和下方的两个电极记录垂直眼电(VEOG),水平眼电(HEOG)的记录电极放置在左右眼外侧与眼球处于同一水平线的位置。所有电极使用导电膏与头皮接触,保证每个电极输入阻抗低于5kΩ。EEG数据采集软件为NEUROSCAN,放大器为SYNAMPS2,采用DC连续采样,采样率为1000Hz,低通为100Hz。

EEG离线分析使用SCAN4.3.1软件进行。对原始脑电数据进行DC校正,将左侧乳突参考电极转换为双侧乳突做参考电极。眼电伪迹使用NEUROSCAN标准校正算法进行校正。将连续的EEG数据进行分段,分段的时长为刺激前200ms到刺激后1000ms。以刺激前200ms为基线进行基线校正。将除眼电以外波幅超过一定范围的段视为伪迹片段进行排除,排除标准为±70μV之外。最后,分别对两种刺激类型(靶、非靶)的ERPs波形进行叠加平均,并使用低通30Hz(24dB/octave)进行滤波。

2. 数据分析

(1) 行为数据分析

行为数据使用SPSS 17.0软件进行分析。因变量为反应时和正确率。对于每名被试,剔除反应时大于1000ms的试次。统计显著性水平为0.05。

(2) 脑电数据分析

采用SPSS软件对靶刺激诱发的P300峰值和潜伏期进行统计。

对两组被试的总平均波形图进行观察可以看出,靶刺激锁时的P300成分主要出现在刺激呈现后450ms左右,位置在额区、中央区、顶区和枕区电极,中央区和顶区P300波幅最大。以往研究中,视觉oddball任务中的典型P300成分是指靶刺激比非靶刺激诱发了一个更大的正波,该成分在中央区和顶区波幅最大,时间窗口一般为靶刺激呈现后300~600ms。

根据已有研究,结合本研究的ERPs波形视觉探测,选定350~550ms时间窗口进行P300波幅和潜伏期的测量,并检查每名被试的测量结果,发现有三名被试的P300峰值落在550ms之后,对这三名被试划定较长的时间窗口(350~750ms)进行了单独测量。选择FZ、CZ、PZ、OZ这4个电极位置进行统计分析。

分别对训练组、对照组的P300波幅和潜伏期进行2(测试类型：前测、后测)×4(电极位置：FZ、CZ、PZ、OZ)两因素重复测量的方差分析,以探测训练前后两组被试P300的变化。对自由度大于1的情况进行Greenhouse-Geisser校正,多重比较使用Bonferroni-Dunn方法,统计显著性水平为0.05。

3. 结果分析与结论

(1) 行为结果

分别对反应时和正确率两个因变量进行2(测试类型：前测、后测)×2

(被试类型：训练组、对照组)两因素重复测量的方差分析。结果发现，测试类型的主效应、被试类型的主效应、测试类型与被试类型的交互作用均不显著($p>0.05$)。

(2) ERP 结果

"易学灵 1.0"人机对话系统训练前后，训练组和对照组被试在各代表性电极上靶刺激锁时的 ERPs 原始波形见图 20-3。根据 ERPs 总平均波形图特征可以看出，训练组和对照组被试都出现了靶子诱发的 P300 成分，其脑区分布从额区一直到枕区，最大幅值位于中央顶区和顶区附近，波峰约在 450ms 左右。

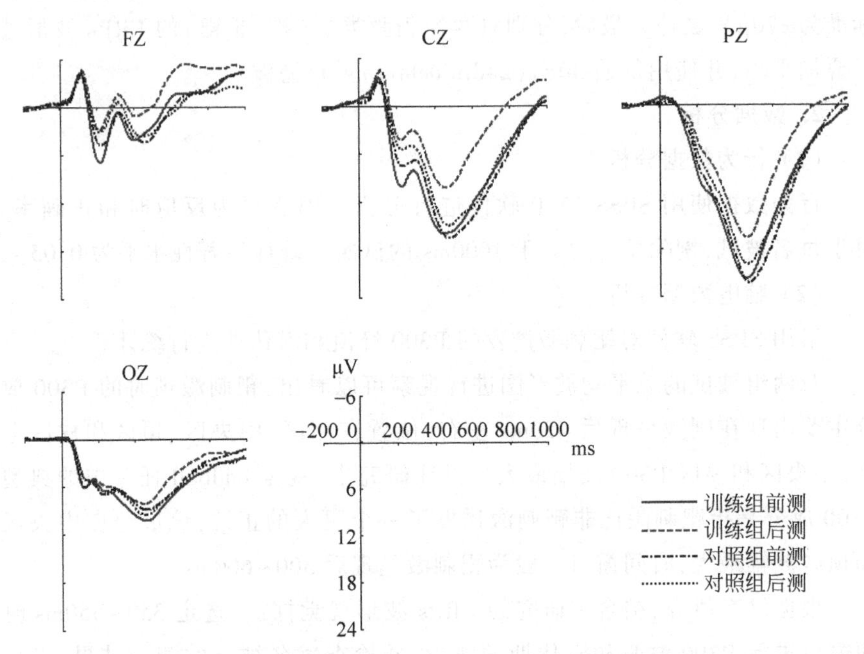

图 20-3 数学困难训练组和对照组前后测 P300 波形图

为检验训练组和对照组在前测时是否同质，对两组被试在所有电极上的前测 P300 波幅和潜伏期进行了独立样本 t 检验，未发现显著差异，表明干预前两组被试的 P300 波幅和潜伏期处于同一基线水平。

本研究使用 P300 作为"易学灵 1.0"人机对话系统干预效果评估的脑电指标，通过考查训练组接受"易学灵 1.0"人机对话系统训练前后的 P300 波幅和潜伏期的变化来评估训练效果。结果发现，接受"易学灵 1.0"人机对话系统训练后，数学学习困难学生训练组的 P300 波幅比训练前显著降低，且枕区电极 P300 潜伏期比训练前显著缩短。而前测时基线一致的对照组在后测时的 P300 波幅和潜伏期与前测相比都未发生显著变化，说明训练组的

P300波幅降低、潜伏期缩短主要是由训练造成的,排除了重复测量效应的影响。这一结果证明"易学灵1.0"人机对话系统训练对数学困难学生是有效的,在脑电上表现为P300波幅降低、潜伏期缩短。

本研究中,训练组后测oddball任务P300波幅降低的原因可能是由于训练组被试在重复接受oddball任务时主观上感觉到的任务难度降低了,从而倾向于减少对该任务的注意投入,或者只使用更少的心理努力和注意资源便可成功完成任务,导致P300波幅较低。而对照组被试并没有发生明显的变化,说明"易学灵"系统训练使数学困难训练组信息加工容量有所提高,资源配置更加有效。

此外,本研究中训练组P300波幅降低还可能是学习带来的神经可塑性的结果。本研究中,数学困难训练组后测oddball任务P300波幅降低,也即出现了明显的神经反应习惯化,而对照组P300波幅则没有显著变化,可能说明"易学灵"系统训练使数学困难训练组的神经可塑性得以增强。

对于P300潜伏期,一般认为,它是衡量信息加工效率的敏感指标[①②]。本研究中,数学困难训练组在后测时枕区P300潜伏期缩短,可能表明被试对靶刺激的评估加工速度更快了,即训练后训练组在oddball任务上对靶刺激的识别、检测、注意等加工明显加快,信息加工效率明显提高。而对照组的后测P300潜伏期较前测没有显著变化,说明"易学灵1.0"人机对话系统训练使数学困难训练组的信息加工效率得以提高。

另外,本研究的脑电评估结果与训练组数学困难学生的自我报告和学习成绩变化一致。训练结束后,被试一致认为"易学灵1.0"人机对话系统训练提高了自己的注意力。把被试期中、期末两次考试的数学成绩放在年级水平上进行名次变化比较,发现训练组数学困难学生年级名次平均提高5.6,进步最快的在本年级中前进99名[③]。这些质性资料从另一个角度支持了"易学灵1.0"人机对话训练对数学困难学生的训练效果。

"易学灵1.0"人机对话系统之所以能够提高数学困难学生的信息加工容量和信息加工效率,改善其学习成绩,可能与其特有的干预手段有关,它能兼顾数学学习的领域一般性因素和领域特殊性因素。在领域一般性因素方面,"易学灵1.0"人机对话系统特别注重脑功能和认知能力的改善,其平

---

① Fukuda M, Niwa S I, Hiramatsu K I, et al. Psychological intervention can partly alter P300-amplitude abnormalities in schizophrenics[J]. Psychiatry and Clinical Neurosciences, 1989, 43(04): 633-638.

② Chatterjee A, Ray K, Panjwani U, et al. Meditation as an intervention for cognitive disturbances following total sleep deprivation[J]. The Indian Journal of Medical Research, 2012, 136(06): 1031-1038.

③ 官群,姚茹,刘计敏. 通过"温情教育"(MILD)促成学困生进步的行动研究——邢台陶行知中学采用"易学灵"突破学困初见成效[J]. 中国特殊教育,2013(09): 56-62.

衡训练设计通过训练前庭功能来加强大脑两半球的沟通和协作,能够最终改善脑功能与整个认知能力;其视觉、听觉、注意、记忆等人机对话训练模块中,根据各认知领域最经典以及最新的研究成果设计了训练各项认知功能的计算机互动游戏,这也必然能够提高数学困难学生的感知觉、注意、记忆、想象等认知能力。在领域特殊性方面,“易学灵 1.0”人机对话系统能够将数学困难学生的身体动作与认知联系在一起,将数学学科知识融入训练中(例如,让学生一边进行平衡训练一边复述当天学习的内容或进行与数学学习相关的计算机互动游戏),充分发挥了具身认知的作用,使数学知识形成具身的心理模拟,有助于提高学习效果。此外,“易学灵”人机对话系统温馨舒适的训练环境、轻松愉悦的训练过程以及游戏化生动有趣的训练方式能够帮助数学困难学生在精神状态等非智力因素方面取得明显进步[①],对提高学习效果也起到辅助作用。

本研究最终结论是:使用 ERPs 手段验证了“易学灵 1.0”人机对话系统对数学困难学生的干预效果——不仅提高了学习成绩,更进一步从脑机制方面揭示出其认知神经系统信息加工能力的改善。即干预后数学困难学生的 P300 波幅显著降低,枕区 P300 潜伏期显著缩短,表明该系统能够优化数学困难学生的脑功能,尤其能提升信息加工容量和信息加工效率,因而在进行数学学习时调用的注意和认知资源更少,反应速度更快、更准确,学习困难程度更低,学习负担更轻,为破解数学学习困难提供了认知神经科学的证据。

总之,我们团队在幸福教育科技赋能平台建设上取得了一些卓有成效的进展,比如前面论及的学习困难干预人机对话系统、课堂行为观察系统、“易学灵”“易教星”线上教学交互系统,另外还有英语线上自适应学习系统、英语汉语作文自动化电子评阅系统等也都实现了自动化功能,尤其是随着新课改要求加大高考语文试卷文字阅读量,阅读速度成为当前学生的极大挑战,给不少学生带来阅读不完的苦恼。因此,我们团队专门研发了“双超脑动力快速悦读”线上系统,通过训练证明:一目十行不是传说。

案例

《浙江日报》:一目十行不是传说　快速阅读软件试点宁波中小学[②]

阅读是一切学习的基础,国际研究表明,学习不良 85% 归因于阅读困

① 官群,姚茹,刘计敏. 通过“温情教育”(MILD)促成学困生进步的行动研究——邢台陶行知中学采用“易学灵”突破学困初见成效[J]. 中国特殊教育,2013(09):56-62.

② 最强大脑一目十行不是传说 快速阅读试点宁波小学[EB/OL]. (2017-11-06) [2020-03-12]. http://nb.ifeng.com/a/20171106/6124617_0.shtml.(字词有微调).(该成果为孟万金教授课题实验成果之一,孟万金教授在任中国教育科学研究院宁波鄞州教育综合改革实验区常驻专家组组长期间以及其后,对两个实验校给予了重点扶持和悉心指导)。

难；在美国有专门的国家阅读研究中心，并提出了“阅读第一”的教育理念。孩子学习成绩与学习能力有因果关系，学习能力的一个重要方面是阅读能力。双超脑动力快速悦读技术是我们团队专门研发的一项高科技线上产品。

近日，一场名为“双超脑动力快速悦读”成果交流鉴定国际峰会在宁波召开。浙江新闻记者了解到，“双超脑动力快速悦读”旨在帮助学生提高阅读能力，让学生快乐阅读。

活动当天，与会专家、老师和学生家长现场考查了学生的训练情况，并见证了可喜的效果：受训学生经过50课时左右的训练，阅读理解准确率达标前提下，阅读速度平均提高8到10倍，优秀者可以达到一目十行，每分钟3600到4200多字的速度量，是平常人均每分钟300多字日常阅读速度的12倍以上。并且，从学生和教师家长的反映证明，该阅读技术深受学生欢迎。不仅阅读速度快、正确率高，比传统阅读趣味强、负担轻而且还提高了注意力、意志力、自信心、反应力，思维更敏捷，更热爱学习等。同时，语文和其他学科学习成绩也有不同程度提升。

国际鉴定专家组一致认为，作为学习力的核心要素，阅读是语文的重要组成部分，是人类接收信息的重要途径，也是其他学科学习的基础。

双超脑动力快速悦读技术根据超常潜能超常发挥的“双超”教育原理，采用世界前沿的脑科学研究成果和先进信息技术，通过ARCS动机模式、多元智能、脑地图、同伴互动、智力与非智力互动以及自主控制等技术手段改进阅读记忆中的注意、工作记忆、逻辑推理等信息加工的能力；通过优化视觉搜索、视觉定位、视觉跟踪、视域扩张等认知手段，提升字词、意群、句段、篇章等信息吸收和加工的编码译码能力，优化眼动规律；通过人工智能、自适应、个性化方案、私人订制等技术实现因材施教、寓教于乐。双超脑动力LRL快速悦读技术达到了国际先进水平。

据悉，自2017年上半年起，双超脑动力课程研发在宁波市率先启动。先后在鄞州区堇山小学和海曙区田莘耕中学采用该技术，开设了以“最强大脑”训练为主题的“MILD快乐学习”和“快速悦读”社团活动课，运用高新科技，为创新校本课程和社团活动拓展新视野、探索新方向，注入新内容、新内涵和新动力。

附录 A　从“积极心理健康教育”迈向“新幸福教育”——访“新幸福教育”首创人孟万金教授[①]

[编者按]2007 年 5 月，本刊发表《大力推进积极心理健康教育——访积极心理健康教育模式创始人孟万金教授》；2010 年 11 月，本刊再次发表《积极心理健康教育为幸福人生奠基——再访积极心理健康教育创始人孟万金教授》。之后本刊开设了积极心理健康教育系列讲座专栏，系统介绍了积极心理健康教育理论和实践，讲座结尾指出了积极心理健康教育未来发展趋势就是迈向幸福。日前，孟万金教授申请的“新时代幸福教育理论与实证研究”（简称“新幸福教育”）喜获 2020 年国家社科基金后期资助教育学重点课题立项，标志着积极心理健康教育迈向了幸福教育的历史新高度，也标志着幸福教育站在了时代的新起点。为深入了解和推广“新幸福教育”，本刊记者专门采访了“新幸福教育”首创人、中国教科院德育与心理特教研究所所长孟万金教授。

[关键词]新幸福教育；积极心理健康教育；人物专访

[中图分类号]G44

[文献标识码]A

[文章编号]1671-2684(2020)36-0015-03

记者（以下简称“记”）：孟教授您好！首先祝贺您申请的“新时代幸福教育理论与实证研究”喜获 2020 年国家社科基金后期资助重点课题立项。今年该类重点课题全国仅立两项，您斩获其一，足见“新幸福教育”竞争实力之强。请您谈谈获此立项的相关情况。

孟万金教授（以下简称“孟”）：国家社科基金后期资助项目是我国先研究后资助的高级别的课题立项形式，主要资助人文社会科学基础研究领域中完成 80%以上且尚未出版的优秀科研成果，旨在鼓励广大哲学社会科学工作者弘扬优良学风，潜心治学，扎实研究，努力推出具有学术传承创新价

---

① 何妍．从“积极心理健康教育”迈向“新幸福教育”——访“新幸福教育”首创人孟万金教授[J]．中小学心理健康教育，2020(36)：15-17．

值的精品力作。重点项目是该类课题的最高级别，专门资助学术分量厚重、创新性强、对学科发展具有重要推动作用的研究成果。2020 年，全国教育学重点资助项目仅评选出两项，一项是我本人首创的“新幸福教育”（也可叫“新时代幸福教育”），另一项是华东师范大学的“道德情感与道德教育”。两项课题充分显示了教育在落实党为中国人民谋幸福、为中华民族谋复兴的初心使命中所处的优先发展的战略位置，充分体现了立德树人、德育为先、德育为要的时代精神。

记：您一直从事积极心理健康教育和幸福教育理论研究与实践探索，在这两方面都取得了可喜的成果。请您介绍一下积极心理健康教育与“新幸福教育”的内在逻辑关系。

孟：密尔顿的《失乐园》里有一句名言，大意是“心灵是个特殊的地方，在那里可以把地狱变成天堂，也可以把天堂变成地狱”。可见，心理对幸福有多么重要。积极心理健康教育的精髓是“塑造积极心理，奠基幸福人生”，也就是说，塑造积极心理的目的是奠基幸福人生；奠基幸福人生需要从塑造积极心理入手。二者构成了由低到高的连续体。从低端说，就叫积极心理健康教育，为此我们出版了《积极心理健康教育》《积极心理健康教育在中国》《积极心理健康教育走向世界》诸著作，并发表了一系列相关文章引领全国心理健康教育朝着积极方向转型升级；从高端说，就叫幸福教育，为此我们专门出版了《幸福教育实用指南》，也发表了一系列相关文章引领幸福教育实践不断深入发展，形成了积极心理健康教育与幸福教育相辅相成、相得益彰、交相辉映的格局。2019 年，“积极心理健康教育基本理论和规律研究”获国家社科基金后期资助项目成功结题。2020 年，“新时代幸福教育理论与实证研究”获国家社科基金后期资助教育学重点课题立项。这标志着积极心理健康教育迈向了幸福的新高度，更标志着幸福教育站在了新时代的新起点。

记：您长期从事幸福教育理论和实践研究，指导了大批实验区实验校，有的实验校作为“幸福中国”的教育界代表登上了联合国网站，有的实验校登上了中央电视台。2016 年和 2017 年，“中韩幸福早教论坛”和“国际幸福教育论坛”成功举办，并成立了国际幸福教育联盟，您被推举为国际幸福教育联盟主席。进入新时代以来，您与时俱进，开拓创新，不失时机地构建“新幸福教育”新体系。请您谈谈，为什么要构建“新幸福教育”新体系？相对传统幸福教育，“新幸福教育”新在何处？

孟：21 世纪初，我们就开始了幸福教育的探索。随着对幸福教育理论研究和实践探索的不断深入，我们越来越意识到，传统幸福教育多停留在沿袭西方幸福观的热情和理念层面,碎片化不成体系,缺乏严谨的科学依据,缺乏对幸福本质和价值取向的深刻探究与反思,尤其缺乏基于中国文化背景的本土化研究,舍本逐末,以至于西方的"主观幸福感"(subjective wellbeing)、"心理幸福感"(psychological wellbeing)、"社会幸福感"(social wellbeing)成为时尚。殊不知,"主观幸福感"的价值取向是自我满足,"心理幸福感"的价值取向是自我实现,但二者都是自我个人主义价值取向;"社会幸福感"在试图矫正自我个人主义价值取向而强调社会价值取向时,又缺乏与个体价值的有机统一。这种两极分离或者三条道各行其是的幸福价值取向,最终会给我们的幸福教育埋下隐患,它关涉到培养什么样的人、为谁培养人这个教育的根本问题。党的十九大宣布中国特色社会主义进入新时代,新时代需要新思想、新理念、新举措,开启新征程,谱写新篇章。站在新时代的历史新高度,我们必须立足中国大地,办中国特色世界视野的新时代幸福教育,构建德智体美劳全面培养的教育体系,形成更高水平的人才培养体系。这就必须构建扎根中国优秀文化传统,又彰显新时代精神的新时代马克思主义幸福观和幸福教育观,即以马克思主义关于人的全面发展学说为理论基础,以习近平总书记提出的"幸福是奋斗出来的"思想为指引,扎根"正心、修身、齐家、治国、平天下"的刚健有为、自强不息思想和厚德载福的优秀文化传统,形成群己、公私、家国、义利、身心、近远、内外、苦乐、天人有机统一、和谐共生的辩证唯物主义和历史唯物主义幸福观。在此基础上,构建覆盖各级各类教育的新时代幸福教育新体系,即"新幸福教育"新体系。概括地讲,"新幸福教育"的最大新意就是以习近平新时代中国特色社会主义思想和有关教育的重要论述为指导,践行党为中国人民谋幸福、为中华民族谋复兴的初心使命,落实教育立德树人的根本任务,充分彰显各级各类教育平衡和充分发展的新时代诉求,为构建德智体美劳全面培养的教育体系、形成更高水平的人才培养体系提供新思路、开辟新路径、争取新成效。

记:请您展开介绍一下"新幸福教育"体系的形成,以及"新幸福教育"体系包括哪些具体内容。

孟:古今中外幸福教育思想源远流长。早在 2007 年积极心理健康教育正式提出时,我们就意识到构建"新幸福教育"体系的必要性,并提出了"新幸福"观和"新幸福教育"观,摒弃了西方流行的基于自我满足和自我实现的"主观幸福感"和"心理幸福感"的个人主义倾向,同时克服了"社会幸福感"与个人结合不够的弊端。经过十年努力,到 2017 年 1 月,我们提出的"新幸福教育"观已基本成熟,并正式发表了"构建中国特色世界视野的马克思主义幸福教育观",这为构建"新幸福教育"体系奠定了扎实的理论基础。2019

年,我们完成了近60万字的"新幸福教育"体系构建。2020年,成功申请了国家社科基金后期资助教育学重点课题立项;同年9月,在全国率先正式公开发表"新幸福教育论纲"。至此,"新幸福教育"体系构建基本完成。构建"新幸福教育"体系是一项系统工程,包括各级各类教育子系统,涉及理论和实践、教育内部结构要素和外部影响因素等诸方面。"新幸福教育"体系包括两个层面,一个是学理层面,另一个是操作层面。学理层面主要是把握和提高"新幸福教育"的政治站位。将中国共产党为中国人民谋幸福、为中华民族谋复兴的初心使命落实到教育上,重要举措之一就是大力推进幸福教育——造福个体、造福社会、造福国家、造福子孙后代。"新幸福教育"要凸显新时代平衡充分发展的诉求,必须落实立德树人的根本任务,深化五育并举,构建德智体美劳全面培养的教育体系;必须优化各级各类教育,形成更高水平的人才培养体系。这些既是"新幸福教育"的根本宗旨,也是崇高使命和美好愿景。操作层面主要是"新幸福教育"体系的构建,覆盖各级各类教育,涉及母系统的结构功能、各子系统的结构功能、母系统与各子系统之间的关系及其优化。主要包括:下好教师幸福先手棋,从幸福早教源头抓起,让学生做幸福主人,构建区域幸福教育生态系统,让学校成为幸福孵化器,让班级成为幸福集体,让课堂成为幸福主阵地,让课外活动成为幸福催化剂,让课程成为幸福载体,兜住学困生的幸福底线,给超常教育插上幸福翅膀,让高校成为幸福高地,唤醒职校生的职业幸福梦想,让特教为学生打开一扇幸福窗,让家庭成为幸福港湾,让科技成为幸福教育的引擎。进而为幸福人生、幸福社会、幸福中国奠基。

记:您系统描述了新幸福教育体系的基本框架、主要内容,确实令人振奋。请您选择其中部分要点,深入介绍一下其内容,以求窥一斑见全豹之效。

孟:"新幸福教育"体系的主体是幸福教师、幸福学生,主干是幸福学校、幸福班级、幸福课堂、幸福家庭。在这些方面,我们在"新幸福教育"理论基础之上,分别研制了对应的新幸福标准;在搜集大量数据基础之上,分别编制了对应的测评量表;并分别进行了实际调查研究,揭示了对应的幸福指数现状,进而分别提出了对策建议。比如,"让学校成为幸福孵化器"部分,重点聚焦幸福学校建设。第一,探讨了新时代幸福学校建设的意义、功能、使命等相关理论问题。第二,研制了幸福学校的基本标准。第三,编制了幸福学校测评量表,包括教师版和学生版,具体有六个维度:幸福理念、幸福环境、积极面貌、幸福课堂、幸福课外、优质办学,每个维度下又细分出若干因子。第四,通过分别对教师和学生眼中的幸福学校现状开展调查,依据调查结果,提出改进的对策建议。第五,是一则幸福学校建设案例。既有学理分析,又有标准参考;既有测评工具,又有实际调查;既有现状分析总结,又有改进路径举措,形成了幸福学校建设相对完整的子系统。尤其是案例,更是提供了一个鲜活的学习模仿的样板。值得欣慰的是,每个子系统后面都专门提供了实际案例,极大地提高了实用性和操作性。

记:“新幸福教育”如此令人期待,广泛深入开展“新幸福教育”不仅会极大地促进教育现代化,也会极大地助力“国家富强、民族振兴、人民幸福”之中国梦的实现。请您简单介绍一下如何推广“新幸福教育”,憧憬一下“新幸福教育”的美好未来。

孟:幸福是人类社会的共同追求、最终追求。随着社会进步和教育发展,“新幸福教育”必将会受到越来越多的欢迎。“新幸福教育”不是对传统幸福教育的否定,而是传统幸福教育的扬弃、发展完善和转型升级。因此,“新幸福教育”完全可以发挥已有幸福教育实验区实验校的优势和龙头作用,进一步提升和传播“新幸福教育”思想和做法。目前,全国有大批幸福教育实验区实验校,还有一些幸福教育联盟、共同体、协作组织等积极活动在实践第一线。越来越多的学者不断加入“新幸福教育”的理论研究队伍,越来越多的新实验区实验校不断加入“新幸福教育”的实践行列,将会形成“新幸福教育”理论与实践交相辉映、蓬勃发展的大好局面。尤其是一些地方政府出面,规模化地组织开展区域“新幸福教育”;另外,信息技术将打破时空,不仅为“新幸福教育”传播提供快捷高效的技术平台,也为“新幸福教育”提升因材施教、寓教于乐提供了广阔空间。这两点,我们在“新幸福教育”体系里作了专门介绍,即构建区域“新幸福教育”生态系统,让科技成为“新幸福教育”的引擎和双翼,就是专门为“新幸福教育”推广提供的经验和路径。我们坚信,“新幸福教育”将为教育现代化和实现下一个百年目标做出积极贡献,“新幸福教育”也必将随着“国家富强、民族振兴、人民幸福”之中国梦的加速实现而得到快速发展。

记:感谢您接受我们的采访!

附录B　新时代幸福教育是怎样炼成的

孟万金

（2024年12月）

新时代幸福教育是积极心理健康教育的升级版，凝练了我45年的求学、治学、办学和教书育人思想精华，其中包括5年城乡基础教育，8年高等教育，3年教师教育和全国校长培训，近30年各级各类教育理论与实践研究兼硕士、博士、博士后、高级访问学者培养，以及全国教育改革实验区/校常驻或巡回指导；凝练了10多项社会兼职对我的滋养，其中包括长期担任教育部中小学心理健康教育专家指导委员会委员、全国教育科学规划课题评审专家库成员、中国教育科学研究院学术委员会成员、中国教育发展战略学会教育教学创新专委会副理事长、中国教育学会劳动教育分会学术委员会副主任、北京市学校德育研究会学术委员、国际幸福教育联盟主席、华东师范大学和中国科学技术大学等多所大学兼职教授等；凝练了我与100多所中外著名学府的学者思想交流的深思，其中包括来自清华大学、北京大学、北京师范大学、中国科学院心理研究所、华东师范大学、中国科学技术大学以及哈佛大学、耶鲁大学、剑桥大学、牛津大学等的著名学者；凝练了我200多场主讲报告或观摩会精髓，其中包括国培、省培、市县校培及各种线上、线下交流；凝练了我主持完成的20多项高级别课题研究成果，其中包括国家社科基金重点项目和一般项目、全国教育科学规划项目、联合国教科文组织和世界银行项目等；凝练了我发表的160多篇高质量中英论文精髓，其中包括《教育研究》《高等教育研究》《课程·教材·教法》《心理科学》以及*Educational Psychology*等中外名刊论文（多篇被《中国人民大学复印报刊资料》全文转载）；凝练了我先后在多家知名出版社出版的近30部著作的精要，其中包括教育科学出版社、清华大学出版社、北京大学出版社等。总之，新时代幸福教育纵向贯穿研究生和大、中、小、幼婴各学段，横向覆盖城乡教育、普通教育、特殊教育、职业教育、早期教育、家庭教育、教师教育和校长培训各类型，重点兼顾了学与教两面、超常生和学困生两端，逐级落实到区域、学校、班级、课程、课堂、课外各层级，经过“实践—认识—再实践—再认识”循环往复，日臻完善，卓见成效，荣获第六届全国教育科学研究优秀成果奖，本人指导的实验区/校多次被展示在中央电视台或联合国总部网站。其淬炼过程略窥如下。

1979—1981年,从全县高考尖子班毕业,为发扬“忠孝”优良传统,自愿考入当地师范学校。主攻:英语教育。主要收获为:入学和毕业成绩名列前茅。我感恩出生教育门第和父母“尊师重教”的生涯指导,感恩学校顺应改革开放,首开英语班,打开了我通向世界的语言大门。

1981—1983年,因毕业成绩优异,有幸到山区乡村一所完全中学填补英语教学空白,随后升任教研组长。主攻:英语教学与教研。主要收获为:掌握了初一到高三各年级教学基本功,提升了学生中高考成绩。我感恩这段乡村教育经历激发了我对优质公平教育的渴盼,感恩学校推荐我考取高校,让我有了深造求索的机会。

1983—1985年,有幸成为枣庄市教育学院首届英语大专班学生。主攻:英语和教学。主要收获为:毕业时被省重点中学择优引进。我感恩教育“三个面向”指明了我努力进取的方向,感恩学院夯实的英语功底成为我持续奋进的助推器。

1985—1988年,在省重点滕州市一中任教初一初二、高一高二高三英语。主攻:英语教学和班级管理。主要收获为:荣获优秀教师和优秀班主任称号,成为该校考取研究生的首位教师。我感恩这段城市教育经历点燃了我因材施教、寓教于乐、减负增效的梦想,感恩学校把我“炼”成了应试实战“课堂轻负高质”与“班级自主自治”的行家里手。

1988—1991年,以第一名成绩成为曲阜师范大学心理学硕士研究生。主攻:优秀传统教育心理思想的守正创新。主要收获为:先后发表了有关孔子、孟子的心理思想及对当代的启示等系列论文,代表作为在《心理发展与教育》发表的《儿童学习障碍的诱因与诊治》;毕业时,成为曲阜师范大学第一名同时考上两所著名高校的博士生。我感恩曲阜师范大学优秀传统文化的滋养,感恩导师李国榕教授注重的“只有民族的才是世界的”学术指导。

1991—1994年,在北京师范大学教育心理学博士点做开门弟子。主攻:人的心理素质现代化。主要收获为:先后发表了有关国民心理、教改重心、科技创造力教育等系列论文,代表作为在《教育研究》发表的《教育心理学的新使命:提高新一代国民心理素质》;出版了“英语词汇编码速记”丛书4册;在故乡创办了“私立博士育才学校”,初步积累了办学经验;毕业成为北京师范大学第一位教育心理学博士。我感恩北京师范大学“学为人师,行为世范”校训的激励,感恩导师冯忠良教授独树一帜学术风范的引领。

1994—2003年,博士毕业被北京航空航天大学引进,随后破格为副教授，担任“教育技术学”硕士学位课程首任主讲兼“高等教育学”主讲，被评为优秀研究生导师。在《跨世纪人才》杂志发表的《中国人究竟怎样学英语》“名家访谈”中位列第一。主攻：世界银行项目“高校教学评估”、科技进步与高层次人才选拔培养、脑科学优化教学等前沿。主要收获为：先后发表了有关研究生选拔考试、双脑教育思想及中英语言教学改革等系列论文，出版了《基于脑科学的英语新教法》和《基于脑科学的英语新学法》，代表作为在《教育研究》发表的《网络教育的真谛：人文交互环境下的个性化自主学习》。我感恩IT、AI开启了我科技进步赋能教育研究新视野，感恩北京航空航天大学使我实现了高教与基教、理工科与师范文科背景的纵横贯通。

2003—2005年，应时任中央教育科学研究所朱小蔓所长特邀，前往新成立的教师发展研究中心兼全国校长发展学校就职，随后晋升为正高研究员。主攻：新课程下教师和校长专业发展。主要收获为：先后发表了有关小学教师本科化、新老教师关系、中小学教师培训、校长专业标准等系列论文，代表作为在华东师范大学出版社出版的“新课程下教师专业发展理论与实务系列丛书”（5本），其中4本被全国教师发展委员会评为教师培训优秀资源。我感恩中央教育科学研究所为我提供了“面向全国，走向世界”的平台，感恩教师教育及校长培训扩大了我对“教”的研究成果。

2005—2007年，出任《中国特殊教育》杂志社社长兼心理与特殊教育研究部负责人。主攻：特殊教育及杂志高质量发展。主要收获为：先后发表了有关特殊教育公平、特殊儿童学习、融合教育、人本特教等系列论文，代表作为在《中国特殊教育》发表的“一论、二论、三论、四论、五论、六论、七论残疾儿童教育公平”系列论文。我感恩有幸将研究由普教扩展到特教，升华了我“教育大爱”的境界，感恩办刊提升了我“研究—策划—编审—出版—发行”一条龙的综合素质。

2007—2009年，出任心理与特殊教育研究中心主任（正处），在世界积极心理学运动启发下，创立了积极心理健康教育。主攻：积极心理健康教育的中国特色世界视野。主要收获为：积极心理健康教育获得全国教育科学规划立项并在成都召开全国首届大会，教育部司局和中央教育科学研究所领导及一千多所学校的校长、教师参加了盛会；汶川震后重建，积极心理健康教育整体方案被列入教育部简报上报党和国家最高领导层；先后发表了有关中国教师、大学生、中学生、小学生积极心理品质测评及培育的系列论文；出版了第一本《积极心理健康教育》专著，《中国教育报》和《中小学心理健康教育》发表了系列专访和讲座，代表作为在《教育研究》发表的《论积极心理健康教育》。我感恩正心修身、扶正祛邪的传统文化和世界积极心理学运动对积极心理健康教育的孕育，感恩各级各类教育实践对积极心理健康教育的热烈欢迎和大力推广。

2009—2011 年，作为骨干参与撰写“为制定《国家中长期教育改革和发展规划纲要》提供的六十条建议”，为让每个孩子成为最优自己，提出了智力与非智力统一的“双超常教育”思想。主攻：超常教育与拔尖创新人才培养。主要收获为：先后发表了有关新中国特教六十年成就、超常儿童与拔尖创新人才教育等系列论文，代表作为在《中国特殊教育》发表的《论双超常教育：破解拔尖创新人才培养难题》等。我感恩“钱学森之问”促发了我对超常儿童与拔尖创新人才培养的高端研究，感恩中国科学技术大学少年班的成功经验对“双超常教育”的诠释及后续聘我为兼职教授所提供的合作平台。

2011—2013 年，出任心理与特殊教育研究所所长兼宁波鄞州教育综合改革实验区常驻专家组组长，指导全国第一个幸福教育实验区建设，随后又指导了山东庆云县、杭州下城区、成都青羊区等诸多实验区/校。主攻：塑造积极心理，奠基幸福人生。主要收获为：先后发表了有关幸福中国、幸福区域、幸福学校、幸福班级、幸福课堂等系列论文，策划创建了职业幸福教育品牌“唤醒教育”，代表作为在教育科学出版社出版的图书《幸福教育实用指南》。我感恩奋斗和幸福成为时代主旋律及联合国设立“国际幸福日”对幸福教育的驱动，感恩各地幸福教育实验区/校的大力支持和取得的显著效果。

2013—2015 年，为促进教育平衡充分发展，不让一个孩子掉队，创立了用积极心理防治学困的“温情教育”(MILD)品牌。主攻：学困生筛查与干预。主要收获为：“积极心理健康教育基本理论和规律研究”获国家社科基金立项，先后发表了有关学困测评，数学、阅读学困干预等系列论文，获得了一项学困干预专利，代表作为在《中国特殊教育》发表的《建立健全学习困难诊断标准与帮扶机制》。我感恩国内外学习科学热潮促发我研究攻坚“学困”难题，感恩有幸分管学习科学实验室增强了我对“学”的实证研究成效。

2015—2017 年，出任德育与心理特教研究所首任所长(正处)，为迎接全面二孩政策，开启赢在起跑线的早教研究。主攻：幸福早教及托幼一体化。主要收获为：发表了有关儿童早期学习、心理、情感、行为、语言、游戏、课程、评价等系列论文，代表作为在《学前教育研究》发表的《幸福早教计划：开启和奠基孩子的终身幸福》；经教育部国际司批准，与韩国教科院联合举办了“中韩幸福早教论坛”，在成都龙泉驿区设立全国第一个幸福早教实验区。《中国教育报》发表了专访和报道。我感恩中国传统家教和早教思想为“幸福早教”提供了根基,感恩放开生育政策及世界早教趋势促使我的研究对象前移到 0 岁。

2017—2020 年,为纪念积极心理健康教育创立十周年,经教育部国际司批准,与北京市海淀区教委联合举办“国际幸福教育 · 积极心理健康教育研讨会”,大会主题为“积极心理造福世界,立德树人联通未来”。教育部、海淀区人民政府及中国教育科学研究院有关领导出席开幕式并共同为“国际幸福教育联盟”揭牌,我受命担任联盟主席。来自世界五大洲的专家学者、政府官员以及国内北京大学、清华大学、复旦大学、北京师范大学、华东师范大学等 20 多所高校的知名学者、省市教科院领导、教育局领导、中小学校长和幼儿园园长代表参加了大会,*China Daily*(《中国日报》)用英语向世界做了报道。为落实立德树人的根本任务,创立了追求知行合一的“具身德育”。主攻:以具身德育优化新时代幸福教育体系。主要收获为:出版了《积极心理健康教育在中国》《积极心理健康教育走向世界》以及《具身德育:立德树人新视野》等系列图书,国家社科基金项目“积极心理健康教育基本理论和规律研究”顺利结项,代表作为在《中国德育》等发表了“一论、二论、三论、四论、五论新时代具身德育”系列论文。我感恩教育部、海淀区人民政府和中国教育科学研究院有关领导为幸福教育搭建的国际平台,感恩国内外专家学者和一线校长教师对积极心理健康教育迈向幸福教育的充分肯定和大力支持。

2020—2022 年,幸福教育四喜临门:①“新时代幸福教育理论与实证研究”喜获国家社科基金重点项目立项;②积极心理健康教育荣获第六届全国教育科学研究优秀成果奖;③服务决策系列报告得到国家领导人的批示并获中国教育科学研究院服务决策最高奖特等奖;④“德智体美劳五育并举的学校课程体系研究”获北京市教育科学规划优先关注课题立项。主攻:幸福教育测评和家校协同育人。主要收获为:先后发表了有关中小学生、中小学教师以及中小学生家庭幸福感的测评量表等系列论文,代表作为在山东人民出版社出版的图书《幸福教育:家校合作指南》。我感恩国家社科基金评委和全国教育科学研究成果评委的肯定和激励,感恩课题成果推动幸福教育迈向五育融合和家校协同育人高质量发展新阶段。

2022—2024 年,进入全面总结收获幸福的巅峰,国家社科基金重点课题和北京市教育科学规划优先关注课题圆满结项;领导《中国特殊教育》在中国知网评出的“中国最具国际影响力学术期刊”的教育类中文版期刊中连续四年名列第一;个人及其领导的部门连续三年被评为先进个人和先进部门。主攻:五育课程融合和建立健全幸福教育“1+10”体系。主要收获为:先后发表了有关五育并举课程建设、五育融合育人、新幸福教育论纲等系列论文,代表作为在《课程·教材·教法》发表的《新时代德智体美劳“五育”并举学校课程建设研究》;启动出版新时代幸福教育“1+10”系列丛书工程。1即1本领衔专著《新时代幸福教育理论与实证研究》(本书),10即10本成果推广应用分册:①《幸福早教计划:开启孩子的终身幸福》;②《双超常教育:为儿童铺平拔尖成才幸福路》;③《温情教育:兜起学困生幸福底线》;④《五育融合:新课程创生学生幸福感》;⑤《人本特教:让特殊儿童共享幸福蓝天》;⑥《职业院校积极心理健康教育:唤醒师生幸福感》;⑦《幸福教育家校合作指南:给教师家长的99条建议》;⑧《做幸福校长 办幸福学校》;⑨《做幸福班主任 建幸福班集体》;⑩《做幸福教师 开幸福课堂》。我感恩党为中国人民谋幸福、为中华民族谋复兴的初心使命为新时代幸福教育提供了根本遵循,感恩教育、科技、人才强国战略推动教育,造福人民、造福子孙后代,不断迈向历史新高。

纸上得来终觉浅,绝知此事要躬行。希望与广大同仁一道以习近平新时代中国特色社会主义思想为指引,在深化素质教育实践中将新时代幸福教育淬炼成金。

后　记

本课题在研究和成稿过程中,得到了有关领导的大力支持,为研究和圆满结项提供了保障;得到了全国幸福教育主要实验区和实验校的积极配合,实验区领导和校长提供了宝贵的案例;得到了课题团队成员的辛勤付出,张冲研究员、姚茹副研究员参与了部分研究和成果整理与发表,苗小燕、梁祎明、颜廷睿三位博士后为收集国内外资料、分析数据和整理校对初稿做出了突出贡献;得到了龙凤胎爱女孟令婖、爱子孟令谛健康快乐成长的启迪和精神激励,对体悟“塑造积极心理,奠基幸福人生”提供了原生态体验。在此一并对他们表示感谢。

书中引文众多,难免个别文献疏漏,还请谅解。个别观点词句或有不妥之处,还望赐教。

愿该书为促进教育高质量发展,助力实现“国家富强、民族振兴、人民幸福”的中国梦做出积极贡献。

作　者

2023 年 11 月